Richard Welter · Dirk Richelmann **Landesbauordnung NRW im Bild**

Landesbauordnung NRW im Bild

Praktische Anwendung für den Architekten

5., aktualisierte Auflage

mit 255 farbigen Abbildungen und 12 Tabellen

+www.

Dipl.-Ing. Richard Welter
Architekt, Technischer Beigeordneter a. D.

Dipl.-Ing. Dirk Richelmann
Freischaffender Architekt und Stadtplaner

Rudolf Müller

Bibliografische Information Der Deutschen Nationalbibliothek
Die Deutsche Nationalbibliothek verzeichnet diese Publikation in der Deutschen Nationalbibliografie; detaillierte bibliografische Daten sind im Internet über http://dnb.d-nb.de abrufbar.

5., aktualisierte Auflage 2013

Maßgebend für das Anwenden von Normen ist deren Fassung mit dem neuesten Ausgabedatum, die bei der Beuth Verlag GmbH, Burggrafenstraße 6, 10787 Berlin, erhältlich ist. Maßgebend für das Anwenden von Regelwerken, Richtlinien, Merkblättern, Hinweisen, Verordnungen usw. ist deren Fassung mit dem neuesten Ausgabedatum, die bei der jeweiligen herausgebenden Institution erhältlich ist. Zitate aus Normen, Merkblättern usw. wurden, unabhängig von ihrem Ausgabedatum, in neuer deutscher Rechtschreibung abgedruckt.

Das vorliegende Werk wurde mit größter Sorgfalt erstellt. Verlag und Autoren können dennoch für die inhaltliche und technische Fehlerfreiheit, Aktualität und Vollständigkeit des Werkes und seiner elektronischen Bestandteile (Internetseiten) keine Haftung übernehmen.

Wir freuen uns, Ihre Meinung über dieses Fachbuch zu erfahren. Bitte teilen Sie uns Ihre Anregungen, Hinweise oder Fragen per E-Mail: fachmedien.architektur@rudolf-mueller.de oder Telefax: 0221 5497-6141 mit.

Umschlaggestaltung: Designbüro Lörzer, Köln
Umschlagfoto: Oxen + Römer und Partner
Satz: Satz+Layout Werkstatt Kluth GmbH, Erftstadt
Druck und Bindearbeiten: PHOENIX PRINT GmbH, Würzburg
Printed in Germany

ISBN 978-3-481-03102-2 (Buch-Ausgabe)
ISBN 978-3-481-03103-9 (E-Book-Ausgabe als PDF)

FSC www.fsc.org
MIX
Papier aus verantwortungsvollen Quellen
FSC® C043954

Geleitwort

des Präsidenten der Architektenkammer Nordrhein-Westfalen,
Dipl.-Ing. Hartmut Miksch

Die aktuelle nordrhein-westfälische Landesbauordnung gilt seit dem Jahr 2000. Seitdem kam es immer wieder zu Änderungen, die für die tägliche Arbeit von Architektinnen und Architekten große Relevanz haben – beispielsweise zu den Abstandsflächen, die in der Bauherrenberatung eine besondere Rolle spielen.

Für Architekten, Innenarchitekten, Landschaftsarchitekten und Stadtplaner sind gute Kenntnisse über die Weiterentwicklung der Bauordnung für das Baugenehmigungsverfahren unverzichtbar. Auch mit Blick auf die umfassenden Haftungsverpflichtungen, denen wir in unserer Arbeit unterliegen, ist es wichtig, in den bauordnungsrechtlichen Themen orientiert zu sein und Fragen zielgenau nachschlagen und klären zu können.

Die „Landesbauordnung NRW im Bild" will Ihnen dabei eine verlässliche Hilfe sein. Eine Stärke des Werks bleibt es, den Paragrafen der Landesbauordnung die entsprechenden Ausführungen der Verwaltungsvorschrift gegenüberzustellen. Es ist richtig und hilfreich, dass diese bewährte Praxis auch in dieser Auflage fortgeführt wird, obgleich die Verwaltungsvorschrift Ende 2005 befristet war. Denn die Erläuterungen zu den einzelnen Paragrafen spiegeln weiterhin die Meinung der Obersten Bauaufsichtsbehörde wider. Sie sind eingeübte Verwaltungspraxis, von der aus Gründen der Gleichbehandlung nicht einfach abgewichen werden sollte. Die Erläuterungen zu der (ausgelaufenen) Verwaltungsvorschrift sind also weiterhin eine große Hilfe für die Arbeitspraxis.

Eine schnelle Orientierung bieten in diesem Buch die zahlreichen Abbildungen, Grafiken und Illustrationen, die die inhaltlichen Ziele der Vorschriften der BauO NRW pointiert darstellen und damit das Leseverständnis optimieren. Mit der Sprache der Zeichnung wird Architektinnen und Architekten der Umgang mit der formaljuristischen Materie des Bauordnungsrechts erleichtert.

Ich bin sicher, dass die „Landesbauordnung NRW im Bild" ein hilfreiches Arbeitsinstrument für Architekten, Innenarchitekten, Landschaftsarchitekten und Stadtplaner ist, um bauordnungsrechtliche Fragen bei der Planung und Bauleitung schnell und sicher zu beantworten, damit bei Planungs- und Bauprojekten nicht rechtliche Probleme, sondern die Qualitäten von Planung und Ausführung im Mittelpunkt der Arbeit von Architektinnen und Architekten für ihre Auftraggeber stehen.

Düsseldorf, im Juli 2013

Hartmut Miksch
Präsident der Architektenkammer
Nordrhein-Westfalen

Hinweise zu digitalen Arbeitshilfen

Zu diesem Buch stehen exklusiv für Buchkäufer Bauantragsformulare und begleitende Vorschriften zum Download bereit (siehe Seite 221).
Öffnen Sie dazu unsere Plattform **www.baurecht-im-bild.de**

Dort finden Sie in der rechten Spalte unter „Service für Buchkäufer" den Link zum Download.

Zum Öffnen ist ein Kennwort erforderlich.
Ihr persönliches Kennwort lautet: **57FXT4398**

Aktualitätsservice und Newsletter

Bei einer Änderung der Rechtstexte hält unser Aktualitätsservice das Buch bis zur nächsten Auflage auf dem neuesten Stand.

Ein Newsletter informiert, sobald aktuelle Inhalte zum Download bereitstehen.
Anmeldung unter **www.baurecht-im-bild.de**

Inhaltsverzeichnis

Einführung

Die „Landesbauordnung NRW im Bild" wendet sich an Architektinnen und Architekten, an Entwurfsverfasserinnen und Entwurfsverfasser, die beruflich mit der Errichtung oder Änderung baulicher Anlagen befasst sind.

Die Bauordnung NRW 2000 (BauO NRW) ist ab dem 1. Juni 2000 in Verbindung mit dem Baugesetzbuch des Bundes (BauGB) die Rechtsgrundlage für das Bauen in Nordrhein-Westfalen. Sie wird durch die am 12. Oktober 2000 von der Obersten Bauaufsichtsbehörde erlassenen Verwaltungsvorschriften ergänzt. Diese Verwaltungsvorschriften sind im Gegensatz zur BauO NRW kein vom Landtag verabschiedetes Gesetz; Gerichte müssen der Auslegung des Gesetzes durch die Oberste Bauaufsichtsbehörde nicht folgen. Sie waren auch nur bis zum 31.12.2005 als Vorschrift gültig, dennoch sind die Verwaltungsvorschriften mit ihren Planungshinweisen und Erläuterungen zur BauO NRW Handlungsanweisungen der Obersten Bauaufsichtsbehörde an die unteren Bauaufsichtsbehörden; sie sind die Grundlage für ein einheitliches Verwaltungshandeln.

Architekten schließen mit ihren Bauherren Werkverträge ab. Der Auftraggeber hat damit den Anspruch auf eine genehmigungsfähige Planung, nach der ein Bauvorhaben, das Werk, den gesetzlichen Bestimmungen entsprechend errichtet werden kann. Für die Architektin, den Architekten, ist es daher wichtig, sowohl die Bauordnung als auch die Auslegung des Gesetzes durch die Oberste Baubehörde zu kennen und bei der Planung zu berücksichtigen. Dies gilt insbesondere für Vorhaben, die keiner Baugenehmigung bedürfen. Dies gilt aber auch vor dem Hintergrund, dass nur noch wenige Sonderbauten im Baugenehmigungsverfahren von der Bauaufsicht umfassend geprüft werden.

Das Werk „Landesbauordnung NRW im Bild" zeigt links die einzelnen Paragrafen der BauO NRW 2000. Den einzelnen Paragrafen und Absätzen stehen rechts die entsprechenden Verwaltungsvorschriften oder Autorenhinweise gegenüber. Ergänzt werden die Texte durch praxisnahe, erläuternde grafische Darstellungen.

Beispiel:

---

§ 6 **§ 6 Abstandflächen** § 6

6 (1) (1) Vor den Außenwänden von Gebäuden sind Abstandflächen von oberirdischen Gebäuden freizuhalten. Innerhalb der überbaubaren Grundstücksfläche ist eine Abstandfläche nicht erforderlich gegenüber Grundstücksgrenzen,

a) gegenüber denen nach planungsrechtlichen Vorschriften ohne Grenzabstand oder mit geringerem Grenzabstand als nach den Absätzen 5 und 6 gebaut werden muss oder

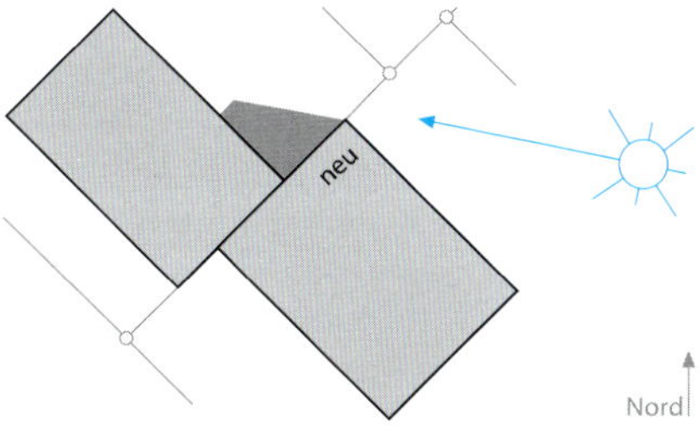

Zu § 6 (1)
Rücksicht nehmen!

6.1 Zu Absatz 1 **6.1**

Vor Anwendung der Vorschrift ist die planungsrechtliche Zulässigkeit des Vorhabens festzustellen. Dabei ist auch das Gebot der Rücksichtnahme (§ 15 BauNVO) zu beachten (OVG NRW, Beschluss vom 24.4.1995; BauR 96, 88)

Autorenhinweis zu Abs. 1
Gegenüber einer Grundstücksgrenze, an der eine bauliche Anlage nach planungsrechtlichen Vorschriften ohne Grenzabstand errichtet werden muss oder darf, kann eine Abstandfläche nicht eingehalten werden, sie löst also zu dieser Grenze keine Abstandfläche aus.

Diese Zusammenstellung erleichtert den Entwurfsverfassern und Architekten die Anwendung des umfassenden Regelwerkes. Bestehen zu einzelnen Paragrafen der BauO keine Verwaltungsvorschriften, so ist dies durch Leerstellen im Text gekennzeichnet.

Die ebenfalls im Werk vorhandene Verordnung über bautechnische Prüfungen (BauPrüfVO) mit den dazugehörigen Verwaltungsvorschriften (VV BauPrüfVO) ist das Regelwerk für die Bauvorlagen im Baugenehmigungsverfahren. Der Bauherr hat einen Anspruch auf eine richtige und vollständige Bauvorlage. Sie ist für Wohngebäude, die keiner Baugenehmigung bedürfen (§ 67), der Beleg für die rechtmäßige Errichtung des Bauvorhabens. Für alle anderen Bauvorhaben ist sie die Grundlage für ein zügiges, störungsfreies Baugenehmigungsverfahren.

Auch den einzelnen Paragrafen der BauPrüfVO sind zur leichteren und sicheren Anwendung die entsprechenden Verwaltungsvorschriften direkt zugeordnet worden. Bestehen zu den einzelnen Paragrafen der BauPrüfVO keine Verwaltungsvorschriften, so ist auch dies durch Leerstellen im Text gekennzeichnet.

Inhalt

Bauordnung für das Land Nordrhein-Westfalen

– Landesbauordnung – (BauO NRW)

Die Bauordnung für das Land Nordrhein-Westfalen (BauO NRW) in der Fassung der Bekanntmachung vom 1. März 2000, GV. NRW. 2000 S. 256, geändert durch Artikel 6 des Gesetzes zur Ausführung und Ergänzung des Bundes-Bodenschutzgesetzes in NRW v. 9.5.2000 (GV. NRW. S. 439); Gesetz v. 22.7.2003 (GV. NRW. S. 434), in Kraft getreten am 7. August 2003; Artikel 6 d. Gesetzes v. 16.12.2003 (GV. NRW S. 766), in Kraft getreten am 1. Januar 2004; Art. 9 d. Gesetzes v. 4. Mai 2004 (GV. NRW S. 259), in Kraft getreten am 4. Juni 2004; Artikel 91 des Vierten Befristungsgesetzes vom 5.4.2005 (GV. NRW. S 332), in Kraft getreten am 30. April 2005; Artikel I des Gesetzes v. 12.12.2006 (GV. NRW. S. 615), in Kraft getreten am 28. Dezember 2006; Artikel 2 des Gesetzes v. 11.12.2007 (GV. NRW. S. 708), in Kraft getreten am 31. Dezember 2007; Artikel I des Gesetzes vom 28. Oktober 2008 (GV. NRW. S. 644), in Kraft getreten am 11. November 2008; Artikel 2 des DL-RL-Gesetzes vom 17. Dezember 2009 (GV. NRW. S. 863), in Kraft getreten am 28. Dezember 2009,

in der Fassung der Bekanntmachung
vom 1. März 2000 mit Änderungen bis Mai 2014

Inhalt

Verwaltungsvorschrift zur Landesbauordnung – VV BauO NRW –

Die Verwaltungsvorschrift zur Landesbauordnung war bis zum 31.12.2005 befristet und entfaltet seit diesem Zeitpunkt keine unmittelbare Wirkung mehr. Die Oberste Bauaufsichtsbehörde hat jedoch den nachgeordneten Behörden mitgeteilt, sie gehe davon aus, dass sie die VV weiterhin zur Grundlage ihrer Entscheidungen machten. Zum einen, weil eine Verwaltungspraxis entstanden sei, von der schon aus Gründen der Gleichbehandlung nicht ohne Weiteres abgewichen werden dürfe. Zum anderen, weil die VV so lange die Rechtsauffassung der obersten Bauaufsichtsbehörde wiedergebe, wie diese sich nicht anderweitig äußere.[1)]

Die Verwaltungsvorschrift stellt somit ein probates Hilfsmittel dar für Architekten, Ingenieure und für die Bauaufsichtsbehörden bei der Anwendung der Landesbauordnung in der Praxis. Die Erläuterungen sind daher weiterhin den Paragrafen zugeordnet worden.

[1)] gem. Auskunft der Obersten Bauaufsichtsbehörde

Artikel I

Änderung der Landesbauordnung

Inhalt

Erster Teil

Allgemeine Vorschriften

Zweiter Teil

Das Grundstück und seine Bebauung

Dritter Teil

Bauliche Anlagen

Erster Abschnitt
Allgemeine Anforderungen an die Bauausführung

Zweiter Abschnitt
Bauprodukte und Bauarten

Dritter Abschnitt
Wände, Decken und Dächer

Vierter Abschnitt
Treppen, Rettungswege, Aufzüge und Öffnungen

Fünfter Abschnitt
Haustechnische Anlagen

Sechster Abschnitt
Aufenthaltsräume und Wohnungen

Siebenter Abschnitt
Besondere Anlagen

Vierter Teil
Die am Bau Beteiligten

Fünfter Teil
Bauaufsichtsbehörden und Verwaltungsverfahren

Erster Abschnitt
Bauaufsichtsbehörden

Zweiter Abschnitt
Genehmigungsbedürftige und genehmigungsfreie Vorhaben

Dritter Abschnitt
Verwaltungsverfahren

Sechster Teil
Bußgeldvorschriften, Rechtsvorschriften, bestehende Anlagen und Einrichtungen

Siebenter Teil
Übergangs-, Änderungs- und Schlussvorschriften

Erster Teil

Allgemeine Vorschriften

§ 1 **§ 1 Anwendungsbereich** § 1

1 (1) (1) Dieses Gesetz gilt für bauliche Anlagen und Bauprodukte. Es gilt auch für Grundstücke sowie für andere Anlagen und Einrichtungen, an die in diesem Gesetz oder in Vorschriften aufgrund dieses Gesetzes Anforderungen gestellt werden. 1 (1)

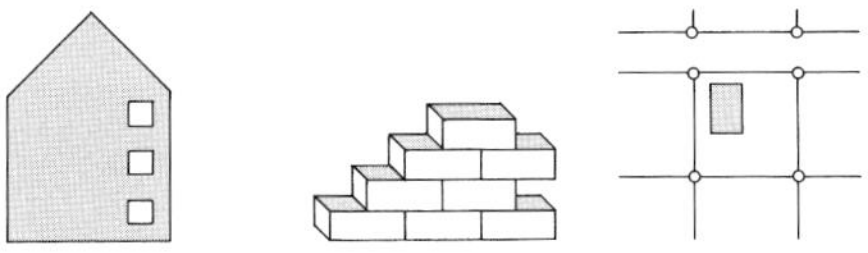

Zu § 1 (1)
Bauliche Anlagen, Bauprodukte, Grundstücke

1 (2) (2) Dieses Gesetz gilt nicht für 1 (2)

1. Anlagen des öffentlichen Verkehrs einschließlich Zubehör, Nebenanlagen und Nebenbetriebe, mit Ausnahme von Gebäuden,
2. Anlagen, soweit sie der Bergaufsicht unterliegen, mit Ausnahme von Gebäuden,
3. Leitungen, die der öffentlichen Versorgung mit Wasser, Gas, Elektrizität, Wärme, der öffentlichen Abwasserbeseitigung oder dem Fernmeldewesen dienen, einschließlich ihrer Masten, Unterstützungen sowie unterirdischen Anlagen und Einrichtungen,
4. Rohrleitungen, die dem Ferntransport von Stoffen dienen, einschließlich ihrer unterirdischen Anlagen und Einrichtungen,
5. Kräne.

§ 2 **§ 2 Begriffe** § 2

2 (1) (1) Bauliche Anlagen sind mit dem Erdboden verbundene, aus Bauprodukten hergestellte Anlagen. Eine Verbindung mit dem Erdboden besteht auch dann, wenn die Anlage durch eigene Schwere auf dem Erdboden ruht oder auf ortsfesten Bahnen begrenzt beweglich ist oder wenn die Anlage nach ihrem Verwendungszweck dazu bestimmt ist, überwiegend ortsfest benutzt zu werden. 2 (1)

Als bauliche Anlagen gelten

1. Aufschüttungen und Abgrabungen,
2. Lager-, Abstell- und Ausstellungsplätze,
3. Camping- und Wochenendplätze,
4. Sport- und Spielflächen,
5. Stellplätze,
6. Gerüste,
7. Hilfseinrichtungen zur statischen, Sicherung von Bauzuständen.

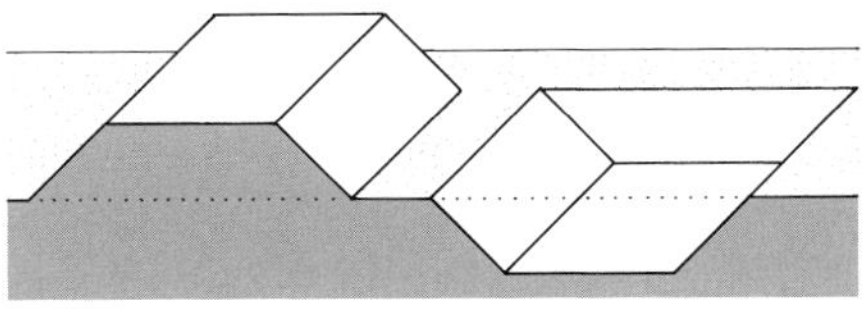

Zu § 2 (1)
Aufschüttungen, Abgrabungen

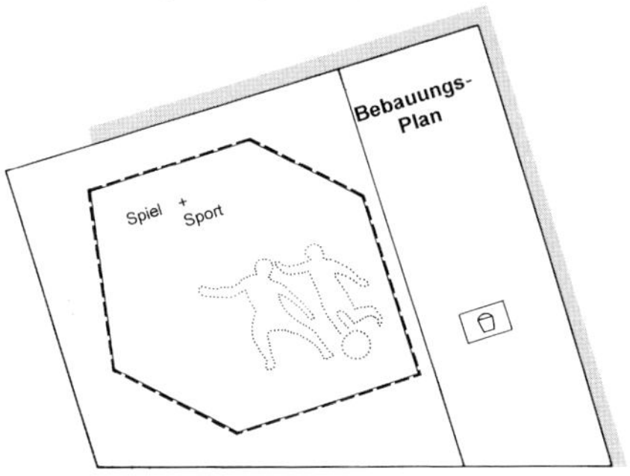

Zu § 2 (1)
Sport- und Spielflächen

2.1 Zu Absatz 1

Sport- und Spielflächen sind Flächen, die diesen Zwecken gewidmet oder dafür planerisch ausgewiesen sind.

2 (2) (2) Gebäude sind selbständig benutzbare, überdachte bauliche Anlagen, die von Menschen betreten werden können und geeignet oder bestimmt sind, dem Schutz von Menschen, Tieren oder Sachen zu dienen. 2 (2)

2 (3) (3) Gebäude geringer Höhe sind Gebäude, bei denen der Fußboden keines Geschosses mit Aufenthaltsräumen im Mittel mehr als 7 m über der Geländeoberfläche liegt. Gebäude mittlerer Höhe sind Gebäude, bei denen der Fußboden mindestens eines Aufenthaltsraumes im Mittel mehr als 7 m und nicht mehr als 22 m über der Geländeoberfläche liegt. Hochhäuser sind Gebäude, bei denen der Fußboden mindestens eines Aufenthaltsraumes mehr als 22 m über der Geländeoberfläche liegt. 2 (3)

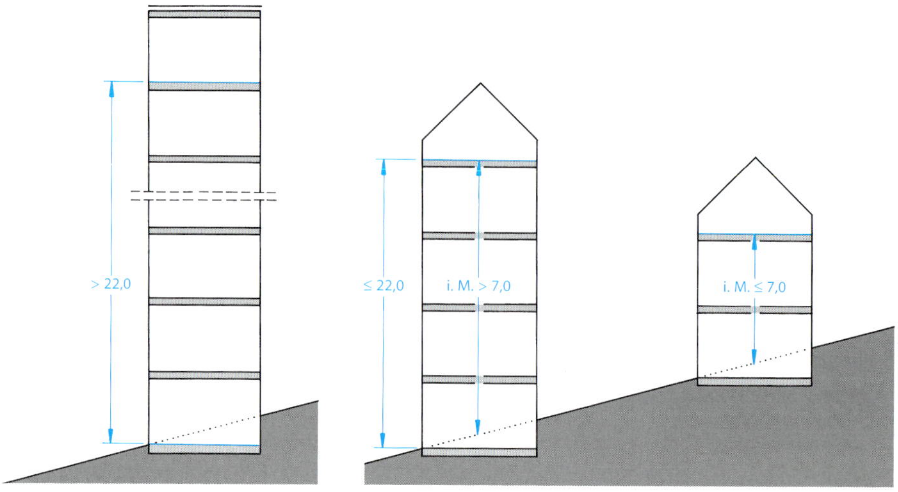

Zu § 2 (3) Hochhaus, Gebäude mittlerer Höhe, Gebäude geringer Höhe

2.3 Zu Absatz 3

Maßgeblich zur Ermittlung des Gebäudetyps ist die Höhenlage des Fußbodens des höchstgelegenen Geschosses mit Aufenthaltsräumen (Oberkante fertiger Fußboden) über der Geländeoberfläche. Danach liegt die Grenze zwischen einem „Gebäude geringer Höhe" und einem „Gebäude mittlerer Höhe" bei 7 m, gemessen im Mittel über der Geländeoberfläche. Die Grenze zwischen einem „Gebäude mittlerer Höhe" und einem „Hochhaus" liegt bei 22 m, jedoch über der tiefstgelegenen, an das Gebäude anschließenden Geländeoberfläche.

$$H \text{ im Mittel} = \frac{\frac{H_1 + H_2}{2} \cdot l_1 + \frac{H_2 + H_X}{2} \cdot l_2 + \frac{H_X + H_1}{2} \cdot l_x}{\sum l}$$

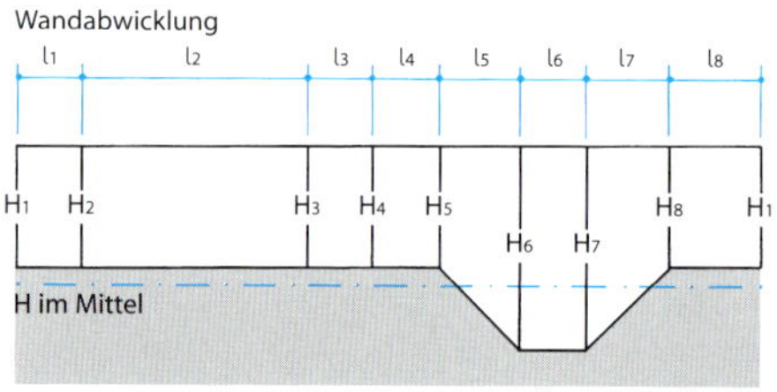

Zu VV 2. 3
Mantelflächenverfahren

2 (4) (4) Geländeoberfläche ist die Fläche, die sich aus der Baugenehmigung oder den Festsetzungen des Bebauungsplanes ergibt, im Übrigen die natürliche Geländeoberfläche. 2 (4)

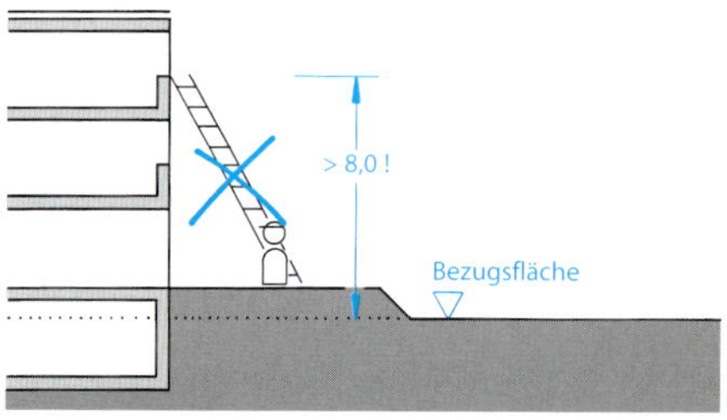

Zu VV 2. 4
Geländeoberfläche

2.4 Zu Absatz 4

Eine im Verhältnis zum Gebäude geringfügige Abgrabung vor Außenwänden, z. B. zur Beleuchtung von Aufenthaltsräumen im Kellergeschoss (§ 48 Abs. 5) sowie eine im Verhältnis zum Grundstück geringfügige Auffüllung, z. B. für eine Terrasse, verändert die Geländeoberfläche als Bezugsfläche nicht. Eine geringfügige Veränderung der Geländeoberfläche liegt nicht vor, wenn dadurch die Erreichbarkeit der anleiterbaren Stellen im Sinne des § 17 Abs. 3 Satz 4 verändert wird.

2 (5) (5) Vollgeschosse sind Geschosse, deren Deckenoberkante im Mittel mehr als 1,60 m über die Geländeoberfläche hinausragt und die eine Höhe von mindestens 2,30 m haben. Ein gegenüber den Außenwänden des Gebäudes zurückgesetztes oberstes Geschoss (Staffelgeschoss) ist nur dann ein Vollgeschoss, wenn es diese Höhe über mehr als zwei Drittel der Grundfläche des darunter liegenden Geschosses hat. Ein Geschoss mit geneigten Dachflächen ist ein Vollgeschoss, wenn es diese Höhe über mehr als drei Viertel seiner Grundfläche hat. Die Höhe der Geschosse wird von Oberkante Fußboden bis Oberkante Fußboden der darüber liegenden Decke, bei Geschossen mit Dachflächen bis Oberkante Dachhaut gemessen.

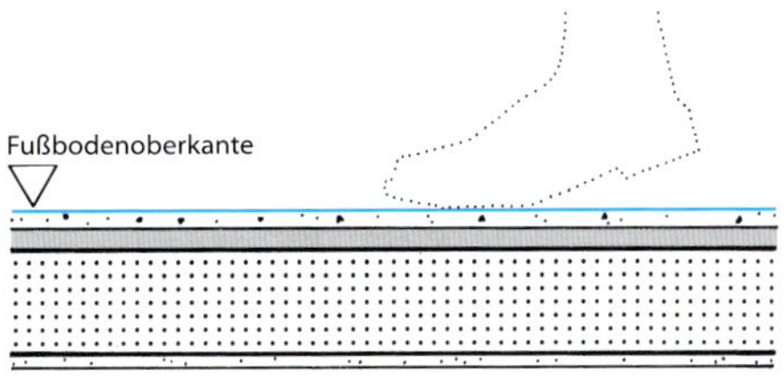

Zu VV 2. 5
Fußbodenoberkante

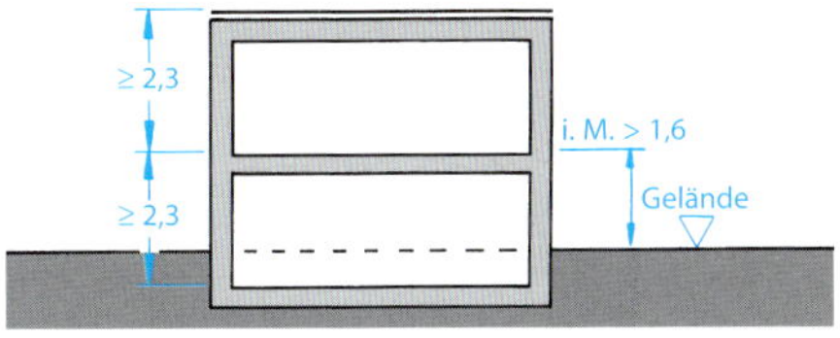

Zu § 2 (5)
Vollgeschoss

2.5 Zu Absatz 5 2 (5)

Als Deckenoberkante und Fußbodenoberkante gelten die Maße des fertigen Fußbodens.

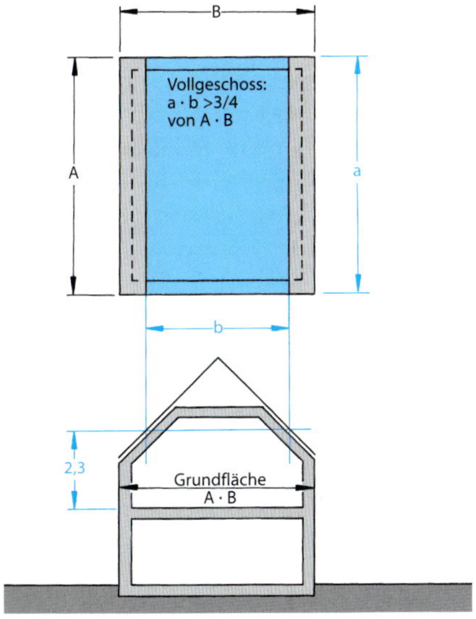

Zu § 2 (5)
Geneigte Dachflächen

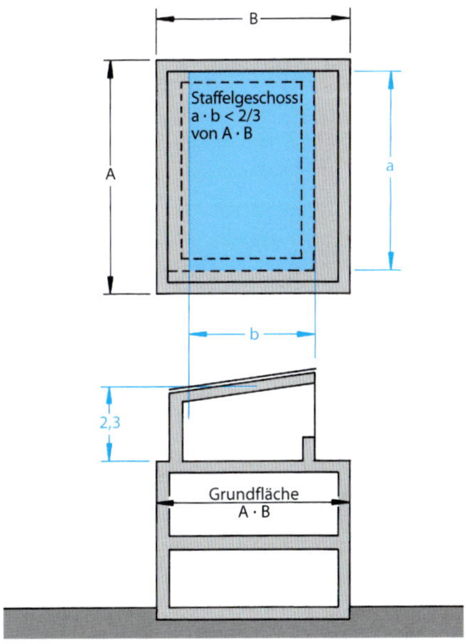

Zu § 2 (5)
Staffelgeschoss

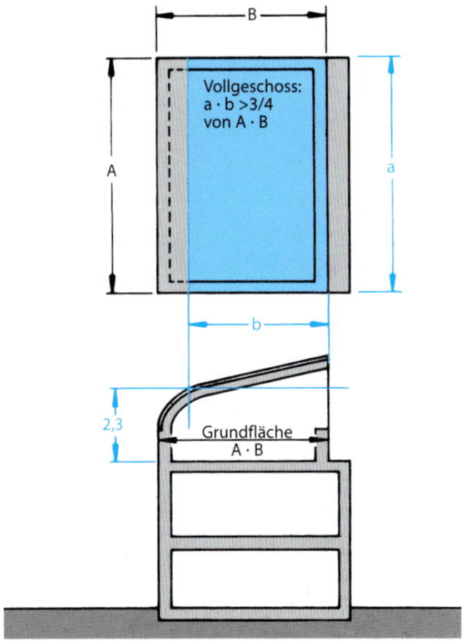

Zu § 2 (5)
Vollgeschoss

2 (6) (6) Geschosse über der Geländeoberfläche sind Geschosse, deren Deckenoberkante im Mittel mehr als 1,60 m über die Geländeoberfläche hinausragt. Hohlräume zwischen der obersten Decke und dem Dach, in denen Aufenthaltsräume nicht möglich sind, gelten nicht als Geschosse. 2 (6)

2 (7) (7) Aufenthaltsräume sind Räume, die zum nicht nur vorübergehenden Aufenthalt von Menschen bestimmt oder geeignet sind. 2 (7)

2 (8) (8) Stellplätze sind Flächen, die dem Abstellen von Kraftfahrzeugen außerhalb der öffentlichen Verkehrsfläche dienen. Garagen sind ganz oder teilweise umschlossene Räume zum Abstellen von Kraftfahrzeugen. 2 (8)

2 (9) (9) Bauprodukte sind 2 (9)

1. Baustoffe, Bauteile und Anlagen, die hergestellt werden, um dauerhaft in bauliche Anlagen eingebaut zu werden,
2. aus Baustoffen und Bauteilen vorgefertigte Anlagen, die hergestellt werden, um mit dem Erdboden verbunden zu werden, wie Fertighäuser, Fertiggaragen und Silos.

2 (10) (10) Bauart ist das Zusammenfügen von Bauprodukten zu baulichen Anlagen oder Teilen von baulichen Anlagen. 2 (10)

§ 3

§ 3 Allgemeine Anforderungen

§ 3

3 (1) (1) Bauliche Anlagen sowie andere Anlagen und Einrichtungen im Sinne von § 1 Abs. 1 Satz 2 sind so anzuordnen, zu errichten, zu ändern und instand zu halten, dass die öffentliche Sicherheit oder Ordnung, insbesondere Leben, Gesundheit oder die natürlichen Lebensgrundlagen, nicht gefährdet wird. Die der Wahrung dieser Belange dienenden allgemein anerkannten Regeln der Technik sind zu beachten. Von diesen Regeln kann abgewichen werden, wenn eine andere Lösung in gleicher Weise die allgemeinen Anforderungen des Satzes 1 erfüllt; § 20 Abs. 3 und § 24 bleiben unberührt. Mit Boden, Wasser und Energie ist sparsam umzugehen. Die Möglichkeiten zur Vermeidung und Verwertung von Bauabfällen und Bodenaushub sind zu nutzen.

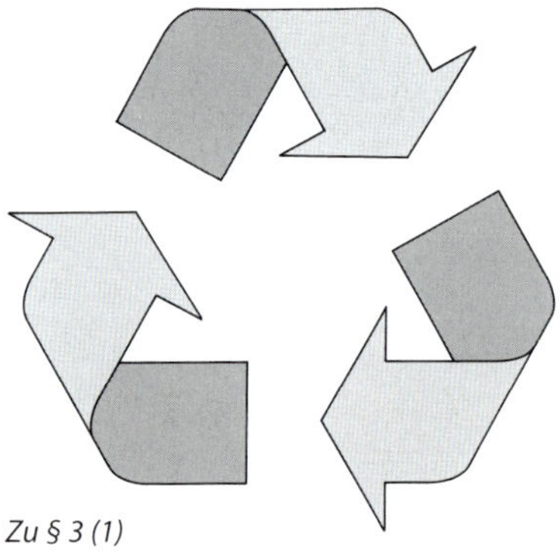

Zu § 3 (1)
Verwertung

Autorenhinweis zu Abs. 1

Einschlägige Normen sind als allgemein anerkannte Regeln der Technik einzuhalten. Abs. 1 beschreibt, dass nicht nur lediglich die eingeführten technischen Baubestimmungen beachtet werden müssen.

3.1 Zu Absatz 1 3 (1)

3.11 Instandhalten bedeutet, die baurechtlich relevanten Eigenschaften von baulichen Anlagen, wie Standsicherheit, Brandschutz, Schall- und Wärmeschutz, Hygiene-, Gesundheits- und Umweltschutz, aber auch die Nutzungssicherheit im Sinne der geforderten Gebrauchstauglichkeit angemessen dauerhaft zu sichern.

3.12 Der Nachweis für die Erfüllung der allgemeinen Anforderungen nach Satz 1 obliegt in Zweifelsfällen der Bauherrin oder dem Bauherrn oder den sonst am Bau Beteiligten (§§ 56 ff.).

3.13 Dass die „natürlichen Lebensgrundlagen" genannt werden, bewirkt weder eine Umweltverträglichkeitsprüfung in bauaufsichtlichen Verfahren noch Kompetenzverlagerungen. Wie schon bisher ist vor Erteilung einer Baugenehmigung zu prüfen, ob das Vorhaben dem geltendem Recht entspricht. Darunter fallen auch alle Anforderungen, die aufgrund spezieller Regelungen in Umweltgesetzen gestellt werden, deren Prüfung häufig nur unter Beteiligung von Fachbehörden möglich ist. Auch, ob eine Umweltverträglichkeitsprüfung durchgeführt werden muss, richtet sich ausschließlich nach den für diese geltenden Rechtsgrundlagen.

3 (2) (2) Bauprodukte dürfen nur verwendet werden, wenn bei ihrer Verwendung die baulichen Anlagen bei ordnungsgemäßer Instandhaltung während einer dem Zweck entsprechenden angemessenen Zeitdauer die Anforderungen dieses Gesetzes oder aufgrund dieses Gesetzes erfüllen und gebrauchstauglich sind. 3 (2)

3 (3) (3) Als allgemein anerkannte Regeln der Technik gelten auch die von der obersten Bauaufsichtsbehörde durch öffentliche Bekanntmachung als Technische Baubestimmungen eingeführten technischen Regeln. Bei der Bekanntmachung kann hinsichtlich ihres Inhalts auf die Fundstelle verwiesen werden. Die Beachtung der technischen Regeln ist, soweit sie eingeführt sind, von den Bauaufsichtsbehörden gemäß § 72 Abs. 4 zu prüfen.

F 4763 A
MINISTERIALBLATT
FÜR DAS LAND NORDRHEIN-WESTFALEN
50. Jahrgang | Ausgegeben zu Düsseldorf am 2. September 1997 | Nummer 51
Inhalt

Zu § 3 (3)
Technische Baubestimmungen

Autorenhinweis zu Abs. 3

Einführung Technischer Baubestimmungen nach § 3 Abs. 3 BauO NRW – RdErl. des Ministeriums für Bauen und Verkehr vom 08.11.2006.

3.3 Zu Absatz 3 3 (3)

3.31 Bei Abweichungen von bauaufsichtlich eingeführten Technischen Baubestimmungen gilt Nr. 3.12.

3.32 Das Verzeichnis der nach § 3 Abs. 3 als technische Baubestimmungen eingeführten technischen Regeln ist im Ministerialblatt als „Liste der Technischen Baubestimmungen“ veröffentlicht und in die Sammlung des bereinigten Ministerialblattes für das Land Nordrhein-Westfalen (SMBl. NRW.) unter Gliederungsnummer 2323 aufgenommen worden. Die technischen Regeln für Bauprodukte gemäß § 20 Abs. 2 (Bauregellisten A und B) werden vom Deutschen Institut für Bautechnik, Berlin, in dessen Mitteilung veröffentlicht. Diese Regeln gelten auch als allgemein anerkannte Regeln der Technik.

3 (4) (4) Für den Abbruch baulicher Anlagen sowie anderer Anlagen und Einrichtungen im Sinne des § 1 Abs. 1 Satz 2 und für die Änderung ihrer Benutzung gelten Absätze 1 und 3 sinngemäß. 3 (4)

Zweiter Teil
Das Grundstück und seine Bebauung

§ 4 **§ 4 Bebauung der Grundstücke mit Gebäuden** § 4

4 (1) (1) Gebäude dürfen nur errichtet werden, wenn gesichert ist, dass bis zum Beginn ihrer Benutzung 4 (1)

1. das Grundstück in angemessener Breite an einer befahrbaren öffentlichen Verkehrsfläche liegt oder das Grundstück eine befahrbare, öffentlich-rechtlich gesicherte Zufahrt zu einer befahrbaren öffentlichen Verkehrsfläche hat; Wohnwege, an denen nur Gebäude geringer Höhe zulässig sind, brauchen nur befahrbar zu sein, wenn sie länger als 50 m sind,
2. die erforderlichen Anlagen zur Versorgung mit Trink- und Löschwasser vorhanden und benutzbar sind und
3. die erforderlichen Abwasseranlagen vorhanden und benutzbar sind und die Abwasserbeseitigung entsprechend den wasserrechtlichen Vorschriften gewährleistet ist.

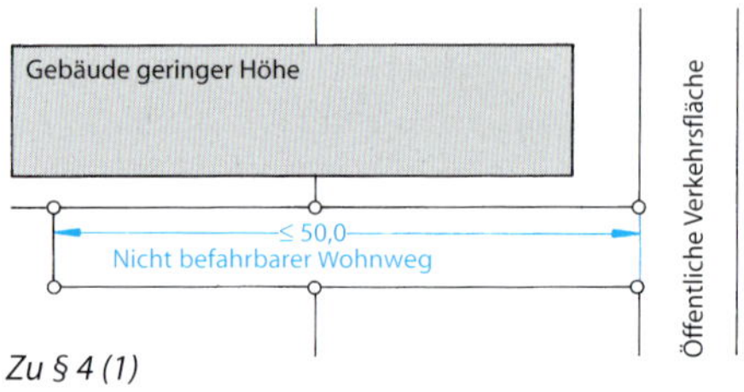

Zu § 4 (1)
Wohnweg

4.13 Zu Absatz 1 Nr. 3

Die Abwasserbeseitigung entsprechend den wasserrechtlichen Vorschriften ist zum Zeitpunkt der Benutzung gesichert, wenn zum Zeitpunkt der Baugenehmigung

a) abzusehen ist, dass das Bauvorhaben bis zum Beginn seiner Benutzung an eine Sammelkanalisation angeschlossen werden kann oder
b) die wasserrechtliche Erlaubnis für das Einleiten des Niederschlagswassers oder des in einer Kleinkläranlage behandelten Schmutzwassers vorliegt oder von der Wasserbehörde zugesichert ist (§ 38 VwVfG. NRW.) oder
c) die Gemeinde oder der sonst zur Abwasserbeseitigung Verpflichtete bescheinigt, dass das in einer Abwassergrube gesammelte Abwasser ordnungsgemäß beseitigt wird.

Im Falle des gesetzlichen Übergangs der Abwasserbeseitigungspflicht für Niederschlagswasser gemäß § 51 a Abs. 2 LWG muss zur Annahme einer gesicherten Erschließung das Vorliegen der wasserrechtlichen Einleitungserlaubnis nicht abgewartet werden, da mit ihrer Erteilung gerechnet werden kann. Auf den Runderlass des Ministeriums für Umwelt, Raumordnung und Landwirtschaft vom 18. Mai 1998 (Mbl. NRW. S. 654, S. 918/SMBl. NRW. 77) zur Niederschlagswasserbeseitigung gemäß § 51 a des Landeswassergesetzes wird hingewiesen.
In kommunalen Satzungen kann hinsichtlich der Sammelkanalisation außerhalb des Baurechts Folgendes geregelt sein:

- der Anschluss und Benutzungszwang,
- die Art und Weise des Anschlusses an die Sammelkanalisation und
- die Bestimmung der Stoffe, die nicht in die Sammelkanalisation eingeleitet werden dürfen.

4 (2) (2) Ein Gebäude auf mehreren Grundstücken ist zulässig, wenn durch Baulast gesichert ist, dass keine Verhältnisse eintreten können, die den Vorschriften dieses Gesetzes oder den aufgrund dieses Gesetzes erlassenen Vorschriften zuwiderlaufen, und das Gebäude auf den Grundstücken diesen Vorschriften so entspricht, als wären die Grundstücke ein Grundstück.

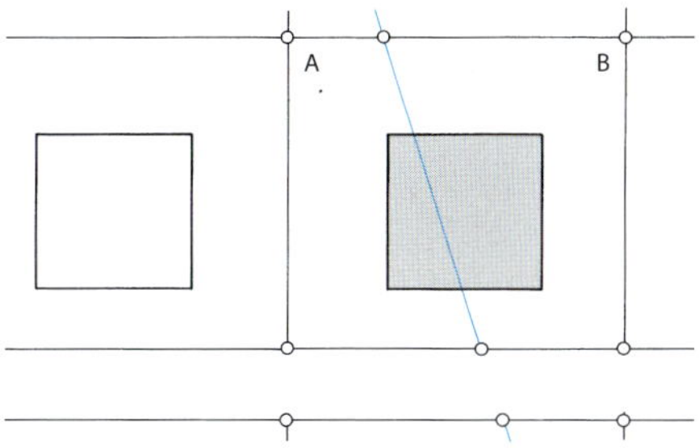

Zu § 4 (2)
Vereinigungsbaulast

4.2 Zu Absatz 2 4 (2)

Eine Vereinigungsbaulast allein ist in der Regel nicht geeignet, sich aus § 31 BauO NRW ergebende Bebauungshindernisse zu beseitigen, denn gemäß § 31 Abs. 1 Nr. 1 muss zusätzlich ein Abstand von mindestens 5 m zu bestehenden oder nach den baurechtlichen Vorschriften zulässigen Gebäuden öffentlich-rechtlich gesichert sein. Dieser Abstand gilt auch zwischen auf einem Grundstück aneinander gereihten Gebäuden, d. h. Gebäuden, die nicht aneinander gebaut sind, sondern in einem geringen Abstand zueinander stehen. Diese öffentlich-rechtliche Sicherung wird nicht bereits durch die Vereinigungsbaulast erreicht.

Einer Sicherung nach Satz 1 bedarf es nicht, wenn eine Außenwand und das Dach eines Gebäudes durch Maßnahmen zur Wärmedämmung entsprechend der Energieeinsparverordnung vom 24. Juli 2007 (BGBl. I S. 1519) geändert werden.

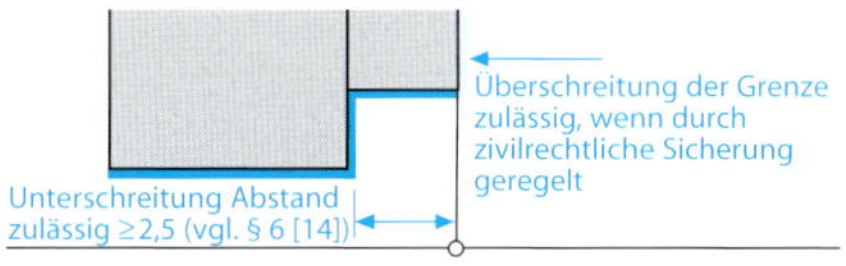

Zu § 4 (2)
Wärmedämmung

§ 5 § 5 Zugänge und Zufahrten auf den Grundstücken § 5

5 (1) (1) Von öffentlichen Verkehrsflächen ist insbesondere für die Feuerwehr ein geradliniger Zu- oder Durchgang zu schaffen

1. zur Vorderseite rückwärtiger Gebäude,
2. zur Rückseite von Gebäuden, wenn eine Rettung von Menschen außer vom Treppenraum nur von der Gebäuderückseite aus möglich ist.

Der Zu- oder Durchgang muss mindestens 1,25 m breit sein. Bei Türöffnungen und anderen geringfügigen Einengungen genügt eine lichte Breite von 1 m. Die lichte Höhe des Zu- oder Durchgangs muss mindestens 2 m betragen.

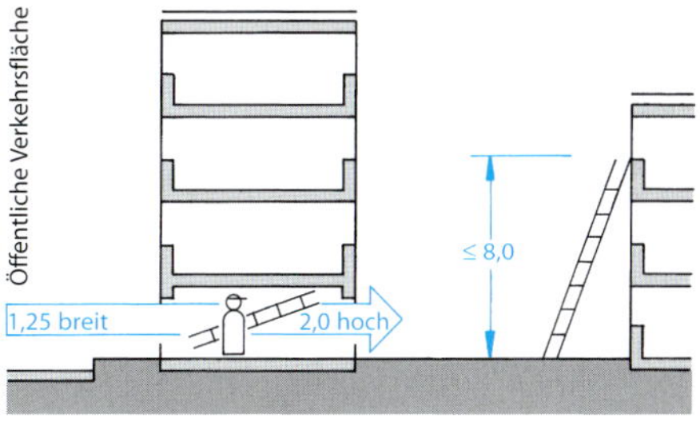

Zu § 5 (1)
Durchgang Feuerwehr

5.1 Damit bei einem Brand die Rettung von Menschen und Tieren sowie wirksame Löscharbeiten möglich sind, müssen auf dem Baugrundstück die erforderliche Bewegungsfreiheit und Sicherheit für den Einsatz der Feuerlösch- und Rettungsgeräte gewährleistet sein. Zu den für den Feuerwehreinsatz erforderlichen Flächen zählen die Zu- und Durchgänge, die Zu- und Durchfahrten, die Aufstell- und Bewegungsflächen; sie sind auf dem Grundstück selbst, ggf. auch auf öffentlichen Flächen (z. B. Straßen) sicherzustellen (siehe § 3 Abs. 1 Satz 2 Nr. 14 BauPrüfVO). 5 (1)

5 (2) (2) Zu Gebäuden, bei denen die Oberkante der Brüstung notwendiger Fenster oder sonstiger zum Anleitern bestimmter Stellen mehr als 8 m über dem Gelände liegt, ist in den Fällen des Absatzes 1 anstelle eines Zu- oder Durchgangs eine mindestens 3 m breite Zu- oder Durchfahrt mit einer lichten Höhe von mindestens 3,50 m zu schaffen. Wände und Decken von

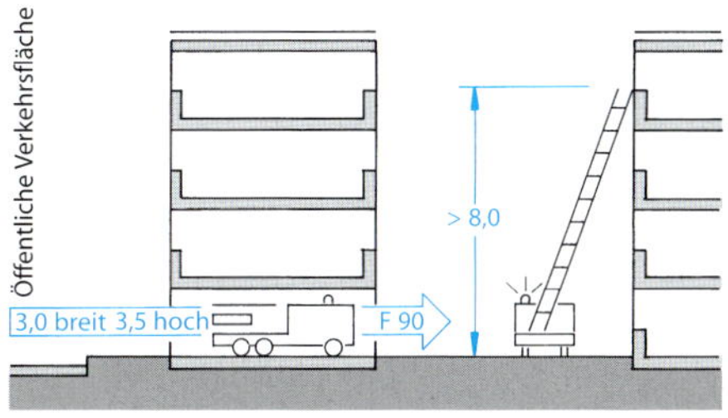

Zu § 5 (2)
Durchfahrt Feuerwehr

5.2 Zu Absätzen 2 bis 5 5 (2)

Sind bei Gebäuden nach § 5 Abs. 2 bis 5 sowie bei baulichen Anlagen besonderer Art oder Nutzung Flächen für die Feuerwehr erforderlich, so gelten nachfolgende Bestimmungen. Sofern die örtlichen (grundstücks- und objektbezogenen) Gegebenheiten es gestatten oder erfordern, sind in Abstimmung

Durchfahrten sind in der Feuerwiderstandsklasse F 90 und in den wesentlichen Teilen aus nicht brennbaren Baustoffen (F 90-AB) herzustellen.

mit der Brandschutzdienststelle abweichende Werte möglich. Die DIN 14090 – Flächen für die Feuerwehr auf Grundstücken – ist nicht anzuwenden.

5.201 Tragfähigkeit von Hofkellerdecken:
Hofkellerdecken, die nur im Brandfall von Feuerwehrfahrzeugen befahren werden, sind für die Brückenklasse 16/16 nach DIN 1072, Ausgabe Dezember 1985, Tabelle 2, zu berechnen. Dabei ist jedoch nur ein Einzelfahrzeug in ungünstigster Stellung anzusetzen; auf den umliegenden Flächen ist die gleichmäßig verteilte Last der Hauptspur als Verkehrslast in Rechnung zu stellen. Der nach DIN 1072, Ausgabe Dezember 1985, Tabelle 2, geforderte Nachweis für eine einzelne Achslast von 110 kN darf entfallen.
Die Verkehrslast darf als vorwiegend ruhend eingestuft werden und braucht auch nicht mit einem Schwingbeiwert vervielfacht zu werden.

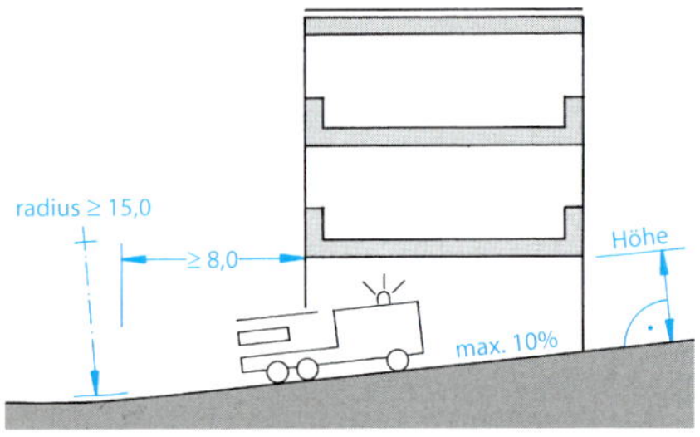

Zu VV 5.202 und 5.205
Befestigung, lichte Höhe und Neigung

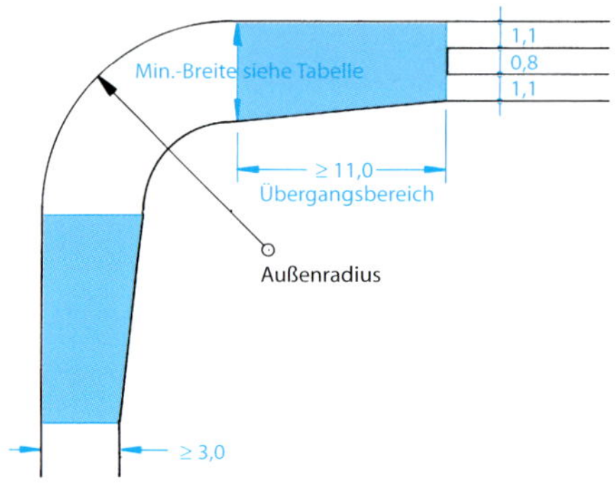

Zu VV 5.203
Kurven in Zu- oder Durchfahrten

5.202 Lichte Höhe der Zu- oder Durchfahrten:
Die lichte Höhe der Zu- oder Durchfahrten ist senkrecht zur Fahrbahn zu messen.

5.203 Kurven in Zu- oder Durchfahrten:
Der Einsatz der Feuerwehrfahrzeuge wird durch Kurven in Zu- oder Durchfahrten nicht behindert, wenn die in der Tabelle den Außenradien der Kurven zugeordneten Mindestbreiten nicht unterschritten werden. Dabei müssen vor und hinter Kurven auf einer Länge von mindestens 11 m Übergangsbereiche vorhanden sein (siehe Bild 1).

Tabelle

Außenradius der Kurve (in m)		Breite mind. (in m)
10,5	bis 12	5,0
über 12	bis 15	4,5
über 15	bis 20	4,0
über 20	bis 40	3,5
über 40	bis 70	3,2
über 70		3,0

5.204 Fahrspuren:
Geradlinig geführte Zu- oder Durchfahrten können außerhalb der Übergangsbereiche (Nrn. 5.203 und 5.214) als Fahrspuren ausgebildet werden. Die beiden befestigten Streifen müssen voneinander einen Abstand von 0,8 m haben und mindestens je 1,1 m breit sein.

5.205 Neigung in Zu- oder Durchfahrten:
Zu- oder Durchfahrten dürfen geneigt sein. Die Neigung soll nicht mehr als 10 v. H. betragen. Neigungswechsel sind im Durchfahrtsbereich sowie 8 m vor und hinter der Durchfahrt unzulässig. Die Übergänge zwischen verschiedenen Neigungen sind mit einem Radius von mindestens 15 m auszurunden.

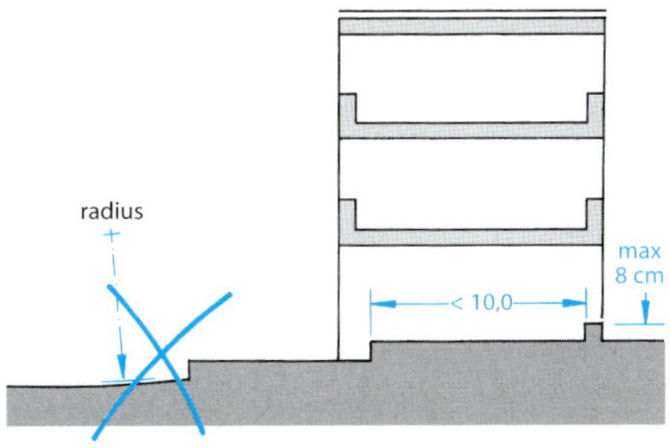

Zu VV 5.206
Stufen und Schwellen

5.206 Stufen und Schwellen:
Stufen und Schwellen im Zuge von Zu- oder Durchfahrten dürfen nicht höher als 8 cm sein. Eine Folge von Stufen oder Schwellen im Abstand von weniger als 10 m ist zulässig. Im Bereich von Übergängen nach Nr. 5.205 sind Stufen unzulässig.

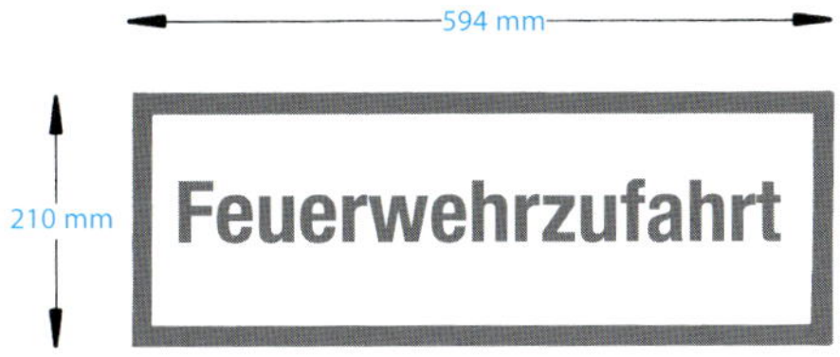

Zu VV 5.207
Hinweisschilder

5.207 Hinweisschilder:
Hinweisschilder für Flächen für die Feuerwehr müssen DIN 4066-2 entsprechen und mindestens 594 × 210 mm groß sein. Zu- oder Durchfahrten für Feuerwehrfahrzeuge sind als „Feuerwehrzufahrt" zu kennzeichnen. Der Hinweis muss von der öffentlichen Verkehrsfläche aus sichtbar sein. Hinweisschilder für Aufstellflächen oder Bewegungsflächen müssen die Aufschrift „Fläche für die Feuerwehr" haben.

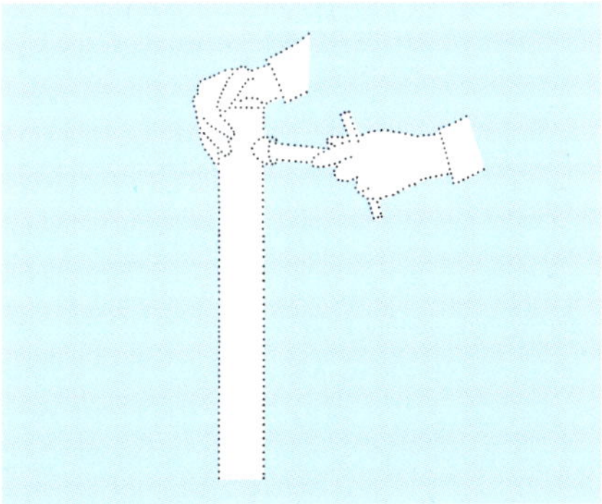

Zu VV 5.208
Sperrvorrichtungen

5.208 Sperrvorrichtungen:
Sperrvorrichtungen (z. B. Sperrbalken, Ketten, Sperrpfosten) sind in Zu- oder Durchfahrten zulässig, wenn sie Verschlüsse haben, die mit dem Schlüssel A für Überflurhydranten nach DIN 3223 oder mit einem Bolzenschneider geöffnet werden können.

5.209 Aufstellflächen auf dem Grundstück:
Aufstellflächen müssen mindestens 3 m breit und so angeordnet sein, dass alle Öffnungen in Fenstern, die als Rettungswege für Menschen dienen, von Hubrettungsfahrzeugen erreicht werden können.

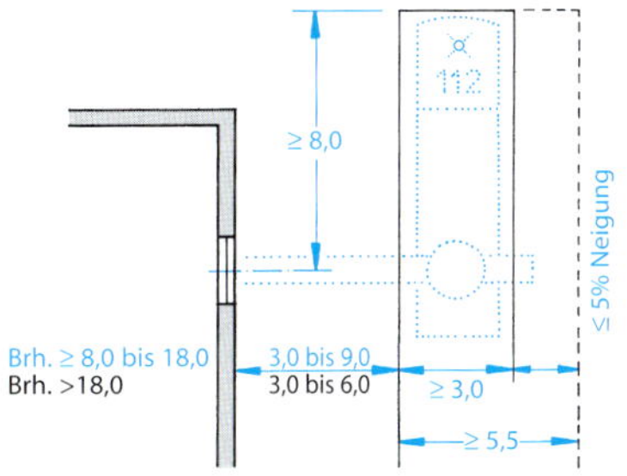

Zu VV 5.210
Aufstellflächen entlang der Außenwand

5.210 Aufstellflächen entlang der Außenwand:
Ist die nach § 5 Abs. 5 Satz 2 zu bemessende Aufstellfläche weniger als 5,5 m breit, so muss ein Geländestreifen entlang der dem Gebäude abgekehrten Außenseite der Aufstellfläche in solcher Breite frei von Hindernissen sein, dass Aufstellfläche und Geländestreifen zusammen mindestens 5,5 m breit sind. Fahrspuren und Aufstellflächen müssen eine auch im Winter jederzeit deutlich sichtbare Randbegrenzung erhalten. Die Aufstellfläche muss 8 m über die letzte anzuleiternde Stelle hinaus reichen.

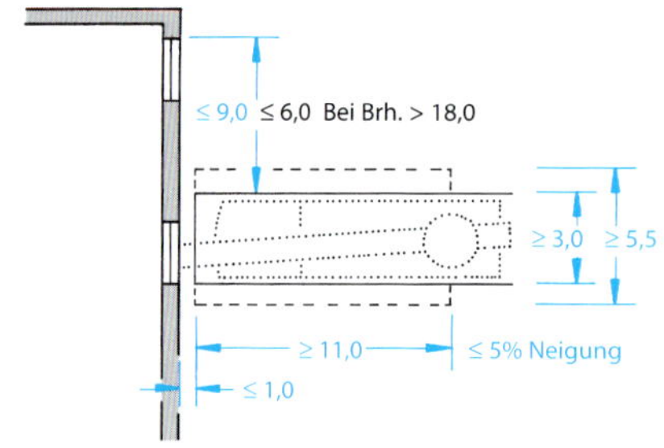

Zu VV 5.211
Aufstellflächen rechtwinklig zur Außenwand

5.211 Aufstellflächen rechtwinklig zur Außenwand:
Rechtwinklig oder annähernd im rechten Winkel auf die anzuleiternde Außenwand zugeführte Aufstellflächen dürfen keinen größeren Abstand als 1 m zur Außenwand haben. Die Entfernung zwischen der Außenkante der Aufstellflächen und der entferntesten seitlichen Begrenzung der anzuleiternden Fensteröffnung darf 9 m und bei Brüstungshöhe von mehr als 18 m 6 m nicht überschreiten. Ist die Aufstellfläche weniger als 5,5 m breit, so müssen beiderseits Geländestreifen in solcher Breite frei von Hindernissen sein, dass Aufstellfläche und Geländestreifen zusammen mindestens 5,5 m breit sind; die Geländestreifen müssen mindestens 11 m lang sein.

5.212 Freihalten des Anleiterbereichs:
Zwischen der anzuleiternden Außenwand und den Aufstellflächen dürfen sich keine den Einsatz von Hubrettungsfahrzeugen erschwerenden Hindernisse wie bauliche Anlagen oder Bäume befinden.

5.213 Neigungen der Aufstellflächen:
Aufstellflächen dürfen nicht mehr als 5 v. H. geneigt sein.

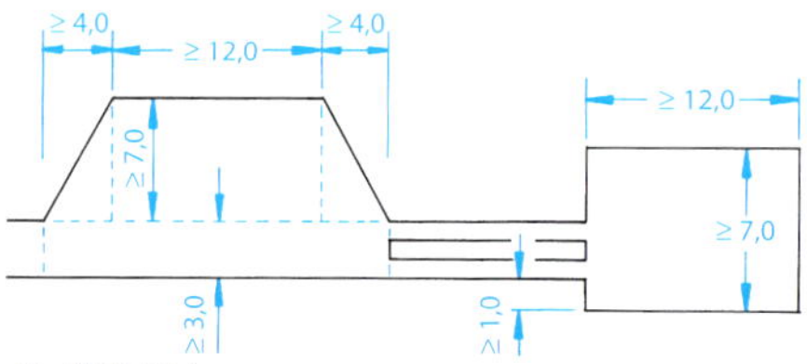

Zu VV 5.214
Mindestbewegungsflächen für die Feuerwehr

5.214 Größe der Bewegungsflächen:
Für jedes für den Feuerwehreinsatz erforderliche Feuerwehrfahrzeug ist eine Bewegungsfläche von mindestens 7 m × 12 m erforderlich. Zufahrten dürfen nicht gleichzeitig Bewegungsflächen sein. Vor und hinter Bewegungsflächen, die an weiterführenden Zufahrten liegen, sind mindestens 4 m lange Übergangsbereiche anzuordnen.

5.215 Die Anzahl der für den Feuerwehreinsatz erforderlichen Feuerwehrfahrzeuge richtet sich u. a. nach der Art und Nutzung des Gebäudes sowie nach seiner Anordnung auf dem Grundstück, aber auch nach der Ausrüstung der örtlichen Feuerwehr; sie kann von der Brandschutzdienststelle erfragt werden.

5 (3) (3) Eine andere Verbindung als nach den Absätzen 1 oder 2 kann gestattet werden, wenn dadurch der Einsatz der Feuerwehr nicht behindert wird. 5 (3)

5 (4) (4) Bei Gebäuden, die ganz oder mit Teilen mehr als 50 m von einer öffentlichen Verkehrsfläche entfernt sind, können Zufahrten oder Durchfahrten nach Absatz 2 zu den vor und hinter den Gebäuden gelegenen Grundstücksteilen verlangt werden. 5 (4)

5 (5) (5) Bei Gebäuden, bei denen die Oberkante der Brüstung notwendiger Fenster oder sonstiger zum Anleitern bestimmter Stellen mehr als 8 m über dem Gelände liegt, muss mindestens eine Außenwand mit notwendigen Fenstern oder den zum Anleitern bestimmten Stellen für Feuerwehrfahrzeuge auf einer befahrbaren Fläche erreichbar sein. Diese Fläche muss ein Aufstellen von Hubrettungsfahrzeugen in einem Abstand von mindestens 3 m und höchstens 9 m, bei mehr als 18 m Brüstungshöhe in einem Abstand von höchstens 6 m von der Außenwand ermöglichen; größere Abstände können gestattet werden, wenn Bedenken wegen des Brandschutzes nicht bestehen. Ist eine Rettung von Menschen außer über den Treppenraum nur von einer bestimmten Gebäudeseite aus möglich, so kann verlangt werden, dass die befahrbare Fläche an dieser Gebäudeseite anzulegen ist. 5 (5)

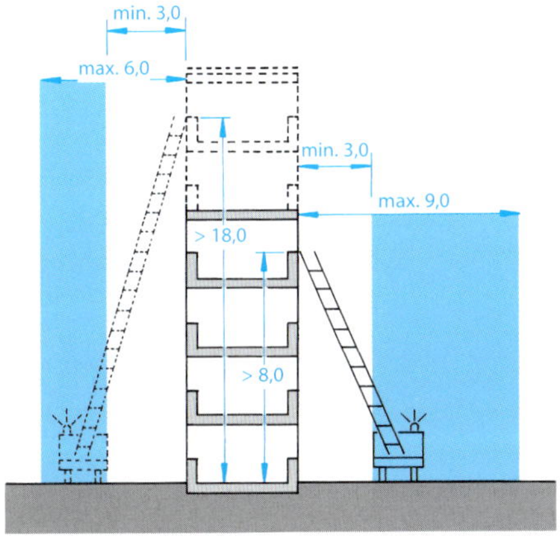

Zu § 5 (5)
Abstände zum Anleitern

5 (6) (6) Die Zu- und Durchfahrten nach Absatz 2 sowie die befahrbaren Flächen nach Absatz 5 dürfen nicht durch Einbauten eingeengt werden und sind ständig freizuhalten sowie zu kennzeichnen. Sie müssen für Feuerwehrfahrzeuge ausreichend befestigt und tragfähig sein. Die befahrbaren Flächen nach Absatz 5 müssen nach oben offen sein. Kraftfahrzeuge dürfen in den Zu- und Durchfahrten nach Absatz 2 sowie auf den befahrbaren Flächen nach Absatz 5 nicht abgestellt werden.

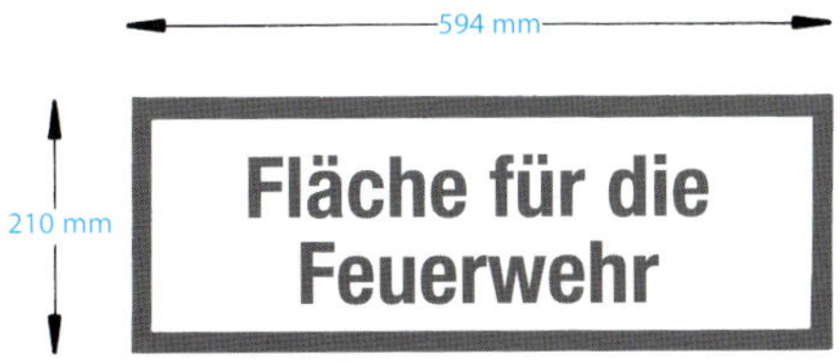

Zu VV 5.6
Hinweisschilder

5.6 Zu Absatz 6 5 (6)

Da Verstöße gegen das Verbot des Satzes 4 wegen der damit verbundenen Gefahr für die öffentliche Sicherheit in der Regel unverzüglich beseitigt werden müssen, werden die dazu erforderlichen Maßnahmen häufig im Wege der Eilzuständigkeit (§ 6 OBG) von der örtlichen Ordnungsbehörde, der Feuerwehr oder der Polizeibehörde getroffen.
Bußgelder wegen Verstoßes gegen das in Satz 4 geregelte Verbot werden von der örtlichen Ordnungsbehörde verhängt (§ 84 Abs. 5 in Verbindung mit § 84 Abs. 1 Nr. 1).

§ 6 Abstandflächen

6 (1) (1) Vor den Außenwänden von Gebäuden sind Abstandflächen von oberirdischen Gebäuden freizuhalten. Innerhalb der überbaubaren Grundstücksfläche ist eine Abstandfläche nicht erforderlich gegenüber Grundstücksgrenzen,

a) gegenüber denen nach planungsrechtlichen Vorschriften ohne Grenzabstand oder mit geringerem Grenzabstand als nach den Absätzen 5 und 6 gebaut werden muss oder

b) gegenüber denen nach planungsrechtlichen Vorschriften ohne Grenzabstand gebaut werden darf, wenn gesichert ist, dass auf dem Nachbargrundstück ohne Grenzabstand gebaut wird.

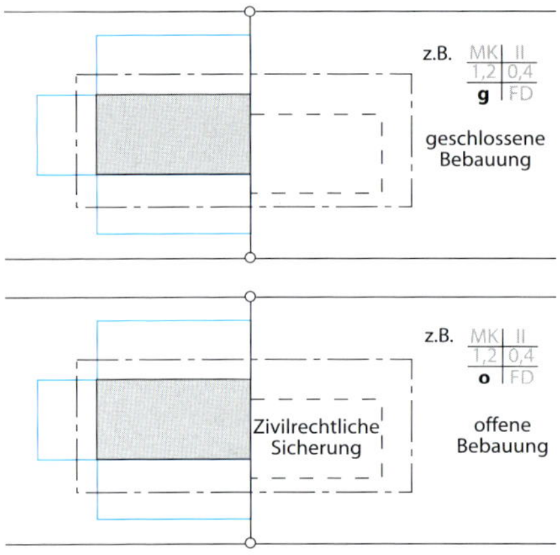

Zu § 6 (1)
Bauen ohne Grenzabstand

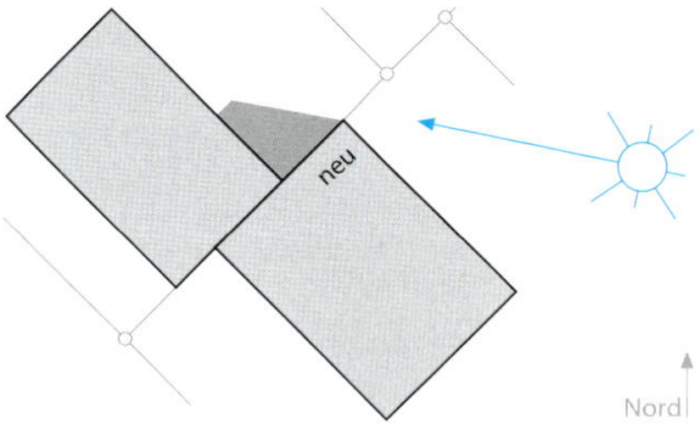

Zu § 6 (1)
Rücksicht nehmen!

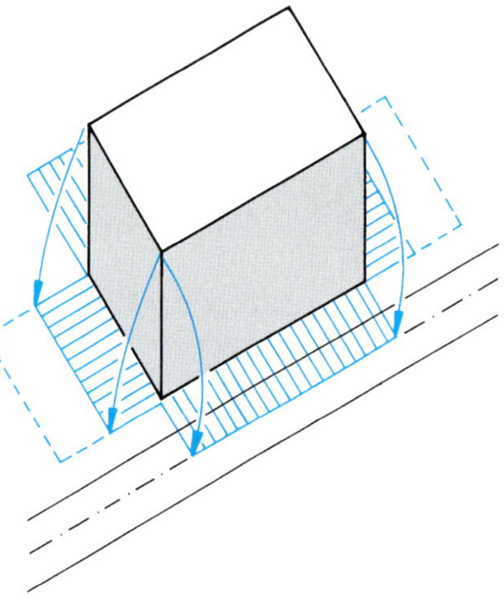

Zu § 6
Prinzip Abstandflächen

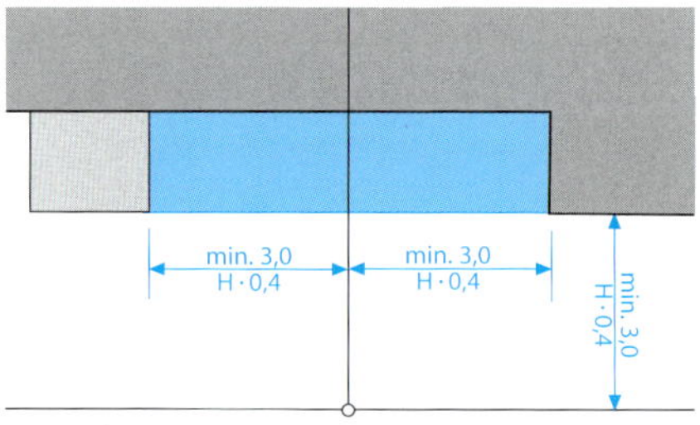

Zu § 6 (1)
Vorspringende Bauteile mit Abstand

6.1 Zu Absatz 1 6 (1)

Vor Anwendung der Vorschrift ist die planungsrechtliche Zulässigkeit des Vorhabens festzustellen. Dabei ist auch das Gebot der Rücksichtnahme (§ 15 BauNVO) zu beachten (OVG NRW, Beschluss vom 24.4.1995; BauR 96, 88).

Autorenhinweis zu Abs. 1

Gegenüber einer Grundstücksgrenze, an der eine bauliche Anlage nach planungsrechtlichen Vorschriften ohne Grenzabstand errichtet werden muss oder darf, kann eine Abstandfläche nicht eingehalten werden, sie löst also zu dieser Grenze keine Abstandfläche aus.

Satz 2 a) regelt, dass dieser Grundsatz auch gilt, wenn nach planungsrechtlichen Vorschriften mit einem geringeren Abstand als nach Abs. 5 und 6 gebaut werden muss. Vorspringende Bauteile, die nicht ohne Grenzabstand errichtet werden, wie Treppenräume, Balkone, Altane, Dachterrassen, Zwerchgiebel oder Dachaufbauten, soweit sie nicht Teil des Daches sind, lösen aber eine seitliche Abstandfläche aus, sofern sie nicht unter die erleichternde Vorschrift des Abs. 7 fallen.

Satz 2 b) regelt, dass gegenüber einer Grundstücksgrenze, für die es keine eindeutigen Festsetzungen hinsichtlich der Grenzbebauung gibt, nur dann ohne Grenzabstand gebaut werden darf, wenn sich der Nachbar vertraglich verpflichtet, ebenfalls ohne Grenzabstand zu bauen bzw. in den betroffenen Teilbereichen eine Abstandfläche einzuhalten. Eine öffentliche Sicherung durch eine Baulast ist nicht mehr erforderlich. Wird aber eine Sicherung durch Baulasteintragung beantragt, hat die Bauaufsichtsbehörde eine entsprechende Eintragung vorzunehmen.

6 (2) (2) Die Abstandflächen müssen auf dem Grundstück selbst liegen. Sie dürfen auch auf öffentlichen Verkehrsflächen, öffentlichen Grünflächen und öffentlichen Wasserflächen liegen, jedoch nur bis zu deren Mitte. Abstandflächen dürfen sich ganz oder teilweise auf andere Grundstücke erstrecken, wenn durch Baulast gesichert ist, dass sie nur mit in der Abstandfläche zulässigen baulichen Anlagen überbaut werden und auf die auf diesen Grundstücken erforderlichen Abstandflächen nicht angerechnet werden.

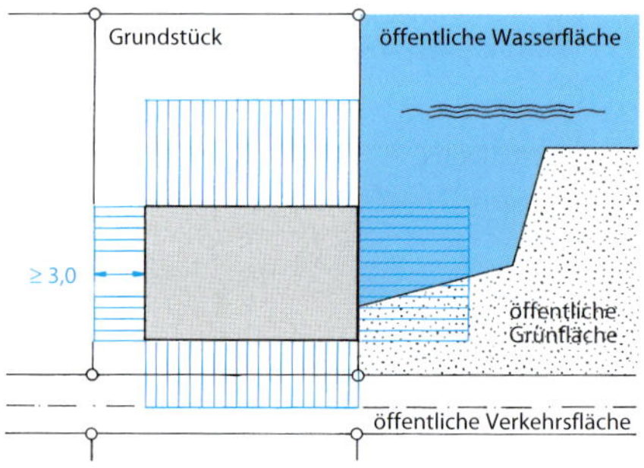

Zu § 6 (2)
Abstandflächen

Autorenhinweis zu Abs. 2 6 (2)

Satz 2 regelt, dass Abstandflächen auch auf ein Nachbargrundstück übernommen werden können, wenn eine entsprechende öffentlich-rechtliche Sicherung vorliegt. Für die Baulasteintragung muss aber ein öffentliches Interesse vorliegen, z. B. eine konkrete Bauabsicht.

6 (3) (3) Die Abstandflächen dürfen sich nicht überdecken; dies gilt nicht für

1. Außenwände, die in einem Winkel von mehr als 75° zueinander stehen,
2. Außenwände zu einem fremder Sicht entzogenen Gartenhof bei Wohngebäuden mit nicht mehr als zwei Wohnungen und
3. Gebäude und andere bauliche Anlagen, die in den Abstandflächen zulässig sind oder gestattet werden.

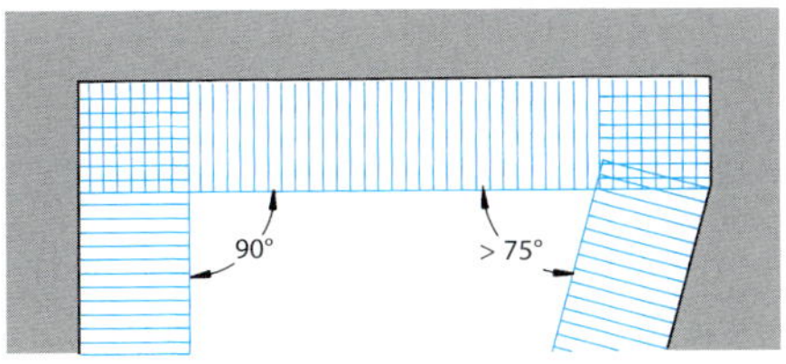

Zu § 6 (3)
Zulässige Überdeckungen der Abstandflächen

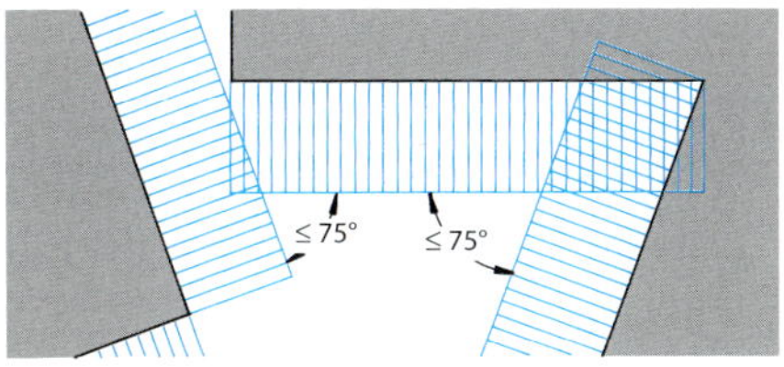

Zu § 6 (3)
Unzulässige Überdeckungen der Abstandflächen 6 (3)

6 (4) (4) Die Tiefe der Abstandfläche bemisst sich nach der Wandhöhe; sie wird senkrecht zur Wand gemessen. Als Wandhöhe gilt das Maß von der Geländeoberfläche bis zur Schnittlinie der Wand mit der Dachhaut oder bis zum oberen Abschluss der Wand. Besteht eine Außenwand aus Wandteilen unterschiedlicher Höhe, so ist die Wandhöhe je Wandteil zu ermitteln. Bei geneigter Geländeoberfläche ist die im Mittel gemessene Wandhöhe maßgebend; diese ergibt sich aus den Wandhöhen an den Gebäudekanten oder den vertikalen Begrenzungen der Wandteile. Abgrabungen, die der Belichtung oder dem Zugang oder der Zufahrt zu einem Gebäude dienen, bleiben bei der Ermittlung der Abstandfläche außer Betracht, auch soweit sie nach § 9 Abs. 3 die Geländeoberfläche zulässigerweise verändern.

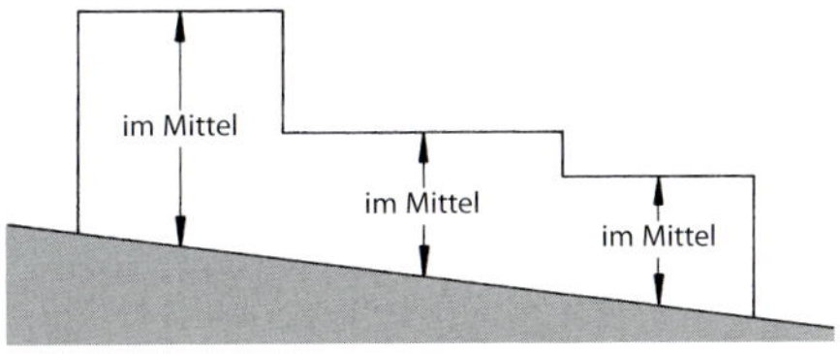

Zu § 6 (4)
Wandteile unterschiedlicher Höhe, geneigte Geländeoberfläche

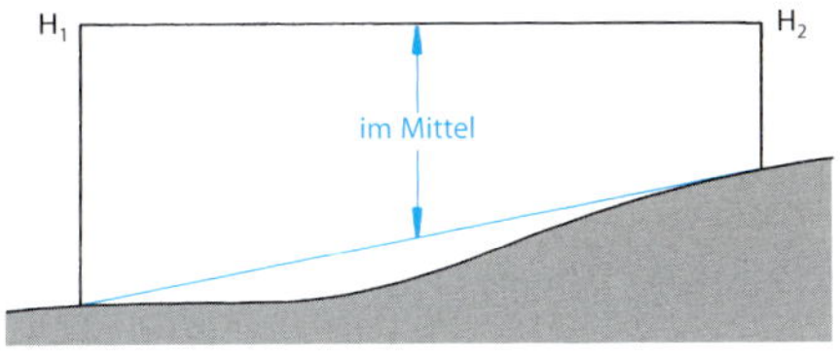

Zu § 6 (4)
Wandhöhe im Mittel

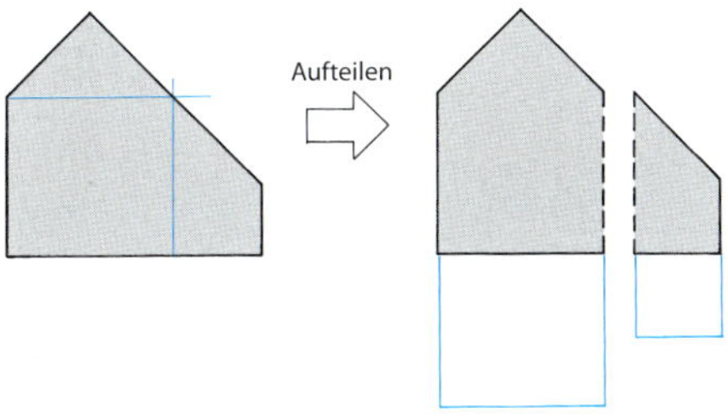

Zu VV 6.4
Asymmetrische Giebelflächen

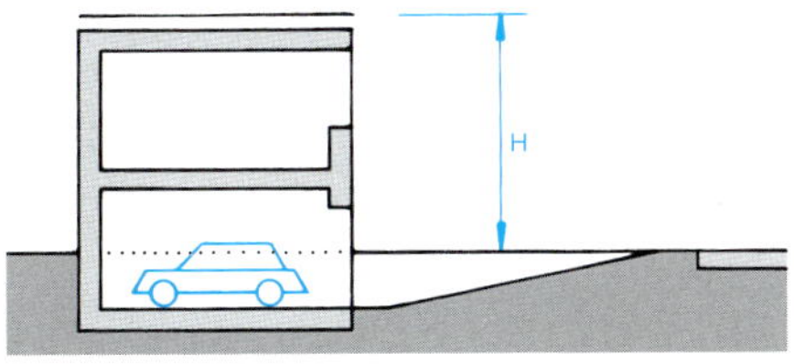

Zu § 6 (4)
Abgrabungen

6.4 Zu Absatz 4 6 (4)

Eine Außenwand besteht dann aus unterschiedlichen Wandteilen, wenn die Wandteile sich entweder in ihrer Höhe klar voneinander unterscheiden oder durch Vor- oder Rücksprünge deutlich erkennbar sind. In diesen Fällen kann davon ausgegangen werden, dass sie unterschiedlich auf Nachbargrenzen oder andere Gebäude einwirken. In der Regel ist bei Vor- oder Rücksprüngen von mehr als 1 m davon auszugehen, dass unterschiedliche Wandteile derselben Außenwand vorliegen; Stufengiebel sind unter den vorgenannten Voraussetzungen z. B. einheitlich zu betrachten.

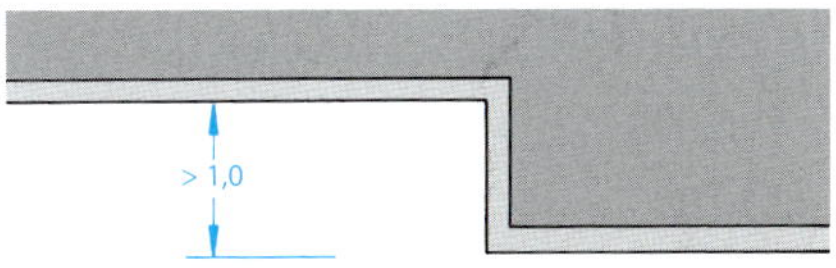

Zu VV 6.4
Unterschiedliche Wandteile derselben Außenwand

Autorenhinweis zu Abs. 4

Mit Satz 4 ist festgelegt, dass durch die aufgeführten Abgrabungen keine Vergrößerung der Abstandfläche entsteht. Eine Änderung der natürlichen Geländeoberfläche kann nur von der Bauaufsichtsbehörde festgelegt und darf nicht zur Veränderung der Abstandfläche vorgenommen werden, sie muss vielmehr gem. § 9 Abs. 3 sachlich begründet sein.

Zur Wandhöhe werden hinzugerechnet:

1. voll die Höhe von

– Dächern und Dachteilen mit einer Dachneigung von mehr als 70°,

– Giebelflächen im Bereich dieser Dächer und Dachteile, wenn beide Seiten eine Dachneigung von mehr als 70° haben,

2. zu einem Drittel die Höhe von

– Dächern und Dachteilen mit einer Dachneigung von mehr als 45°,

– Dächern mit Dachgauben oder Dachaufbauten, deren Gesamtbreite je Dachfläche mehr als die Hälfte der darunter liegenden Gebäudewand beträgt,

– Giebelflächen im Bereich von Dächern und Dachteilen, wenn nicht beide Seiten eine Dachneigung von mehr als 70° haben.

Das sich ergebende Maß ist H.

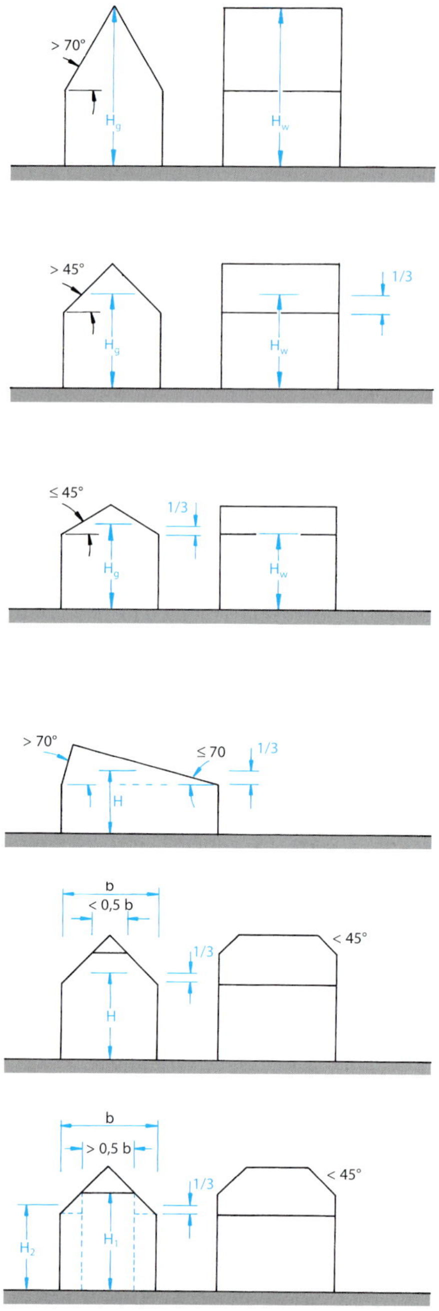

Zu § 6 (4)
Bestimmung des Maßes H

6.4 Zu Absatz 4

Die Abstandflächen auch vor Giebeln oder Giebelseiten mit Ortgängen sind stets Rechtecke. Vor Giebeln oder Giebelseiten mit Ortgängen ergibt sich das Maß H aus der Wandhöhe und der Teilgiebelfläche im Bereich des Daches. Die Wandhöhe wird – wie an der Traufseite – bis zum Schnittpunkt der Wand mit der Dachhaut gemessen; die oberhalb der Wandhöhe liegende Teilgiebelfläche ist die „Giebelfläche im Bereich des Daches oder der Dachteile". Bei Giebeln mit unterschiedlichen Wandhöhen ist die gesamte Giebelfläche in Wand abschnitte mit zugehörigen Teilgiebelflächen aufzuteilen. Die Wandabschnitte entstehen, indem durch den Schnittpunkt der höheren Wand mit der Dachhaut eine Horizontale und durch deren Schnittpunkt mit der gegenüberliegenden Dachhaut eine Vertikale bis zur Geländeoberfläche gezogen wird. Für jeden der beiden Wandabschnitte mit zugehöriger Teilgiebelfläche ist das Maß H und mithin die jeweilige Tiefe der Abstandfläche getrennt zu ermitteln. Die daraus resultierenden Abstandflächen gelten für den jeweiligen Wandabschnitt.

Autorenhinweis zu Abs. 4

Dachaufbauten, die nicht Teil des Daches sind, also als vom Dach losgelöste selbstständige Bauteile zu werten sind, lösen Abstandflächen nach § 6 aus.

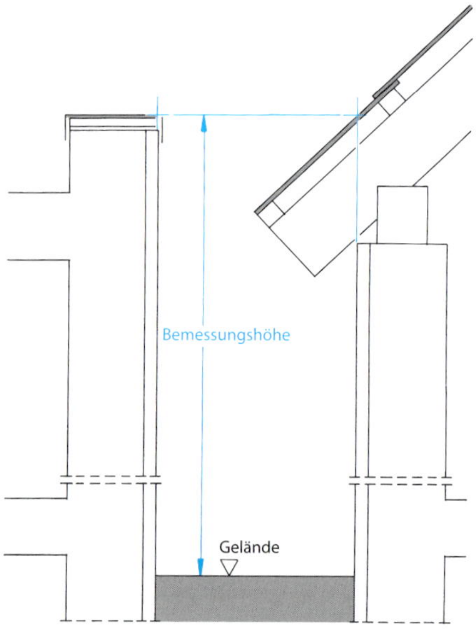

Zu § 6 (4)
Wandhöhe

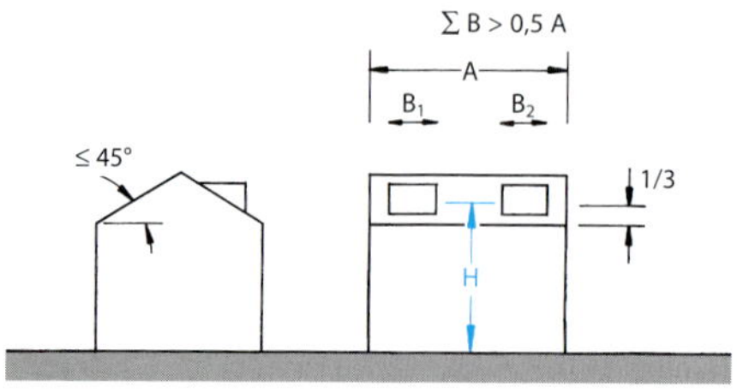

Zu § 6 (4)
Bestimmung des Maßes H mit Dachaufbauten

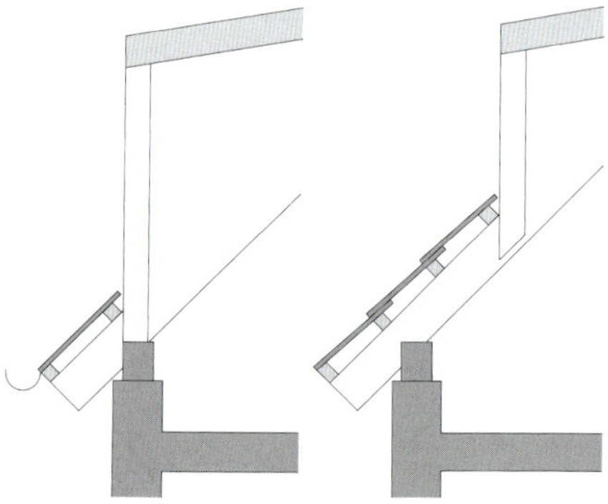

Zu § 6 (4)
Zwerchgiebel und Dachgauben

6 (5) (5) Die Tiefe der Abstandflächen beträgt, soweit in einer örtlichen Bauvorschrift nach § 86 Abs. 1 Nr. 6 nichts anderes bestimmt ist, 6 (5)

- 0,8 H,
- 0,5 H in Kerngebieten,
- 0,25 H in Gewerbegebieten und Industriegebieten.

Zu öffentlichen Verkehrsflächen, öffentlichen Grünflächen und öffentlichen Wasserflächen beträgt die Tiefe der Abstandfläche

- 0,4 H,
- 0,25 H in Kerngebieten, Gewerbegebieten und Industriegebieten.

In Sondergebieten können geringere Tiefen der Abstandflächen gestattet werden, wenn die Nutzung des Sondergebiets dies rechtfertigt. Zu angrenzenden anderen Baugebieten gilt die jeweils größere Tiefe der Abstandfläche. In allen Fällen muss die Tiefe der Abstandflächen mindestens 3 m betragen. Absatz 16 bleibt unberührt.

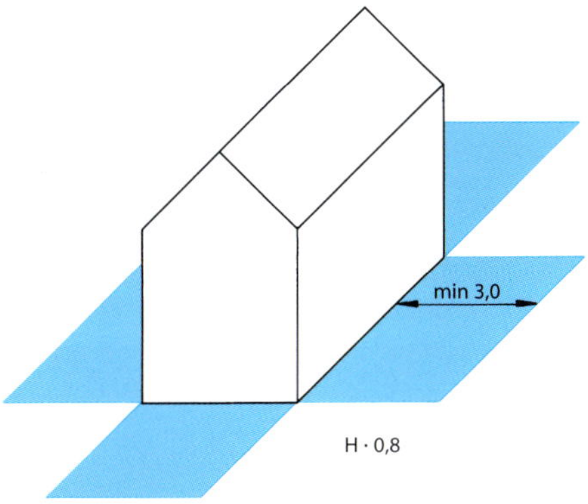

Zu § 6 (5)
Abstandfläche allgemein

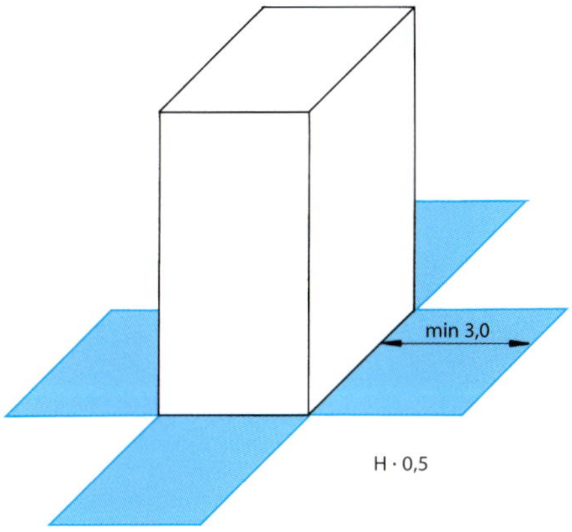

Zu § 6 (5)
Abstandfläche in Kerngebieten

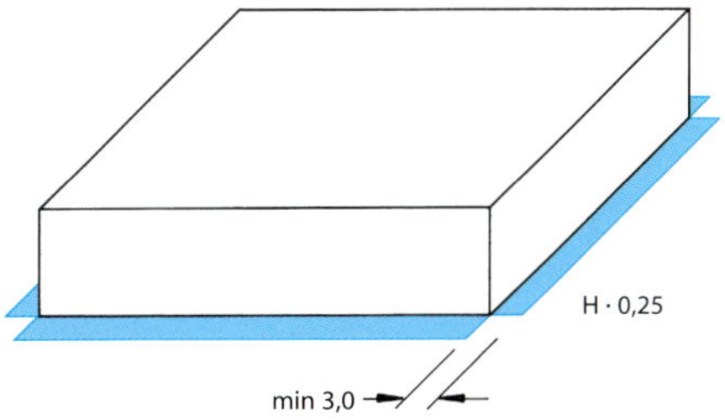

Zu § 6 (5)
Abstandfläche in Gewerbe- und Industriegebieten

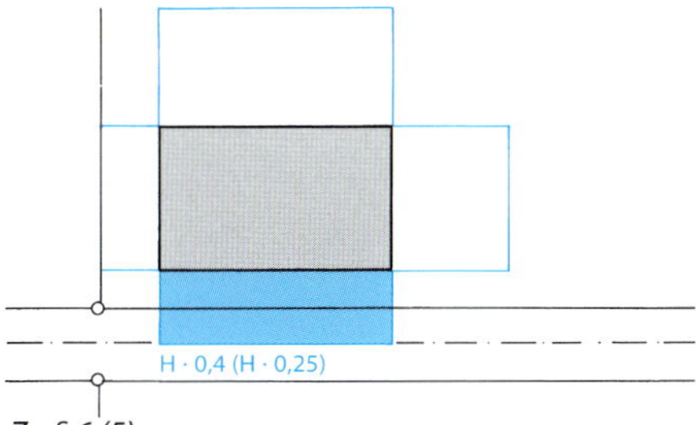

Zu § 6 (5)
Abstandfläche zur öffentlichen Verkehrsfläche

6 (6) (6) Auf einer Länge der Außenwände und von Teilen der Außenwände von nicht mehr als 16 m genügt gegenüber jeder Grundstücksgrenze und gegenüber jedem Gebäude auf demselben Grundstück als Tiefe der Abstandflächen 0,4 H, in Kerngebieten 0,25 H, mindestens jedoch 3 m. Bei hintereinander liegenden Außenwänden wird nur die Außenwand mit der größten Länge auf die Länge nach Satz 1 angerechnet.

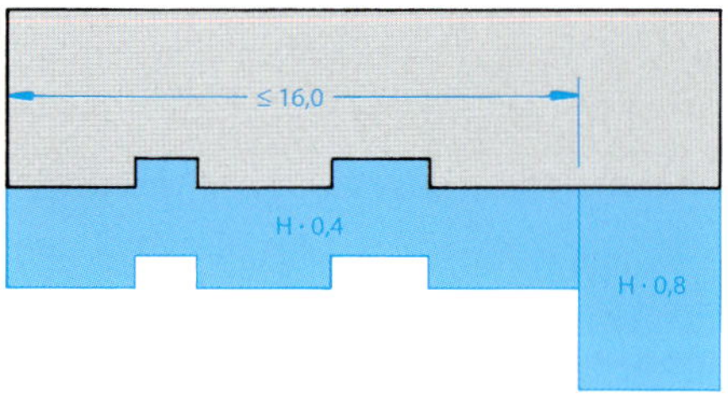

Zu § 6 (6)
Vor mehreren Wänden zusammenhängende reduzierte Abstandfläche

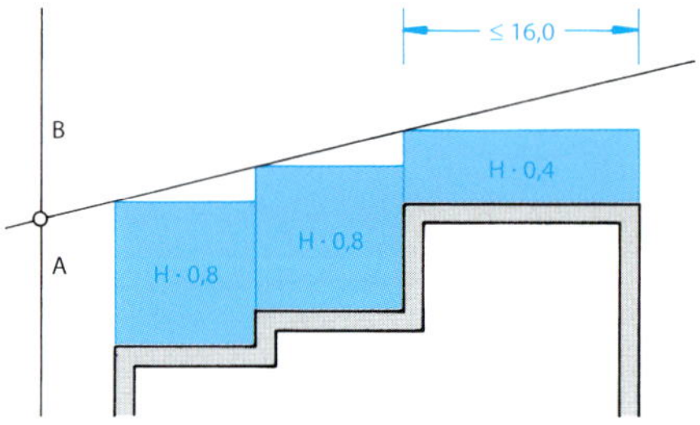

Zu § 6 (6)
Aufteilung der reduzierten Abstandfläche nicht möglich

Autorenhinweis zu Abs. 6 6 (6)

Gegenüber einer Grundstücksgrenze kann nach Abs. 6 die auf 0,4 H bzw. 0,25 H reduzierte Tiefe der Abstandfläche auch für mehrere Wände in Anspruch genommen werden, sofern die Längen dieser Wände zusammengenommen die Obergrenze von 16 m nicht überschreiten. Eine Aufteilung der reduzierten Abstandfläche in mehrere verschiedene Abschnitte ist nicht möglich. Für Wandabschnitte, die das Höchstmaß von 16 m überschreiten, muss eine Abstandfläche nach Abs. 5 eingehalten werden.

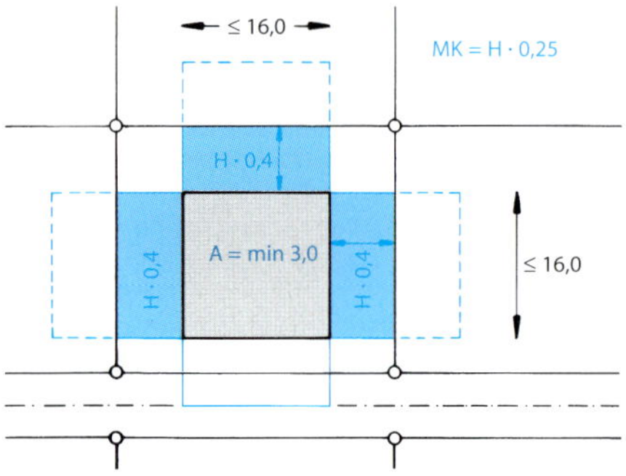

Zu § 6 (6)
Vor Wänden bis zu 16 m reduzierte Abstandfläche

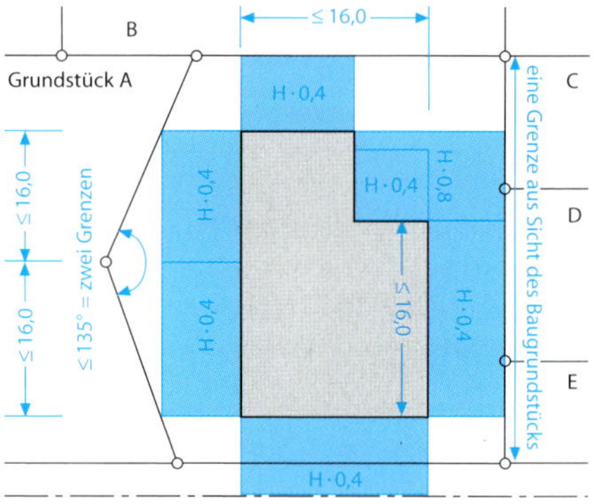

Zu § 6 (6)
Abstandfläche gegenüber jeder Grundstücksgrenze aus Sicht des Baugrundstücks

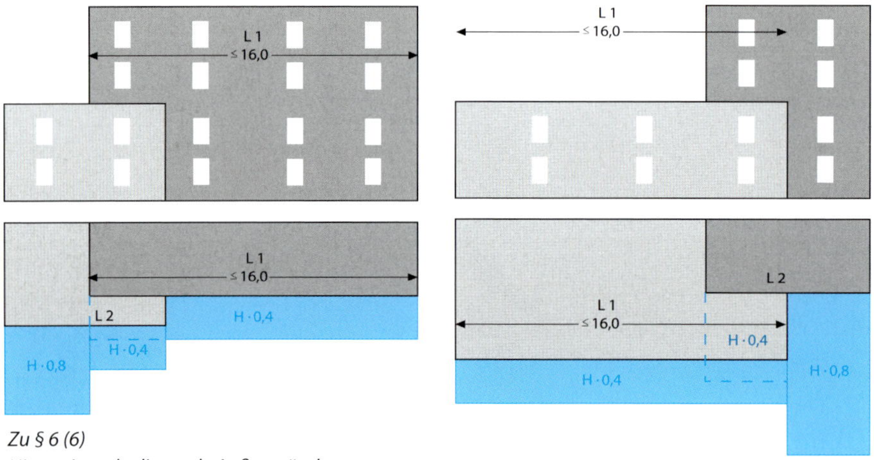

Zu § 6 (6)
Hintereinander liegende Außenwände

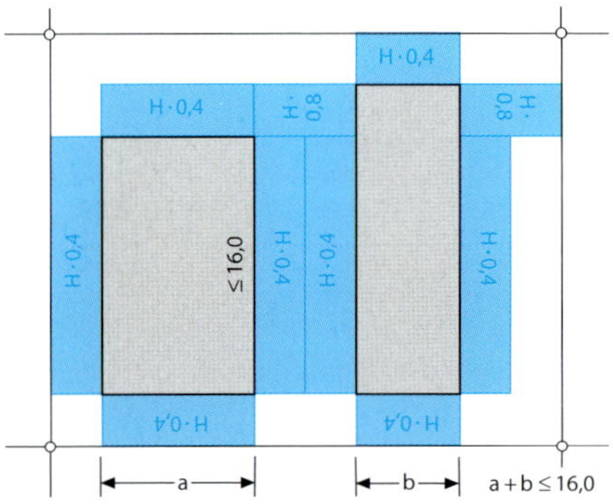

Zu § 6 (6)
Wände von Gebäuden auf demselben Grundstück

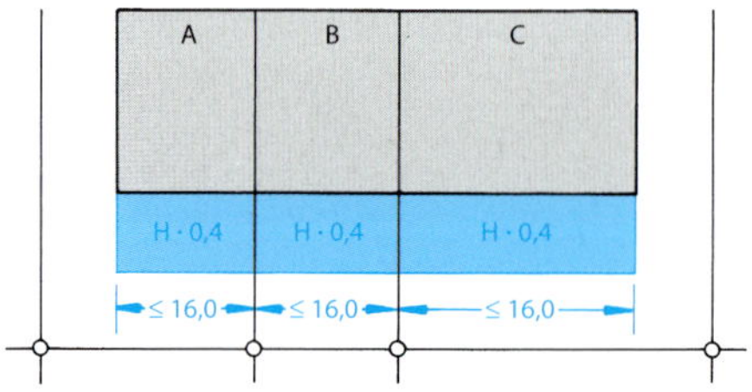

Zu § 6 (6)
Wände von Gebäuden auf verschiedenen Grundstücken

Die Länge der Wände von Gebäuden auf verschiedenen Grundstücken wird nicht addiert. Die reduzierten Abstandflächen können daher auch vor den Rückseiten von Doppelhäusern, Hausgruppen oder Reihenhäusern in Anspruch genommen werden. Allerdings nur, wenn die einzelnen Außenwände der Gebäude das Höchstmaß von 16 m zur gegenüberliegenden Grenze nicht überschreiten und die planungsrechtliche Zulässigkeit nicht entgegen steht.

6 (7) (7) Bei der Bemessung der Abstandfläche bleiben außer Betracht, wenn sie nicht mehr als 1,50 m vor die jeweilige Außenwand vortreten,

1. das Erdgeschoss erschließende Hauseingangstreppen und ihre Überdachungen, wenn sie von den gegenüberliegenden Nachbargrenzen mindestens 1,50 m entfernt sind,
2. untergeordnete Bauteile wie Gesimse, Dachvorsprünge und Terrassenüberdachungen, wenn sie von den gegenüberliegenden Nachbargrenzen mindestens 2 m entfernt sind, und
3. Vorbauten wie Erker, Balkone, Altane, Treppenräume und Aufzugsschächte, wenn sie insgesamt nicht mehr als ein Drittel der Breite der jeweiligen Außenwand in Anspruch nehmen und sie von den gegenüberliegenden Nachbargrenzen mindestens 3 m entfernt sind.

Bei der Ermittlung des Maßes nach Satz 1 bleiben Loggien außer Betracht.

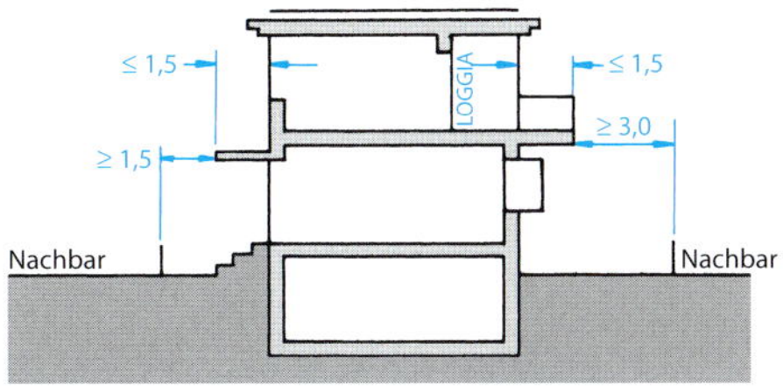

Zu § 6 (7)
Untergeordnete Bauteile und Vorbauten

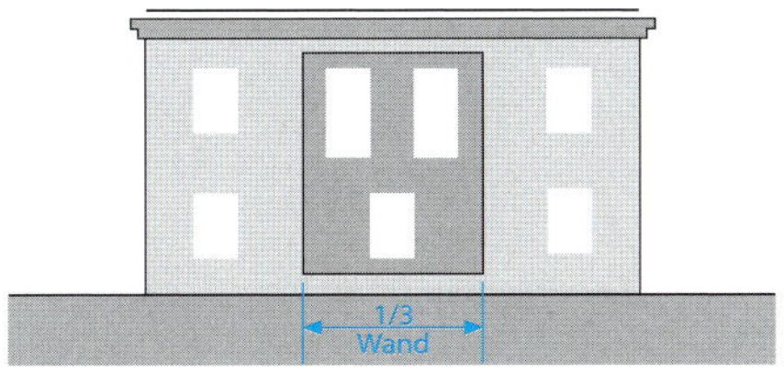

Zu § 6 (7)
Vorbauten an Außenwand

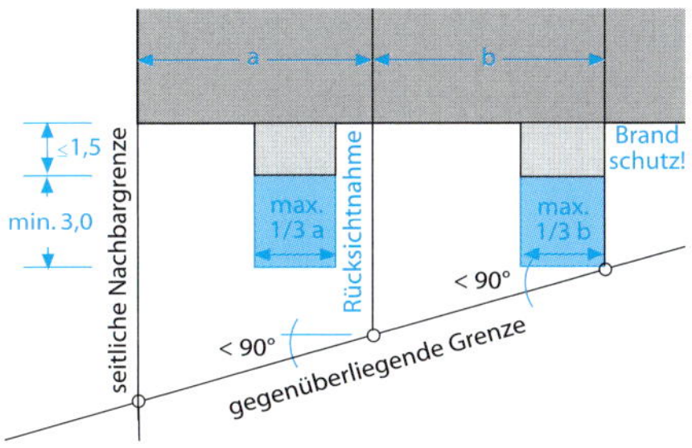

Zu § 6 (7)
Abstand zu Grundstücksgrenzen

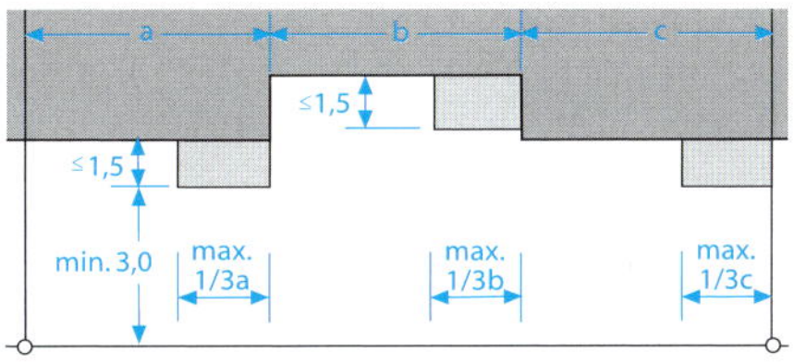

Zu § 6 (7)
Vorbauten je Wandabschnitt

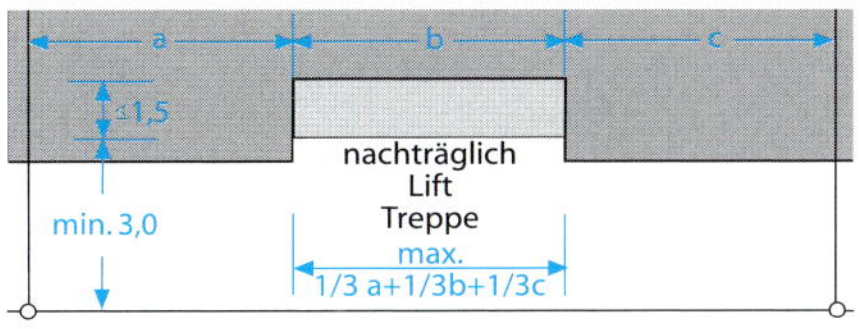

Zu § 6 (7)
Mehrere Wandabschnitte zusammenfassen nur als Abweichung nach § 73 genehmigungsfähig

Autorenhinweis zu Abs. 7 6 (7)

Von seitlichen Nachbargrenzen müssen diese Vorbauten keinen Abstand einhalten, aber die nachbarschützenden Belange sind zu beachten, z. B. Brandschutz.

Definition Altane:

Altane sind in den Obergeschossen ins Freie führende Plattformen, die offen oder überdeckt von Mauern, Pfeilern oder Säulen gestützt werden (vgl. Brockhaus Enzyklopädie, 21. Auflage, 2006).

Autorenhinweis zu Abs. 7

Dacheinschnitte gelten nicht als Loggien, sondern in der Regel als Dachterrassen, vor denen keine Vorbauten gem. Nr. 3 ohne eigene Abstandfläche zulässig sind. Dachterrassen und Balkone als selbstständige Bauteile vor zurückgesetzten Dachgeschossen können unter die zulässige Regelung fallen, wenn sie die in Nr. 3 aufgeführten Voraussetzungen erfüllen.

Treppenräume und Aufzugsschächte können sich als vorspringende Bauteile über die gesamte Höhe der Außenwand erstrecken. Damit soll dem öffentlichen Interesse entsprochen werden, die barrierefreie Nutzung und die Verbesserung der Sicherheit von Gebäuden auch durch nachträgliche Maßnahmen zu ermöglichen. Das Gebot der nachbarlichen Rücksichtnahme ist zu beachten.

6 (8) (8) aufgehoben 6 (8)

6 (9) (9) aufgehoben 6 (9)

6 (10) (10) Gegenüber Gebäuden und Grundstücksgrenzen gelten die Absätze 1 bis 7 entsprechend für Anlagen, die nicht Gebäude sind,

1. soweit sie höher als 2 m über der Geländeoberfläche sind und von ihnen Wirkungen wie von Gebäuden ausgehen oder
2. soweit sie höher als 1 m über der Geländeoberfläche sind und dazu geeignet sind, von Menschen betreten zu werden.

Für Windenergieanlagen gelten die Absätze 4 bis 7 nicht. Bei diesen Anlagen bemisst sich die Tiefe der Abstandfläche nach der Hälfte ihrer größten Höhe. Die größte Höhe errechnet sich bei Anlagen mit Horizontalachse aus der Höhe der Rotorachse über der geometrischen Mitte des Mastes zuzüglich des Rotorradius. Die Abstandfläche ist ein Kreis um den geometrischen Mittelpunkt des Mastes.

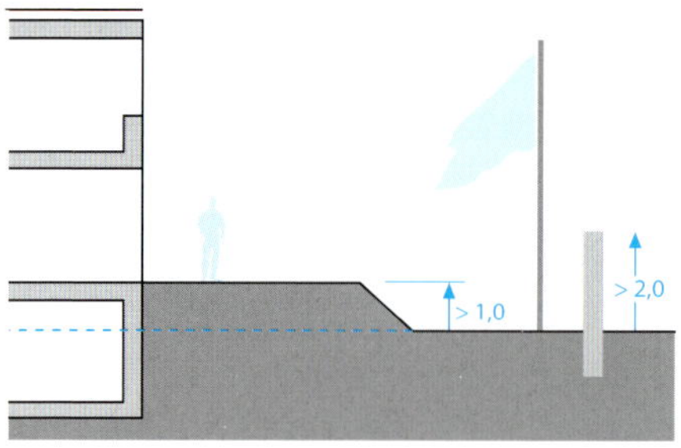

Zu § 6 (10)
Betretbare und nicht betretbare Anlagen

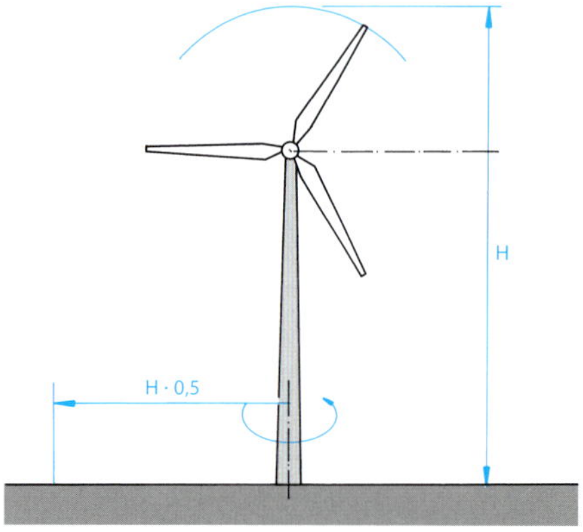

Zu § 6 (10)
Windenergieanlagen

Autorenhinweis zu Abs. 10 6 (10)

Anlagen, von denen keine Wirkungen wie von einem Gebäude ausgehen, können z. B. sein:

- schlanke Schornsteine, Abgasleitungen und Pergolen,
- Metallgittermasten mit einer Basisabmessung von nicht mehr als 1,5 m × 1,5 m und
- Metallrohr- und Betonrundmasten mit einem Basisdurchmesser von nicht mehr als 1 m, auch auf einem Fundament von nicht mehr als 1 m Höhe.

Betretbare Anlagen im Sinne dieser Bestimmung sind z. B. Aufschüttungen von Gartenflächen oder (nicht überdachte) Terrassen. Nicht betretbare Anlagen sind z. B. Einfriedungen.

6 (11) (11) Gebäude mit einer mittleren Wandhöhe bis zu 3 m über der Geländeoberfläche an der Grenze, die als Garage, Gewächshaus oder zu Abstellzwecken genutzt werden, sind ohne eigene Abstandflächen sowie in den Abstandflächen eines Gebäudes zulässig

- ohne Öffnungen in den der Nachbargrenze zugekehrten Wänden,
- einschließlich darauf errichteter untergeordneter Anlagen zur Gewinnung von Solarenergie und Antennenanlagen jeweils bis zu 1,5 m Höhe,
- auch, wenn sie nicht an die Grundstücksgrenze oder an ein Gebäude angebaut werden,
- auch, wenn das Gebäude über einen Zugang zu einem anderen Gebäude verfügt.

Absatz 4 gilt nicht. Die Höhe von Giebelflächen ist bei der Berechnung der mittleren Wandhöhe zu berücksichtigen. Die Höhe von Dächern und Dach-

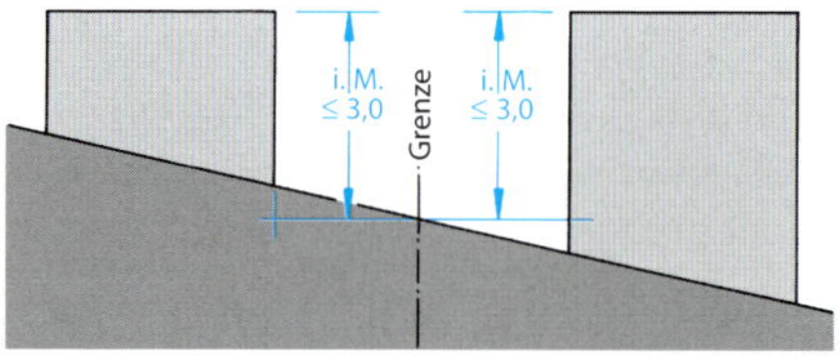

Zu § 6 (11)
Höhe an der Grenze

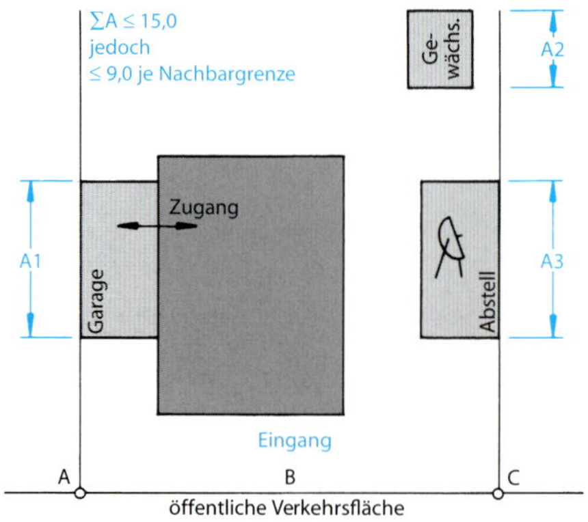

Zu § 6 (11)
Gebäude in Abstandflächen, ohne eigene Abstandflächen

Autorenhinweis zu Abs. 11 6 (11)

Die mittlere Wandhöhe der in Abs. 11 genannten Gebäude darf an der Grenze nicht mehr als 3 m über der Geländeoberfläche betragen. Werden die Gebäude mit Grenzabstand errichtet, so wird ihre Höhe auf die Geländeoberfläche an der Grenze projiziert. Die Höhe von Dächern mit mehr als 30° Dachneigung ist der mittleren Wandhöhe hinzuzurechnen.
Anlagen zur Gewinnung von Solarenergie und Antennenanlagen müssen bezogen auf die genannten Gebäude untergeordnet sein.

Der Zugang zu einer Grenzgarage nach Abs. 11 darf nicht als Eingang zu einem Wohnhaus dienen.

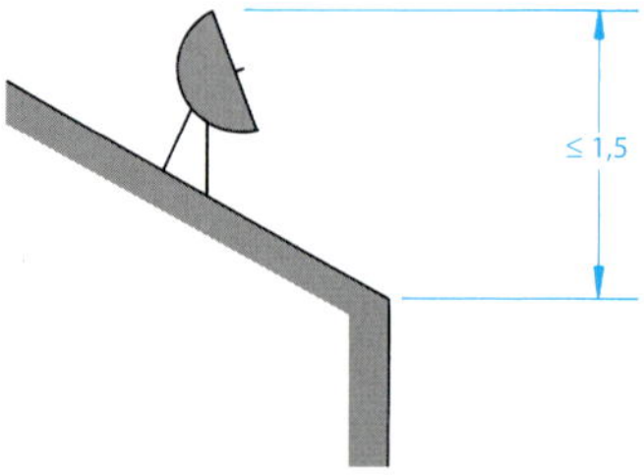

Zu § 6 (11)
Parabolantenne

teilen mit einer Dachneigung von mehr als 30° wird der mittleren Wandhöhe hinzugerechnet.

Die Gesamtlänge der Bebauung nach Satz 1 darf je Nachbargrenze 9 m und auf einem Grundstück zu allen Nachbargrenzen insgesamt 15 m nicht überschreiten.

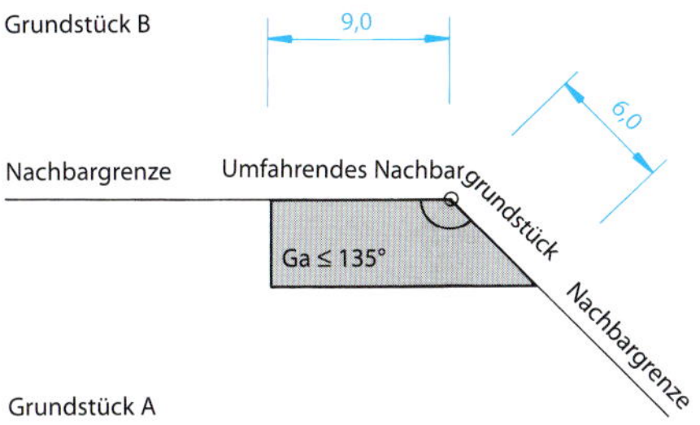

Zu § 6 (11)
Ein Nachbargrundstück umschließt zwei Grenzen des zu bebauenden Grundstücks

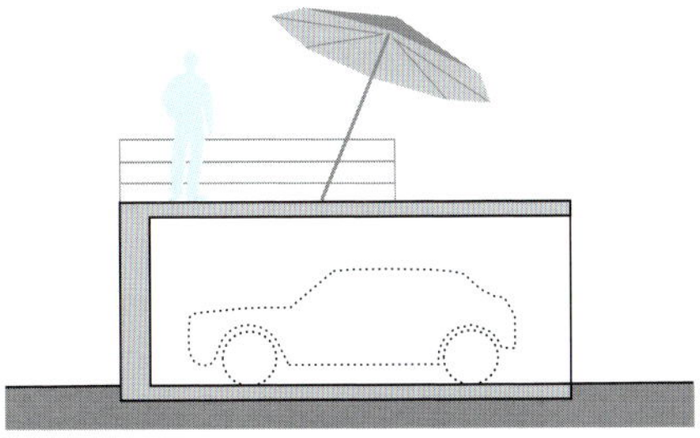

Zu § 6 (11)
Bei auch teilweiser anderer Nutzung entfällt die Privilegierung.

Autorenhinweis zu Abs. 11

Die Längenangaben für die genannten Gebäude beziehen sich nur auf Nachbargrenzen. Grenzen zu öffentlichen Flächen werden nicht angerechnet.

Die Aufstellung von Feuerstätten und Wärmepumpen in Garagen oder zu Abstellzwecken genutzten Räumen regelt die Feuerungsverordnung (FeuVO) NRW.

6 (12) (12) aufgehoben 6 (12)

6 (13) (13) Liegen sich Wände desselben Gebäudes oder Wände von Gebäuden auf demselben Grundstück gegenüber, so können geringere Abstandflächen als nach den Absätzen 5 und 6 gestattet werden, wenn die Belichtung der Räume nicht wesentlich beeinträchtigt wird. 6 (13)

6 (14) (14) Bei bestehenden Gebäuden ist die nachträgliche Bekleidung oder Verblendung von Außenwänden sowie die nachträgliche Anhebung der Dachhaut zulässig, wenn die Baumaßnahme der Verbesserung des Wärmeschutzes dient und wenn die Stärke der Bekleidung oder Verblendung bzw. die Anhebung der Dachhaut nicht mehr als 0,25 m und der verbleibende Abstand zur Nachbargrenze mindestens 2,50 m beträgt. Darüber hinaus können unter Würdigung nachbarlicher Belange und der Belange des Brandschutzes geringere Tiefen der Abstandflächen gestattet werden, wenn die Baumaßnahme der Verbesserung des Wärmeschutzes dient. Die Sätze 1 und 2 gelten auch für Außenwände, deren Abstandfläche Abs. 5 nicht entspricht. 6 (14)

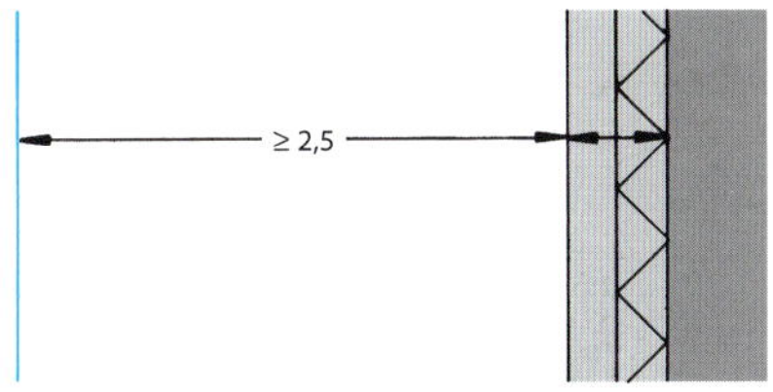

Zu § 6 (14)
Verbesserung Wärmeschutz bis 0,25 m

Autorenhinweis zu Abs. 14

Eine Verbesserung des Wärmeschutzes liegt nur dann vor, wenn das Gebäude dadurch einen höheren Wärmedämmwert erhält, als zum Zeitpunkt der Errichtung vorgeschrieben war.

Zu Wärmedämmung und grenzständige Gebäude siehe auch Nachbarrechtsgesetz (NachbG) NRW §23a.

6 (15) (15) Bei Gebäuden, die ohne Einhaltung von Abstandflächen oder mit geringeren Tiefen der Abstandflächen als nach den Absätzen 5 und 6 bestehen, sind zulässig 6 (15)

1. Änderungen innerhalb des Gebäudes,
2. Nutzungsänderungen, wenn der Abstand des Gebäudes zu den Nachbargrenzen mindestens 2,50 m beträgt,
3. Änderungen, wenn der Abstand des Gebäudes zu den Nachbargrenzen mindestens 2,50 m beträgt, ohne Veränderung von Länge und Höhe der diesen Nachbargrenzen zugekehrten Wände und Dachflächen und ohne Einrichtung neuer Öffnungen oder Vergrößerung bestehender Öffnungen in diesen Wänden und Dachflächen. Darüber hinausgehende Änderungen und Nutzungsänderungen können unter Würdigung nachbarlicher Belange und der Belange des Brandschutzes gestattet werden. Die Sätze 1 und 2 gelten nicht für Gebäude nach Abs. 11.

Autorenhinweis zu Abs. 15

Die aufgeführten Änderungen sind grundsätzlich zulässig, wenn der geplanten Nutzung planungsrechtliche Belange nicht entgegenstehen und die genannten baulichen Voraussetzungen erfüllt werden. Dies gilt auch für vorhandene Gebäude, die grenzständig angeordnet sind. Dadurch ergeben sich Erleichterungen bei Nutzungsänderungen.

6 (16) (16) In überwiegend bebauten Gebieten können geringere Tiefen der Abstandflächen gestattet oder verlangt werden, wenn die Gestaltung des Straßenbildes oder besondere städtebauliche Verhältnisse dies auch unter Würdigung nachbarlicher Belange rechtfertigen.

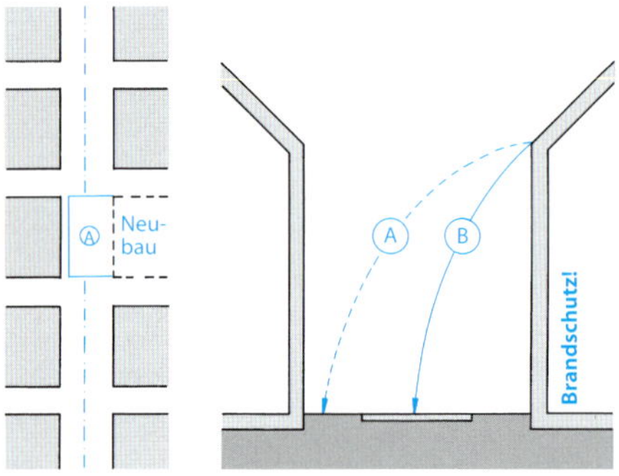

Zu § 6 (16)
Besondere städtebauliche Verhältnisse

6.16 Zu Absatz 16 6 (16)

Die Regelung räumt in überwiegend bebauten Gebieten zur Anpassung geplanter Bauvorhaben an die vorhandene Bebauung der Gestaltung des Straßenbildes und besonderen städtebaulichen Verhältnissen, wie schmale Straßen, Vorrang gegenüber den unter den Aspekten des Nachbarschutzes in Absatz 5 festgelegten Tiefen der Abstandflächen ein. Betroffen von dieser Regelung sind nicht allein Baulückenschließungen oder Aufstockungen von Gebäuden, sondern auch Baublocks, wie in Gebieten nach § 34 BauGB.

Der Hinweis, dass bei der Gestattung oder dem Verlangen geringerer Tiefen der Abstandflächen nachbarliche Belange zu würdigen sind, bedingt nicht die förmliche Beteiligung (Anhörung) der Nachbarn.

Es können sich, auch unter Wahrung eines ausreichenden Brandschutzes, geringere Tiefen der Abstandflächen als 3 m ergeben, so z. B. in Stadtbereichen, in denen schmale Straßen (Gassen) oder Traufgassen das Straßenbild prägen oder vorgeben. Auch Entscheidungen nach Absatz 16 sind keine Abweichungen nach § 73, sondern Ausnahmen sui generis. Das Gestattungsverfahren entspricht dem der Absätze 14 und 15.

6 (17) (17) weggefallen 6 (17)

§ 7

§ 7 (aufgehoben)

§ 7

Autorenhinweis zu § 7

Die Übernahme von Abstandflächen auf andere Grundstücke regelt § 6 Abs. 2.

§ 8

§ 8 Teilung von Grundstücken

§ 8

8 (1) (1) Die Teilung eines bebauten Grundstücks bedarf zu ihrer Wirksamkeit der Genehmigung der Bauaufsichtsbehörde. Einer Genehmigung bedarf es nicht, wenn der Bund, das Land, eine Gemeinde oder ein Gemeindeverband als Erwerber, Eigentümer oder Verwalter beteiligt ist.

8.1 Zu Absatz 1 Satz 1 8 (1)

Ein Grundstück ist bebaut, wenn sich auf ihm bauliche Anlagen, ausgenommen solche nach § 65 Abs. 1 Nrn. 13 bis 49, befinden. Dies gilt auch dann, wenn die baulichen Anlagen noch nicht fertiggestellt sind; bei Gebäuden ist es ausreichend, wenn der Keller vorhanden ist.

8 (2) (2) Die Genehmigung darf nur versagt werden, wenn durch die Teilung Verhältnisse geschaffen würden, die den Vorschriften dieses Gesetzes oder den aufgrund dieses Gesetzes erlassenen Vorschriften zuwiderlaufen. Die Bauaufsichtsbehörde hat innerhalb eines Monats nach Eingang des Antrags über die Teilung zu entscheiden. Ist ihr dies nicht möglich, so kann sie die Frist durch Zwischenbescheid gegenüber der Antragstellerin oder dem Antragsteller um höchstens zwei Monate verlängern. Die Genehmigung gilt als erteilt, wenn nicht innerhalb der Frist über sie entschieden wurde.

Autorenhinweis zu Abs. 2 8 (2)

Auch die Gründung für ein nicht unterkellertes Gebäude ist als Bebauung anzusehen!

8 (3) (3) Die Teilung darf in das Liegenschaftskataster erst übernommen werden, wenn ein Genehmigungsbescheid vorgelegt ist. Bedarf die Teilung keiner Genehmigung oder gilt sie als genehmigt, so hat die Genehmigungsbehörde auf Antrag von Beteiligten darüber ein Zeugnis auszustellen; das Zeugnis steht einer Genehmigung gleich. 8 (3)

8 (4) (4) § 69 Abs. 1 und § 72 Abs. 1 Satz 2 gelten entsprechend.

8.4 Zu Absatz 4 8 (4)

Für die den Anträgen auf Teilungsgenehmigung beizufügenden Bauvorlagen gilt § 17 BauPrüfVO. Der Antrag ist entsprechend der Anlage I/4 zur VV BauPrüfVO zu stellen.

§ 9

§ 9 Nicht überbaute Flächen, Spielflächen, Geländeoberflächen

§ 9

9 (1) (1) Die nicht überbauten Flächen der bebauten Grundstücke sind wasseraufnahmefähig zu belassen oder herzustellen, zu begrünen, zu bepflanzen und so zu unterhalten, soweit sie nicht für eine andere zulässige Verwendung benötigt werden. Werden diese Flächen als Zugänge, Zufahrten, Flächen für die Feuerwehr (§ 5), Stellplätze, Abstellplätze, Lagerplätze oder als Arbeitsfläche benötigt, so kann auch deren Wasseraufnahmefähigkeit, Begrünung und Bepflanzung verlangt werden, soweit es Art und Größe dieser Anlagen zulassen. Ist eine Begrünung oder Bepflanzung der Grundstücke nicht oder nur sehr eingeschränkt möglich, so sind die baulichen Anlagen zu begrünen, soweit ihre Bauweise und Gestaltung es zulassen und die Maßnahme für die Bauherrin oder den Bauherrn wirtschaftlich zumutbar ist. Anforderungen nach den Sätzen 1 und 2 gelten auch für vorhandene befestigte Flächen mit mehr als 5 000 m², soweit ihre Erfüllung für die Verpflichteten wirtschaftlich zumutbar ist. Die wirtschaftliche Unzumutbarkeit wird in den in den Sätzen 3 und 4 geregelten Fällen, soweit sie nicht offensichtlich ist, nur berücksichtigt, wenn diese von Bauherrin, Bauherrn oder Verpflichteten dargelegt wird.

Zu § 9 (1)
Begrünung

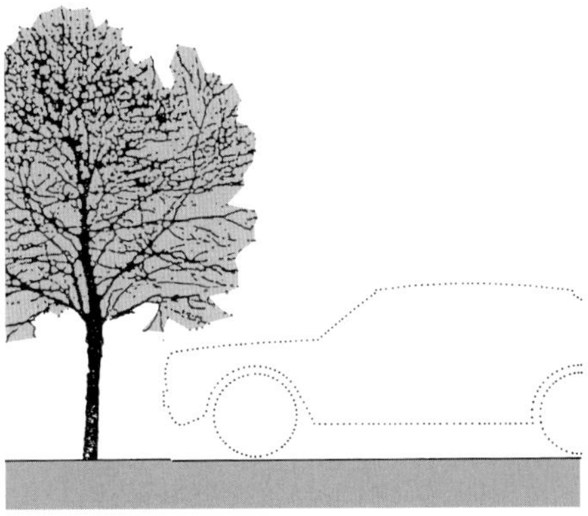

Zu § 9 (1)
Bepflanzung

9.1 Zu Absatz 1 9 (1)

9.12 „Bepflanzung" ist ein Unterfall des weiteren Begriffs „Begrünung". Die Begrünung umfasst nicht nur das Setzen von Pflanzen, sondern auch die Aussaat bzw. das Bedecken einer gebauten Fläche (z. B. eine Fassade) durch Pflanzenwuchs.

9.13 Die Pflicht, eine bauliche Anlage zu begrünen, ist bei Gebäuden erfüllt, wenn entweder das Dach oder mindestens eine Außenwand begrünt wurde. Die Bauherrin oder der Bauherr hat darzulegen, dass Bauweise oder Gestaltung der baulichen Anlage eine Begrünung nicht zulassen.

9.14 Befestigte Flächen von mehr als 5000 m² sind als begrünt bzw. bepflanzt anzusehen, wenn sie zu mindestens 10 v. H. wasseraufnahmefähig hergestellt und mit Bewuchs versehen wurden oder wenn sich auf ihnen je angefangene 1000 m² mindestens ein Baum oder drei Sträucher befinden.

9.15 Maßstab des für den Betroffenen wirtschaftlich Zumutbaren ist die durch die gesetzliche Verpflichtung eintretende Veränderung seiner wirtschaftlichen Verhältnisse, gemessen an seiner gesamten wirtschaftlichen Lage und seinen wirtschaftlichen Interessen. Wenn keine Anhaltspunkte für eine andere Berechnung vorliegen, sind für Dachbegrünungen und für Fassadenbegrünungen mit selbstklimmenden Pflanzen durchschnittlich Kosten von 50,– DM/m², für Fassadenbegrünungen mit an Gerüsten kletternden Pflanzen 200,– DM/m² zugrunde zu legen.
Es ist davon auszugehen, dass die Begrünung einer baulichen Anlage dann offensichtlich wirtschaftlich unzumutbar ist, wenn

- bei der Errichtung oder Änderung einer baulichen Anlage die Kosten ihrer Begrünung voraussichtlich 10 v. H. der Kosten der Baumaßnahme übersteigen,
- bei der nachträglichen Begrünung befestigter Flächen durch die erforderliche Entsiegelung zusätzliche Kosten entstehen, die um mehr als 20 v. H. über den für die Begrünung anzusetzenden Kosten liegen.

Wird lediglich die Nutzung einer baulichen Anlage geändert, so muss die bauliche Anlage nicht begrünt werden, wenn von der Bauherrin oder dem Bauherrn vorgetragen wird, dass die Begrünung wirtschaftlich unzumutbar sei.

9 (2) (2) Ein Gebäude mit Wohnungen darf nur errichtet werden, wenn eine ausreichende Spielfläche für Kleinkinder auf dem Grundstück bereitgestellt wird. Die Bereitstellung auf dem Grundstück ist nicht erforderlich, wenn in unmittelbarer Nähe

a) eine solche Spielfläche auf einem anderen Grundstück geschaffen wird oder vorhanden ist und sie sowie ihre Unterhaltung öffentlich-rechtlich gesichert ist,

b) eine Gemeinschaftsanlage nach § 11 oder

c) ein geeigneter öffentlicher Spielplatz geschaffen wird oder vorhanden ist.

Zu § 9 (2) Spielflächen

Die Größe der Spielfläche richtet sich nach Zahl und Art der Wohnungen auf dem Grundstück. Auf ihre Bereitstellung kann verzichtet werden, wenn die Art und Lage der Wohnungen dies nicht erfordern. Bei bestehenden Gebäuden nach Satz 1 kann die Bereitstellung von Spielflächen für Kleinkinder verlangt werden, wenn dies die Gesundheit und der Schutz der Kinder erfordern.

9.2 Zu Absatz 2 9 (2)

9.21 Kleinkinder sind Kinder im Vorschulalter. Die Spielflächen sind gegen Anlagen, von denen Gefahren ausgehen können, insbesondere gegen Verkehrsflächen, Kfz-Stellplätze und Standplätze für Abfallbehälter abzugrenzen. Auf die Einhaltung örtlicher Bauvorschriften über die Lage, Größe, Beschaffenheit, Ausstattung und Unterhaltung von Kinderspielflächen gemäß § 86 Abs. 1 Nr. 3 ist zu achten.

9.22 Ist die Bereitstellung einer Spielfläche für Kleinkinder auf dem Baugrundstück nicht erforderlich, weil einer der in Satz 2 Buchstaben a, b oder c genannten Tatbestände vorliegt, ist mit dem Bauantrag ein entsprechender Nachweis zu führen.
Das gilt auch, wenn nach Satz 4 auf die Bereitstellung verzichtet werden soll. Spielplätze nach Satz 2 Buchstabe c brauchen nicht im Ganzen, sondern können auch nur in einem Teil den Anforderungen an Spielflächen für Kleinkinder entsprechen.

9 (3) (3) Bei der Errichtung oder Änderung baulicher Anlagen kann verlangt werden, dass die Geländeoberfläche erhalten oder verändert wird, um eine Störung des Straßen-, Orts- oder Landschaftsbildes zu vermeiden oder zu beseitigen oder um die Geländeoberfläche der Höhe der Verkehrsflächen oder der Nachbargrundstücke anzugleichen. 9 (3)

§ 10

§ 10 (aufgehoben)

§ 10

§ 11

§ 11 Gemeinschaftsanlagen

§ 11

11 (1) (1) Die Herstellung, die Instandhaltung und der Betrieb von Gemeinschaftsanlagen, insbesondere für Spielflächen für Kleinkinder (§ 9 Abs. 2) und sonstige Kinderspielflächen, Plätze für Abfallbehälter (§ 47) und für Stellplätze und Garagen (§ 51), für die in einem Bebauungsplan Flächen festgesetzt sind, obliegen den Eigentümerinnen und Eigentümern der Grundstücke, für die diese Anlagen bestimmt sind. Erbbauberechtigte treten an deren Stelle. Sind Bauherrinnen oder Bauherren nicht Eigentümerinnen, Eigentümer oder Erbbauberechtigte, so obliegt ihnen die Beteiligung an der Herstellung, Instandhaltung und dem Betrieb der Gemeinschaftsanlage. Die Verpflichtung nach Satz 1 geht mit der Rechtsnachfolge über. 11 (1)

11 (2) (2) Die Gemeinschaftsanlage muss hergestellt werden, sobald und soweit sie zur Erfüllung ihres Zwecks erforderlich ist. 11 (2)

11 (3) (3) Die Baugenehmigung kann davon abhängig gemacht werden, dass die Bauherrin oder der Bauherr in Höhe des voraussichtlich auf ihn entfallenden Anteils der Herstellungskosten Sicherheit leistet. 11 (3)

Dritter Teil

Bauliche Anlagen

Erster Abschnitt
Allgemeine Anforderungen an die Bauausführung

§ 12 **§ 12 Gestaltung** § 12

12 (1) (1) Bauliche Anlagen sowie andere Anlagen und Einrichtungen im Sinne des § 1 Abs. 1 Satz 2 müssen nach Form, Maßstab, Verhältnis der Baumassen und Bauteile zueinander, Werkstoff und Farbe so gestaltet sein, dass sie nicht verunstaltet wirken. 12 (1)

12 (2) (2) Bauliche Anlagen sowie andere Anlagen und Einrichtungen im Sinne des § 1 Abs. 1 Satz 2 sind mit ihrer Umgebung so in Einklang zu bringen, dass sie das Straßen-, Orts- oder Landschaftsbild nicht verunstalten oder deren beabsichtigte Gestaltung nicht stören. Auf die erhaltenswerten Eigenarten der Umgebung ist Rücksicht zu nehmen. 12 (2)

§ 13 **§ 13 Anlagen der Außenwerbung und Warenautomaten** § 13

13 (1) (1) Anlagen der Außenwerbung (Werbeanlagen) sind alle ortsfesten Einrichtungen, die der Ankündigung oder Anpreisung oder als Hinweis auf Gewerbe oder Beruf dienen und vom öffentlichen Verkehrsraum aus sichtbar sind. Hierzu zählen insbesondere Schilder, Beschriftungen, Bemalungen, Lichtwerbungen, Schaukästen sowie für Zettel- und Bogenanschläge oder Lichtwerbung bestimmte Säulen, Tafeln und Flächen. 13 (1)

13 (2) (2) Werbeanlagen dürfen weder bauliche Anlagen noch das Straßen-, Orts- oder Landschaftsbild verunstalten oder die Sicherheit und Ordnung des Verkehrs gefährden. Eine Verunstaltung liegt auch vor, wenn durch Werbeanlagen der Ausblick auf begrünte Flächen verdeckt oder die einheitliche Gestaltung und die architektonische Gliederung baulicher Anlagen gestört wird. Die störende Häufung von Werbeanlagen ist unzulässig.

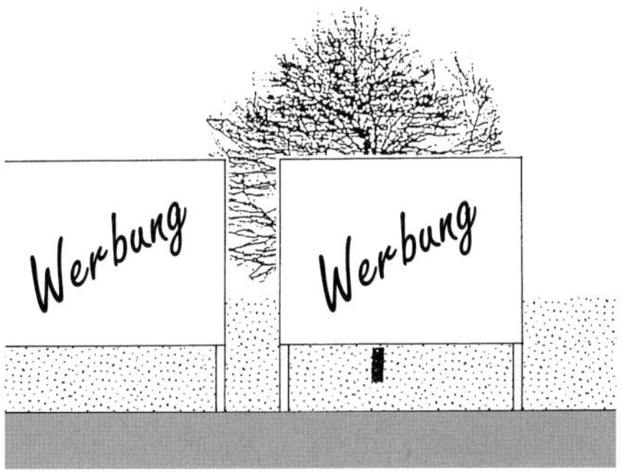

Zu § 13 (2)
Werbeanlagen

13.2 Zu Absatz 2 13 (2)

Gemäß § 33 Abs. 1 Nr. 3 der Straßenverkehrsordnung (StVO) ist außerhalb geschlossener Ortschaften jede Werbung und Propaganda durch Bild, Schrift, Licht oder Ton verboten, wenn dadurch Verkehrsteilnehmer in einer den Verkehr gefährdenden oder erschwerenden Weise abgelenkt oder belästigt werden können. Außerdem dürfen gemäß § 33 Abs. 2 Satz 1 StVO Einrichtungen, die Zeichen oder Verkehrseinrichtungen gleichen, mit ihnen verwechselt werden können oder deren Wirkung beeinträchtigen können, dort nicht angebracht oder sonst verwendet werden, wo sie sich auf den Verkehr auswirken können. Findet ein Baugenehmigungsverfahren statt, so ist darauf zu achten, dass nicht gegen die o. a. Anforderungen verstoßen wird.

Zu den „begrünten Flächen" gehören z. B. auch die Böschungen von Straßen- oder Eisenbahndämmen. Auf eine gärtnerische Gestaltung der Flächen kommt es nicht an. Der Ausblick auf begrünte Flächen wird schon durch einzelne großflächige Plakattafeln verdeckt.

13 (3) (3) Außerhalb der im Zusammenhang bebauten Ortsteile sind Werbeanlagen unzulässig. Ausgenommen sind, soweit in anderen Vorschriften nichts anderes bestimmt ist,

1. Werbeanlagen an der Stätte der Leistung,
2. Schilder, die Inhaber und Art gewerblicher Betriebe kennzeichnen (Hinweisschilder), wenn sie vor Ortsdurchfahrten auf einer Tafel zusammengefasst sind,
3. einzelne Hinweiszeichen an Verkehrsstraßen und Wegabzweigungen, die im Interesse des Verkehrs auf außerhalb der Ortsdurchfahrten liegende Betriebe oder versteckt liegende Stätten aufmerksam machen,
4. Werbeanlagen an und auf Flugplätzen, Sportplätzen, Sportanlagen und Versammlungsstätten, soweit sie nicht in die freie Landschaft wirken,
5. Werbeanlagen auf Ausstellungs- oder Messegeländen.

13.3 Zu Absatz 3 13 (3)

Anlagen der Außenwerbung dürfen gemäß § 28 Abs. 1 StrWG NRW außerhalb der Ortsdurchfahrten von Landes- und Kreisstraßen in einer Entfernung bis zu 20 m, gemessen vom äußeren Rand der für den Kraftfahrzeugverkehr bestimmten Fahrbahn, nicht errichtet werden. Von diesem Werbeverbot kann die Straßenbaubehörde unter den Voraussetzungen des § 28 Abs. 1 Satz 3 StrWG NRW eine Ausnahme zulassen

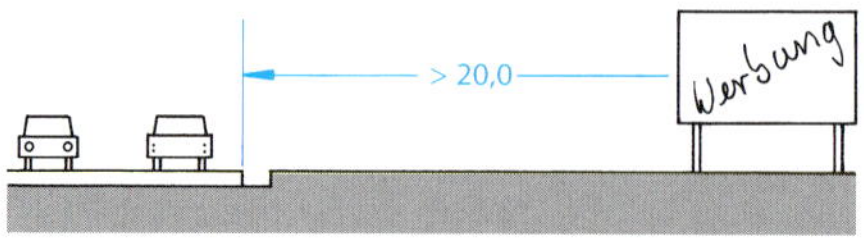

Zu VV 13.3
Werbung an Landes- und Kreisstraßen

a) für Werbeanlagen nach Absatz 3 Satz 2 Nrn. 1 und 2 sowie nichtamtliche Hinweiszeichen nach Nr. 3 bis zu einer Größe von 1 m²; für die Werbeanlagen soll die Baugenehmigung in der Regel erteilt werden, wenn die Straßenbaubehörde hierzu ihre Zustimmung nach § 28 Abs. 1 Satz 5 StrWG NRW gegeben hat.

b) für Werbeanlagen an Fahrgastunterständen des Öffentlichen Personennahverkehrs oder der Schülerbeförderung; solche Werbeanlagen sind im Außenbereich grundsätzlich nach Absatz 3 Satz 1 unzulässig, weil sie nicht unter die Ausnahmen nach Satz 2 Nr. 4 fallen. Es bestehen jedoch keine Bedenken dagegen, solche Werbeanlagen an Fahrgastunterständen im Wege einer Abweichung nach § 73 zu genehmigen, soweit sie nicht in die freie Landschaft wirken und die Straßenbaubehörde ihre Zustimmung nach § 28 Abs. 1 Satz 5 StrWG NRW gegeben hat. Die Fahrgastunterstände selbst bedürfen, sofern sie an Landes- oder Kreisstraßen errichtet werden sollen, der Genehmigung der Straßenbaubehörde nach § 25 Abs. 4 StrWG NRW, weil sie nach § 65 Abs. 1 Nr. 6 nicht baugenehmigungsbedürftig sind.

Hinsichtlich der Anlagen der Außenwerbung an Bundesfernstraßen wird auf § 9 Abs. 6 FStrG verwiesen.

Bezüglich der Lichtwerbungen wird auf den Gem. RdErl. d. Ministeriums für Umwelt und Naturschutz, Landwirtschaft und Verbraucherschutz, d. Ministeriums für Wirtschaft und Mittelstand, Energie und Verkehr u. d. Ministeriums für Städtebau und Wohnen, Kultur und Sport v. 13.9.2000 (SMBl. NRW. 7129) hingewiesen.

13 (4) (4) In Kleinsiedlungsgebieten, Dorfgebieten, reinen Wohngebieten, allgemeinen Wohngebieten und besonderen Wohngebieten sind nur Werbeanlagen an der Stätte der Leistung sowie Anlagen für amtliche Mitteilungen und zur Unterrichtung der Bevölkerung über kirchliche, kulturelle, politische, sportliche und ähnliche Veranstaltungen zulässig; die jeweils freie Fläche dieser Anlagen darf auch für andere Werbung verwendet werden. In reinen Wohngebieten darf an der Stätte der Leistung nur mit Hinweisschildern geworben werden. An Gebäuden, die nach ihrer Zweckbestimmung auf Verkehrsflächen öffentlicher Straßen errichtet werden, können auch untergeordnete andere Werbeanlagen zugelassen werden, soweit sie das Ortsbild nicht beeinträchtigen.

13 (4)

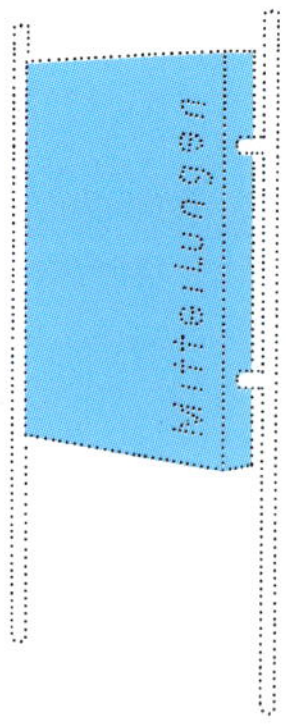

Zu § 13 (4)
Werbeanlagen an der Stätte der Leistung, Amtliche Mitteilungen

13 (5) (5) Die Absätze 1 bis 3 gelten für Warenautomaten entsprechend. 13 (5)

13 (6) (6) Die Vorschriften dieses Gesetzes sind nicht anzuwenden auf 13 (6)

1. Anschläge und Lichtwerbung an dafür genehmigten Säulen, Tafeln und Flächen,
2. Werbemittel an Zeitungs- und Zeitschriftenverkaufsstellen,
3. Auslagen und Dekorationen in Fenstern und Schaukästen,
4. Wahlwerbung für die Dauer eines Wahlkampfes.

13.6 Zu Absatz 6 Nr. 4

Als Dauer des Wahlkampfes gilt bei Parlamentswahlen (Europäisches Parlament, Bundestag, Landtag) und Kommunalwahlen eine Zeit von drei Monaten unmittelbar vor dem Wahltag. Die Fristen bei Volksbegehren und Volksentscheid sowie besondere Regelungen über Ausnahmen und Erlaubnisse von verkehrs- und straßenrechtlichen Vorschriften ergeben sich aus dem RdErl. d. Ministers für Wirtschaft, Mittelstand und Verkehr u. d. Innenministers v. 29. 6. 1979 (SMBl. NRW. 922).

§ 14 § 14

§ 14 Baustellen

14 (1) (1) Baustellen sind so einzurichten, dass bauliche Anlagen sowie andere Anlagen und Einrichtungen im Sinne des § 1 Abs. 1 Satz 2 ordnungsgemäß errichtet, geändert oder abgebrochen werden können und Gefahren oder vermeidbare Belästigungen nicht entstehen. 14 (1)

14 (2) (2) Bei Bauarbeiten, durch die unbeteiligte Personen gefährdet werden können, ist die Gefahrenzone abzugrenzen oder durch Warnzeichen zu kennzeichnen. Soweit erforderlich, sind Baustellen mit einem Bauzaun abzugrenzen, mit Schutzvorrichtungen gegen herabfallende Gegenstände zu versehen und zu beleuchten. 14 (2)

Zu § 14 (2)
Baustelle sichern

14 (3) (3) Bei der Ausführung genehmigungsbedürftiger Bauvorhaben nach § 63 Abs. 1 und solchen nach § 67 hat die Bauherrin oder der Bauherr an der Baustelle ein Schild, das die Bezeichnung des Bauvorhabens und die Namen und Anschriften der Entwurfsverfasserin oder des Entwurfsverfassers, der Unternehmerin oder des Unternehmers für den Rohbau und der Bauleiterin oder des Bauleiters enthalten muss, dauerhaft und von der öffentlichen Verkehrsfläche aus sichtbar anzubringen. 14 (3)

14.3 Zu Absatz 3

Der Baugenehmigung für Bauvorhaben nach § 63 Abs. 1 ist ein Baustellenschild nach dem Muster der Anlage A zu Nr. 14.3 beizufügen. Mit dem Vordruck über die Vorlage von Bauvorlagen nach § 67 genehmigungsfreier Vorhaben (siehe Anlage I/2 zu VV BauPrüfVO) ist – auch von der Gemeinde im Rahmen ihrer Verpflichtung nach § 22 GO – ein Baustellenschild nach dem Muster der Anlage B zu Nr. 14.3 auszuhändigen. Der Bauherr hat das jeweilige Schild an der Baustelle anzubringen, sofern er nicht ein besonderes Schild mit den erforderlichen Mindestangaben verwendet.

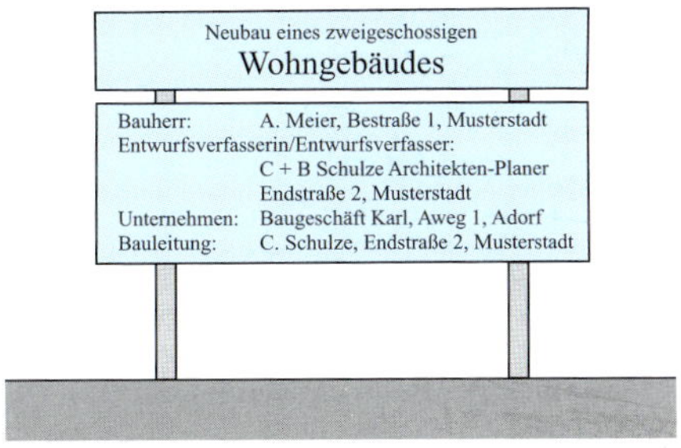

Zu § 14 (3)
Bauschild

14 (4) (4) Zu erhaltende Bäume, Sträucher und sonstige Bepflanzungen müssen während der Bauarbeiten durch geeignete Vorkehrungen geschützt und ausreichend bewässert werden.

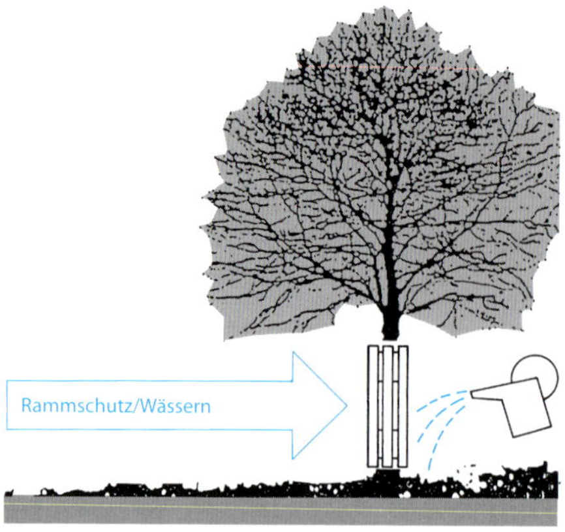

Zu § 14 (4)
Bäume

14.4 Zu Absatz 4 **14 (4)**

§ 14 Abs. 4 verweist auf Regelungen in anderen Vorschriften, die bestimmen, ob Pflanzen erhalten werden müssen. In Betracht kommen Festsetzungen in Bebauungsplänen gemäß § 9 Abs. 1 Nr. 25 BauGB, Baumschutzsatzungen aufgrund von § 45 LG, ggf. auch die Eigenschaft der Pflanzen als gesetzlich geschützte Landschaftsbestandteile gemäß § 47 LG.

§ 15

§ 15 Standsicherheit

§ 15

15 (1) (1) Jede bauliche Anlage muss im Ganzen und in ihren Teilen sowie für sich allein standsicher sein. Die Standsicherheit anderer baulicher Anlagen und die Tragfähigkeit des Baugrundes des Nachbargrundstücks dürfen nicht gefährdet werden.

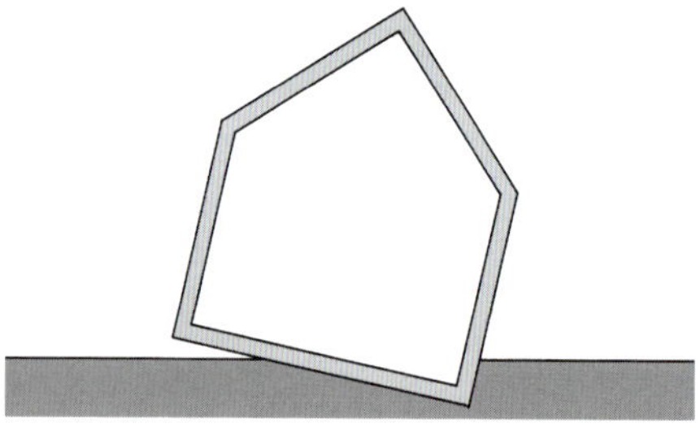

Zu § 15 (1)
Nachweis über die Standsicherheit

15 (1)

15 (2) (2) Die Verwendung gemeinsamer Bauteile für mehrere Anlagen ist zulässig, wenn öffentlich-rechtlich gesichert ist, dass die gemeinsamen Bauteile beim Abbruch einer der Anlagen bestehen bleiben.

15 (2)

§ 16

§ 16 Schutz gegen schädliche Einflüsse

§ 16

16 Bauliche Anlagen sowie andere Anlagen und Einrichtungen im Sinne des § 1 Abs. 1 Satz 2 müssen so angeordnet, beschaffen und gebrauchstauglich sein, dass durch Wasser, Feuchtigkeit, pflanzliche oder tierische Schädlinge sowie andere chemische, physikalische oder biologische Einflüsse Gefahren oder unzumutbare Belästigungen nicht entstehen. Baugrundstücke müssen für bauliche Anlagen entsprechend geeignet sein.

Zu VV 16.21 und 16.22
Achtung! Bodenbelastung, Kampfmittel!

16.2 Zu Satz 2 16 (1)

16.21 Auf die Vorschriften des Bundesbodenschutzgesetzes und des Landesbodenschutzgesetzes NRW sowie den Gem. RdErl. d. Ministeriums für Stadtentwicklung und Verkehr, d. Ministeriums für Bauen und Wohnen u. d. Ministeriums für Umwelt, Raumordnung und Landwirtschaft v. 15.5.1992 (MBl. NRW. S. 872/SMBl. NRW. 2311) – „Berücksichtigung von Flächen mit Bodenbelastungen, insbesondere Altlasten, bei der Bauleitplanung und im Baugenehmigungsverfahren“ – wird hingewiesen.

16.22 Baugrundstücke müssen auch im Hinblick auf ihre Kampfmittelfreiheit für bauliche Anlagen geeignet sein. Dies ist vor allem von Bedeutung bei Bauvorhaben auf Grundstücken, die in Bombenabwurfgebieten oder in ehemaligen Hauptkampfgebieten des Zweiten Weltkriegs liegen und bei denen nicht unerhebliche Erdeingriffe vorgenommen werden.
Baugenehmigungen für Sonderbauten nach § 68 Abs. 1 Satz 3, die Bauvorhaben mit nicht unerheblichen Erdeingriffen in Kampfmittelverdachtsflächen betreffen, wird eine Nebenbestimmung angefügt, wonach mit dem Beginn der Bauarbeiten erst begonnen werden darf, wenn hiergegen seitens der für die Räumung von Kampfmitteln zuständigen Stellen keine Einwände erhoben werden. Der feststellende Teil der Baugenehmigung, der die Übereinstimmung des Bauvorhabens mit dem geltenden Recht bestätigt, bleibt unangetastet, der verfügende Teil, der die sogenannte „Baufreigabe“ beinhaltet, wird damit aufschiebend bedingt.
Im vereinfachten Genehmigungsverfahren gemäß § 68 wird § 16 von der Bauaufsichtsbehörde nicht geprüft. Die Gemeinde wird im Verfahren beteiligt und kann daher als allgemeine Ordnungsbehörde das Erforderliche veranlassen, um den Kampfmittelverdacht auszuräumen. Auf Wunsch der Gemeinde kann auch in diesem Verfahren die Baugenehmigung mit einer Nebenbestimmung versehen werden.
Bei nach § 67 genehmigungsfreien Wohngebäuden, Nebengebäuden, Nebenanlagen, Stellplätzen und Garagen muss nicht untersucht werden, ob ein Grundstück frei von Kampfmitteln ist, wenn nur ein einzelnes Bauvorhaben errichtet werden soll und die Gemeinde bereits entsprechende Untersuchungen hat durchführen lassen, als der Bebauungsplan aufgestellt wurde. Sind dagegen solche Untersuchungen zu diesem Zeitpunkt nicht durchgeführt worden, steht es der Gemeinde frei, für einzelne Baumaßnahmen im Sinne von § 67 Abs. 1 und 7 zu verlangen, dass ein Genehmigungsverfahren durchgeführt wird (vgl. § 67 Abs. 3 Satz 1), wenn sie der Auffassung ist, dass zunächst geprüft werden muss, ob § 16 Satz 2 genügt wird. Sie kann allerdings auch die Bauherrinnen und Bauherren auf die sich aus der Kampfmittelverordnung ergebenden Pflichten hinweisen und als für die Kampfmittelräumung zuständige allgemeine Ordnungsbehörde rechtzeitig das Erforderliche veranlassen, ohne dass dies Auswirkungen auf die Durchführung des Freistellungsverfahrens haben muss.

Autorenhinweis zu § 16

Der Entwurfsverfasser kann nicht davon ausgehen, dass im vereinfachten Genehmigungsverfahren (§ 68) und bei der Genehmigungsfreistellung (§ 67) die Prüfung auf Bodenbelastung und Kampfmittelfreiheit vorgenommen wird.

§ 17 Brandschutz

17 (1) (1) Bauliche Anlagen sowie andere Anlagen und Einrichtungen im Sinne des § 1 Abs. 1 Satz 2 müssen unter Berücksichtigung insbesondere

- der Brennbarkeit der Baustoffe,
- der Feuerwiderstandsdauer der Bauteile, ausgedrückt in Feuerwiderstandsklassen,
- der Dichtheit der Verschlüsse von Öffnungen,
- der Anordnung von Rettungswegen

so beschaffen sein, dass der Entstehung eines Brandes und der Ausbreitung von Feuer und Rauch vorgebeugt wird und bei einem Brand die Rettung von Menschen und Tieren sowie wirksame Löscharbeiten möglich sind.

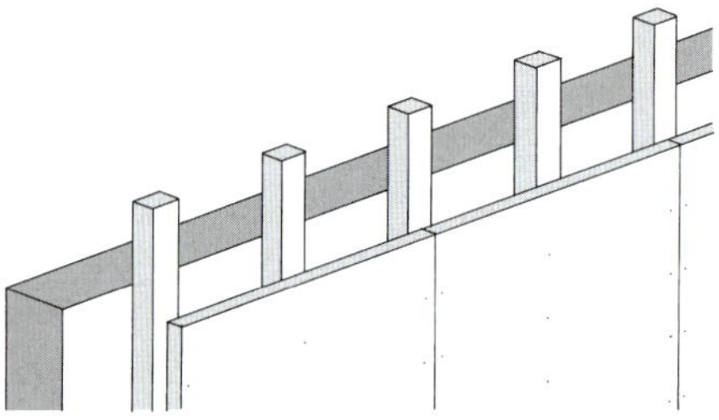

Zu § 17 (1)
Bekleidungen

Zu § 17 (1)
Entstehung und Ausbreitung von Feuer und Rauch vorbeugen!

Zu § 17 (1)
Rettungswege anordnen!

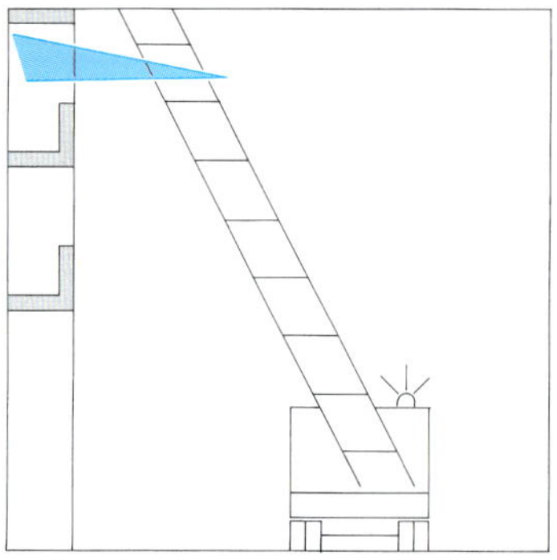

Zu § 17 (1)
Wirksame Löscharbeiten ermöglichen!

17.1 Zu Absatz 1 17 (1)

Die in der Landesbauordnung und in Vorschriften auf Grund der Landesbauordnung verwendeten brandschutztechnischen Begriffe und die zugehörigen Prüfbestimmungen entsprechen der Norm DIN 4102 – Brandverhalten von Baustoffen und Bauteilen –.
Anforderungen beziehen sich, soweit nichts anderes bestimmt ist, auf die Beurteilung der Baustoffe und Bauteile im eingebauten Zustand.
Die Baustoffe müssen nach DIN 4102-1 Abschnitt 7 entsprechend ihrem Brandverhalten gekennzeichnet sein.
Baustoffe, die beim Brand brennend abfallen oder brennend abtropfen, können zur Feuerweiterleitung beitragen oder die Rettung von Menschen und Tieren behindern. Bei brennbaren Baustoffen, die brennend abfallen oder brennend abtropfen, wird diese Eigenschaft durch einen entsprechenden Hinweis

- bei normal entflammbaren Baustoffen (B 2) in den allgemeinen bauaufsichtlichen Prüfzeugnissen,
- bei schwer entflammbaren Baustoffen (B 1) in den allgemeinen bauaufsichtlichen Zulassungen,

kenntlich gemacht. Für Baustoffe, die nach DIN 4102-4 hinsichtlich des Brandverhaltens klassifiziert sind, ist der Nachweis erbracht, dass sie nicht „brennend abfallen".
Anforderungen an Bekleidungen gelten auch für nichtbekleidete Oberflächen von Bauteilen. Bekleidungen sind an Bauteilen (z. B. Rohdecke) befestigte Baustoffe, die diese Bauteile ganz oder überwiegend bedecken, wieUnterdecken, Platten, Beläge auf Wänden mit oder ohne Unterkonstruktion sowie Putze. Soweit Bekleidungen undsomit die Oberfläche von Bauteilen nicht brennbar oder schwer entflammbar sein müssen, ist deren Oberflächenbehandlung grundsätzlich in die Beurteilung der Brennbarkeit mit einzubeziehen, es sei denn, es handelt sich um Beschichtungen bis 0,5 mm Dicke, um Anstriche oder um Tapeten auf Mauerwerk, Beton oder mineralischem Putz. Baustoffe zur Auffüllung von Fugen zwischen raumabschließenden Wänden (z. B. bei Fugen zwischen Gebäudeabschluss- oder Gebäudetrennwänden) müssen zur Vermeidung einer Brandausbreitung mindestens schwer entflammbar (B 1) und in Hochhäusern nicht brennbar (A) sein, für Randabdichtungen oder Randabdeckungen solcher Fugen dürfen normal entflammbare Baustoffe (B 2) verwendet werden.

Im Bereich der Rettungswege unterscheidet die Landesbauordnung zwischen dichtschließenden Türen, rauchdichten Türen sowie Türen einer Feuerwiderstandsklasse je nach dem Grad ihrer Anforderung.
Als „dichtschließend" gelten Türen mit stumpf einschlagendem oder gefälztem, vollwandigen Türblatt und einer mindestens dreiseitig umlaufenden Dichtung. Verglasungen in diesen Türen sind zulässig.
Rauchdichte Türen (vgl. z. B. § 37 Abs. 5 und 10 sowie § 38 Abs. 2) sind solche nach DIN 18095 – Rauchschutztüren –. Untergeordnete Seitenteile und obere Blenden dieser Türen sind zulässig, sie brauchen keiner Feuerwiderstandsklasse zu entsprechen, wenn die Türen in Wände eingebaut werden, an deren Feuerwiderstandsfähigkeit keine Anforderungen gestellt werden und wenn sie aus Baustoffen bestehen, die für Rauchschutztüren zugelassen sind.
Bei Türen, die der Feuerwiderstandsklasse T 30 entsprechen müssen, sind untergeordnete Seitenteile oder obere Blenden zulässig, wenn sie mit der Tür auf diese Feuerwiderstandsklasse geprüft sind (siehe § 8 Abs. 7 HochhVO).

7 (2) (2) Baustoffe, die nach Verarbeitung oder dem Einbau leichtentflammbar sind, dürfen bei der Errichtung und Änderung baulicher Anlagen sowie anderer Anlagen und Einrichtungen im Sinne des § 1 Abs. 1 Satz 2 nicht verwendet werden.

17 (2)

Zu § 17 (2)
Leicht entflammbare Baustoffe (B 3)

7 (3) (3) Für jede Nutzungseinheit müssen in jedem Geschoss mit einem Aufenthaltsraum zwei Rettungswege vorhanden sein; die Rettungswege dürfen innerhalb eines Geschosses über einen gemeinsamen notwendigen Flur führen. Der erste Rettungsweg muss in Nutzungseinheiten, die nicht zu ebener Erde liegen, über mindestens eine notwendige Treppe führen; der zweite Rettungsweg kann eine mit Rettungsgeräten der Feuerwehr erreichbare Stelle oder eine weitere notwendige Treppe sein. Ein zweiter Rettungsweg ist nicht erforderlich, wenn die Rettung über einen sicher erreichbaren Treppenraum möglich ist, in den Feuer und Rauch nicht eindringen können (Sicherheitstreppenraum). Gebäude, deren zweiter Rettungsweg über Rettungsgeräte der Feuerwehr führt und bei denen die Oberkante der Brüstungen notwendiger Fenster oder sonstiger zum Anleitern bestimmter Stellen mehr als 8 m über der Geländeoberfläche liegt, dürfen nur errichtet werden, wenn die erforderlichen Rettungsgeräte von der Feuerwehr vorgehalten werden.

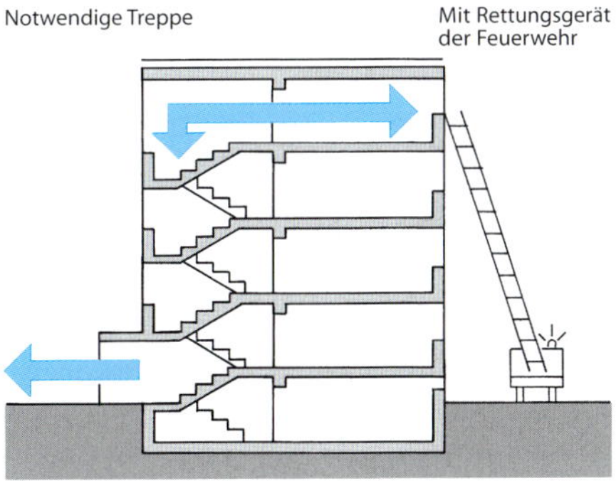

Zu § 17 (3)
1. und 2. Rettungsweg

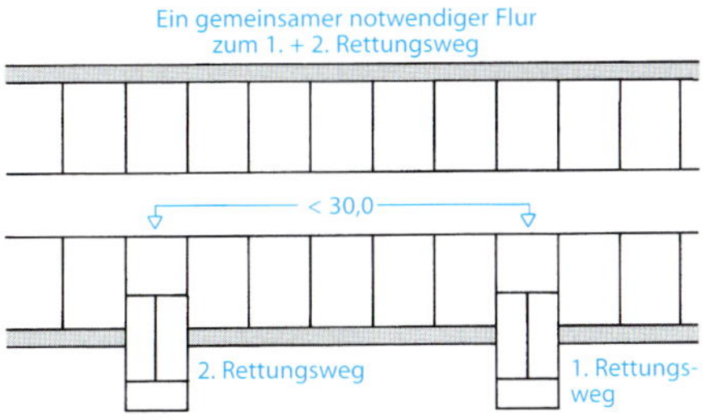

Zu VV 17.3
Gemeinsamer notwendiger Flur

17.3 Zu Absatz 3 17 (3)

Satz 1, 2. Halbsatz, stellt klar, dass die zwei Rettungswege, die je Nutzungseinheit und je Geschosss mit Aufenthaltsräumen vorhanden sein müssen, in ein und demselben notwendigen Flur geführt werden dürfen. Sie müssen dann jedoch in zwei Richtungen führen, z. B. zu notwendigen Treppenräumen oder zu Ausgängen ins Freie. Satz 3 und § 38 Abs. 3 BauO NRW (Stichflurregelung) bleiben hiervon unberührt.
Anforderungen an Treppenräume und Sicherheitstreppenräume enthält Nr. 37 VV BauO NRW.

Erlass des MSWKS vom 29. August 2000 zu § 17 Abs. 3 BauO NRW (Aktenzeichen: II A 5-100/17.3)

„Aus gegebenem Anlass sehe ich Grund zu folgenden Hinweisen:
Nach § 17 Abs. 3 BauO NRW muss jede Nutzungseinheit mit Aufenthaltsräumen in jedem Geschoss übe mindestens zwei voneinander unabhängige Rettungswege erreichbar sein. Diese Rechtslage hat sich durc die Neufassung der Landesbauordnung nicht geändert. Die Neufassung der Bauordnung stellt jedoch kla dass innerhalb eines Geschosses die Rettungswege über einen gemeinsamen notwendigen Flur führen dür fen. Nach § 17 Abs. 3 Satz 2 muss der erste Rettungsweg in Nutzungseinheiten, die nicht zu ebener Erd liegen, über mindestens eine notwendige Treppe führen: Der zweite Rettungsweg kann eine mit Rettungs geräten der Feuerwehr erreichbare Stelle oder eine weitere notwendige Treppe sein.
Das Bauordnungsrecht stützt sich für den Fall, dass der zweite Rettungsweg über Rettungsgeräte der Feu erwehr erbracht wird, auf § I Abs. I des Gesetzes über den Feuerschutz und die Hilfeleistung (FSHG), wo nach die Gemeinden den örtlichen Verhältnissen entsprechende leistungsfähige Feuerwehren unterhalten um Schadenfeuer zu bekämpfen sowie bei Unglücksfällen [...] Hilfe zu leisten. Das Bauordnungsrecht gib deswegen auch bewusst keine Zeitvorgaben für den Einsatz der Rettungsgeräte für die Feuerwehr. Vie mehr haben die Gemeinden – auch aufgrund des § 22 Abs. 1 Satz 1 FSHG – unter Beteiligung der Feuer wehr Brandschutzbedarfspläne für den Einsatz der öffentlichen Feuerwehr aufzustellen und fortzu schreiben.
Aufgrund des § 1 Abs. 1 FSHG muss die Feuerwehr so leistungsfähig sein, dass sie bauliche Anlagen s rechtzeitig erreicht, dass sie gefährdete Personen retten und ein Schadenfeuer bekämpfen kann. Diese Leis tungsfähigkeit und damit die entsprechende Ausrüstung und Ausbildung der örtlichen Feuerwehr ist be allen baulichen Anlagen vorauszusetzen, die sich in Gebieten befinden, für die die Gemeinde Baugebiet im Sinne des § 30 Baugesetzbuch (BauGB) festgesetzt hat, aber auch für solche, die sich in unbeplante Innenbereichen nach § 34 BauGB befinden oder zulässig sind. In diesen Gebieten ist die Gemeinde ver pflichtet, wirksame Lösch- und Rettungsmaßnahmen zu gewährleisten.
Allenfalls bei baulichen Anlagen, die im planungsrechtlichen Außenbereich gemäß § 35 BauGB errichte werden, d. h. bei baulichen Anlagen, die außerhalb einer von der Gemeinde beeinflussbaren städtebau lichen Entwicklung liegen, kann es für eine Bauaufsichtsbehörde in Betracht kommen, einen zweiten bau lichen Rettungsweg deswegen zu verlangen, weil die Feuerwehr nicht innerhalb eines zur Rettung erfor derlichen Zeitraumes am Brandort eintreffen kann.
Unabhängig von den ***zeitlichen*** *Voraussetzungen für einen wirksamen Einsatz kann aber auch eine § Abs. 1 FSHG entsprechende Ausrüstung der Feuerwehr dazu führen, dass der zweite Rettungsweg baulic gesichert werden muss; das trifft in folgenden Fällen zu:*

1. *Eine Nutzungseinheit ist – aus welchen Gründen auch immer – nicht anleiterbar.*
2. *Eine Nutzungseinheit ist zwar anleiterbar, die Zahl der Nutzer der Nutzungseinheit ist jedoch so gro – wie z. B. in bestimmten Sonderbauten –, dass die Feuerwehr nicht in der Lage ist, alle Personen i einer angemessenen Zeit über die Rettungsgeräte zu retten.*
3. *In Sonderbauten, in denen aufgrund der Regelungen einer Sonderbauverordnung der zweite Ret tungsweg durch bauliche Maßnahmen zu erbringen ist.*
4. *In Sonderbauten, bei denen Rettungsgeräte der Feuerwehr zur Rettung größerer Personengruppen un geeignet sind, oder in Sonderbauten mit einer großen Anzahl von Personen, die nur über eine be schränkte Möglichkeit der Eigenrettung verfügen.*

Bis zum In-Kraft-Treten der Landesbauordnung 1984 wurde bei Gebäuden bis zu fünf Vollgeschossen de zweite Rettungsweg durch tragbare Rettungsgeräte der Feuerwehr als erbracht angesehen, weil in der Re gel Steckleitern und Schiebleitern zum Einsatz kamen. Mit In-Kraft-Treten der Landesbauordnung 198 änderte sich die Rechtslage. Hiernach geht die Landesbauordnung davon aus, dass Gebäude, deren zwei ter Rettungsweg über Rettungsgeräte der Feuerwehr rührt und bei denen die Oberkante der Brüstungen notwendiger Fenster oder sonstiger zum Anleitern bestimmter Stellen mehr als 8 m über der Gelände oberflache liegt, nur errichtet werden dürfen, wenn die erforderlichen Rettungsgeräte von der Feuerweh vorgehalten werden. Im Umkehrschluss bedeutet diese Regelung, dass in den Gemeinden, in denen die Feu erwehr Rettungsfahrzeuge nicht vorhält, bei denen aber Gebäude errichtet werden sollen, bei denen di Steckleiter nicht zum Einsatz gebracht werden kann, die Gebäude eine zweite notwendige Treppe oder ei nen Sicherheitstreppenraum erhalten müssen.
Für rechtmäßig bestehende Gebäude kann zwar gefordert werden, dass nachträglich ein zweiter bauliche Rettungsweg errichtet wird, wenn dies im Einzelfall wegen der Sicherheit für Leben und Gesundheit er forderlich ist (§ 87 Abs. 1 BauO NRW). Dabei ist jedoch zu prüfen, durch wen die Gefahr entstanden is und wer sie somit zu beseitigen hat. Lag der Baugenehmigung zu Grunde, dass das Rettungsgerät der Feu erwehr den zweiten Rettungsweg sicherstellte, so kann diese Situation nicht nachträglich, etwa durch Um rüstung oder Neuorganisation der Feuerwehr, zu Lasten des Bauherrn verändert werden. Dies wider spräche dem Versorgungsgrundsatz des § 1 Abs. 1 FSHG. In diesen Fällen wäre eine auf § 87 BauO NRW gestützte Ordnungsverfügung ermessensfehlerhaft.
Dieser Erlass ergeht im Einvernehmen mit dem Innenministerium.“

7 (4) (4) Bauliche Anlagen, bei denen nach Lage, Bauart oder Nutzung Blitzschlag leicht eintreten und zu schweren Folgen führen kann, sind mit dauernd wirksamen Blitzschutzanlagen zu versehen. 17 (4)

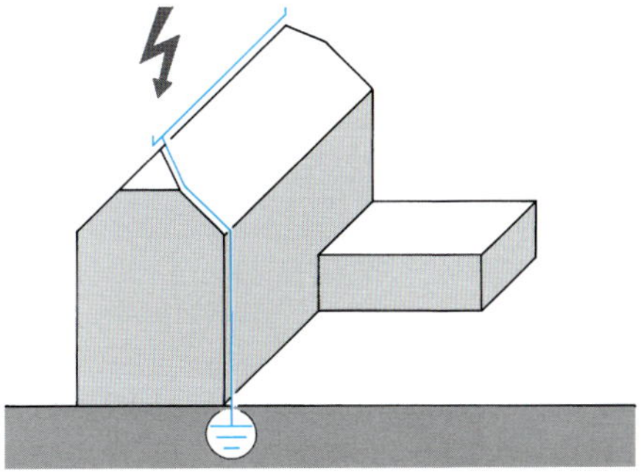

Zu § 17 (4)
Blitzschutzanlagen

18 § 18 Wärmeschutz, Schallschutz und Erschütterungsschutz § 18

8 (1) (1) Gebäude müssen einen ihrer Nutzung und den klimatischen Verhältnissen entsprechenden sowie den Energieverbrauch senkenden Wärmeschutz haben.

Autorenhinweis zu Abs. 1

Seit dem 29.04.2009 ist der Wärmeschutz nur nach der Verordnung über ernergiesparenden Wärmeschutz und energiesparende Anlagentechnik bei Gebäuden (Energieeinsparverordnung – EnEV) zu behandeln, und zwar nach Maßangabe der Verordnung zur Umsetzung der Energiesparverordnung (EnEV – UVO).

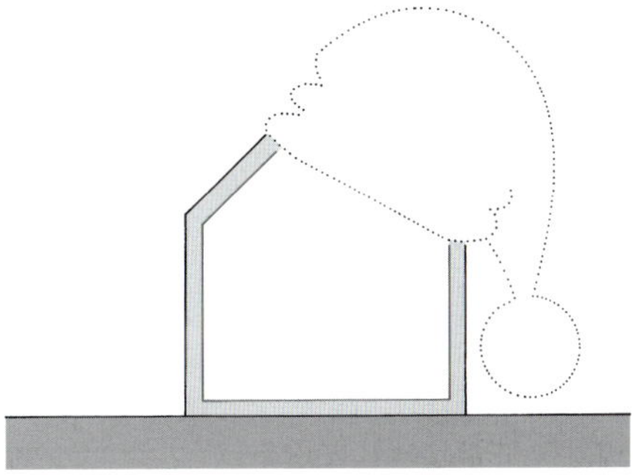

Zu § 18 (1)
Wärmeschutz

18.1 Zu Absatz 1 18 (1)

Der geforderte Wärmeschutz von Gebäuden entsprechend ihrer Nutzung und den klimatischen Verhältnissen soll auch dazu beitragen, den Energieverbrauch des Gebäudes zu senken. Die Vorschrift stellt an den Wärmeschutz der Gebäude keine höheren Anforderungen als die aufgrund des Energieeinsparungsgesetzes erlassene WärmeschutzV. Im bauaufsichtlichen Verfahren ist der Wärmeschutz nur nach der WärmeschutzV zu behandeln, und zwar nach Maßgabe der Verordnung zur Umsetzung der Wärmeschutzverordnung (WärmeschutzUVO). Die untere Bauaufsichtsbehörde ist nicht verpflichtet, die nach § 2 Abs. 1 bis 3 WärmeschutzUVO vorzulegenden Nachweise, Bescheinigungen und Bestätigungen zu überprüfen.

8 (2) (2) Gebäude müssen einen ihrer Lage und Nutzung entsprechenden Schallschutz haben. Geräusche, die von ortsfesten Anlagen oder Einrichtungen in baulichen Anlagen oder auf Baugrundstücken ausgehen, sind so zu dämmen, dass Gefahren oder unzumutbare Belästigungen nicht entstehen.

18.2 Zu Absatz 2 18 (2)

18.21 Ein ausreichender Schallschutz oder eine ausreichende Geräuschdämmung innerhalb von Gebäuden ist insbesondere dann gewährleistet, wenn die Gebäude, ortsfesten Anlagen oder Einrichtungen nach den dafür erlassenen Technischen Baubestimmungen (DIN 4109 – Schallschutz im Hochbau –) geplant und errichtet werden.

18.22 Zur Beurteilung der Frage, ob die von ortsfesten Anlagen oder Einrichtungen in baulichen Anlagen oder auf Baugrundstücken ausgehenden Geräusche so gedämmt sind, dass Gefahren oder unzumutbare Belästigungen für die Nachbarschaft nicht entstehen, können die Immissionsrichtwerte der TA Lärm vom 26.8.1998 (GMBl. S. 503) herangezogen werden.

8 (3) (3) Erschütterungen oder Schwingungen, die von ortsfesten Anlagen oder Einrichtungen in baulichen Anlagen oder auf Baugrundstücken ausgehen, sind so zu dämmen, dass Gefahren oder unzumutbare Belästigungen nicht entstehen. 18 (3)

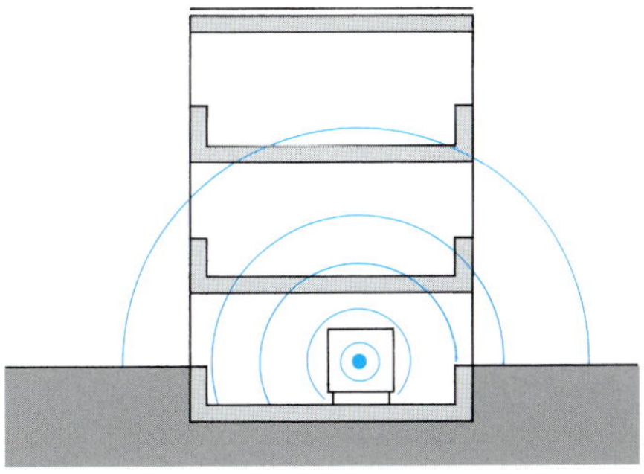

Zu § 18 (3)
Erschütterungen, Schwingungen

§ 19

§ 19 Verkehrssicherheit

19 (1) (1) Bauliche Anlagen und die dem Verkehr dienenden nicht überbauten Flächen von bebauten Grundstücken müssen verkehrssicher sein.

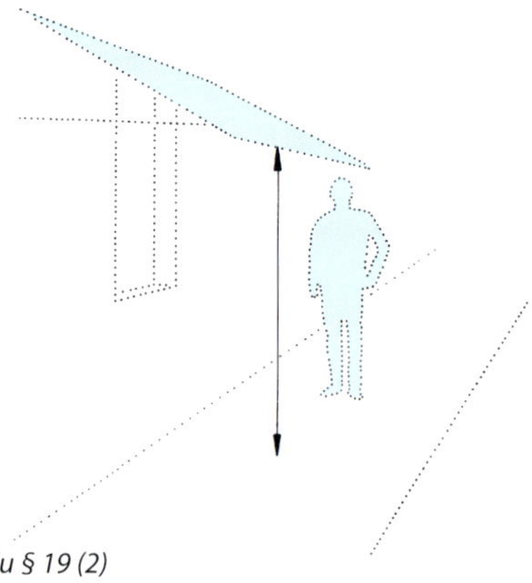

Zu § 19 (2)
Gefährdung

19 (2) (2) Die Sicherheit oder Ordnung des öffentlichen Verkehrs darf durch bauliche Anlagen sowie andere Anlagen und Einrichtungen im Sinne des § 1 Abs. 1 Satz 2 oder ihre Nutzung nicht gefährdet werden.

19.2 Zu Absatz 2

19.21 Eine Gefährdung der Sicherheit oder Ordnung des öffentlichen Verkehrs ist nicht anzunehmen, wenn

- eine Ausnahme, Genehmigung oder Zustimmung gemäß § 9 FStrG oder § 25 StrWG NRW,
- eine Sondernutzungserlaubnis gemäß § 8 FStrG oder § 18 StrWG NRW vorliegt oder
- das Vorhaben im Geltungsbereich einer Ortssatzung über die Befreiung von der Erlaubnispflicht liegt und deren Regelungen entspricht (§ 8 Abs. 1 FStrG, § 19 StrWG NRW).

19.22 Unbeschadet abweichender Vorschriften in einer Ortssatzung über Sondernutzungen ist eine Gefährdung der Sicherheit und Ordnung des öffentlichen Verkehrs im Allgemeinen nicht anzunehmen, wenn

a) Bauteile wie Sockel, Gesimse und Fensterbänke so geringfügig in den öffentlichen Verkehrsraum hineinragen, dass Passanten nicht gefährdet werden können; dies gilt auch für Werbeanlagen und Warenautomaten,
b) Bauteile, Vorbauten und Vordächer, Markisen und Werbeanlagen mehr als 2,50 m oberhalb des Gehweges vor die Gebäudefront vortreten und einen Abstand von mindestens 70 cm vom Rand der Fahrbahn einhalten.

Die unter Buchstabe b genannten Bauteile dürfen den Einsatz von Rettungsgeräten der Feuerwehr (§ 17 Abs. 3) nicht behindern.
Fenster und Türen sollen nicht in den öffentlichen Verkehrsraum aufschlagen.

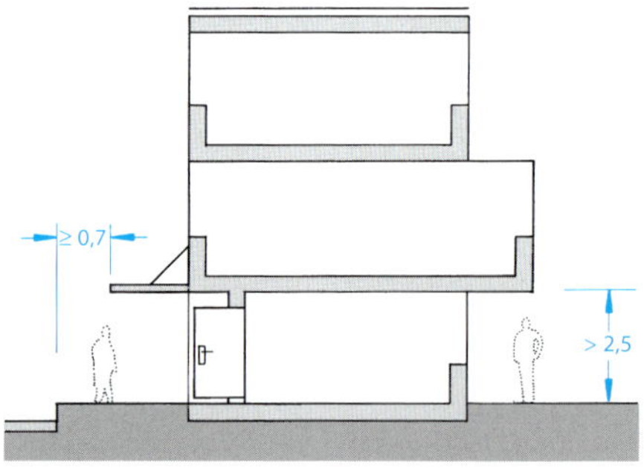

Zu VV 19.22
Öffentlicher Verkehrsraum

Zweiter Abschnitt
Bauprodukte und Bauarten

§ 20

§ 20 Bauprodukte

§ 20

20 (1) (1) Bauprodukte dürfen für die Errichtung, Änderung und Instandhaltung baulicher Anlagen nur verwendet werden, wenn sie für den Verwendungszweck

Mit den Regelungen §§ 20 bis 28 wird 20 (1)

- die Bauproduktenrichtlinie hinsichtlich der Verwendung von Bauprodukten im Anwendungsbereich der BauO NRW umgesetzt und
- sichergestellt, dass die für Bauprodukte maßgebenden Verfahren nach dem Bauordnungsrecht weitgehend dem Verfahren über Bauprodukte nach dem BauPG entsprechen.

Durch das BauPG erfolgte die Umsetzung der Bauproduktenrichtlinie hinsichtlich des Inverkehrbringens und des freien Warenverkehrs von Bauprodukten. Die Umsetzung der Bauproduktenrichtlinie hinsichtlich der Verwendung von Bauprodukten, die nach dem BauPG oder nach weiteren, der Umsetzung anderer EG-Richtlinien dienenden Vorschriften in den Verkehr gebracht werden, erfolgte für den bauaufsichtlichen Anwendungsbereich in den §§ 20 bis 28.
Die §§ 20 ff. richten sich zwar in erster Linie unmittelbar an die Hersteller und die bei der Prüfung, Überwachung und Zertifizierung von Bauprodukten und Bauarten einzuschaltenden Stellen; sie wirken sich jedoch auch auf verwendende bzw. anwendende Entwurfsverfasserinnen und Entwurfsverfasser, Bauherrinnen und Bauherren und Unternehmerinnen und Unternehmer aus; für die unteren Bauaufsichtsbehörden sind sie vor allem im Rahmen der Bauüberwachung und der Bauzustandsbesichtigung nach §§ 81 und 82 von Bedeutung.
Da die §§ 20 ff. wegen ihrer sehr komplexen Regelungsinhalte und ihres rechtlichen Zusammenspiels mit Regelungen des BauPG und andere Richtlinien der EG umsetzenden Bundesrechts sowie entsprechenden Rechts anderer Vertragsstaaten des Abkommens über den Europäischen Wirtschaftsraum nicht leicht verständlich sind, werden für ihren Vollzug folgende Hinweise gegeben:
Die §§ 20 ff. betreffen sowohl Bauprodukte (§ 2 Abs. 9) als auch Bauarten (§ 2 Abs. 10).

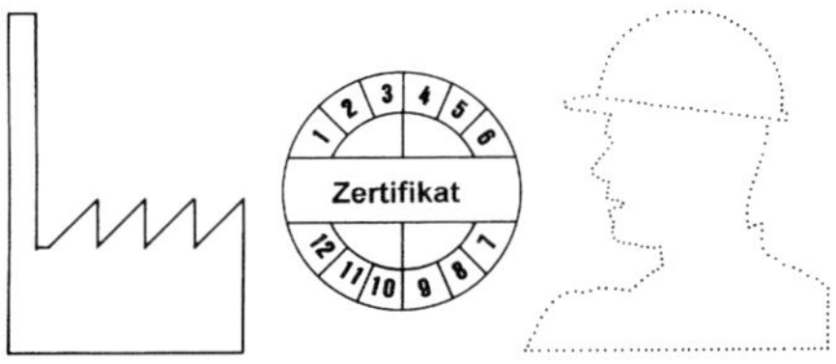

Zu VV 20.1
Herstellung, Zertifizierung, Anwendung

20.1 Bauprodukte, die nach EG-Richtlinien umsetzenden Vorschriften in den Verkehr gebracht werden (§ 20 Abs. 1 Satz 1 Nr. 2).

20.11 Allgemeines
Bauprodukte, die nach EG-Richtlinien umsetzenden Vorschriften in den Verkehr gebracht und gehandelt werden, dürfen ohne weiteren Verwendbarkeits- oder Übereinstimmungsnachweis verwendet werden, wenn sie eine CE-Kennzeichnung und zusätzliche Angaben zur CE-Kennzeichnung mit Angabe der geforderten Klassen und Leistungsstufen nach § 20 Abs. 7 Nr. 1 tragen.
Unter Umsetzungsvorschriften in diesem Sinne fallen auch die entsprechenden Vorschriften der anderen Staaten des Europäischen Wirtschaftsraumes (§ 20 Abs. 1 Satz 1 Nr. 2 Buchstaben b und c), nach denen Bauprodukte in diesen Staaten in den Verkehr gebracht und gehandelt werden, wenn sie die CE-Konformitätskennzeichnung tragen. Tragen heißt in diesem Zusammenhang: Kennzeichnung auf dem Bauprodukt oder auf seiner Verpackung oder, wenn das nicht möglich ist, auf dem Lieferschein (§ 8 Abs. 7 BauPG). Ermöglichen die Vorschriften (in zugrunde liegenden Normen, Leitlinien für europäische technische Zulassungen oder Zulassungen selbst) die Festlegung von Klassen und Leistungsstufen für das Bauprodukt,

so werden die erforderlichen Klassen oder Leistungsstufen für den jeweiligen Verwendungszweck des Bauproduktes in der Bauregelliste B bekanntgemacht (§ 20 Abs. 7 Nr. 1).
Die CE-Konformitätskennzeichnung aufgrund aller EG-Richtlinien besteht nach der Richtlinie 93/68/EWG des Rates vom 22. Juli 1993 (ABl. EG Nr. L 220 vom 30. 8. 1993, S. 1) aus den Buchstaben „CE" mit folgendem Schriftbild:

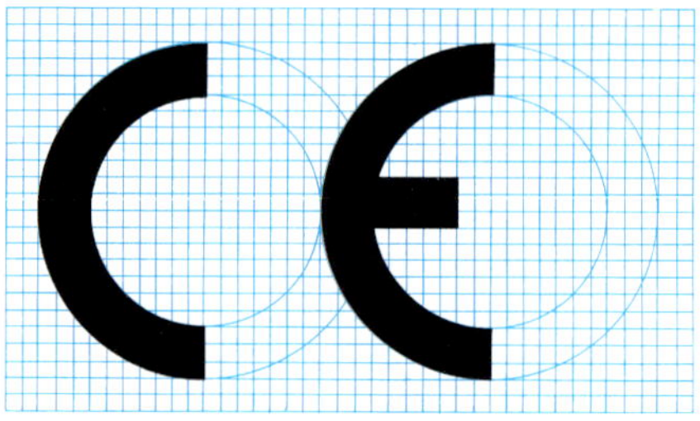

Zu VV 20.11
CE-Konformitätskennzeichen

Bei Verkleinerungen und Vergrößerungen der CE-Kennzeichnung müssen die sich aus dem abgebildeten Raster ergebenden Proportionen eingehalten werden. Die verschiedenen Bestandteile der CE-Kennzeichnung müssen etwa gleich hoch sein; die Mindesthöhe beträgt 5 mm, so dass die Lesbarkeit der Konformitätskennzeichnung noch gegeben ist. Zusätzliche notwendige Angaben werden in einer Verordnung nach § 15 Abs. 1 in Verbindung mit § 12 BauPG des Bundesministeriums für Verkehr, Bau- und Wohnungswesen über die CE-Kennzeichnung, die Konformitätserklärung und das Konformitätszertifikat nach dem Bauproduktengesetz festgelegt werden.

1. von den nach Absatz 2 bekanntgemachten technischen Regeln nicht oder nicht wesentlich abweichen (geregelte Bauprodukte) oder nach Absatz 3 zulässig sind und wenn sie aufgrund des Übereinstimmungsnachweises nach § 25 das Übereinstimmungszeichen (Ü-Zeichen) tragen oder
2. nach den Vorschriften

a) des Bauproduktengesetzes
b) zur Umsetzung der Richtlinie 89/106/EWG des Rates vom 21. Dezember 1988 zur Angleichung der Rechts- und Verwaltungsvorschriften der Mitgliedstaaten über Bauprodukte (Bauproduktenrichtlinie) (ABl. EG Nr. L 40 v. 11. 2. 1989, S. 12), geändert durch Richtlinie 93/68/ EWG des Rates vom 22. Juli 1993 (ABl. EG Nr. L 220 v. 30. 8. 1993, S. 1), durch andere Mitgliedstaaten der Europäischen Gemeinschaft und andere Vertragsstaaten des Abkommens über den Europäischen Wirtschaftsraum oder

20.12 Besondere Hinweise

20.121 Bauprodukte, die nach BauPG oder entsprechenden Umsetzungsvorschriften anderer Staaten des Europäischen Wirtschaftsraumes in den Verkehr gebracht werden (§ 20 Abs. 1 Satz 1 Nr. 2 Buchstaben a und b)
Nach § 3 Abs. 1 Satz 1 Nr. 4 BauPG können auch Bauprodukte ohne CE-Kennzeichnung in den Verkehr gebracht und gehandelt werden, wenn sie von untergeordneter Bedeutung im Hinblick auf die wesentlichen Anforderungen des § 5 Abs. 1 BauPG (mechanische Festigkeit und Standsicherheit, Brandschutz, Hygiene, Gesundheit und Umweltschutz, Nutzungssicherheit, Schallschutz sowie Energieeinsparung und Wärmeschutz) sind und in einer von der Europäischen Kommission erstellten, vom Bundesministerium für Verkehr, Bau- und Wohnungswesen im Bundesanzeiger bekannt gemachten Liste enthalten sind und die Herstellerin oder der Hersteller die Erklärung nach § 4 Abs. 3 BauPG abgegeben hat.
Entsprechenden Regelungen anderer Staaten des Europäischen Wirtschaftsraumes unterfallende Bauprodukte dürfen ebenfalls ohne CE-Kennzeichnung in Deutschland in den Verkehr gebracht und gehandelt werden.
Ist die Verwendung eines (im In- oder Ausland) hergestellten Bauproduktes nur für den Einzelfall vorgesehen, stellen weder die Bauproduktenrichtlinie noch das BauPG Anforderungen an das Bauprodukt (§ 4 Abs. 4 BauPG). Die Verwendbarkeit richtet sich nach den Vorschriften der Bauordnungen der Länder, in Nordrhein-Westfalen siehe § 25 Abs. 2 Satz 3. Den Herstellerinnen oder Herstellern steht es jedoch frei, im Entsprechensfall die Brauchbarkeit und Konformität nach BauPG nachzuweisen.
Bauprodukte müssen nach dem BauPG in den Verkehr gebracht werden, wenn dies ausdrücklich in den vom Bundesministerium für Verkehr, Bau- und Wohnungswesen im Bundesanzeiger bekannt gemachten harmonisierten Normen oder Leitlinien für europäische technische Zulassungen festgelegt ist. Ist das nicht der Fall, so dürfen die Bauprodukte auch verwendet werden, wenn sie die Voraussetzungen des § 20 Abs. 1 Nr. 1 erfüllen.

c) zur Umsetzung sonstiger Richtlinien der Europäischen Gemeinschaft, soweit diese die wesentlichen Anforderungen nach § 5 Abs. 1 des Bauproduktengesetzes berücksichtigen, in den Verkehr gebracht und gehandelt werden dürfen, insbesondere die Konformitätskennzeichnung der Europäischen Gemeinschaft (CE-Kennzeichnung) tragen und dieses Zeichen die nach Absatz 7 Nr. 1 festgelegten Klassen und Leistungsstufen ausweist.

Sonstige Bauprodukte, die von allgemein anerkannten Regeln der Technik nicht abweichen, dürfen auch verwendet werden, wenn diese Regeln nicht in der Bauregelliste A bekanntgemacht sind. Sonstige Bauprodukte, die von allgemein anerkannten Regeln der Technik abweichen, bedürfen keines Nachweises ihrer Verwendbarkeit nach Absatz 3.

20.122 Bauprodukte, die nach Vorschriften zur Umsetzung sonstiger Richtlinien der EG in den Verkehr gebracht und gehandelt werden (§ 20 Abs. 1 Satz 1 Nr. 2 Buchstabe c)
Bauprodukte fallen u. U. auch unter den Anwendungsbereich anderer EG-Richtlinien, die in nationales Recht umgesetzt werden. Dies sind derzeit:

- Richtlinie 87/404/EWG des Rates vom 25. Juni 1987 zur Angleichung der Rechtsvorschriften der Mitgliedstaaten für einfache Druckbehälter (ABl. EG Nr. L 220 vom 8. 8. 1987, S. 48), zuletzt geändert durch die Richtlinie 93/68/EWG vom 22. Juli 1993 (ABl. EG Nr. L 220 vom 30. 8. 1993, S. 1), umgesetzt in Deutschland durch die Sechste Verordnung zum Gerätesicherheitsgesetz (Verordnung über das Inverkehrbringen von einfachen Druckbehältern - 6. GSGV) vom 25. Juni 1992 (BGBl. I S. 1171), zuletzt geändert durch Verordnung vom 28. September 1995 (BGBl. I S. 1213);
- Richtlinie 90/396/EWG des Rates vom 29. Juli 1990 zur Angleichung der Rechtsvorschriften der Mitgliedstaaten für Gasverbrauchseinrichtungen (ABl. EG Nr. L 196 vom 26. 7. 1990, S. 15), geändert durch die Richtlinie 93/68/EWG des Rates vom 22. Juli 1993 (ABl. EG Nr. L 220 vom 30. 8. 1993, S. 1), umgesetzt in Deutschland durch die Siebte Verordnung zum Gerätesicherheitsgesetz (Gasverbrauchseinrichtungsverordnung) - 7. GSGV - vom 26. Januar 1993 (BGBl. I S. 133), geändert durch Verordnung vom 28. September 1995 (BGBl. I S. 1213);
- Richtlinie 73/23/EWG des Rates vom 19. Februar 1973 zur Angleichung der Rechtsvorschriften der Mitgliedstaaten betreffend elektrische Betriebsmittel zur Verwendung innerhalb bestimmter Spannungsgrenzen (ABl. EG Nr. L 77 vom 26. 3. 1973, S. 29), geändert durch die Richtlinie 93/68/EWG vom 22. Juli 1993 (ABl. EG Nr. L 220 vom 30. 8. 1993, S. 1), umgesetzt in Deutschland durch die Erste Verordnung zum Gerätesicherheitsgesetz (Verordnung über das Inverkehrbringen elektrischer Betriebsmittel zur Verwendung innerhalb bestimmter Spannungsgrenzen - 1. GSGV) vom 11. Juni 1979 (BGBl. I S. 629), geändert durch Verordnung vom 28. September 1995 (BGBl. I S. 1213);
- Richtlinie 89/392/EWG des Rates vom 14. Juli 1989 zur Angleichung der Rechtsvorschriften der Mitgliedstaaten für Maschinen (ABl. EG Nr. L 183 vom 29. 6. 1989, S. 9), zuletzt geändert durch die Richtlinie 93/68/EWG vom 22. Juli 1993 (ABl. EG Nr. L 220 vom 30. 8. 1993, S. 1), umgesetzt in Deutschland durch die Neunte Verordnung zum Gerätesicherheitsgesetz (Maschinenverordnung - 9. GSGV) vom 12. Mai 1993 (BGBl. I S. 704), zuletzt geändert durch Verordnung vom 28. September 1995 (BGBl. I S. 1213);
- Richtlinie 92/42/EWG des Rates vom 21. Mai 1992 über die Wirkungsgrade von mit flüssigen oder gasförmigen Brennstoffen beschickten neuen Warmwasserheizkesseln (ABl. EG Nr. L 167 vom 22. 6. 1992, S. 17), geändert durch die Richtlinie 93/68/ EWG vom 22. Juli 1993 (ABl. EG Nr. L 220 vom 30. 8. 1993, S. 1), grundsätzlich umgesetzt in Deutschland durch die Verordnung über energieeinsparende Anforderungen an heizungstechnische Anlagen und Brauchwasseranlagen (Heizungsanlagen-Verordnung - HeizAnlV) in der Fassung der Bekanntmachung vom 4. Mai 1998 (BGBl. I S. 851).

Bauprodukte, die nach diesen Richtlinien die CE-Kennzeichnung tragen, sind nach § 20 Abs. 1 Satz 1 Nr. 2 Buchstabe c verwendbar, soweit diese Richtlinien die wesentlichen Anforderungen des § 5 Abs. 1 BauPG (siehe dazu Nr. 20.121) berücksichtigen. Inwieweit diese wesentlichen Anforderungen von diesen Richtlinien nicht berücksichtigt werden, wird in der Bauregelliste B Teil 2 bekanntgemacht (§ 20 Abs. 7 Nr. 2). Für die nicht berücksichtigten wesentlichen Anforderungen können unter Umständen Verwendbarkeitsnachweise, Übereinstimmungsnachweise und die Kennzeichnung mit dem Übereinstimmungszeichen (Ü-Zeichen) nach § 20 Abs. 1 Satz 1 Nr. 1 zusätzlich erforderlich sein.

20 (2) (2) Das Deutsche Institut für Bautechnik macht im Einvernehmen mit der obersten Bauaufsichtsbehörde für Bauprodukte, für die nicht nur die Vorschriften nach Absatz 1 Nr. 2 maßgebend sind, in der Bauregelliste A die technischen Regeln bekannt, die zur Erfüllung der in diesem Gesetz und in Vorschriften aufgrund dieses Gesetzes an bauliche Anlagen gestellten Anforderungen erforderlich sind. Diese technischen Regeln gelten als allgemein anerkannte Regeln der Technik im Sinne des § 3 Abs. 1 Satz 2.

Zu VV 20.23
Zulassung

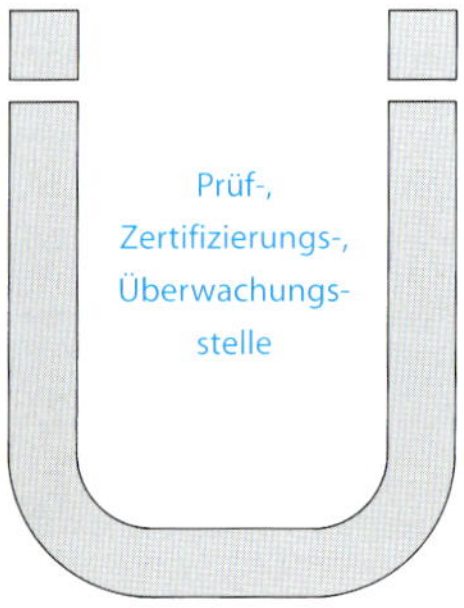

Zu VV 20.24
Übereinstimmungszeichen

20.2 Bauprodukte, die nicht nach EG-Richtlinien umsetzenden Vorschriften in den Verkehr gebracht werden müssen. 20 (2

20.21 Allgemeines
Für Bauprodukte, die nicht nach EG-Richtlinien umsetzenden Vorschriften in den Verkehr gebracht und gehandelt werden müssen, bestimmt sich ihre Verwendbarkeit nach § 20 Abs. 1 Satz 1 Nr. 1 sowie Sätze 2 und 3, § 20 Abs. 2 bis 6, §§ 21 bis 23 und §§ 25 bis 27.
Diese Regelungen unterscheiden drei Gruppen von Bauprodukten:

- geregelte und nicht geregelte Bauprodukte, die ihre Übereinstimmung mit zugrunde liegenden technischen Regeln, Zulassungen, Prüfzeugnissen oder Zustimmungen der obersten Bauaufsichtsbehörde im Einzelfall durch Kennzeichnung mit dem Ü-Zeichen ausweisen müssen,
- Bauprodukte, die für die Erfüllung der Anforderungen der BauO NRW oder der Vorschriften aufgrund der BauO NRW nur eine untergeordnete Bedeutung haben und in einer Liste C bekanntgemacht werden (Bauprodukte der Liste C),
- sonstige Bauprodukte, die nach allgemein anerkannten Regeln der Technik hergestellt werden oder von diesen abweichen (sonstige Bauprodukte, siehe dazu Nr. 20.26).

20.22 Geregelte Bauprodukte
Geregelte Bauprodukte sind solche, die in der Bauregelliste A Teil 1 bekanntgemachten technischen Regeln entsprechen oder von ihnen nicht wesentlich abweichen (§ 20 Abs. 1 Satz 1 Nr. 1 in Verbindung mit § 20 Abs. 2). Geregelte Bauprodukte bedürfen keines besonderen Verwendbarkeitsnachweises.

20.23 Nicht geregelte Bauprodukte
Nicht geregelte Bauprodukte sind solche, die entweder von in der Bauregelliste A Teil 1 bekanntgemachten technischen Regeln wesentlich abweichen oder für die es allgemein anerkannte Regeln der Technik nicht gibt. Diese Bauprodukte bedürfen eines gesonderten Verwendbarkeitsnachweises (§ 20 Abs. 1 Satz 1 in Verbindung mit § 20 Abs. 3) in Form

- der allgemeinen bauaufsichtlichen Zulassung (§ 21),
- des allgemeinen bauaufsichtlichen Prüfzeugnisses (§ 22) oder
- der Zustimmung im Einzelfall (§ 23).

Allgemeine bauaufsichtliche Prüfzeugnisse sind anstelle von allgemeinen bauaufsichtlichen Zulassungen erforderlich, wenn dies mit der Bekanntmachung der technischen Regel oder Benennung des Bauproduktes selbst in der Bauregelliste A Teile 1 und 2 bestimmt wird.
Zustimmungen im Einzelfall können statt der allgemeinen bauaufsichtlichen Zulassung bzw. des allgemeinen bauaufsichtlichen Prüfzeugnisses beantragt werden, wenn das Bauprodukt nicht allgemein, sondern nur an einer bestimmten Baustelle verwendet werden soll.
Allgemeine bauaufsichtliche Zulassungen werden vom Deutschen Institut für Bautechnik, allgemeine bauaufsichtliche Prüfzeugnisse werden von anerkannten Prüfstellen nach § 28 Abs. 1 Satz 1 Nr. 1 und Zustimmungen im Einzelfall werden von der obersten Bauaufsichtsbehörde erteilt.

20.24 Übereinstimmungszeichen (Ü-Zeichen)
Geregelte und nicht geregelte Bauprodukte unterliegen einem Übereinstimmungsnachweis. Sie müssen das Ü-Zeichen nach § 25 Abs. 4 und 5 tragen (§ 20 Abs. 1 Satz 1 Nr. 1). Tragen in diesem Zusammenhang heißt, das Ü-Zeichen ist auf dem Bauprodukt, auf einem Beipackzettel oder auf seiner Verpackung, oder, wenn das nicht möglich ist, auf dem Lieferschein oder auf einer Anlage zum Lieferschein (z. B. einem Werksprüfzeugnis) anzubringen.

Mit dem Ü-Zeichen bestätigt die Herstellerin oder der Hersteller, dass das Bauprodukt mit der ihm zugrunde liegenden technischen Regel der Bauregelliste A, der allgemeinen bauaufsichtlichen Zulassung, dem allgemeinen bauaufsichtlichen Prüfzeugnis oder der Zustimmung im Einzelfall übereinstimmt oder nicht wesentlich davon abweicht.
Die Bestätigung der Übereinstimmung (§ 25) erfolgt durch

- Übereinstimmungserklärung des Herstellers aufgrund werkseigener Produktionskontrolle (§ 26 Abs. 1) ohne bzw. mit Erstprüfung des Bauproduktes durch eine anerkannte Prüfstelle (§ 26 Abs. 2) oder
- Übereinstimmungszertifikat einer anerkannten Zertifizierungsstelle (§ 27).

Ob eine Übereinstimmungserklärung mit Erstprüfung des Bauprodukts erforderlich ist, wird in der technischen Regel nach § 20 Abs. 2 in der Bauregelliste A oder in den besonderen Verwendbarkeitsnachweisen des § 20 Abs. 3 Satz 1 festgelegt.
Wann ein Übereinstimmungszertifikat erforderlich ist, wird in der Bauregelliste A, der allgemeinen bauaufsichtlichen Zulassung oder der Zustimmung im Einzelfall festgelegt. Im Einzelfall kann jedoch vom an sich vorgeschriebenen Übereinstimmungszertifikat von der obersten Bauaufsichtsbehörde abgesehen werden (§ 25 Abs. 2 Satz 4).
Form und Größe des Ü-Zeichens und die erforderlichen zusätzlichen Angaben richten sich nach der PÜZÜVO.
Ü-Zeichen, die in anderen Ländern bzw. aufgrund bilateraler Vereinbarung in anderen Staaten aufgebracht werden, gelten auch in Nordrhein-Westfalen (§ 25 Abs. 6). Die Länder haben wortgleiche Verordnungen erlassen.

20.25 Bauprodukte nach Liste C
Bauprodukte, die für die Erfüllung der bauaufsichtlichen Anforderungen nur eine untergeordnete Bedeutung haben und deshalb in der Liste C bekanntgemacht sind, bedürfen keines besonderen Verwendbarkeitsnachweises nach § 20 Abs. 3 Satz 1 (§ 20 Abs. 3 Satz 2) und keines Übereinstimmungsnachweises nach § 25; sie dürfen deshalb auch kein Ü-Zeichen tragen. Aus dem Gesetzeszusammenhang ergibt sich, dass nur solche Bauprodukte für eine Aufnahme in die Liste C in Betracht kommen, für die es keine allgemein anerkannten Regeln der Technik gibt.

20.26 Sonstige Bauprodukte
Eine Vielzahl von Bauprodukten wird nach allgemein anerkannten Regeln der Technik erstellt, die deshalb nicht in die Bauregelliste A Teil 1 aufgenommen sind, weil sie entweder nicht zur Erfüllung der in der BauO NRW und den Vorschriften aufgrund der BauO NRW an bauliche Anlagen gestellten Anforderungen erforderlich sind oder weil sie ohne besondere baurechtliche Behandlung das Schutzziel der BauO NRW erreichen. Hierzu zählen DIN-Normen sowie Richtlinien von technisch-wissenschaftlichen Vereinigungen und Ingenieurverbänden, z. B.:

- VDI (Verein Deutscher Ingenieure).
- DASt/DAfStb (Deutscher Ausschuss für Stahlbau/Stahlbetonbau).
- DVGW (Deutscher Verein des Gas- und Wasserfaches).
- DVS (Deutscher Verband für Schweißtechnik).
- KTA (Kerntechnischer Ausschuss).

Auf dieser Grundlage hergestellte Bauprodukte werden unter dem Begriff „sonstige Bauprodukte“ erfasst. Diese Bauprodukte dürfen kein Übereinstimmungszeichen (Ü) tragen. Selbst die Abweichung von technischen Regeln löst bei sonstigen Bauprodukten nicht das Erfordernis eines Verwendbarkeitsnachweises aus (§ 20 Abs. 3). Sie dürfen allerdings vom Schutzziel der Bauordnung und der technischen Regel selbst nicht beliebig abweichen; eine Abweichung ist nur soweit erlaubt, als die damit bewirkte andere Lösung in gleicher Weise die Anforderungen des § 3 Abs. 1 Satz 1 erfüllt.

20 (3) (3) Bauprodukte, für die technische Regeln in der Bauregelliste A nach Absatz 2 bekanntgemacht worden sind und die von diesen wesentlich abweichen oder für die es allgemein anerkannte Regeln der Technik nicht gibt (nicht geregelte Bauprodukte), müssen

1. eine allgemeine bauaufsichtliche Zulassung (§ 21),
2. ein allgemeines bauaufsichtliches Prüfzeugnis (§ 22) oder
3. eine Zustimmung im Einzelfall (§ 23)

haben. Ausgenommen sind Bauprodukte, die für die Erfüllung der Anforderungen dieses Gesetzes oder aufgrund dieses Gesetzes nur eine untergeordnete Bedeutung haben und die das Deutsche Institut für Bautechnik im Einvernehmen mit der obersten Bauaufsichtsbehörde in einer Liste C öffentlich bekanntgemacht hat.

20.3 Bauarten 20 (3)

Keiner Anwendbarkeits- oder Übereinstimmungsnachweise bedürfen Bauarten, die Technischen Baubestimmungen entsprechen oder nur unwesentlich von ihnen abweichen oder für die es allgemein anerkannte Regeln der Technik gibt.
Eines besonderen Anwendbarkeitsnachweises bedürfen jedoch Bauarten, die von Technischen Baubestimmungen wesentlich abweichen oder für die es allgemein anerkannte Regeln der Technik nicht gibt (nicht geregelte Bauarten, siehe § 24 Abs. 1 Satz 1).
Der Anwendbarkeitsnachweis besteht entweder

- in der allgemeinen bauaufsichtlichen Zulassung,
- in dem allgemeinen bauaufsichtlichen Prüfzeugnis oder
- in der Zustimmung im Einzelfall.

Die allgemeine bauaufsichtliche Zulassung wird vom Deutschen Institut für Bautechnik, das allgemeine bauaufsichtliche Prüfzeugnis von einer dafür anerkannten Prüfstelle nach § 28 Abs. 1 Satz 1 Nr. 1 und die Zustimmung im Einzelfall von der obersten Bauaufsichtsbehörde erteilt (§ 24 Abs. 1 Satz 2). Auf den besonderen Anwendbarkeitsnachweis kann die oberste Bauaufsichtsbehörde im Einzelfall oder für genau begrenzte Fälle verzichten (§ 24 Abs. 1 Satz 5).
Nicht geregelte Bauarten bedürfen zusätzlich der Bestätigung ihrer Übereinstimmung mit den zugrunde liegenden allgemeinen bauaufsichtlichen Zulassungen, den allgemeinen bauaufsichtlichen Prüfzeugnissen oder der Zustimmung im Einzelfall (§ 25 Abs. 3). Art und Inhalt der Bestätigung der Übereinstimmung

- Übereinstimmungserklärung des Herstellers (§ 26) oder
- Übereinstimmungszertifikat durch eine anerkannte Zertifizierungsstelle (§ 27)

werden in der allgemeinen bauaufsichtlichen Zulassung, in dem allgemeinen bauaufsichtlichen Prüfzeugnis oder in der Zustimmung im Einzelfall festgelegt.
Ein Ü-Zeichen wird für Bauarten nicht verlangt.

20 (4) (4) Die oberste Bauaufsichtsbehörde kann durch Rechtsverordnung vorschreiben, dass für bestimmte Bauprodukte, soweit sie Anforderungen nach anderen Rechtsvorschriften unterliegen, hinsichtlich dieser Anforderungen bestimmte Nachweise der Verwendbarkeit und bestimmte Übereinstimmungsnachweise nach Maßgabe der §§ 20 bis 23 und der §§ 25 bis 28 zu führen sind, wenn die anderen Rechtsvorschriften diese Nachweise verlangen oder zulassen. 20 (4)

A 7000
Mitteilungen
Deutsches Institut für Bautechnik
Anstalt des öffentlichen Rechts
1. Januar 1995
26. Jahrgang Sonderheft Nr. 10
ISSN 0172-3006
Inhalt
Bauregelliste A und Liste C
– Ausgabe 95/1 –
Vorbemerkungen ... 1
Bauregelliste A ... 3
Bauregelliste A Teil 1 ... 4
Bauregelliste A Teil 2 ... 62
Liste C ... 65
Bezugsquellennachweis ... 66

Zu VV 20.4
Bauregelliste

20 (5) (5) Bei Bauprodukten nach Absatz 1 Nr. 1, deren Herstellung in außergewöhnlichem Maß von der Sachkunde und Erfahrung der damit betrauten Personen oder von einer Ausstattung mit besonderen Vorrichtungen abhängt, kann in der allgemeinen bauaufsichtlichen Zulassung, in der Zustimmung im Einzelfall oder durch Rechtsverordnung der obersten Bauaufsichtsbehörde vorgeschrieben werden, dass der Hersteller über solche Fachkräfte und Vorrichtungen verfügt und den Nachweis hierüber gegenüber einer Prüfstelle nach § 28 zu erbringen hat. In der Rechtsverordnung können Mindestanforderungen an die Ausbildung, die durch Prüfung nachzuweisende Befähigung und die Ausbildungsstätten einschließlich der Anerkennungsvoraussetzungen gestellt werden. 20 (5)

Zu § 20 Bauprodukte

Bauprodukte, die nicht nach EG-Richtlinien umsetzenden Vorschriften in den Verkehr gebracht und gehandelt werden				Bauprodukte, die nach den Vorschriften des Bauproduktengesetzes und den Vorschriften zur Umsetzung der Bauproduktenrichtlinie und sonstiger Richtlinien der EU in den Verkehr gebracht und gehandelt werden
Geregelte Bauprodukte nach der Bauregelliste A Teil 1	Nicht geregelte Bauprodukte und Bauprodukte nach der Bauregelliste A Teil 2	Bauprodukte nach der Liste C	Sonstige Bauprodukte	Bauprodukte nach der Bauregelliste B Teil 1 und 2
Bauprodukte, die in der Bauregelliste A Teil 1 bekanntgemachten Technischen Regeln entsprechen oder von ihnen nicht wesentlich abweichen Bauprodukte, die von Bedeutung zur Erfüllung der Anforderungen der Bauordnung sind	Bauprodukte, die von der in der Bauregelliste A Teil 1 bekannt gemachten technischen Regeln wesentlich abweichen oder für die es keine Technischen Baubestimmungen oder allgemein anerkannte Regeln der Technik gibt Bauprodukte, die nicht zur Erfüllung erheblicher Anforderungen an die Sicherheit baulicher Anlagen dienen	Bauprodukte, für die es keine anerkannten Regeln der Technik oder Technische Baubestimmungen gibt Bauprodukte, die für die Erfüllung der Anforderungen der Bauordnung nur eine untergeordnete Bedeutung haben	Bauprodukte nach anerkannten Regeln der Technik Bauprodukte, die nicht zur Erfüllung der Anforderungen der Bauordnung erforderlich sind oder das Schutzziel ohne besondere baurechtliche Behandlung erreichen	Die oberste Bauaufsichtsbehörde ist ermächtigt, festzulegen, welche Klassen und Leistungsstufen Bauprodukte, die in – Normen – Leitlinien – europäischen technischen Zulassungen – Vorschriften zur Umsetzung von Richtlinien der EU enthalten sind, erfüllen müssen. Für die nicht berücksichtigten wesentlichen Anforderungen können Verwendbarkeitsnachweise, Übereinstimmungsnachweise und die Kennzeichnung (Ü-Zeichen) zusätzlich erforderlich sein.
	Gesonderter Verwendbarkeitsnachweis durch allgemeine bauaufsichtliche Zulassung, allgemeines bauaufsichtliches Prüfungszeugnis, Zustimmung im Einzelfall			
Übereinstimmungsnachweis				
Ü-Zeichen		Kein Zeichen	Kein Zeichen	CE-Zeichen und Klasse

Nach: VV und Bauregelliste 2013

20 (6) (6) Für Bauprodukte, die wegen ihrer besonderen Eigenschaften oder ihres besonderen Verwendungszweckes einer außergewöhnlichen Sorgfalt bei Einbau, Transport, Instandhaltung oder Reinigung bedürfen, kann in der allgemeinen bauaufsichtlichen Zulassung, in der Zustimmung im Einzelfall oder durch Rechtsverordnung der obersten Bauaufsichtsbehörde die Überwachung dieser Tätigkeiten durch eine Überwachungsstelle nach § 28 vorgeschrieben werden. 20 (6)

20 (7) (7) Das Deutsche Institut für Bautechnik kann im Einvernehmen mit der obersten Bauaufsichtsbehörde in der Bauregelliste B 20 (7)

1. festlegen, welche der Klassen und Leistungsstufen, die in Normen, Leitlinien oder europäischen technischen Zulassungen nach dem Bauproduktengesetz oder in anderen Vorschriften zur Umsetzung von Richtlinien der Europäischen Gemeinschaft enthalten sind, Bauprodukte nach Absatz 1 Satz 1 Nr. 2 erfüllen müssen und
2. bekanntmachen, inwieweit andere Vorschriften zur Umsetzung von Richtlinien der Europäischen Gemeinschaft die wesentlichen Anforderungen nach § 5 Abs. 1 des Bauproduktengesetzes nicht berücksichtigen.

§ 21

§ 21 Allgemeine bauaufsichtliche Zulassung

§ 21

21 (1) (1) Das Deutsche Institut für Bautechnik erteilt eine allgemeine bauaufsichtliche Zulassung für nicht geregelte Bauprodukte, wenn deren Verwendbarkeit im Sinne des § 3 Abs. 2 nachgewiesen ist. 21 (1)

21 (2) (2) Die zur Begründung des Antrags erforderlichen Unterlagen sind beizufügen. Soweit erforderlich, sind Probestücke von der Antragstellerin oder vom Antragsteller zur Verfügung zu stellen oder durch Sachverständige, die das Deutsche Institut für Bautechnik bestimmen kann, zu entnehmen oder Probeausführungen unter Aufsicht der Sachverständigen herzustellen. § 72 Abs.1 Satz 2 gilt entsprechend. 21 (2)

21 (3) (3) Das Deutsche Institut für Bautechnik kann für die Durchführung der Prüfung die sachverständige Stelle und für Probeausführungen die Ausführungsstelle und Ausführungszeit vorschreiben. 21 (3)

21 (4) (4) Die allgemeine bauaufsichtliche Zulassung wird widerruflich und für eine bestimmte Frist erteilt, die in der Regel fünf Jahre beträgt. Die Zulassung kann mit Nebenbestimmungen erteilt werden. Sie kann auf schriftlichen Antrag in der Regel um fünf Jahre verlängert werden; § 77 Abs. 2 Satz 2 gilt entsprechend. 21 (4)

21 (5) (5) Die Zulassung wird unbeschadet der Rechte Dritter erteilt. 21 (5)

21 (6) (6) Das Deutsche Institut für Bautechnik macht die von ihm erteilten allgemeinen bauaufsichtlichen Zulassungen nach Gegenstand und wesentlichem Inhalt öffentlich bekannt. 21 (6)

21 (7) (7) Allgemeine bauaufsichtliche Zulassungen nach dem Recht anderer Länder gelten auch im Land Nordrhein-Westfalen. 21 (7)

§ 22

§ 22 Allgemeines bauaufsichtliches Prüfzeugnis

§ 22

22 (1) (1) Bauprodukte, 22 (1)

1. deren Verwendung nicht der Erfüllung erheblicher Anforderungen an die Sicherheit baulicher Anlagen dient oder
2. die nach allgemein anerkannten Prüfverfahren beurteilt werden,

bedürfen anstelle einer allgemeinen bauaufsichtlichen Zulassung nur eines allgemeinen bauaufsichtlichen Prüfzeugnisses. Das Deutsche Institut für Bautechnik macht dies mit der Angabe der maßgebenden technischen Regeln und, soweit es keine allgemein anerkannten Regeln der Technik gibt, mit der Bezeichnung der Bauprodukte im Einvernehmen mit der obersten Bauaufsichtsbehörde in der Bauregelliste A bekannt.

22 (2) (2) Ein allgemeines bauaufsichtliches Prüfzeugnis wird von einer Prüfstelle nach § 28 Abs. 1 Satz 1 Nr. 1 für nicht geregelte Bauprodukte nach Absatz 1 erteilt, wenn deren Verwendbarkeit im Sinne des § 3 Abs. 2 nachgewiesen ist. § 21 Abs. 2 bis 7 gilt entsprechend. 22 (2)

§ 23

§ 23 Nachweis der Verwendbarkeit von Bauprodukten im Einzelfall

§ 23

23 (1) (1) Mit Zustimmung der obersten Bauaufsichtsbehörde dürfen im Einzelfall 23 (1)

1. Bauprodukte, die ausschließlich nach dem Bauproduktengesetz in Verkehr gebracht werden und gehandelt werden dürfen, dessen Anforderungen jedoch nicht erfüllen,
2. Bauprodukte, die nach sonstigen Vorschriften zur Umsetzung von Richtlinien der Europäischen Union oder auf der Grundlage von unmittelbar geltendem Recht der Europäischen Union in Verkehr gebracht und gehandelt werden dürfen, hinsichtlich der nicht berücksichtigten wesentlichen Anforderungen im Sinne des § 20 Absatz 7 Nummer 2 und
3. nicht geregelte Bauprodukte verwendet werden, wenn ihre Verwendbarkeit im Sinne des § 3 Absatz 2 nachgewiesen ist.

(2) Die Zustimmung für Bauprodukte nach Absatz 1, die in Baudenkmälern nach § 2 Abs. 2 des Gesetzes zum Schutz und zur Pflege der Denkmäler im Lande Nordrhein-Westfalen (Denkmalschutzgesetz – DSchG) vom 11. März 1980 (GV. NRW. S. 226), 5. April 2005 (GV. NRW. S. 274) – SGV. NRW. 224 – verwendet werden, erteilt die untere Bauaufsichtsbehörde.

Autorenhinweis zu Abs. 1.1

Zum Beispiel europäisch genormte Baustähle

Autorenhinweis zu Abs. 1.2

Zum Beispiel Gasverbrauchsgeräte der technischen Gebäudeausrüstung entsprechend den Anforderungen der Richtlinie 90/396/EWG (GasgeräteRL)

Autorenhinweis zu Abs. 1.3

Bauprodukte, die nationalen Regelungen unterliegen, z. B. tragende Betonfertigteile nach DIN 1045

§ 24 Bauarten

§ 24

24 (1) (1) Bauarten, die von Technischen Baubestimmungen wesentlich abweichen oder für die es allgemein anerkannte Regeln der Technik nicht gibt (nicht geregelte Bauarten), dürfen bei der Errichtung, Änderung und Instandhaltung baulicher Anlagen nur angewendet werden, wenn für sie

1. eine allgemeine bauaufsichtliche Zulassung oder
2. eine Zustimmung im Einzelfall

erteilt worden ist. Anstelle einer allgemeinen bauaufsichtlichen Zulassung genügt ein allgemeines bauaufsichtliches Prüfzeugnis, wenn die Bauart nicht der Erfüllung erheblicher Anforderungen an die Sicherheit baulicher Anlagen dient oder nach allgemein anerkannten Prüfverfahren beurteilt wird. Das Deutsche Institut für Bautechnik macht diese Bauarten mit der Angabe der maßgebenden technischen Regeln und, soweit es keine allgemein anerkannten Regeln der Technik gibt, mit der Bezeichnung der Bauarten im Einvernehmen mit der obersten Bauaufsichtsbehörde in der Bauregelliste A bekannt. § 20 Abs. 5 und 6 sowie §§ 21 und 23 gelten entsprechend. Wenn Gefahren im Sinne des § 3 Abs. 1 nicht zu erwarten sind, kann die oberste Bauaufsichtsbehörde im Einzelfall oder für genau begrenzte Fälle allgemein festlegen, dass eine allgemeine bauaufsichtliche Zulassung oder eine Zustimmung im Einzelfall nicht erforderlich ist.

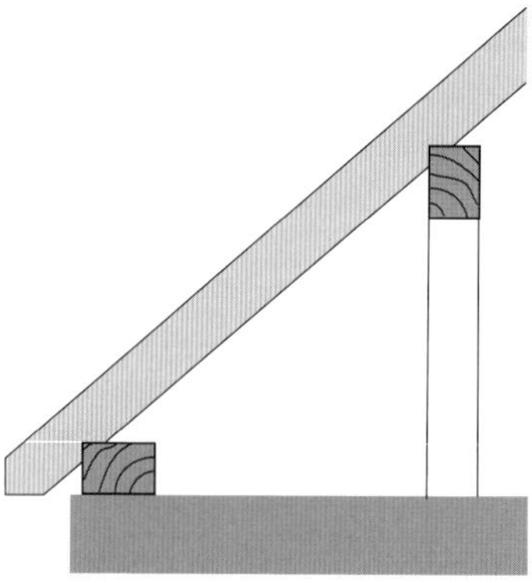

Zu § 24 (1)
Bauart ist das Zusammenfügen von Bauprodukten zu baulichen Anlagen wie z. B. dem Holzbau

24 (2) (2) Die oberste Bauaufsichtsbehörde kann durch Rechtsverordnung vorschreiben, dass für bestimmte Bauarten, auch soweit sie Anforderungen nach anderen Rechtsvorschriften unterliegen, Absatz 1 ganz oder teilweise anwendbar ist, wenn die anderen Rechtsvorschriften dies verlangen oder zulassen.

§ 25 Übereinstimmungsnachweis

§ 25

25 (1) (1) Bauprodukte bedürfen einer Bestätigung ihrer Übereinstimmung mit den technischen Regeln nach § 20 Abs. 2, den allgemeinen bauaufsichtlichen Zulassungen, den allgemeinen bauaufsichtlichen Prüfzeugnissen oder den Zustimmungen im Einzelfall; als Übereinstimmung gilt auch eine Abweichung, die nicht wesentlich ist.

Zu § 25
Übereinstimmungserklärung

25 (2) (2) Die Bestätigung der Übereinstimmung erfolgt durch

1. Übereinstimmungserklärung des Herstellers (§ 26) oder
2. Übereinstimmungszertifikat (§ 27).

Die Bestätigung durch Übereinstimmungszertifikat kann in der allgemeinen bauaufsichtlichen Zulassung, in der Zustimmung im Einzelfall oder in der Bauregelliste A vorgeschrieben werden, wenn dies zum Nachweis einer ordnungsgemäßen Herstellung erforderlich ist. Bauprodukte, die nicht in Serie hergestellt werden, bedürfen nur der Übereinstimmungserklärung des Herstellers nach § 26 Abs. 1, sofern nichts anderes bestimmt ist. Die oberste Bauaufsichtsbehörde kann im Einzelfall die Verwendung von Bauprodukten ohne das erforderliche Übereinstimmungszertifikat gestatten, wenn nachgewiesen ist, dass diese Bauprodukte den technischen Regeln, Zulassungen, Prüfzeugnissen oder Zustimmungen nach Absatz 1 entsprechen.

25 (3) (3) Für Bauarten gelten die Absätze 1 und 2 entsprechend. 25 (3)

25 (4) (4) Die Übereinstimmungserklärung und die Erklärung, dass ein Übereinstimmungszertifikat erteilt ist, hat der Hersteller durch Kennzeichnung der Bauprodukte mit dem Übereinstimmungszeichen (Ü-Zeichen) unter Hinweis auf den Verwendungszweck abzugeben. 25 (4)

25 (5) (5) Das Ü-Zeichen ist auf dem Bauprodukt, auf einem Beipackzettel oder auf seiner Verpackung oder, wenn dies Schwierigkeiten bereitet, auf dem Lieferschein oder auf einer Anlage zum Lieferschein anzubringen. 25 (5)

25 (6) (6) Ü-Zeichen aus anderen Ländern und aus anderen Staaten gelten auch im Land Nordrhein-Westfalen. 25 (6)

§ 26 **§ 26 Übereinstimmungserklärung des Herstellers** § 26

26 (1) (1) Der Hersteller darf eine Übereinstimmungserklärung nur abgeben, wenn er durch werkseigene Produktionskontrolle sichergestellt hat, dass das von ihm hergestellte Bauprodukt den maßgebenden technischen Regeln, der allgemeinen bauaufsichtlichen Zulassung, dem allgemeinen bauaufsichtlichen Prüfzeugnis oder der Zustimmung im Einzelfall entspricht. 26 (1)

26 (2) (2) In den technischen Regeln nach § 20 Abs. 2, in der Bauregelliste A, in den allgemeinen bauaufsichtlichen Zulassungen, in den allgemeinen bauaufsichtlichen Prüfzeugnissen oder in den Zustimmungen im Einzelfall kann eine Prüfung der Bauprodukte durch eine Prüfstelle vor Abgabe der Übereinstimmungserklärung vorgeschrieben werden, wenn dies zur Sicherung einer ordnungsgemäßen Herstellung erforderlich ist. In diesen Fällen hat die Prüfstelle das Bauprodukt daraufhin zu überprüfen, ob es den maßgebenden technischen Regeln, der allgemeinen bauaufsichtlichen Zulassung, dem allgemeinen bauaufsichtlichen Prüfzeugnis oder der Zustimmung im Einzelfall entspricht. 26 (2)

§ 27 **§ 27 Übereinstimmungszertifikat** § 27

27 (1) (1) Ein Übereinstimmungszertifikat ist von einer Zertifizierungsstelle nach § 28 zu erteilen, wenn das Bauprodukt 27 (1)

1. den maßgebenden technischen Regeln, der allgemeinen bauaufsichtlichen Zulassung, dem allgemeinen bauaufsichtlichen Prüfzeugnis oder der Zustimmung im Einzelfall entspricht und
2. einer werkseigenen Produktionskontrolle sowie einer Fremdüberwachung nach Maßgabe des Absatzes 2 unterliegt.

27 (2) (2) Die Fremdüberwachung ist von Überwachungsstellen nach § 28 durchzuführen. Die Fremdüberwachung hat regelmäßig zu überprüfen, ob das Bauprodukt den maßgebenden technischen Regeln, der allgemeinen bauaufsichtlichen Zulassung, dem allgemeinen bauaufsichtlichen Prüfzeugnis oder der Zustimmung im Einzelfall entspricht. 27 (2)

§ 28

§ 28 Prüf-, Zertifizierungs- und Überwachungsstellen

§ 28

28 (1) (1) Die oberste Bauaufsichtsbehörde kann eine natürliche oder juristische Person als

1. Prüfstelle für die Erteilung allgemeiner bauaufsichtlicher Prüfzeugnisse (§ 22 Abs. 2),
2. Prüfstelle für die Überprüfung von Bauprodukten vor Bestätigung der Übereinstimmung (§ 26 Abs. 2),
3. Zertifizierungsstelle (§ 27 Abs. 1),
4. Überwachungsstelle für die Fremdüberwachung (§ 27 Abs. 2),
5. Überwachungsstelle für die Überwachung nach § 20 Abs. 6 oder
6. Prüfstelle für die Überwachung nach § 20 Abs. 5

anerkennen, wenn sie oder die bei ihr Beschäftigten nach ihrer Ausbildung, Fachkenntnis, persönlichen Zuverlässigkeit, ihrer Unparteilichkeit und ihren Leistungen die Gewähr dafür bieten, dass diese Aufgaben den öffentlich-rechtlichen Vorschriften entsprechend wahrgenommen werden, und wenn sie über die erforderlichen Vorrichtungen verfügen. Satz 1 ist entsprechend auf die Behörden anzuwenden, wenn sie ausreichend mit geeigneten Fachkräften besetzt und mit den erforderlichen Vorrichtungen ausgestattet sind.

Autorenhinweis zu Abs. 1 28 (1)

Die Niederlassungs- und Dienstleistungsfreiheit nach dem EG-Vertrag wird nur natürlichen und juristischen Personen gewährt.

28 (2) (2) Die Anerkennung von Prüf-, Zertifizierungs- und Überwachungsstellen anderer Länder gilt auch im Land Nordrhein-Westfalen. Prüf-, Zertifizierungs- und Überwachungsergebnisse von Stellen, die nach Artikel 16 Abs. 2 der Bauproduktenrichtlinie von einem anderen Mitgliedstaat der Europäischen Gemeinschaft oder von einem anderen Vertragsstaat des Abkommens über den Europäischen Wirtschaftsraum anerkannt worden sind, stehen den Ergebnissen der in Absatz 1 genannten Stellen gleich. Dies gilt auch für Prüf-, Zertifizierungs- und Überwachungsergebnisse von Stellen anderer Staaten, wenn sie in einem Artikel 16 Abs. 2 der Bauproduktenrichtlinie entsprechenden Verfahren anerkannt worden sind. 28 (2)

28 (3) (3) Die oberste Bauaufsichtsbehörde erkennt auf Antrag eine natürliche oder juristische Person oder Behörde als Stelle nach Artikel 16 Abs. 2 der Bauproduktenrichtlinie an, wenn in dem in Artikel 16 Abs. 2 der Bauproduktenrichtlinie vorgesehenen Verfahren nachgewiesen ist, dass die natürliche oder juristische Person oder Behörde die Voraussetzungen erfüllt, nach den Vorschriften eines anderen Mitgliedstaates der Europäischen Gemeinschaft oder eines anderen Vertragsstaates des Abkommens über den Europäischen Wirtschaftsraum zu prüfen, zu zertifizieren oder zu überwachen. Dies gilt auch für die Anerkennung von Personen, Stellen, Überwachungsgemeinschaften oder Behörden, die nach den Vorschriften eines anderen Staates zu prüfen, zu zertifizieren oder zu überwachen beabsichtigen, wenn der erforderliche Nachweis in einem Artikel 16 Abs. 2 der Bauproduktenrichtlinie entsprechenden Verfahren geführt wird. 28 (3)

Dritter Abschnitt
Wände, Decken und Dächer

§ 29

§ 29 Wände, Pfeiler und Stützen

§ 29

29 (1) (1) Wände, Pfeiler und Stützen sowie deren Bekleidungen und Dämmstoffe müssen unbeschadet des § 17 Abs. 2 hinsichtlich ihres Brandverhaltens nachfolgende Mindestanforderungen erfüllen (siehe Seite 60):

29.1 Zu Absatz 1 Tabelle Zeile 3 29 (1)

Die Anforderungen an die Außenwandbekleidung und an die Dämmschichten gelten grundsätzlich auch für deren Unterkonstruktionen, Halterungen, Befestigungen und Verbindungselemente.
Stabförmige Unterkonstruktionen von Außenwandbekleidungen sind jedoch aus normal entflammbaren Baustoffen (B 2) zulässig

- bei Gebäuden geringer Höhe,
- bei anderen Gebäuden, wenn der Abstand zwischen Außenwand einschließlich etwaiger Dämmschichten und der Bekleidung einschließlich einer waagerecht angeordneten Traglattung (frei durchströmbarer Hohlraum) nicht größer als 4 cm ist und die Fenster- und Türleibungen gegen den Luftzwischenraum umseitig mit Baustoffen der für Außenwandbekleidungen erforderlichen Baustoffklasse abgeschlossen sind; dies gilt nicht für Hochhäuser, bei denen der Fußboden mindestens eines Aufenthaltsraumes mehr als 60 m über der Geländeoberfläche liegt.

Werden Außenwandbekleidungen hinterlüftet, so müssen die Halterungen und Befestigungen der Bekleidungen und der Unterkonstruktionen aus nicht brennbaren Baustoffen bestehen. Dies gilt nicht für Halterungen von Dämmschichten und auch nicht für Dübel, die in tragenden Wänden aus nicht brennbaren Baustoffen befestigt sind und deren Brauchbarkeit für den Verwendungszweck, z. B. durch eine allgemeine bauaufsichtliche Zulassung, nachgewiesen ist.
An das Brandverhalten von Fensterprofilen und Dichtmitteln werden – abgesehen von dem generellen Verbot der Verwendung leichtentflammbarer Baustoffe – keine Anforderungen gestellt. Für kleinflächige Bestandteile der Außenwandbekleidung (z. B. Kantenabdeckung) genügen normal entflammbare Baustoffe (B 2).
An Obergeschossen dürfen Außenwandbekleidungen, die als brennend abfallend oder brennend abtropfend gelten, nicht verwendet werden (siehe Nr. 17.1).

29 (2) (2) Spalte 1 der Tabelle gilt auch für andere frei stehende Gebäude ähnlicher Größe sowie für frei stehende landwirtschaftliche Betriebsgebäude. 29 (2)

Zu § 29

	Spalte	1	2	3	4
	Gebäude	Frei stehende Wohngebäude mit nicht mehr als einer Wohnung (siehe auch Absatz 2)	Wohngebäude geringer Höhe mit nicht mehr als zwei Wohnungen	Gebäude geringer Höhe	andere Gebäude
Zeile	Bauteile				
1 a	tragende und aussteifende Wände, Pfeiler und Stützen	keine	F 30	F 30	F 90-AB
1 b	in Kellergeschossen	keine	F 30-AB	F 90-AB	F 90-AB
1 c	in Geschossen im Dachraum, über denen Aufenthaltsräume möglich sind	keine	F 30	F 30	F 90
1 d	in Geschossen im Dachraum, über denen Aufenthaltsräume nicht möglich sind	keine	keine	keine	keine
2	nicht tragende Außenwände sowie nicht tragende Teile von Außenwänden	keine	keine	keine	A oder F 30
3	Oberflächen von Außenwänden, Außenwandbekleidungen und Dämmstoffe in Außenwänden	keine	keine (siehe jedoch Absatz 3)	keine (siehe jedoch Absatz 3)	B 1
4 a	Trennwände nach § 30	./.	F 30 (siehe jedoch § 30 Abs. 4)	F 30 (siehe jedoch § 30 Abs. 4)	F 90-AB (siehe jedoch § 30 Abs. 4)
4 b	in obersten Geschossen von Dachräumen	./.	F 30 (siehe jedoch § 30 Abs. 4)	F 30 (siehe jedoch § 30 Abs. 4)	F 90 (siehe jedoch § 30 Abs. 4)
5	Gebäudeabschlusswände nach § 31	./.	F 90-AB (siehe auch § 31 Abs. 4)	Brandwand (siehe auch Absatz 4)	Brandwand
6	Gebäudetrennwände nach § 32	./.	F 90-AB	Brandwand (siehe auch Absatz 4)	Brandwand

Es bedeuten:
- F/T : Feuerwiderstandsklasse des jeweiligen Bauteils nach seiner Feuerwiderstandsdauer
- A : aus nicht brennbaren Baustoffen
- AB : in den wesentlichen Teilen aus nicht brennbaren Baustoffen
- Brandwand : siehe § 33
- B 1 : aus schwer entflammbaren Baustoffen
- B 2 : aus normal entflammbaren Baustoffen

29 (3) (3) Bei der Verwendung normal entflammbarer Baustoffe (B 2) in den Fällen der Zeile 3 Spalten 2 und 3 der Tabelle muss durch geeignete Maßnahmen eine Brandausbreitung auf Nachbargebäude und Brandabschnitte verhindert werden.

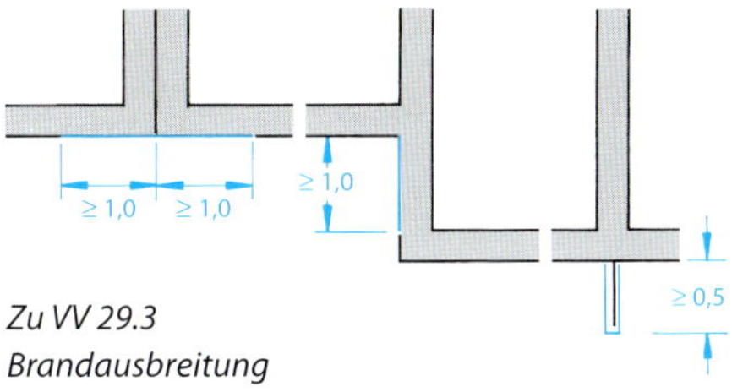

Zu VV 29.3
Brandausbreitung

29.3 Zu Absatz 3 **29 (3)**

Geeignete Maßnahmen zur Verhinderung einer Brandausbreitung auf Nachbargebäude oder Brandabschnitte sind insbesondere

- ein im Bereich der Gebäudeabschlusswand oder Gebäudetrennwand angeordneter Streifen der Außenwandbekleidung von mindestens 1,0 m Breite aus nicht brennbaren Baustoffen,
- ein mindestens 0,5 m vor die Außenwand vorstehender Teil der Gebäudeabschlusswand oder Gebäudetrennwand, der nicht brennbar bekleidet ist oder
- ein Versatz der Außenwand im Bereich der Gebäudeabschlusswand oder Gebäudetrennwand von mindestens 1,0 m, die hier nicht brennbar bekleidet ist.

29 (4) (4) Anstelle der in Zeilen 5 und 6 Spalte 3 der Tabelle gestellten Anforderungen sind bei Wohngebäuden geringer Höhe Wände der Feuerwiderstandsklasse F 90 und in den wesentlichen Teilen aus nicht brennbaren Baustoffen (F 90-AB) zulässig. Für diese Wände gelten die Vorschriften des § 33 Abs. 2 bis 6 sinngemäß. **29 (4)**

§ 30

§ 30 Trennwände

§ 30

30 (1) (1) Trennwände sind herzustellen **30 (1)**

1. zwischen Wohnungen sowie zwischen Wohnungen und anders genutzten Räumen,
2. zwischen sonstigen Nutzungseinheiten mit Aufenthaltsräumen sowie zwischen diesen Nutzungseinheiten und anders genutzten Räumen.

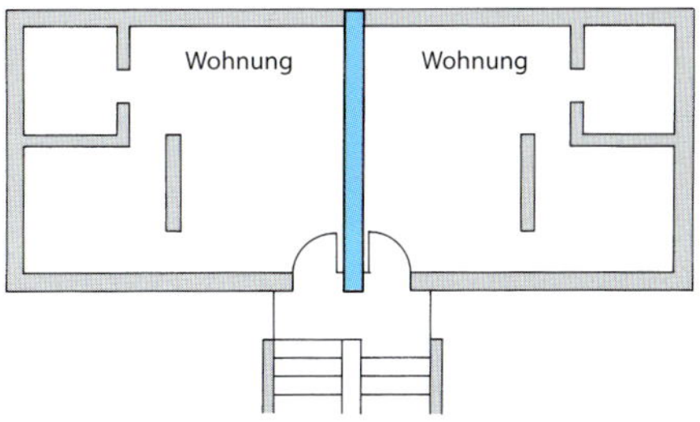

Zu § 30 (1)
Trennwände

30 (2) (2) Öffnungen in Trennwänden sind zulässig, wenn sie wegen der Nutzung des Gebäudes erforderlich sind; diese Öffnungen sind mit selbstschließenden Abschlüssen in der Feuerwiderstandsklasse T 30 zu versehen. Leitungen dürfen durch Trennwände der Feuerwiderstandsklasse F 90 nur hindurchgeführt werden, wenn eine Übertragung von Feuer und Rauch nicht zu befürchten ist oder entsprechende Vorkehrungen hiergegen getroffen werden.

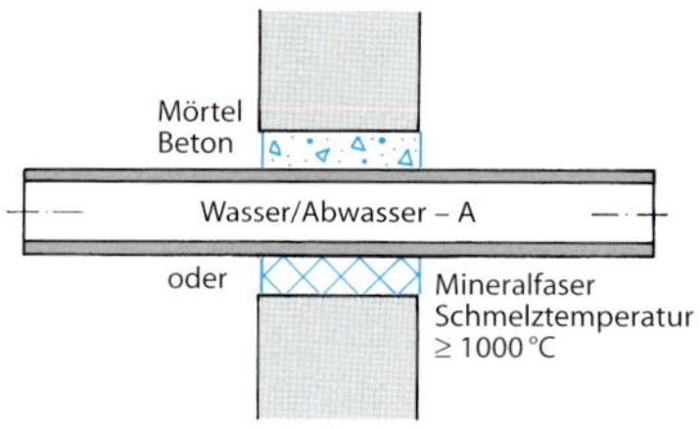

Zu VV 30.221
Durchführung von Leitungen, nicht brennbar

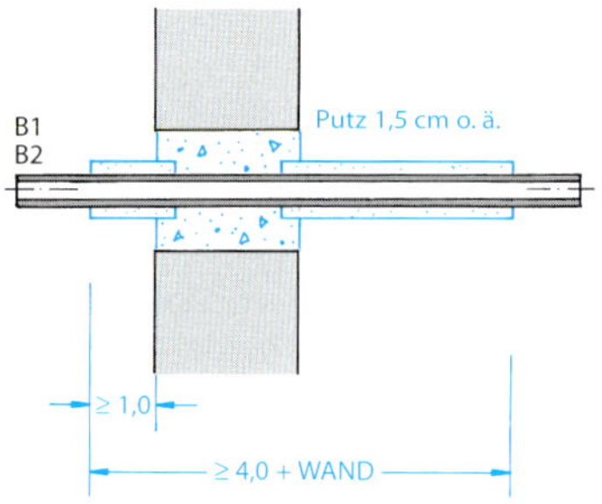

Zu VV 30.221
Durchführung von Leitungen, brennbar

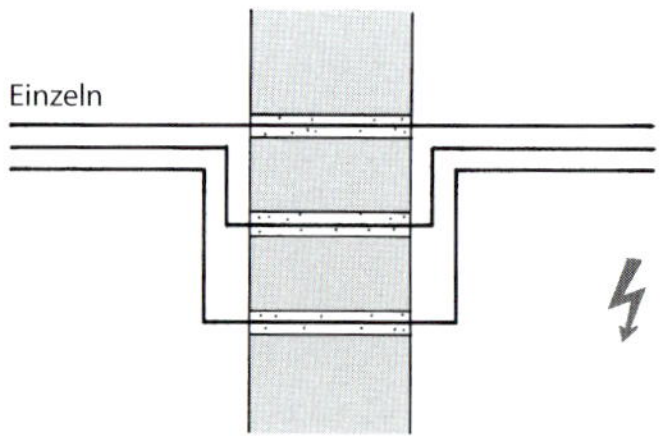

Zu VV 30.221
Durchführung von Leitungen

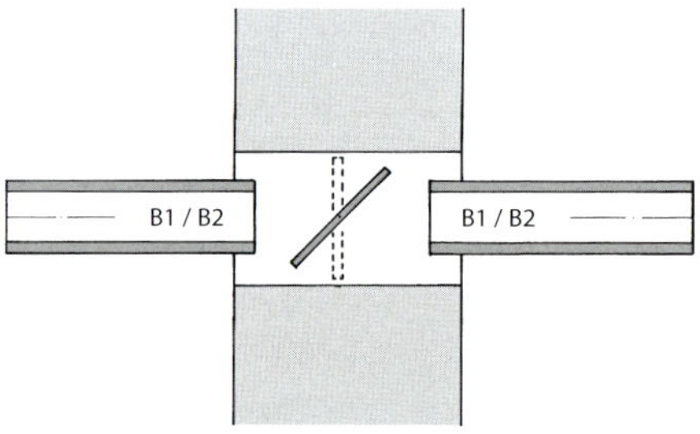

Zu VV 30.222
Rohrabschottungen

30.22 Zu Absatz 2 Satz 2 30 (2

30.221 Eine Übertragung von Feuer und Rauch ist – ohne dass es eines besonderen Nachweises nach Nr. 30.222 bedarf – nicht zu befürchten

- bei der Durchführung von Leitungen für Wasser und Abwasser aus nicht brennbaren Rohren – mit Ausnahme von solchen aus Aluminium –, wenn der verbleibende Öffnungsquerschnitt mit nicht brennbaren, formbeständigen Baustoffen vollständig geschlossen wird, bei Bauteilen aus mineralischen Baustoffen, z. B. mit Mörtel oder Beton; werden Mineralfasern hierzu verwendet, so müssen diese eine Schmelztemperatur von mindestens 1000 °C aufweisen (vgl. DIN 4102-17: 1990-12),
- bei der Durchführung von Leitungen aus brennbaren Rohren mit einem Durchmesser < 32 mm, wenn der verbleibende Öffnungsquerschnitt wie vorstehend beschrieben geschlossen wird,
- bei der Durchführung von Leitungen aus brennbaren Rohren oder von Rohren aus Aluminium, wenn die Rohrleitungen auf einer Gesamtlänge von 4,0 m, jedoch auf keiner Seite weniger als 1,0 m, mit mineralischem Putz ≥ 15 mm dick auf nicht brennbarem Putzträger oder auf Holzwolle-Leichtbauplatten nach DIN 1101: 1989-11 oder mit einer gleichwertigen Bekleidung aus nicht brennbaren Baustoffen ummantelt sind; von diesen Leitungen abzweigende Rohrleitungen, die nur auf einer Seite der Trennwände und nicht durch Decken geführt werden, brauchen nicht ummantelt zu werden,
- bei der Durchführung von elektrischen Leitungen, wenn die Leitungen einzeln (nicht gebündelt) geführt werden und der verbleibende Öffnungsquerschnitt vollständig mit mineralischem Mörtel verschlossen wird.

30.222 Vorkehrungen gegen eine Übertragung von Feuer und Rauch sind

- bei der Durchführung von Rohrleitungen Maßnahmen, die die Anforderungen nach DIN 4102-11 der Feuerwiderstandsklasse R 90 erfüllen; bei Leitungen aus brennbaren Rohren (B 1 bzw. B 2) sind dies Rohrabschottungen;
- bei der Durchführung von gebündelten elektrischen Leitungen: Kabelschotts nach DIN 4102-9 der Feuerwiderstandsklasse S 90.

Die Brauchbarkeit von Rohrabschottungen und Kabelschotts ist nach § 20 Abs. 3 Satz 1 Nr. 1 nachzuweisen.

30.223 Die Anforderungen an Lüftungsleitungen sind ausschließlich in § 42 geregelt. Siehe hierzu Nr. 42.2.

30 (3) (3) In Dachräumen sind Aufenthaltsräume und Wohnungen einschließlich ihrer Zugänge durch Trennwände in der Feuerwiderstandsklasse F 30 gegen den nicht ausgebauten Dachraum abzuschließen; dies gilt nicht für frei stehende Wohngebäude mit nur einer Wohnung. 30 (3)

30 (4) (4) Trennwände nach Absätzen 1 und 3 sind bis zur Rohdecke oder bis unter die Dachhaut zu führen und entsprechend nach den Zeilen 4 a und 4 b der Tabelle in § 29 Abs. 1 erforderlichen Feuerwiderstandsdauer auszusteifen. Werden in Dachräumen Trennwände nur bis zur Rohdecke geführt, so sind diese Decke und die sie tragenden und aussteifenden Bauteile mindestens in der Feuerwiderstandsklasse F 30 auszuführen. 30 (4)

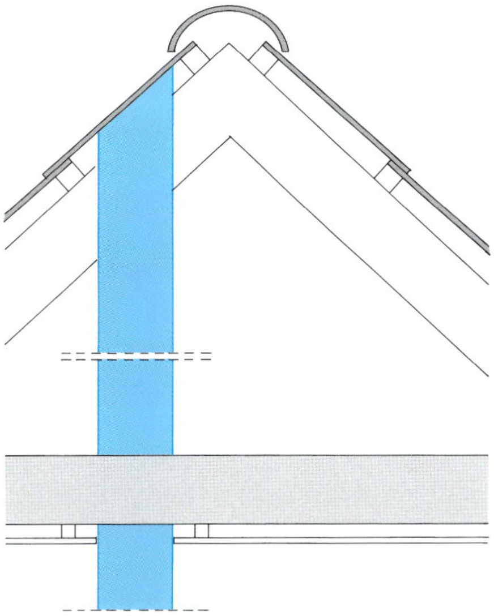

Zu § 30 (4)
Rohdecke, Dachhaut

§ 31

§ 31 Gebäudeabschlusswände

§ 31

31 (1) (1) Gebäudeabschlusswände sind herzustellen

1. bei aneinandergereihten Gebäuden auf demselben Grundstück sowie bei Gebäuden, die weniger als 2,50 m von der Nachbargrenze entfernt errichtet werden, es sei denn, dass ein Abstand von mindestens 5 m zu bestehenden oder nach den baurechtlichen Vorschriften zulässigen Gebäuden öffentlich-rechtlich gesichert ist,

2. bei Wohngebäuden und angebauten landwirtschaftlichen Betriebsgebäuden auf demselben Grundstück, wenn der umbaute Raum des Betriebsgebäudes größer als 2000 m³ ist.

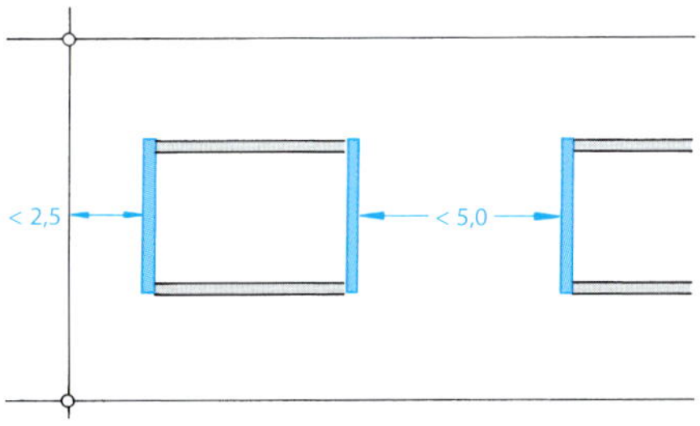

Zu § 31 (1), (2)
Gebäudeabschlusswände

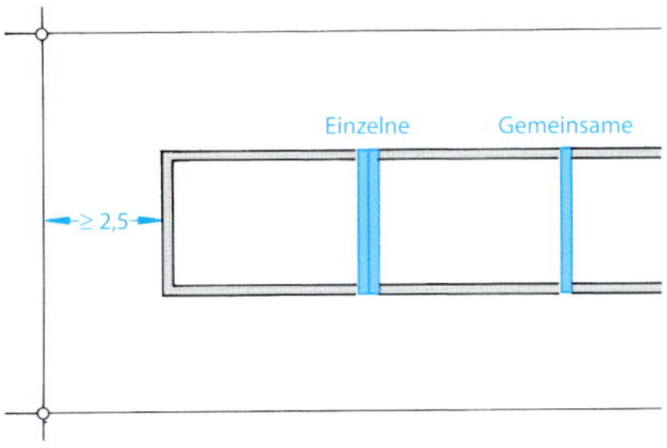

Zu § 31 (1)
Aneinander gereihte Gebäude

Erlass des MSWKS vom 10.08.01 zu § 31BauO NRW 31 (1)

§ 31 Abs. 1 soll gewährleisten, dass Wände mit Öffnungen nur dann errichtet werden, wenn sie mindestens 5 Meter von dem nächsten Gebäude entfernt sind. Dabei spielt es keine Rolle, ob die betreffenden Gebäude auf verschiedenen Grundstücken stehen oder sich auf demselben Grundstück befinden. »Aneinander gereihte Gebäude auf demselben Grundstück« im Sinne von § 31 Abs. 1 Nr. 1 sind solche, die zueinander einen geringeren Abstand als 5 Meter aufweisen. Für bestehende aneinander gereihte Gebäude kann die im zweiten Halbsatz der Nummer 1 angesprochene Möglichkeit, einen Mindestabstand von 5 Metern öffentlich-rechtlich zu sichern, daher nicht in Betracht kommen. Soll dagegen an ein bestehendes Gebäude, das keine Gebäudeabschlusswand aufweist, ein weiteres »gereiht« werden, so verstößt dieses Vorhaben auch dann gegen § 31 Abs. 1, wenn für das geplante Vorhaben eine Gebäudeabschlusswand vorgesehen ist, weil beide Gebäude Gebäudeabschlusswände haben müssten.

Die Regelung des § 31 Abs. 1, wonach Gebäudeabschlusswände auch dann errichtet werden müssen, wenn Gebäude näher als 2,50 Meter zur Grundstücksgrenze stehen, soll für einen gedachten »Normalfall« zweier Gebäude auf verschiedenen Grundstücken verhindern, dass der aus Brandschutzgründen erforderliche Abstand von mindestens 5 Metern zwischen Wänden mit Öffnungen wegen einer grundstücksbezogenen Betrachtung der Bebaubarkeit unterschritten wird, indem ein Gebäude auf seinem Grundstück den Mindestabstand einhält, das andere jedoch näher an der gemeinsamen Grenze errichtet wird. Wird bei Errichtung eines Gebäudes ohne Gebäudeabschlusswand das Hindernis der zu nahen Grundstücksgrenze beseitigt, etwa durch eine Vereinigungsbaulast gemäß § 4 Abs. 2 BauO NRW, dann ist eine weitere öffentlich-rechtliche Sicherung nicht erforderlich, weil zu den nunmehr auf demselben Grundstück vorhandenen Gebäuden immer ein Abstand von mindestens 5 Metern eingehalten werden muss. Das Gleiche gilt, wenn auf dem durch Baulast vereinigten Grundstück noch kein Gebäude vorhanden ist. Ein dort mit einem Abstand von weniger als 5 Metern geplantes Gebäude wäre – wie oben ausgeführt – nach den baurechtlichen Vorschriften nicht zulässig, so dass es insoweit ebenfalls keiner weiteren öffentlich-rechtlichen Sicherung bedarf.
Dagegen ist eine Flächenbaulast nach § 31 Abs. 1 Nr. 1 immer dann sinnvoll und erforderlich, wenn ein Gebäude ohne Gebäudeabschlusswand in einem Abstand von weniger als 2,50 Metern zur Grundstücksgrenze errichtet werden soll und diese Grenze nicht durch Vereinigungsbaulast bauordnungsrechtlich beseitigt wurde. Bis zu der beabsichtigten Änderung der Verwaltungsvorschrift zur Landesbauordnung ist Nummer 4.2 VV BauO NRW nicht mehr anzuwenden.

31 (2) (2) Anstelle einzelner Gebäudeabschlusswände ist eine gemeinsame Gebäudeabschlusswand zulässig. 31 (2)

31 (3) (3) Absatz 1 gilt nicht für seitliche Wände von Vorbauten wie Erker, die nicht mehr als 1,5 m vor der Flucht der vorderen oder hinteren Außenwand des Nachbargebäudes vortreten, wenn sie von dem Nachbargebäude oder der Nachbargrenze einen Abstand einhalten, der ihrer eigenen Ausladung entspricht, mindestens jedoch 1 m beträgt.

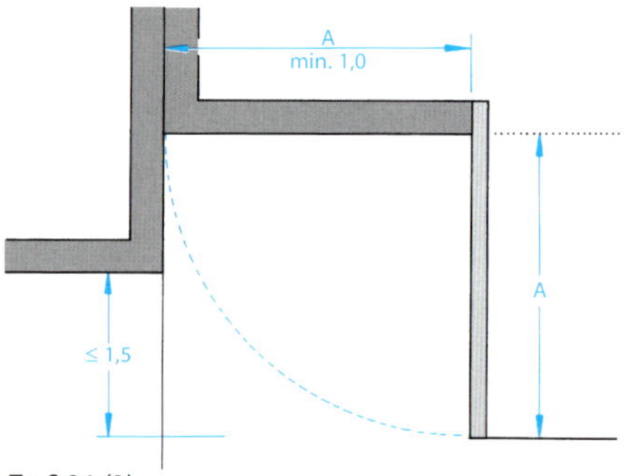

Zu § 31 (3)
Vorbauten

31.3 Zu Absatz 3 31 (3)

Die Bestimmung ist auch anwendbar, wenn Gebäude versetzt angeordnet sind, die Außenwand des Vorhabens sich also nicht in der Flucht der Außenwand des Nachbargebäudes befindet.
Ist das Bauvorhaben gegenüber dem Nachbargebäude zurückgesetzt, darf ein Vorbau bis zu 1,50 m über die Außenwand des Nachbargebäudes hinausragen, ohne dass der Vorbau eine Gebäudeabschlusswand benötigt.
Ist dagegen das Nachbargebäude gegenüber dem Bauvorhaben zurückgesetzt, reduziert sich die zulässige Tiefe des Vorbaus um das Maß, um das die Außenwand des Nachbargebäudes zurückspringt; beträgt der Versprung mehr als 1,50 m, wäre ein Vorbau ohne Gebäudeabschlusswand unzulässig. In solchen Fällen wird aber vielfach eine Abweichung gerechtfertigt sein.

31 (4) **(4)** Öffnungen in Gebäudeabschlusswänden sind unzulässig. 31 (4)

31 (5) **(5)** Bei aneinandergereihten Gebäuden sind abweichend von den Werten der Zeile 5 Spalte 2 der Tabelle in § 29 Gebäudeabschlusswände zulässig, die von innen nach außen der Feuerwiderstandsklasse F 30 und von außen nach innen der Feuerwiderstandsklasse F 90 entsprechen und die außen jeweils eine ausreichend widerstandsfähige Schicht aus nicht brennbaren Baustoffen haben. Dies gilt nicht für gemeinsame Gebäudeabschlusswände nach Absatz 2. 31 (5)

§ 32

§ 32 Gebäudetrennwände

§ 32

32 (1) (1) Ausgedehnte Gebäude sind durch Gebäudetrennwände in höchstens 40 m lange Gebäudeabschnitte (Brandabschnitte) zu unterteilen. Größere Abstände können gestattet werden, wenn die Nutzung des Gebäudes es erfordert und wenn wegen des Brandschutzes Bedenken nicht bestehen. 32 (1)

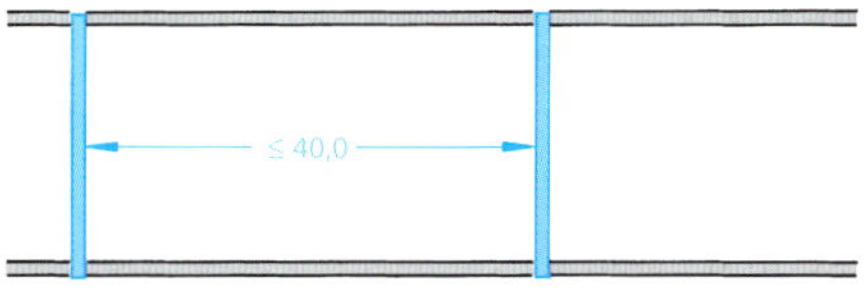

Zu § 32 (1)
Gebäudetrennwände (Brandabschnitte)

32 (2) (2) Landwirtschaftliche Gebäude sind zwischen dem Wohnteil und dem landwirtschaftlichen Betriebsteil durch Brandwände zu unterteilen, wenn der umbaute Raum des Betriebsteiles größer als 2000 m³ ist. 32 (2)

32 (3) (3) Öffnungen in Gebäudetrennwänden sind zulässig, wenn die Nutzung des Gebäudes dies erfordert. Öffnungen müssen mit selbstschließenden Abschlüssen der Feuerwiderstandsklasse T 90 versehen sein. Anstelle eines Abschlusses nach Satz 2 kann eine Schleuse mit Wänden und Decke der Feuerwiderstandsklasse F 90 und aus nicht brennbaren Baustoffen (F 90-A) sowie mit einem nicht brennbaren Fußbodenbelag (A), die mit selbstschließenden Abschlüssen mindestens der Feuerwiderstandsklasse F 30 versehen ist, angeordnet werden. 32 (3)

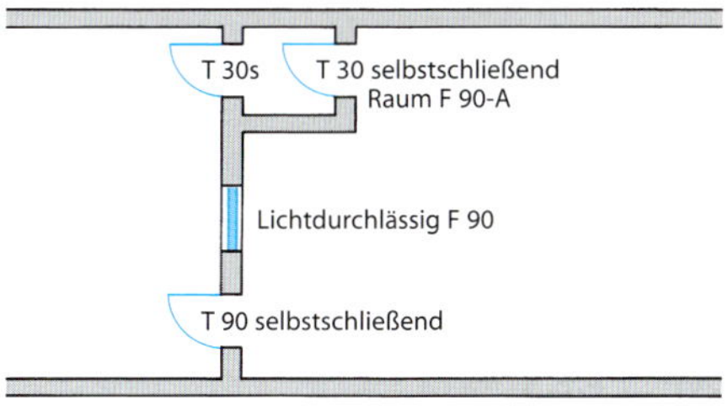

Zu § 32 (3)
Abschlüsse in Gebäudetrennwände stets selbstschließend

32 (4) (4) In Gebäudetrennwänden können Teilflächen mit lichtdurchlässigen Baustoffen gestattet werden, wenn diese Flächen insgesamt der Feuerwiderstandsklasse F 90 entsprechen. 32 (4)

§ 33

§ 33 Brandwände

§ 33

33 (1) (1) Brandwände müssen in der Feuerwiderstandsklasse F 90 und aus nicht brennbaren Baustoffen hergestellt sein; sie müssen so beschaffen sein, dass sie bei einem Brand ihre Standsicherheit nicht verlieren und die Verbreitung von Feuer und Rauch auf andere Gebäude oder Brandabschnitte verhindern.

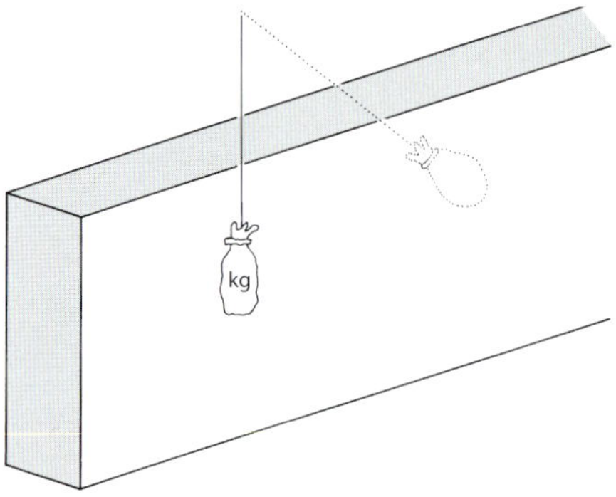

Zu § 33 (1)
Brandwände, standsicher

33.1 Zu Absatz 1 33 (1)

Greifen Stahlträger oder Stahlstützen in Brandwände ein, so müssen sie zur Wahrung der Standsicherheit der Brandwand entsprechend der Feuerwiderstandsklasse F 90 ausgebildet sein (z. B. durch geeignete Ummantelung).

33 (2) (2) Brandwände müssen durchgehend in allen Geschossen übereinander angeordnet sein. Es ist zulässig, dass anstelle von Brandwänden Wände zur Unterteilung eines Gebäudes geschossweise versetzt angeordnet werden, wenn 33 (2)

1. die Nutzung des Gebäudes dies erfordert,
2. die Wände in der Bauart von Brandwänden hergestellt sind,
3. die Decken, soweit sie in Verbindung mit diesen Wänden stehen, in der Feuerwiderstandsklasse F 90 und aus nicht brennbaren Baustoffen (F 90-A) hergestellt sind,
4. die Bauteile, die diese Wände und Decken unterstützen, in der Feuerwiderstandsklasse F 90 und aus nicht brennbaren Baustoffen (F 90-A) hergestellt sind,
5. die Außenwände innerhalb des Gebäudeabschnitts, in dem diese Wände angeordnet sind, in allen Geschossen in der Feuerwiderstandsklasse F 90 und in den wesentlichen Teilen aus nicht brennbaren Baustoffen (F 90-AB) hergestellt sind und
6. Öffnungen in den Außenwänden so angeordnet oder andere Vorkehrungen so getroffen sind, dass eine Brandübertragung in andere Brandabschnitte nicht zu befürchten ist.

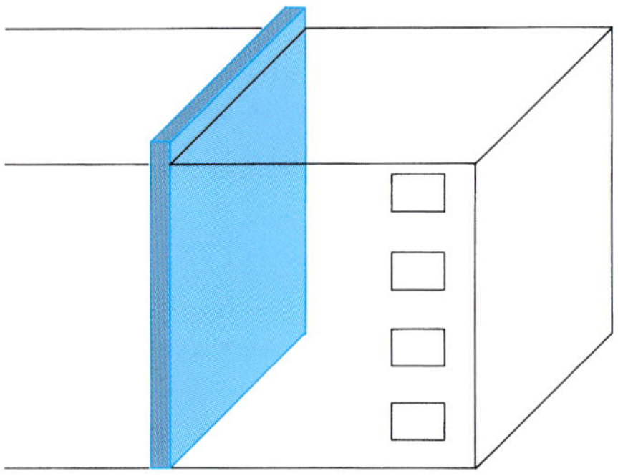

Zu § 33 (2)
Durchgehende Brandwand

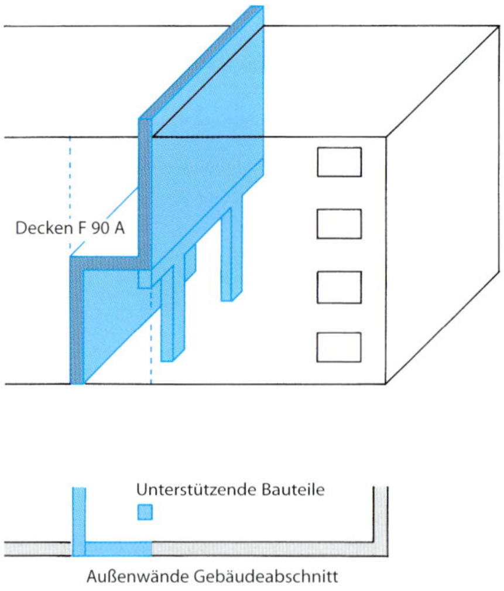

Zu § 33 (2)
Versetzte Wände anstelle einer Brandwand

33 (3) (3) Die Brandwand ist bei Gebäuden geringer Höhe durchgehend mindestens bis unmittelbar unter die Dachhaut zu führen. Bei sonstigen Gebäuden ist sie durchgehend entweder 0,30 m über Dach zu führen oder in Höhe der Dachhaut mit einer beiderseits 0,50 m auskragenden Stahlbetonplatte in der Feuerwiderstandsklasse F 90 abzuschließen. Bei Gebäuden mit weicher Bedachung (§ 35 Abs. 3) ist die Brandwand 0,50 m über Dach zu führen. **33 (3)**

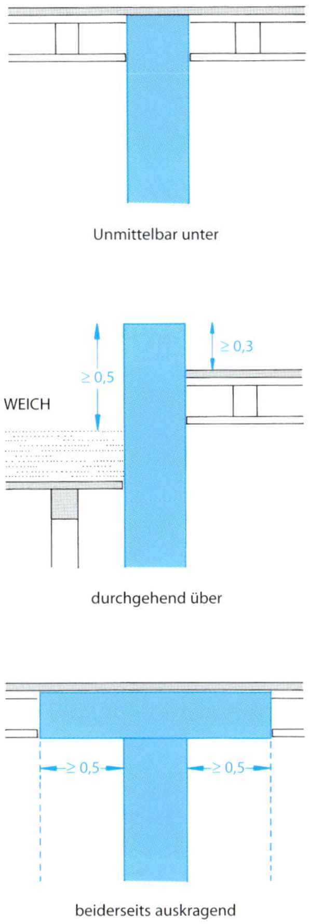

Zu § 33 (3)
Brandwände im Bereich der Dachhaut

Autorenhinweis zu Abs. 3

Richtlinie über brandschutztechnische Anforderungen an Leitungsanlagen LAR NRW – Leitungsanlagen-Richtlinie beachten.

33 (4) (4) Bauteile mit brennbaren Baustoffen dürfen Brandwände oder die Stahlbetonplatte nach Absatz 2 Satz 2 nicht überbrücken. Bauteile dürfen in Brandwände nur so weit eingreifen, dass der verbleibende Wandquerschnitt die Feuerwiderstandsklasse F 90 behält; für Leitungen, Leitungsschlitze und Schornsteine gilt dies entsprechend. **33 (4)**

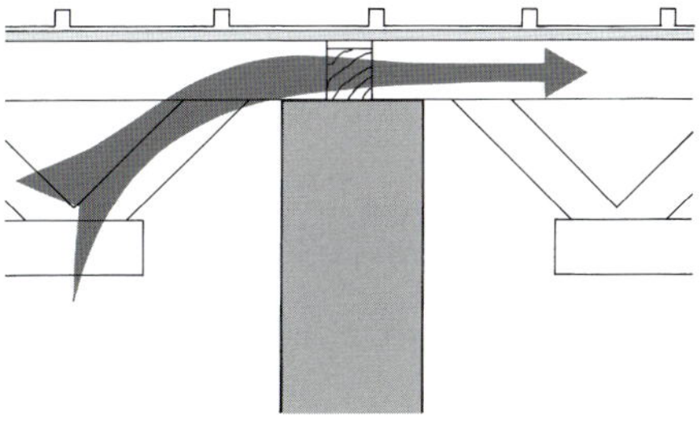

Zu § 33 (4)
Brandüberschlag!

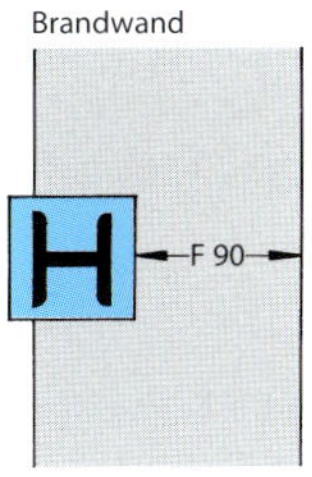

Zu § 33 (4)
Verbleibender Wandquerschnitt

33 (5) (5) Leitungen dürfen durch Brandwände nur hindurchgeführt werden, wenn eine Übertragung von Feuer und Rauch nicht zu befürchten ist oder Vorkehrungen hiergegen getroffen sind.

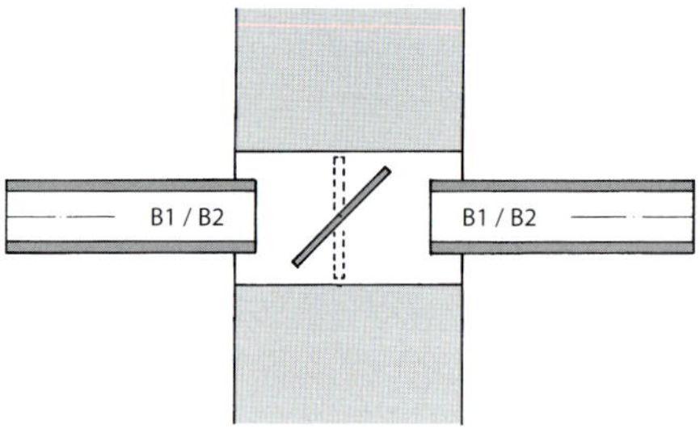

Zu VV 33.5
Rohrabschottungen

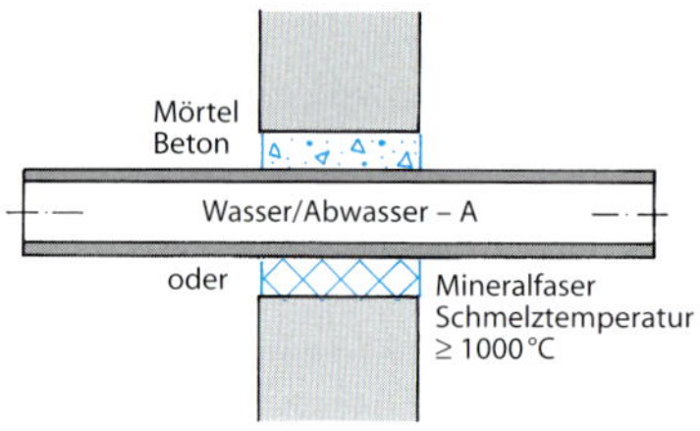

Zu VV 33.5
Durchführung von Rohren, nicht brennbar

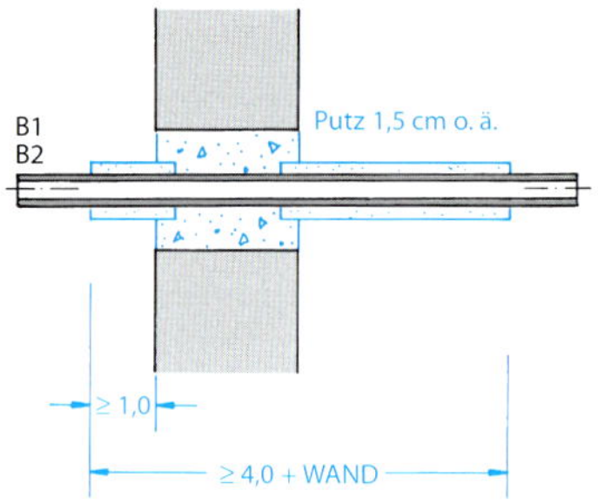

Zu VV 33.5
Durchführung von Rohren, brennbar

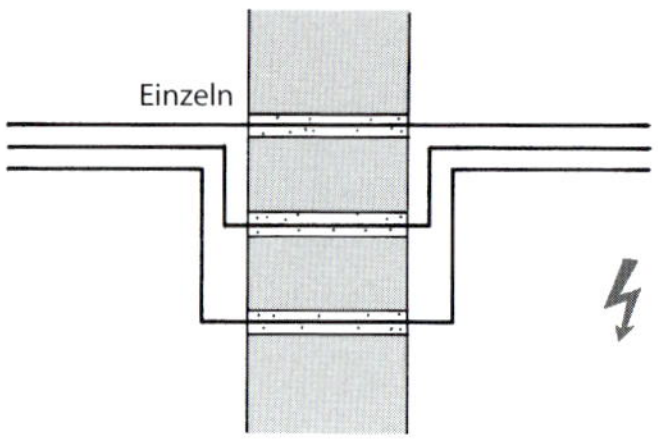

Zu VV 33.5
Durchführung von Leitungen

Autorenhinweis zu Abs. 5

Zu beachten ist auch die als Technische Baubestimmung eingeführte Richtlinie über brandschutztechnische Anforderungen an Leitungsanlagen – LAR NRW – Leitungsanlagen-Richtlinie in der Fassung vom März 2000 (MBl. NRW Nr. 62 vom 26. Oktober 2001 S. 1253).

33.5 Zu Absatz 5 **33 (5)**

Es gilt Nr. 30.22.

33 (6) (6) Müssen Gebäude und Gebäudeteile, die übereck zusammenstoßen, durch eine Brandwand abgeschlossen oder unterteilt werden, so muss die Wand über die innere Ecke mindestens 3 m hinausragen. Dies gilt nicht, wenn die Gebäude oder Gebäudeteile in einem Winkel von mehr als 120° übereck zusammenstoßen. 33 (6)

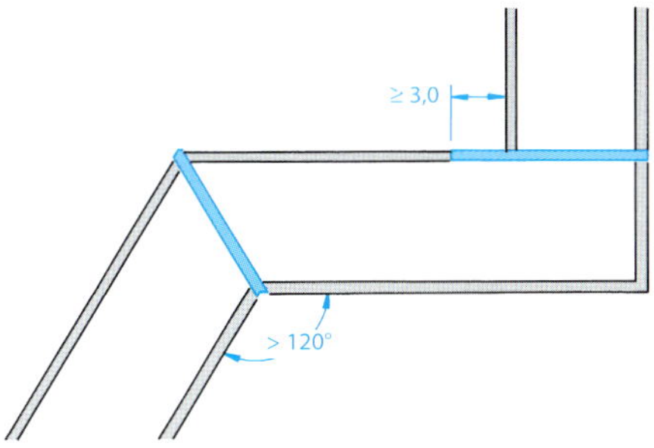

Zu § 33 (6)
Brandwände übereck

§ 34

§ 34 Decken

§ 34

34 (1) (1) Decken sowie deren Bekleidung müssen unbeschadet des § 17 Abs. 2 hinsichtlich ihres Brandverhaltens nachfolgende Mindestanforderungen erfüllen: 34 (1)

Zu § 34 Zu § 34

	Spalte	1	2	3	4
	Gebäude	Frei stehende Wohngebäude mit nicht mehr als einer Wohnung (siehe auch Absatz 2)	Wohngebäude geringer Höhe mit nicht mehr als zwei Wohnungen	Gebäude geringer Höhe	andere Gebäude
Zeile	Bauteile				
1	Decken	keine	F 30	F 30	F 90-AB
2	Decken über Kellergeschossen	keine	F 30	F 90-AB	F 90-AB
3	Decken im Dachraum, über denen Aufenthaltsräume möglich sind	keine	F 30	F 30	F 90
4	Decken im Dachraum, über denen Aufenthaltsräume nicht möglich sind	keine	keine (siehe jedoch § 30 Abs. 4)	keine (siehe jedoch § 30 Abs. 4)	keine (siehe jedoch § 30 Abs. 4)

Es bedeuten:
F/T : Feuerwiderstandsklasse des jeweiligen Bauteils nach seiner Feuerwiderstandsdauer
A : aus nicht brennbaren Baustoffen
AB : in den wesentlichen Teilen aus nicht brennbaren Baustoffen
Brandwand : siehe § 33
B 1 : aus schwer entflammbaren Baustoffen
B 2 : aus normal entflammbaren Baustoffen

34 (2) (2) Spalte 1 der Tabelle gilt auch für andere frei stehende Gebäude ähnlicher Größe sowie für frei stehende landwirtschaftliche Betriebsgebäude. 34 (2)

34 (3) (3) Decken und ihre Unterstützung zwischen dem landwirtschaftlichen Betriebsteil und dem Wohnteil eines Gebäudes sind in der Feuerwiderstandsklasse F 90 und in den wesentlichen Teilen aus nicht brennbaren Baustoffen (F 90-AB) herzustellen. 34 (3)

34 (4) (4) Bei Decken eingeschossiger Gebäude werden keine Anforderungen an die Feuerwiderstandsklasse gestellt, wenn sich über der Decke nur das Dach oder ein nicht benutzbarer Dachraum befindet. 34 (4)

34 (5) (5) Öffnungen in Decken, für die eine Feuerwiderstandsklasse vorgeschrieben ist, sind zulässig, wenn die Nutzung des Gebäudes dies erfordert. Die Öffnungen müssen mit selbstschließenden Abschlüssen entsprechend der Feuerwiderstandsklasse der Decken versehen werden; dies gilt nicht für den Abschluss von Öffnungen bei einschiebbaren Bodentreppen und Leitern nach § 36 Abs. 2 Satz 2. Leitungen dürfen durch Decken, für die die Feuerwiderstandsklasse F 90 vorgeschrieben ist, nur hindurchgeführt werden, wenn eine Übertragung von Feuer und Rauch nicht zu befürchten ist oder entsprechende Vorkehrungen hiergegen getroffen sind.

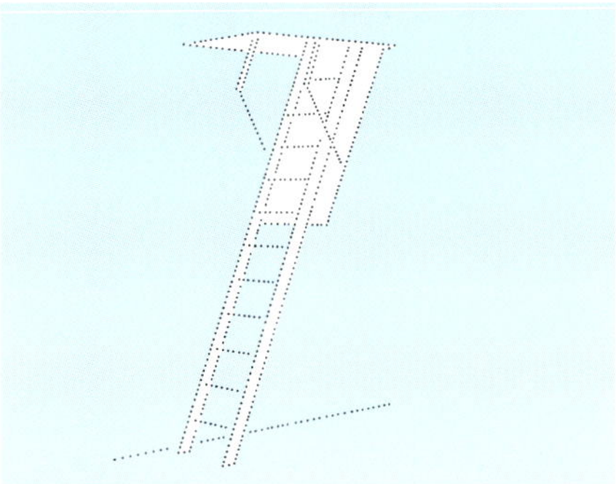

Zu § 34 (5)
Öffnungen in Decken

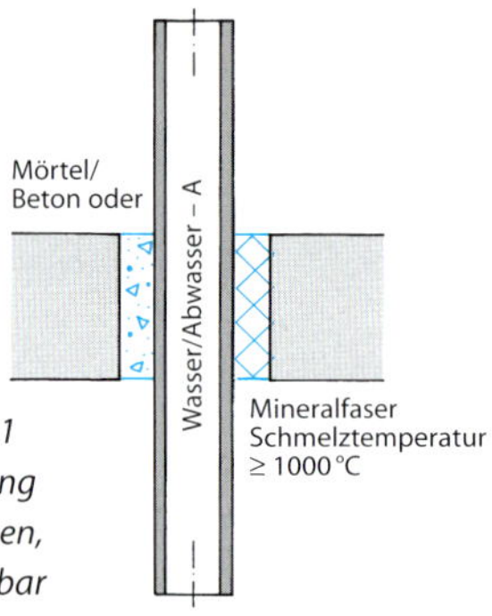

Zu VV 34.531
Durchführung von Leitungen, nicht brennbar

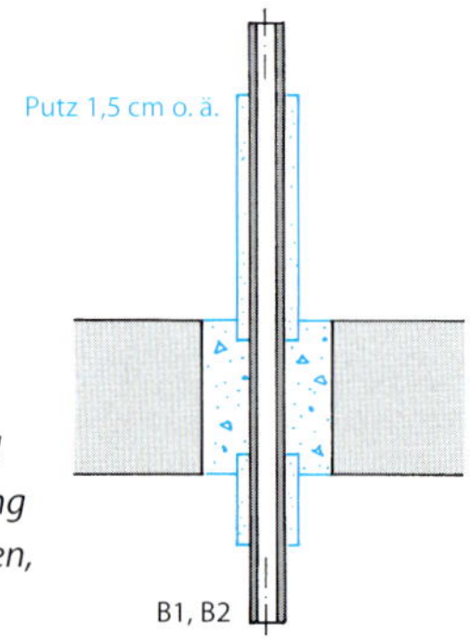

Zu VV 34.531
Durchführung von Leitungen, brennbar

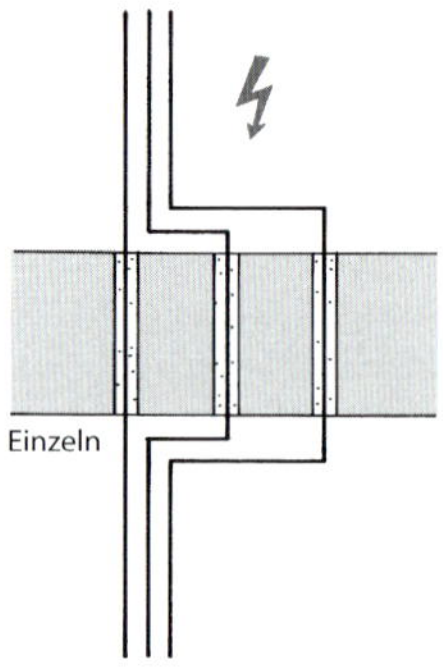

Zu VV 34.531
Durchführung von Leitungen

34.53 Zu Absatz 5 Satz 3 34 (5)

34.531 Eine Übertragung von Feuer und Rauch ist – ohne dass es eines besonderen Nachweises nach Nr. 34.532 bedarf – nicht zu befürchten

- bei der Durchführung von Leitungen für Wasser und Abwasser aus nicht brennbaren Rohren – mit Ausnahme von solchen aus Aluminium –, wenn der verbleibende Öffnungsquerschnitt mit nicht brennbaren, formbeständigen Baustoffen vollständig geschlossen wird, bei Bauteilen aus mineralischen Baustoffen, z. B. mit Mörtel oder Beton; werden Mineralfasern hierzu verwendet, so müssen diese eine Schmelztemperatur von mindestens 1000 °C aufweisen (vgl. DIN 4102-17: 1990-12),
- bei der Durchführung von Leitungen aus brennbaren Rohren mit einem Durchmesser von < 32 mm, wenn der verbleibende Öffnungsquerschnitt wie vorstehend beschrieben geschlossen wird,
- bei der Durchführung von Leitungen aus brennbaren Rohren oder von Rohren aus Aluminium, wenn die Rohre durchgehend in jedem Geschoss, außer im obersten Geschoss von Dachräumen, mit mineralischem Putz ≥ 15 mm dick auf nicht brennbarem Putzträger oder auf Holzwolle-Leichtbauplatten nach DIN 1101: 1989-11 oder mit einer gleichwertigen Bekleidung aus nicht brennbaren Baustoffen ummantelt bzw. bekleidet oder abgedeckt werden; bei Leitungen aus schwer entflammbaren Rohren (B 1) oder aus Rohren aus Aluminium sind diese Schutzmaßnahmen nur in jedem zweiten Geschoss erforderlich; abzweigende Rohrleitungen, soweit sie nur innerhalb eines Geschosses und nicht durch Trennwände nach § 30 geführt werden, brauchen nicht ummantelt zu werden,
- bei der Durchführung von elektrischen Leitungen, wenn die Leitungen einzeln (nicht gebündelt) geführt werden und der verbleibende Öffnungsquerschnitt vollständig mit mineralischem Mörtel verschlossen wird.

34.532 Es gilt die Nr. 30.222 entsprechend.

34.533 Die Anforderungen an Lüftungsleitungen sind ausschließlich in § 42 geregelt. Siehe hierzu Nr. 42.2.

34 (6) (6) Absatz 5 gilt nicht für Decken in Wohngebäuden geringer Höhe mit nicht mehr als zwei Wohnungen und innerhalb von Wohnungen. 34 (6)

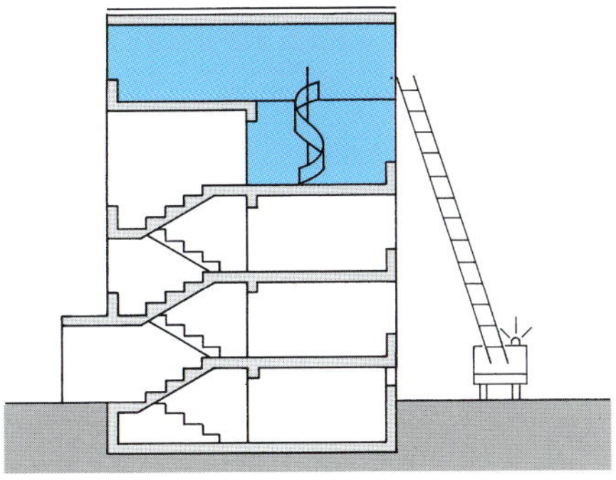

Zu § 34 (6)
Öffnungen innerhalb von Wohnungen

§ 35

§ 35 Dächer

§ 35

35 (1) (1) Bedachungen müssen gegen Flugfeuer und strahlende Wärme widerstandsfähig sein (harte Bedachung).

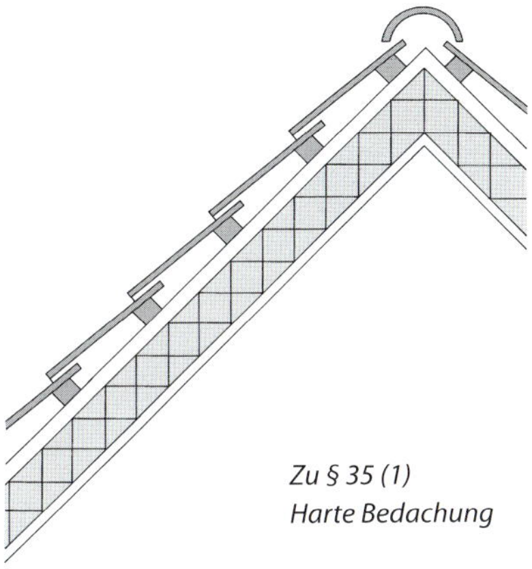

Zu § 35 (1)
Harte Bedachung

35.1 Zu Absatz 1 35 (1)

35.11 Zur Bedachung zählen Dacheindeckung und die Dachabdichtungen einschließlich etwaiger Dämmschichten sowie Lichtkuppeln oder andere Abschlüsse für Öffnungen im Dach. Gegen Flugfeuer und strahlende Wärme widerstandsfähige (harte) Bedachungen sind solche, die den Anforderungen nach DIN 4102-7 entsprechen.

35 (2) (2) Bedachungen, die die Anforderungen nach Absatz 1 nicht erfüllen, sind bei Gebäuden geringer Höhe zulässig, wenn die Gebäude 35 (2)

1. einen Abstand von der Grundstücksgrenze von mindestens 12 m,
2. von Gebäuden auf demselben Grundstück mit harter Bedachung einen Abstand von mindestens 15 m,
3. von Gebäuden auf demselben Grundstück mit Bedachungen, die die Anforderungen nach Absatz 1 nicht erfüllen, einen Abstand von mindestens 24 m,
4. von kleinen, nur Nebenzwecken dienenden Gebäuden ohne Feuerstätten auf demselben Grundstück einen Abstand von mindestens 5 m

Zu § 35 (2)
Weiche Bedachung

einhalten. Soweit Gebäude nach Satz 1 Abstand halten müssen, genügt bei Wohngebäuden geringer Höhe mit nicht mehr als zwei Wohnungen in den Fällen

1. der Nummer 1 ein Abstand von mindestens 6 m,
2. der Nummer 2 ein Abstand von mindestens 9 m,
3. der Nummer 3 ein Abstand von mindestens 12 m und
4. der Nummer 4 ein Abstand von mindestens 3 m.

Auf den Abstand nach Satz 1 Nr. 1 und Satz 2 Nr. 1 dürfen angrenzende öffentliche Verkehrsflächen, öffentliche Grünflächen und öffentliche Wasserflächen bis zu ihrer Mitte angerechnet werden.

35 (3) (3) Die Absätze 1 und 2 gelten nicht für **35 (3)**

1. lichtdurchlässige Bedachungen aus nicht brennbaren Baustoffen,
2. Lichtkuppeln und Oberlichter von Wohngebäuden,
3. Eingangsüberdachungen und Vordächer aus nicht brennbaren Baustoffen,
4. Eingangsüberdachungen aus brennbaren Baustoffen, wenn die Eingänge nur zu Wohnungen führen.

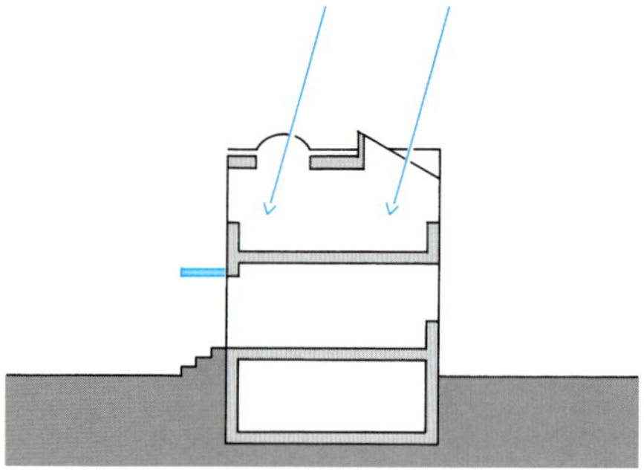

Zu § 35 (3)
Lichtdurchlässige Bedachung

35 (4) (4) Abweichungen von den Absätzen 1 und 2 können

1. für lichtdurchlässige Teilflächen aus brennbaren Baustoffen in Bedachungen nach Absatz 1 und
2. für begrünte Bedachungen

zugelassen werden, wenn Bedenken wegen des Brandschutzes nicht bestehen.

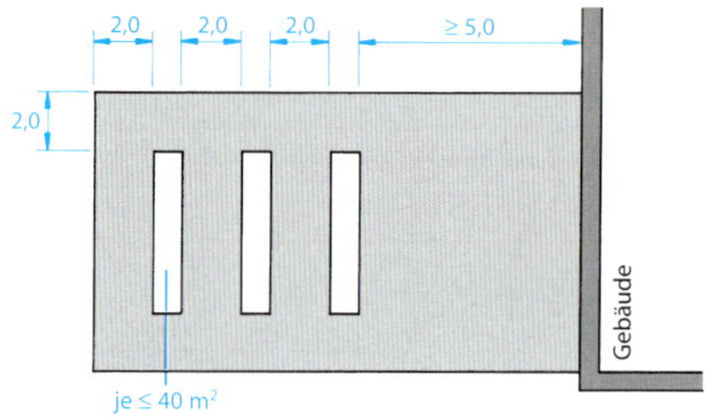

Zu VV 35.41
Lichtbänder

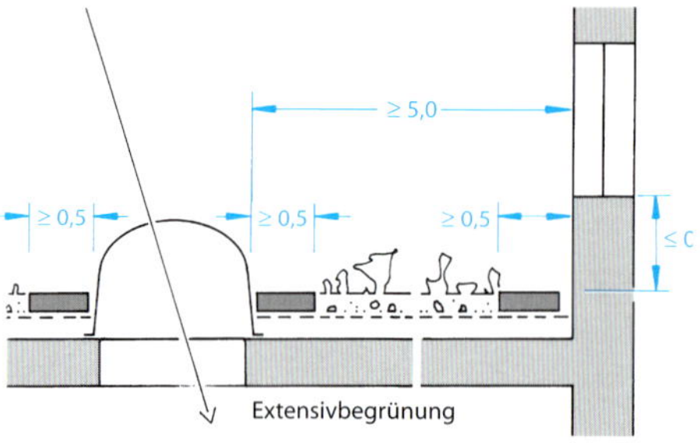

Zu VV 35.42
Öffnungen

35.4 Zu Absatz 4 **35 (4)**

Wegen des Brandschutzes bestehen keine Bedenken:

35.41 bei Lichtbändern aus brennbaren Baustoffen in Dächern mit harter Bedachung, wenn sie

- eine Fläche von höchstens 40 m^2 haben und 20,0 m lang sind,
- untereinander und von den Dachrändern mindestens 2,0 m Abstand haben und
- zu Brandwänden oder zu unmittelbar angrenzenden vorhandenen oder zulässigen höheren Gebäuden oder Gebäudeteilen mindestens 5,0 m Abstand haben sowie

35.42 bei Lichtkuppeln aus brennbaren Baustoffen in Dächern mit harter Bedachung, wenn

- die Grundrissfläche der einzelnen Lichtkuppeln in der Dachfläche 6 m^2 nicht überschreitet,
- die Grundrissfläche aller Lichtkuppeln höchstens 20 % der Dachfläche erreicht,
- die Lichtkuppeln untereinander und von den Dachrändern mindestens 1,0 m Abstand, von den Lichtbändern nach Nr. 35.35 einen Abstand von mindestens 2,0 m haben,
- die Lichtkuppeln zu Brandwänden bzw. zu unmittelbar angrenzenden vorhandenen oder zulässigen höheren Gebäuden oder Gebäudeteilen mindestens 5,0 m Abstand haben,

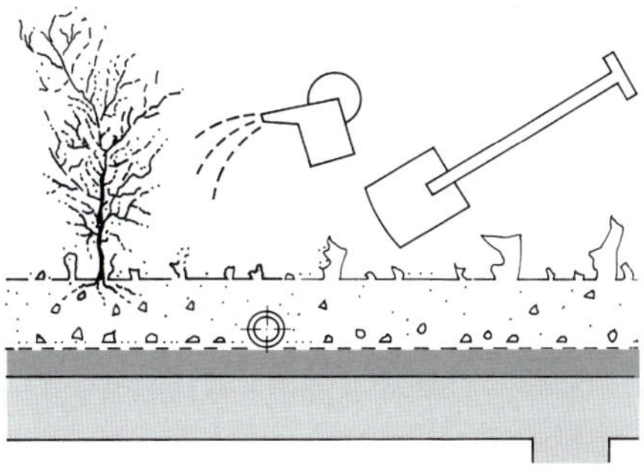

Zu VV 35.43
Dachgärten

35.43 bei Dächern mit Intensivbegrünung und Dachgärten – das sind solche, die bewässert und gepflegt werden und die in der Regel eine dicke Substratschicht aufweisen – sowie
bei Dächern mit Existensivbegrünung durch überwiegend niedrigwachsende Pflanzen (z. B. Gras, Sedum, Eriken) ist ein ausreichender Widerstand gegen Flugfeuer und strahlende Wärme gegeben, wenn

- eine mindestens 3 cm dicke Schicht Substrat (Dachgärtnererde, Erdsubstrat) mit höchstens 20 Gew.-% organischer Bestandteile vorhanden ist. Bei Begrünungsaufbauten, die dem nicht entsprechen (z. B. Substrat mit höherem Anteil organischer Bestandteile, Vegetationsmatten aus Schaumstoff), ist ein Nachweis nach DIN 4102-7 bei einer Neigung von 15 Grad und im trockenen Zustand (Ausgleichsfeuchte bei Klima 23/50) ohne Begrünung zu führen;
- Gebäudeabschlusswände, Brandwände oder Wände, die anstelle von Brandwänden zulässig sind, in Abständen von höchstens 40 m, mindestens 30 cm über das begrünte Dach, bezogen auf Oberkante Substrat bzw. Erde, geführt sind. Sofern diese Wände aufgrund bauordnungsrechtlicher Bestimmungen nicht über Dach geführt werden müssen, genügt auch eine 30 cm hohe Aufkantung aus nicht brennbaren Baustoffen oder ein 1 m breiter Streifen aus massiven Platten oder Grobkies;
- vor Öffnungen in der Dachfläche (Dachfenster, Lichtkuppeln) und vor Wänden mit Öffnungen ein mindestens 0,5 m breiter Streifen aus massiven Platten oder Grobkies angeordnet wird, es sei denn, dass die Brüstung der Wandöffnung mehr als 0,8 m über Oberkante Substrat hoch ist;
- bei aneinander gereihten, giebelständigen Gebäuden im Bereich der Traufe ein in der Horizontalen gemessener mindestens 1 m breiter Streifen nachhaltig unbegrünt bleibt und mit einer Dachhaut aus nicht brennbaren Baustoffen versehen ist.

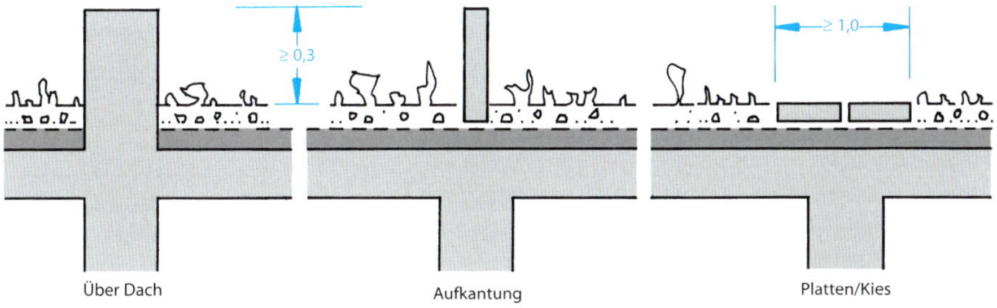

Zu VV 35.43
Wandabschlüsse bei extensiv begrünten Dächern

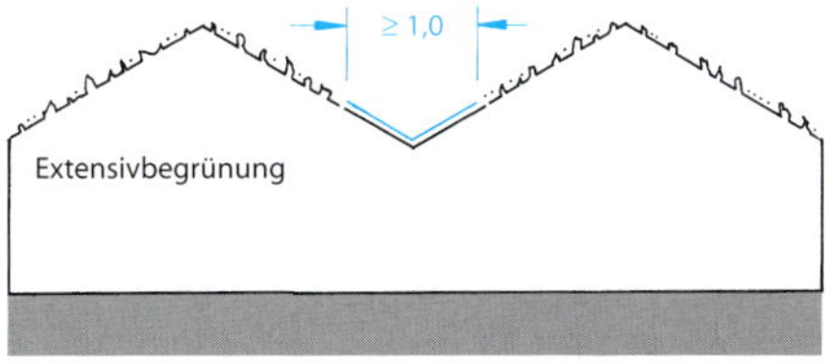

Zu VV 35.43
Aneinander gereihte giebelständige Gebäude

35 (5) (5) An Dächer, bei denen aufgrund ihrer Anordnung die Übertragung von Feuer auf andere Gebäude oder Gebäudeteile zu befürchten ist, können besondere Anforderungen gestellt werden. Bei aneinandergebauten giebelständigen Gebäuden ist das Dach für eine Brandbeanspruchung von innen nach außen in der Feuerwiderstandsklasse F 30 herzustellen. Öffnungen in Dachflächen müssen mindestens 2 m von dem Gebäudeabschluss entfernt sein; eine geringere Entfernung ist zulässig, wenn der Abstand zu Öffnungen in der gegenüberliegenden Dachfläche mindestens 4 m beträgt. 35 (5)

35 (6) (6) Dachvorsprünge, Dachgesimse und Dachaufbauten, lichtdurchlässige Bedachungen und Lichtkuppeln sind so anzuordnen und herzustellen, dass ein Brand nicht auf andere Gebäude oder Gebäudeteile übertragen werden kann. Von der Außenfläche von Gebäudeabschlusswänden und von der Mittellinie gemeinsamer Gebäudeabschlusswände (§ 31 Abs. 2) oder Gebäudetrennwände müssen sie mindestens 1,25 m entfernt sein.

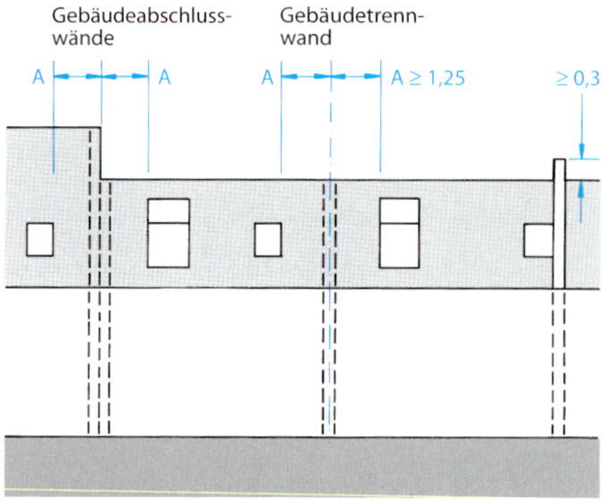

Zu § 35 (6)
Dachaufbauten, Öffnungen

35.6 Zu Absatz 6 35 (6

Es bestehen keine Bedenken gegen eine Abweichung (§ 73 BauO NRW) von den Abstandregelungen des Satzes 2

a) bei Oberlichtern und Öffnungen im Dach, wenn die Gebäudeabschlusswände oder die Gebäudetrennwände mindestens 0,30 m über Dach geführt sind,

b) bei Dachgaupen und ähnlichen Dachaufbauten aus brennbaren Baustoffen, wenn sie durch die Gebäudeabschlusswände oder die Gebäudetrennwände gegen Brandübertragung geschützt sind.

35 (7) (7) Dächer von Anbauten, die an Wände mit Öffnungen oder an Wände, die nicht mindestens in der Feuerwiderstandsklasse F 90 erstellt sind, anschließen, sind in einem mindestens 5 m breiten Streifen vor diesen Wänden in mindestens der gleichen Feuerwiderstandsklasse herzustellen wie die Decken des höheren Gebäudes. In diesem Bereich sind Dachhaut und Dämmschichten aus brennbaren Baustoffen gegen Entflammen zu schützen. Dies gilt nicht für Anbauten an Wohngebäude geringer Höhe.

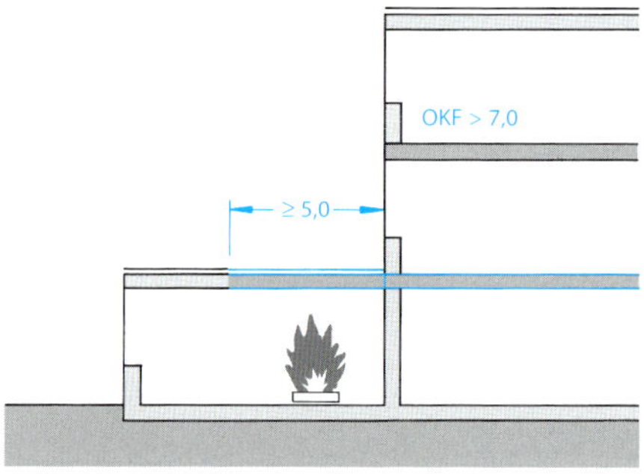

Zu § 35 (7)
Anbauten

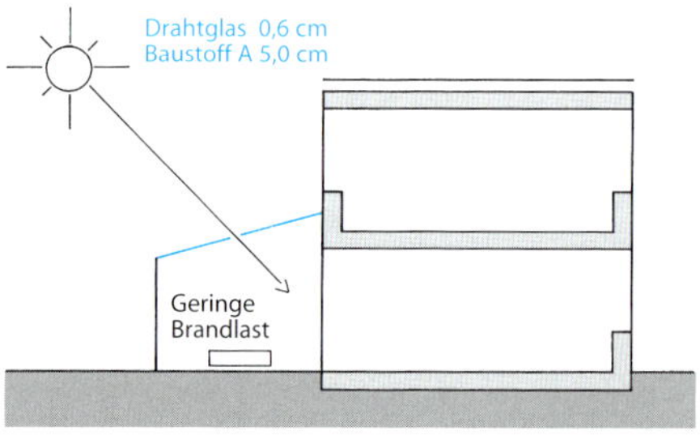

Zu VV 35.7
Bauaufsicht fragen!

35.7 Zu Absatz 7 Satz 2 35 (7

Als wirksamer Schutz gegen Entflammen gilt bei brennbarer Dachhaut und brennbarer Dämmschicht eine mindestens 5 cm dicke Schicht aus nicht brennbaren Baustoffen, z. B. eine Grobkiesauflage.

Zu Absatz 7 Satz 3

Bei Wohngebäuden mittlerer Höhe bestehen keine Bedenken gegen eine Abweichung (§ 73) von der Vorschrift des Absatzes 5 bei Wintergärten oder ähnlichen Anbauten mit geringer Brandlast, wenn das Dach in einem lichtdurchlässigen Baustoff ausgeführt wird, dessen Brandverhalten dem von Drahtglas in einer Dicke von mindestens 6 mm mit punktverschweißtem Draht entspricht.

35 (8) (8) Bei Dächern an Verkehrsflächen und über Eingängen können Vorrichtungen zum Schutz gegen das Herabfallen von Schnee und Eis verlangt werden. 35 (8)

35 (9) (9) Für die vom Dach aus vorzunehmenden Arbeiten sind sicher benutzbare Vorrichtungen anzubringen. 35 (9)

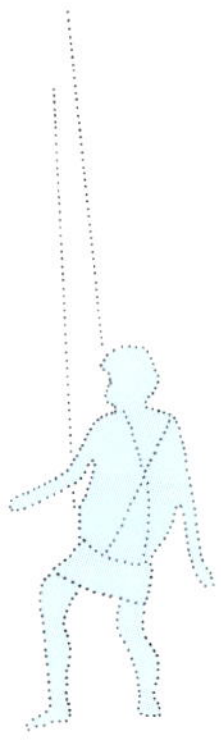

Zu § 35 (9)
Sicherungen

Vierter Abschnitt
Treppen, Rettungswege, Aufzüge und Öffnungen

36 **§ 36 Treppen** § 36

6 (1) (1) Jedes nicht zu ebener Erde liegende Geschoss und der benutzbare Dachraum eines Gebäudes müssen über mindestens eine Treppe zugänglich sein (notwendige Treppe); weitere Treppen können gefordert werden, wenn die Rettung von Menschen im Brandfall nicht auf andere Weise möglich ist. Statt notwendiger Treppen können Rampen mit flacher Neigung gestattet werden. 36 (1)

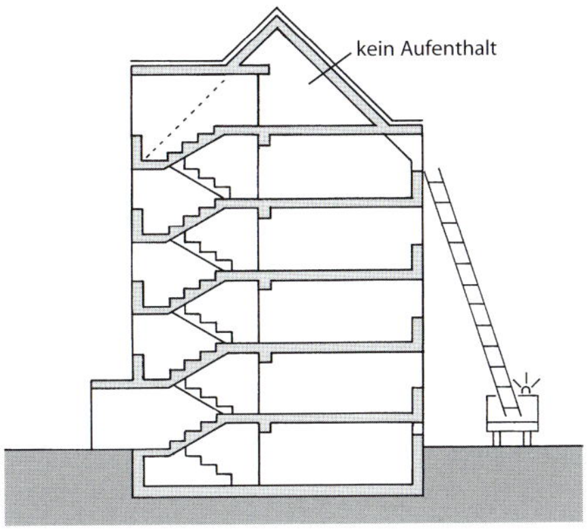

Zu § 36 (1)
Notwendige Treppe

6 (2) (2) Einschiebbare Treppen und Rolltreppen sind als notwendige Treppen unzulässig. Einschiebbare Treppen und Leitern sind bei Gebäuden geringer Höhe als Zugang zu einem Dachraum ohne Aufenthaltsräume zulässig; sie können als Zugang zu sonstigen Räumen, die keine Aufenthaltsräume sind, gestattet werden, wenn wegen des Brandschutzes Bedenken nicht bestehen. 36 (2)

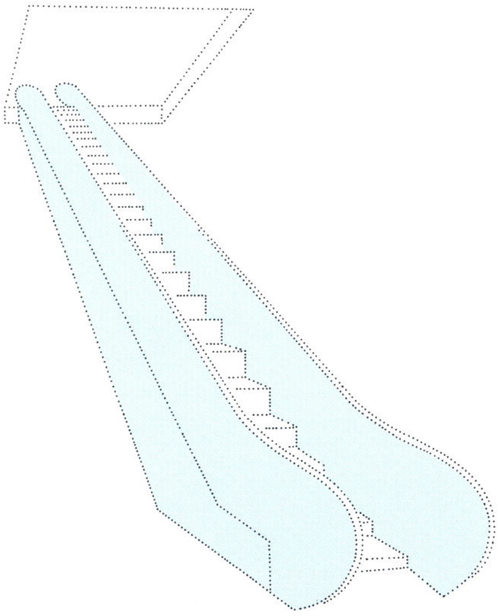

Zu § 36 (2)
Unzulässige notwendige Treppe

6 (3) (3) Die tragenden Teile notwendiger Treppen sind in der Feuerwiderstandsklasse F 90 und aus nicht brennbaren Baustoffen herzustellen. Bei Gebäuden geringer Höhe sind sie aus nicht brennbaren Baustoffen herzustellen; dies gilt nicht für Wohngebäude geringer Höhe mit nicht mehr als zwei Wohnungen. 36 (3)

Innerhalb von Wohnungen	Wohngebäude geringer Höhe mit nicht mehr als zwei Wohnungen	Gebäude geringer Höhe	Sonstige Gebäude
./. / ./.	./. / ./.	./. / A	90 / A

Zu § 36 (3)
Feuerwiderstandsklassen und Baustoffe tragender Teile notwendiger Treppen

6 (4) (4) In Gebäuden mit mehr als zwei Geschossen über der Geländeoberfläche sind die notwendigen Treppen in einem Zuge zu allen anderen angeschlossenen Geschossen zu führen; sie müssen mit den Treppen zum Dachraum unmittelbar verbunden sein. 36 (4)

36 (5) (5) Die nutzbare Breite der Treppen und Treppenabsätze notwendiger Treppen muss mindestens 1 m betragen; in Wohngebäuden mit nicht mehr als zwei Wohnungen genügt eine Breite von 0,8 m.

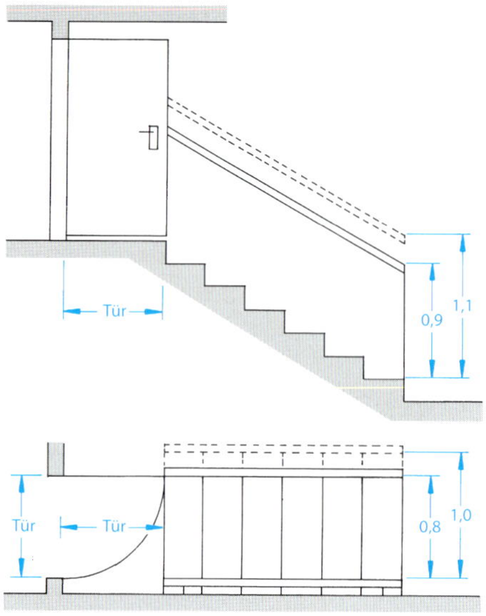

Zu § 36 (5), (6), (10)
Nutzbare Breite, Geländer, Absatz

36 (6) (6) Treppen müssen mindestens einen festen und griffsicheren Handlauf haben. Bei großer nutzbarer Breite der Treppen können Handläufe auf beiden Seiten und Zwischenhandläufe gefordert werden.

36 (7) (7) Die freien Seiten der Treppen, Treppenabsätze und Treppenöffnungen müssen durch Geländer gesichert werden. Fenster, die unmittelbar an Treppen liegen und deren Brüstungen unter der notwendigen Geländerhöhe liegen, sind zu sichern.

36 (8) (8) Auf Handläufe und Geländer kann, insbesondere bei Treppen bis zu fünf Stufen, verzichtet werden, wenn wegen der Verkehrssicherheit auch unter Berücksichtigung der Belange Behinderter oder alter Menschen Bedenken nicht bestehen.

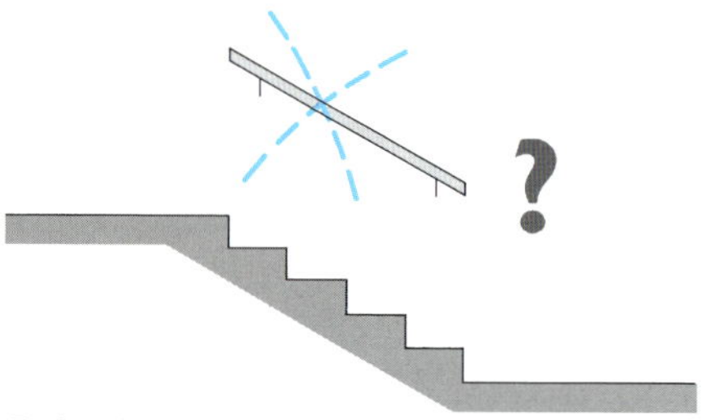

Zu § 36 (8)
Verkehrssicher?

36 (9) (9) Treppengeländer müssen mindestens 0,90 m, bei Treppen mit mehr als 12 m Absturzhöhe mindestens 1,10 m hoch sein.

36 (10) (10) Eine Treppe darf nicht unmittelbar hinter einer Tür beginnen, die in Richtung der Treppe aufschlägt; zwischen Treppe und Tür ist ein Treppenabsatz anzuordnen, der mindestens so tief sein soll, wie die Tür breit ist.

36 (11) (11) Die Absätze 3 bis 7 gelten nicht für Treppen innerhalb von Wohnungen.

Zu § 36 (11)
. . . bei Treppen in Wohnungen

§ 37 Treppenräume

7 (1) (1) Jede notwendige Treppe muss in einem eigenen Treppenraum (notwendiger Treppenraum) liegen. Für die Verbindung von Geschossen innerhalb derselben Nutzungseinheit sind notwendige Treppen ohne Treppenraum zulässig.

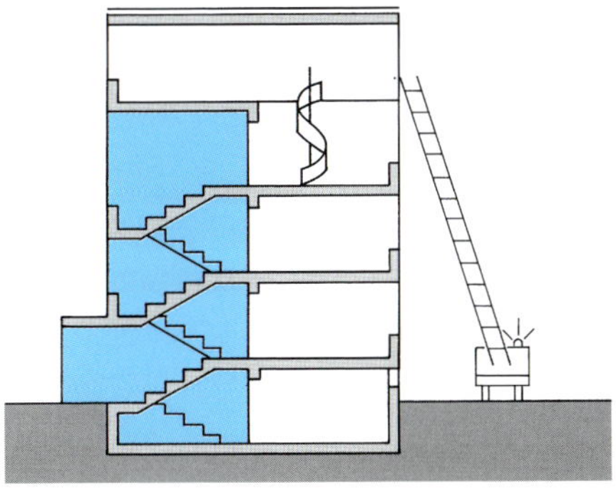

Zu § 37 (1)
Notwendiger Treppenraum

37.1 Zu Absatz 1 37 (1)

37.11 Der eigene, durchgehende Treppenraum

Nach Satz 1 muss jede notwendige Treppe in einem eigenen und somit geschlossenen Treppenraum liegen. Dies gilt nach Absatz 13 nicht für Wohngebäude geringer Höhe mit nicht mehr als zwei Wohnungen.
Es bestehen keine Bedenken gegen die Erschließung von Wohnungen in einem Gebäude geringer Höhe sowie von nicht mehr als vier Wohnungen in einem Gebäude mittlerer Höhe über eine außen liegende, offene Treppe im Rahmen einer Abweichung von der Vorschrift des § 37 Abs. 1 Satz 1, wenn im Brandfall die Benutzung der Treppe nicht gefährdet und die Verkehrssicherheit der Treppe gewährleistet ist.

37.12 Die notwendige Treppe ohne Treppenraum

Nach Satz 2 sind für die Verbindung von Geschossen innerhalb derselben Nutzungseinheit notwendige Treppen ohne Treppenraum zulässig.

7 (2) (2) Von jeder Stelle eines Aufenthaltsraumes sowie eines Kellergeschosses muss mindestens ein notwendiger Treppenraum oder ein Ausgang ins Freie in höchstens 35 m Entfernung erreichbar sein. Sind mehrere notwendige Treppenräume erforderlich, müssen sie so verteilt sein, dass die Rettungswege möglichst kurz sind.

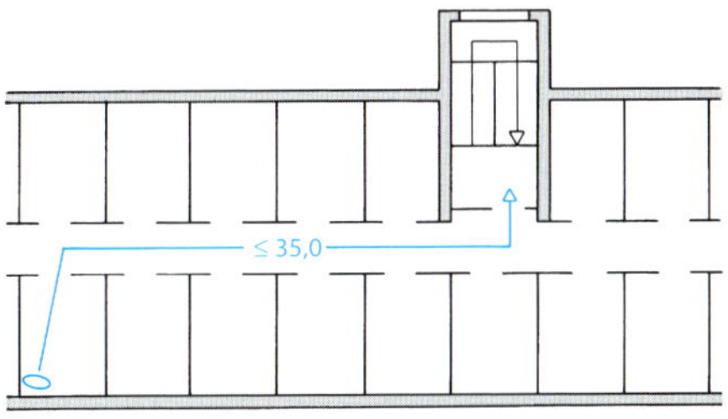

Zu § 37 (2)
Erreichbarkeit

Bei baulichen Anlagen, die keine Sonderbauten sind, führen die inneren Verbindungen von Nutzungseinheiten in der Regel über nicht mehr als zwei Geschosse. Sollen innere Verbindungen über mehrere Geschosse geführt werden, so ist die höchstzulässige Entfernung bis zum Ausgang ins Freie oder in einen notwendigen Treppenraum nach § 37 Abs. 2 zu beachten. Bei Sonderbauten ist im Einzelfall zu prüfen, unter welchen Voraussetzungen innere Verbindungen über mehrere Geschosse unter Berücksichtigung der Belange des vorbeugenden Brandschutzes zugelassen werden können. 37 (2)

7 (3) (3) Übereinanderliegende Kellergeschosse müssen jeweils mindestens zwei Ausgänge zu notwendigen Treppenräumen oder ins Freie haben. 37 (3)

37 (4) (4) Notwendige Treppenräume müssen durchgehend sein und an einer Außenwand liegen. Notwendige Treppenräume, die nicht an einer Außenwand liegen (innen liegende notwendige Treppenräume) sind zulässig, wenn ihre Benutzung durch Raucheintritt nicht gefährdet werden kann.

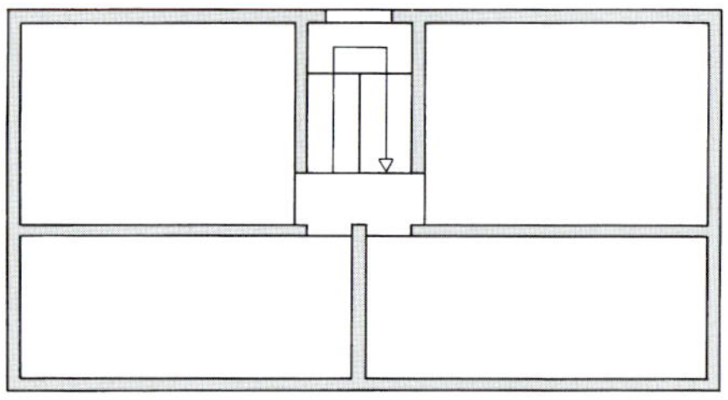

Zu § 37 (4)
An Außenwand liegender Treppenraum

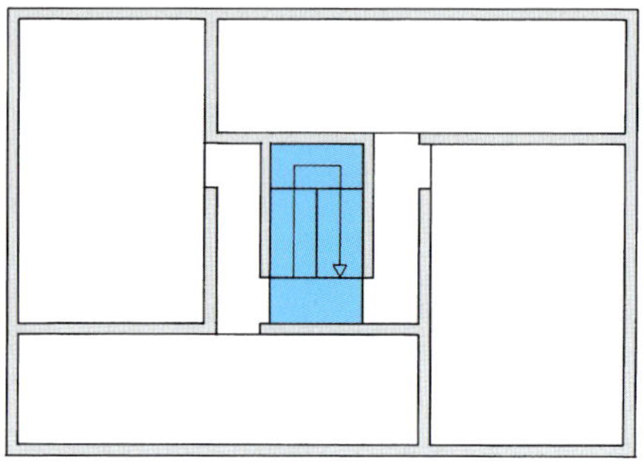

Zu § 37 (4)
Innen liegender Treppenraum

37.4 Zu Absatz 4 37 (4)

37.41 An der Außenwand angeordnete notwendige Treppenräume

Ein Treppenraum ist an der Außenwand angeordnet, wenn er zumindest in der Tiefe eines Treppenpodestes in allen Geschossen oberhalb des Erdgeschosses an der Außenwand gelegen ist und von hier ausreichend beleuchtet und belüftet werden kann (siehe § 37 Abs. 11).

37.42 Innen liegende notwendige Treppenräume

Innen liegende notwendige Treppenräume sind dann zulässig, wenn die Benutzung durch Raucheintritt nicht gefährdet werden kann. Die Bauherrin oder der Bauherr hat den Nachweis zu erbringen, dass eine solche Gefahr nicht besteht. Eine Gefährdung besteht dann nicht, wenn die in den Nrn. 37.421 bis 37.44 aufgeführten Anforderungen sowie die nachfolgenden allgemeinen Anforderungen erfüllt werden.

Allgemeine Anforderungen:
- Die Lüftungsanlagen sind einschließlich der Ansaugleitung vom Freien so anzuordnen und herzustellen, dass Feuer und Rauch durch sie nicht in den notwendigen Treppenraum übertragen werden können. Sofern die Lüftungsanlage mit nur einem Ventilator betrieben wird, muss dieser die Zuluft fördern.
- Die Wirksamkeit der Lüftungsanlagen ist vor der ersten Inbetriebnahme durch Prüfbericht eines Sachverständigen nach TPrüfVO nachzuweisen.
- Die in § 37 Abs. 12 verlangten Rauchabzüge müssen im Erdgeschoss und in Abständen von höchstens 3 Geschossen bedient werden können und im Erdgeschoss eine gleich große Zuluftöffnung haben; falls der notwendige Treppenraum einen direkten Ausgang ins Freie hat, kann die Zuluftöffnung die Haustür sein, wenn diese die entsprechende Größe und eine Feststellvorrichtung hat.

37.421 Gebäude geringer Höhe

Die Anforderungen des § 37 – außer Absatz 4 Satz 1, wonach der notwendige Treppenraum an der Außenwand liegen muss – müssen erfüllt sein.

37.422 Gebäude mit nicht mehr als fünf Geschossen oberhalb der Geländeoberfläche

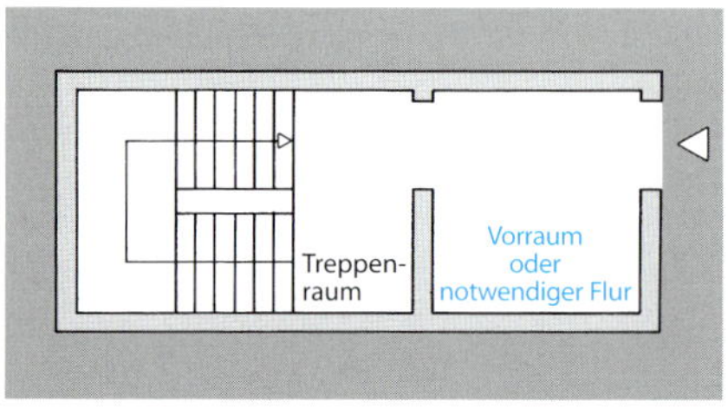

Zu VV 37.4221
Innen liegender notwendiger Treppenraum, Gebäude ≤ fünf Geschosse

37.4221 Der notwendige Treppenraum darf aus den Geschossen nur über einen Vorraum oder einen höchstens 10 m langen notwendigen Flur oder Flurabschnitt zugänglich sein.
Die Tür zwischen dem Treppenraum und dem Vorraum bzw. dem notwendigen Flur muss mindestens in der Feuerwiderstandsklasse T 30 und selbstschließend sein; bei einem Abstand von mehr als 2,50 m zu den Türen zu den Nutzungseinheiten kann eine rauchdichte und selbstschließende Tür angeordnet werden.

Die aus den Nutzungseinheiten in den Vorraum oder den notwendigen Flur führenden Ausgänge müssen rauchdichte und selbstschließende Türen haben.

37.4222 Abweichend von Nr. 37.4221 ist in Gebäuden mit nicht mehr als 10 Wohnungen oder Nutzungseinheiten von nicht mehr als 200 m² Nutzfläche der Vorraum oder der Flur nicht erforderlich, wenn die Öffnungen zum Treppenraum rauchdichte und selbstschließende Türen in der Feuerwiderstandsklasse T 30 erhalten; die Türen müssen mit Freilauf-Türschließern mit integriertem Rauchmelder ausgestattet werden.

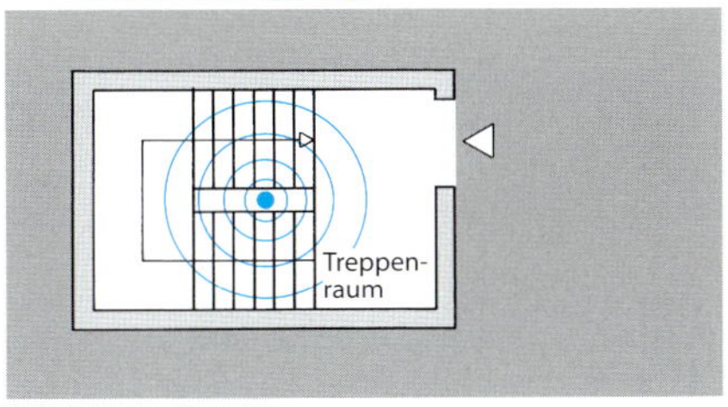

Zu VV 37.4223
Innen liegender notwendiger Treppenraum, Gebäude ≤ fünf Geschosse

37.4223 Abweichend von Nr. 37.4221 ist ebenfalls der Vorraum oder der Flur nicht erforderlich, wenn der notwendige Treppenraum mit einer Überdrucklüftungsanlage ausgestattet wird, die im Brandfall selbsttätig aktiviert wird, und wenn die Nutzer des Gebäudes über eine Alarmierungsanlage gewarnt werden. Der Überdruck im notwendigen Treppenraum darf bei geschlossenen Türen 15 Pa nicht unterschreiten und darf 100 N je 2 m² Türfläche nicht überschreiten. Der erforderliche Überdruck muss in einem Zeitraum von höchstens drei Minuten nach Inbetriebnahme der Anlage aufgebaut sein. Der in § 37 Abs. 12 zur Kaltentrauchung vorgeschriebene Rauchabzug darf zur Druckerhaltung benutzt werden.
Fahrschächte von Aufzügen, die vom notwendigen Treppenraum zugänglich sind, müssen bei der Überdruckbemessung berücksichtigt werden.
Die Öffnungen zwischen den Nutzungseinheiten und dem notwendigen Treppenraum müssen selbstschließende Türen in der Feuerwiderstandsklasse T 30 erhalten; die Türen müssen mit Freilauf-Türschließern ausgestattet werden.

37.4224 Bei Treppenräumen nach Nr. 37.4223 muss eine Ersatzstromversorgungsanlage (Ersatzstromanlage) für alle Sicherheitseinrichtungen des Treppenraums angeordnet sein, die sich bei Ausfall der allgemeinen Stromversorgung selbsttätig innerhalb von 15 Sekunden einschaltet. Die Ersatzstromanlage ist für eine Betriebsdauer von mindestens 60 Minuten auszulegen; bei Wohngebäuden mit nicht mehr als 10 Wohnungen genügt eine Betriebsdauer von mindestens 30 Minuten. Als Ersatzstromanlagen können Batterieanlagen oder Notstromdieselanlagen vorgesehen werden.
Anstelle einer Ersatzstromanlage können auch zwei voneinander unabhängige Netzeinspeisungen (siehe DIN VDE 0108 Teil 1 – Ausgabe Oktober 1989 – Abschnitt 6.4.6 – Besonders gesichertes Netz) oder eine Lösung, die als gleichwertig durch einen Sachverständigen nach TPrüfVO bescheinigt wird, angeordnet werden.
Die Beleuchtungsstärke in den Achsen der Rettungswege muss mindestens 1 Lux betragen.

37.423 Gebäude mit mehr als 5 Geschossen oberhalb der Geländeoberfläche

37.4231 Der notwendige Treppenraum darf aus den Geschossen nur über einen Vorraum zugänglich sein. Der Vorraum soll mindestens 3 m² Grundfläche bei 1 m Mindestbreite haben; er darf weitere Öffnungen nur zu Aufzügen und zu Sanitärräumen haben. Die Wände des Vorraums sind in der Feuerwiderstandsklasse F 90 und aus nicht brennbaren Baustoffen (F 90-A), die Lüftungsschächte sind in der Feuerwiderstandsklasse L 90 herzustellen.
Türen zwischen notwendigem Treppenraum und Vorraum sowie zwischen Vorraum und Geschoss müssen mindestens in der Feuerwiderstandsklasse T 30 hergestellt sein; diese Türen müssen zueinander einen Abstand von mindestens 3 m einhalten.

Die Tür zwischen notwendigem Treppenraum und dem Vorraum kann eine rauchdichte und selbstschließende sein.
Die Vorräume sind mit einer Lüftungsanlage mit Ventilatoren so zu be- und entlüften, dass in sämtlichen zu den notwendigen Treppenräumen gehörenden Vorräumen ein mindestens 30-facher stündlicher Außenluftwechsel gewährleistet ist. Die Lüftungsanlage muss über Rauchmelder, die in dem Raum vor dem Vorraum anzubringen sind, automatisch in Betrieb gesetzt werden können.
Die Lüftungsanlage kann auch für einen mindestens 30-fachen stündlichen Außenluftwechsel in mindestens drei zu einem notwendigen Treppenraum gehörenden, unmittelbar übereinander liegenden Vorräumen bemessen werden, wenn die für die Be- und Entlüftung erforderlichen beiden Öffnungen in jedem Vorraum mit dicht schließenden Klappen versehen sind, die bei Rauchentwicklung durch Auslösen der Rauchmelder bei gleichzeitiger Inbetriebsetzung der Lüftungsanlage nur in dem jeweiligen Geschoss automatisch geöffnet werden.

37.4232 Abweichend von Nr. 37.4231 ist der Vorraum nicht erforderlich, wenn der Treppenraum mit einer Überdrucklüftungsanlage entsprechend 37.4223 und 37.4224 ausgestattet wird.
Die Öffnungen zwischen den Nutzungseinheiten und dem Treppenraum müssen selbstschließende Türen in der Feuerwiderstandsklasse T 30 erhalten; die Türen müssen mit Freilauf-Türschließern ausgestattet sein.
Die Ersatzstromanlage ist jedoch für eine Betriebsdauer von mindestens 60 Minuten auszulegen.

37.424 Hochhäuser

37.4241 Es gelten die Anforderungen der Nr. 37.4231.
Zusätzlich ist der notwendige Treppenraum mit einer Lüftungsanlage zu versehen, die im Brandfall den notwendigen Treppenraum mit einem Luftvolumenstrom von mindestens 20.000 m^3/h von unten nach oben durchspült. Der erforderliche Luftvolumenstrom muss durch mindestens zwei gleich starke Ventilatoren gefördert werden. Der im notwendigen Treppenraum durch diesen Luftvolumenstrom entstehende maximale Überdruck darf 100 N je 2 m^2 Türfläche nicht überschreiten. Die verstärkte Lüftung muss in jedem Geschoss durch Rauchschalter selbsttätig in Betrieb gesetzt werden; sie muss im Erdgeschoss auch von Hand eingeschaltet werden können.
Die Rauchabzüge sind entsprechend zu bemessen; ihre Größe muss jedoch mindestens § 37 Abs. 12 Satz 2 entsprechen.

37.4242 Die Lüftung nach Nr. 37.4241 ist nicht erforderlich, wenn der Treppenraum und der Vorraum eine gemeinsame Überdrucklüftungsanlage erhalten, bei der der Überdruck im Treppenraum durch (ggf. druckregelnde) Überströmöffnungen in den Vorraum und von dort ggf. in das anschließende Geschoss oder in einem Aufzugschacht abgebaut wird (Druckgefälle).
Der Überdruck im notwendigen Treppenraum darf bei geschlossenen Türen 15 Pa nicht unterschreiten und darf 100 N je 2 m^2 Türfläche nicht überschreiten. Der erforderliche Überdruck muss in einem Zeitraum von höchstens 3 Minuten nach Inbetriebnahme der Anlage aufgebaut sein. Der in § 37 Abs. 12 zur Kaltentrauchung vorgeschriebene Rauchabzug darf zur Druckerhaltung benutzt werden.
Die Überströmöffnung zwischen Treppenraum und Vorraum braucht keiner Feuerwiderstandsdauer zu entsprechen.
Sofern eine Überströmöffnung zwischen Vorraum und dem anschließenden Geschoss angeordnet wird, ist diese in der Feuerwiderstandsklasse von mindestens 30 Minuten für den Brandfall zu schließen (z. B. K30 oder K30 - 18017).

37.4243 Bei Treppenräumen nach Nrn. 37.4241 und 37.4242 gilt Nr. 37.4224 entsprechend. Die Ersatzstromanlage ist jedoch für eine Betriebsdauer von mindestens 90 Minuten auszulegen.

37.43 Sicherheitstreppenräume

Nach § 17 Abs. 3 ist ein zweiter Rettungsweg nicht erforderlich, wenn die Rettung über einen sicher erreichbaren (notwendigen) Treppenraum möglich ist, in den Feuer und Rauch nicht eindringen können (Sicherheitstreppenraum). Dass Feuer und Rauch nicht in den Sicherheitstreppenraum eindringen können, wird sichergestellt durch die Zugänglichkeit des Treppenraumes

- über einen im freien Windstrom angeordneten offenen Gang oder
- durch eine Sicherheitsschleuse bei Überdruck im Treppenraum.

Notwendige Flure, die nur in eine Richtung zu einem Sicherheitstreppenraum führen, dürfen bis zum offenen Gang oder bis zur Sicherheitsschleuse nicht länger als 10 m sein (§ 38 Abs. 3).

37.431 Sicherheitstreppenräume mit offenem Gang

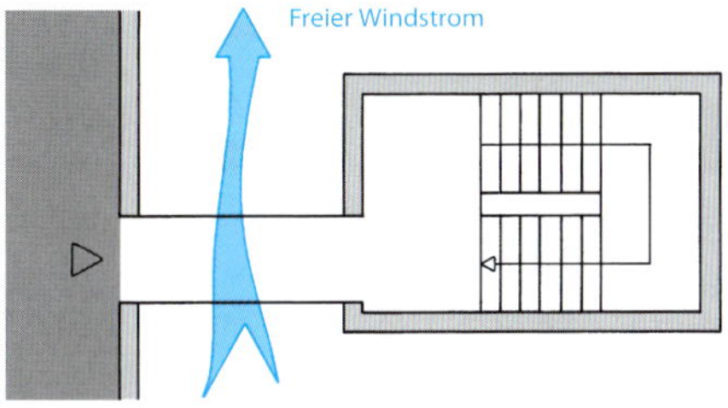

Zu VV 37.431
Sicherheitstreppenraum mit offenem Gang

37.4311 Der Sicherheitstreppenraum muss in jedem Geschoss über einen unmittelbar davor liegenden offenen Gang erreichbar sein. Dieser Gang ist so im Windstrom anzuordnen, dass Rauch jederzeit ungehindert – und ohne in den Sicherheitstreppenraum zu gelangen – ins Freie entweichen kann; er darf daher nicht in Gebäudenischen oder -winkeln angeordnet sein. Ein Laubengang gilt nur in dem Bereich als offener Gang zum Sicherheitstreppenraum, in dem er die Anforderungen der nachfolgenden Nrn. 37.4313 und 37.4314 erfüllt. Der Sicherheitstreppenraum und der offene Gang müssen in Gebäuden mit mehr als 5 Geschossen oberhalb der Geländeoberfläche eine von der allgemeinen Beleuchtung unabhängige Beleuchtung haben.

37.4312 Die Wände des Sicherheitstreppenraumes dürfen Öffnungen nur zu den offenen Gängen und ins Freie haben; alle anderen Öffnungen (z.B. zu weiterführenden Treppen, zu Kellergeschossen oder zu Aufzugs-, Installations- und Abfallschächten) sind unzulässig. Die Türen müssen dicht- und selbstschließend sein und in Fluchtrichtung aufschlagen. Die an den offenen Gängen angeordneten und zur Beleuchtung des Treppenraumes erforderlichen Öffnungen müssen eine Verglasung mindestens der Feuerwiderstandsklasse G 30 nach DIN 4102-5, Fensterflügel eine Verglasung in der technischen Ausführung einer G 30-Verglasung erhalten. Dies gilt auch für die Verglasung der Türen. Die erforderlichen Fenster dürfen nicht geöffnet werden können; ist eine Reinigung dadurch nicht möglich, so sind mit Steckschlüsseln zu öffnende Fenster zulässig. Leitungen, die nicht der Brandbekämpfung oder dem Betrieb des Sicherheitstreppenraumes dienen, sowie Schächte dürfen in ihm nicht vorhanden sein.

37.4313 Der offene Gang muss mindestens so breit wie die Laufbreite der Treppe des Sicherheitstreppenraumes, mindestens doppelt so lang wie breit und mindestens auf einer Längsseite offen sein. Er darf an seinen offenen Seiten nur durch die geschlossene 1,10 m hohe Brüstung und durch einen Sturz eingeschränkt sein. Die Unterkante des Sturzes darf höchstens 20 cm unter der Unterkante der Decke und muss mindestens 30 cm über der Oberkante der Sicherheitstreppenraumtür liegen. Wetterschutzvorrichtungen können in der Deckenebene gestattet werden, wenn der Rauchabzug hierdurch nicht gehindert ist.

37.4314 Die Wände, welche die offenen Gänge begrenzen, sind in der Feuerwiderstandsklasse F 90 und aus nicht brennbaren Baustoffen (F 90-A) herzustellen. Sie dürfen außer den für die Rettungswege erforderlichen Türen und den für die Beleuchtung des Sicherheitstreppenraumes und der Innenflure erforderlichen Fenstern keine Öffnungen haben. Die Türen des Sicherheitstreppenraumes müssen bei dreiseitig offenen Gängen mindestens 1,0 m, bei weniger als dreiseitig offenen Gängen mindestens 3 m von den Türen der Innenflure bzw. den Einmündungen der Rettungswege in die offenen Gänge entfernt sein. Der seitliche Abstand zwischen Fenstern und Fenstertüren anderer Räume und den Türen des Sicherheitstreppenraumes oder den Türen bzw. Einmündung nach Satz 3 muss mindestens 1,50 m betragen. Die Tragplatten und die Brüstungen der offenen Gänge sind in der Feuerwiderstandsklasse F 90 sowie aus nicht brennbaren Baustoffen (F 90-A) herzustellen; Öffnungen, mit Ausnahme von Entwässerungsöffnungen, sind nicht zulässig.

37.432 Sicherheitstreppenräume mit Sicherheitsschleuse

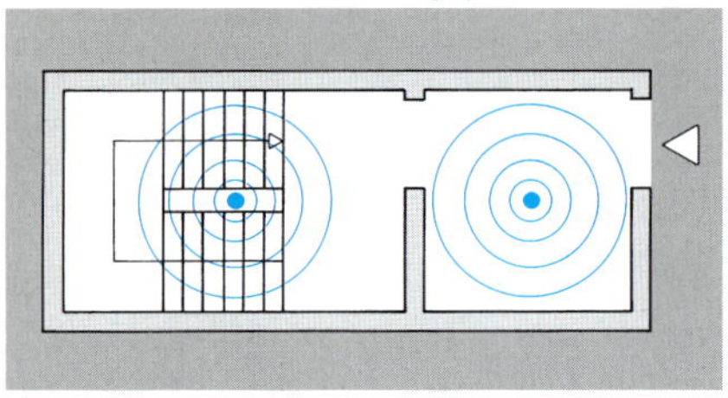

Zu VV 37.432
Sicherheitstreppenraum mit Sicherheitsschleuse

37.4321 Der notwendige Treppenraum darf in jedem Geschoss nur über eine Sicherheitsschleuse erreichbar sein. Die Sicherheitsschleuse muss Wände und Decken der Feuerwiderstandsklasse F 90 und aus nicht brennbaren Baustoffen (F 90-A), selbstschließende Türen der Feuerwiderstandsklasse T 30 sowie einen nicht brennbaren Fußbodenbelag erhalten. Sie muss mindestens 1,5 m breit sein; die Türen müssen mindestens 3 m voneinander entfernt sein. Die Tür zwischen notwendigem Treppenraum und Sicherheitsschleuse kann eine rauchdichte und selbstschließende Tür sein.

37.4322 Der notwendige Treppenraum mit den zugehörigen Sicherheitsschleusen muss eine eigene Lüftungsanlage haben. Der Treppenraum muss mit seinen Zugängen und der Lüftungsanlage so beschaffen sein, dass Feuer und Rauch nicht in ihn eindringen können. Diesen Nachweis hat der Bauherr im Rahmen des Brandschutzkonzeptes (§§ 54 Abs. 2 Nr. 19 und 69 Abs. 1 Satz 2) zu erbringen.
Der Nachweis gilt als erbracht, wenn im Rahmen des Brandschutzkonzeptes die Lüftungsanlage nach folgendem System eingerichtet und bemessen wird:
Die Lüftungsanlage des notwendigen Treppenraumes ist so einzurichten oder durch eine zweite Lüftungsanlage für alle Schleusen so zu ergänzen, dass im Brandfall in dem vom Brand betroffenen Geschoss bei geöffneten Schleusentüren und beim ungünstigsten Druck im Treppenraum von der Schleuse in den der Schleuse vorgelagerten Raum ein Luftvolumenstrom

$$V_L = k \cdot b \cdot h^{1,5} \text{ in } m^3/s$$

strömt.
Darin sind b und h die Breite und Höhe der Tür in Meter, k ist ein Faktor, der von der Temperatur abhängig ist, die im Brandfall in dem der Schleuse vorgelagerten Raum auftreten kann. Ist der Schleuse ein notwendiger Flur vorgelagert, so ist k mit 1,5, in allen anderen Fällen ist k mit 1,8 anzusetzen.
Die für diesen Volumenstrom erforderliche Druckdifferenz richtet sich nach der Art, wie die Rauchgase aus den möglichen Brandräumen ins Freie abgeführt werden. Werden die Rauchgase durch z. B. waagerechte Kanäle aus den Brandräumen gedrückt, so muss der Druck in der Schleuse entsprechend dem Strömungswiderstand der Kanäle erhöht werden. Sind z. B. Schächte angeordnet oder Abzugventilatoren, die in den Brandräumen einen Unterdruck erzeugen, so kann bei fensterlosen Räu-

men der Druck in der Schleuse um den Betrag des erzeugten Unterdrucks im Brandraum verringert werden. Bei Räumen mit Fenstern ist die Lüftungsanlage für einen Druck in der Schleuse von mindestens 10 Pa auszulegen. Sind die Lüftungsverhältnisse der möglichen Brandräume unterschiedlich, so ist der ungünstigste Fall der Bemessung zugrunde zu legen.
Die Wirksamkeit der Lüftungsanlage ist vor Inbetriebnahme des Gebäudes durch Prüfbericht eines Sachverständigen nachzuweisen.
Der Überdruck im notwendigen Treppenraum oder in der Sicherheitsschleuse darf bei geschlossenen Türen 100 N je 2 m^2 Türfläche nicht überschreiten.

37.4323 Die Lüftungsanlage muss sich in jedem Geschoss durch Rauchschalter selbsttätig in Betrieb setzen können. Sie muss im Erdgeschoss auch von Hand eingeschaltet werden können. Die Rauchabzugsklappen in den Schächten oder Kanälen müssen im Brandgeschoss vom Rauchschalter geöffnet werden können. Die Schachtwände sind in der Feuerwiderstandsklasse F 90 und aus nicht brennbaren Baustoffen (F 90-A) herzustellen. Die Klappen müssen im geschlossenen Zustand die Anforderungen der Feuerwiderstandsklasse K 90 nach DIN 4102-6 sinngemäß erfüllen.

37.4324 Anstelle der Lüftungsanlage nach Nr. 37.4322 ist für den Treppenraum und für die Sicherheitsschleuse eine Lüftungsanlage nach Nr. 37.4242 zulässig.
Die Ersatzstromanlage ist für eine Betriebsdauer von mindestens 90 Minuten auszulegen.

37.4325 Aufzüge dürfen von den notwendigen Treppenräumen und von Sicherheitsschleusen nicht zugänglich sein.

37.44 Anwendung der Hochhausverordnung (HochVO)

Ist ein Sicherheitstreppenraum der einzige notwendige Treppenraum innerhalb eines Hochhauses oder eines Brandabschnitts innerhalb eines Hochhauses, so ist nach § 8 Abs. 1 Satz 3 HochhVO dieser so anzuordnen, dass er über einen offenen Gang zu erreichen ist. Diese Regelung entspricht dem „Muster für Richtlinien über die bauaufsichtliche Behandlung von Hochhäusern" in der Fassung Mai 1981.
Die Erkenntnisse und Erfahrungen mit Lüftungssystemen ermöglichen heute die Gestaltung von innen liegenden Sicherheitstreppenräumen mit einem höheren Sicherheitsstandard, als Treppenräume ihn haben, die über einen offenen Gang zugänglich sind. Brände in der Vergangenheit haben gezeigt, dass beim Brand niedriger Gebäude und Gebäudeteile ganze Hochhausfassaden verrauchen können.
Insofern bestehen diesseits keine Bedenken, wenn von der Vorschrift des § 8 Abs. 1 Satz 3 HochhVO nach § 73 BauO NRW abgewichen wird. Es muss dann der Nachweis erbracht werden, dass der Treppenraum § 17 Abs. 3 Satz 3 entsprechend von Rauch und Feuer freigehalten wird.
Dieser Nachweis ist Bestandteil des erforderlichen Brandschutzkonzeptes.

37.441 Der Nachweis ist erbracht, wenn der Sicherheitstreppenraum den Regelungen der Nr. 37.432 entspricht.

37.45 Prüfungen der Lüftungsanlagen

Die Wirksamkeit und die Betriebssicherheit von Lüftungsanlagen für innen liegende Treppenräume und für Sicherheitstreppenräume sind entsprechend den „Überdruckanlagen zur Rauchfreihaltung von Rettungswegen" nach der Verordnung über die Prüfung technischer Anlagen und Einrichtungen von Sonderbauten durch staatlich anerkannte Sachverständige und durch Sachkundige – Technische Prüfverordnung (TPrüfVO) – vor der ersten Inbetriebnahme und nach wesentlichen Änderungen sowie wiederkehrend zu prüfen.

37 (5) (5) Jeder notwendige Treppenraum muss einen sicheren Ausgang ins Freie haben. Sofern der Ausgang eines notwendigen Treppenraumes nicht unmittelbar ins Freie führt, muss der Raum zwischen dem notwendigen Treppenraum und dem Ausgang ins Freie 37 (5)

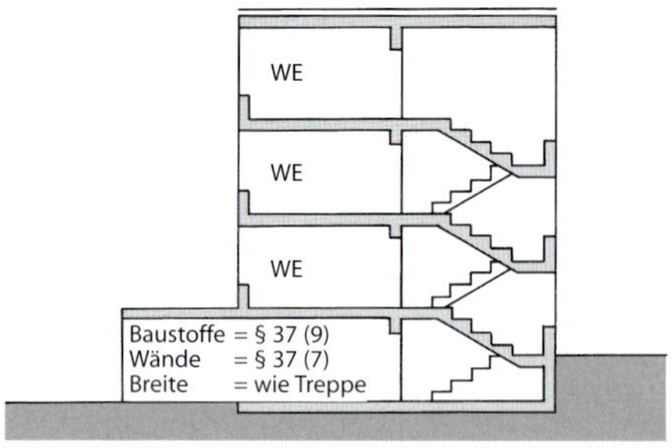

Zu § 37 (5)
Ausgang, nicht unmittelbar ins Freie

1. mindestens so breit sein, wie die dazugehörigen Treppen,
2. Wände haben, die die Anforderungen an die Wände des Treppenraumes erfüllen,
3. rauchdichte und selbstschließende Türen zu notwendigen Fluren haben und
4. ohne Öffnungen zu anderen Räumen, ausgenommen zu notwendigen Fluren,

sein. Abweichungen von Satz 2 Nrn. 2 und 4 können zugelassen werden, wenn Bedenken wegen des Brandschutzes nicht bestehen.

37 (6) (6) In Geschossen mit mehr als vier Wohnungen oder Nutzungseinheiten vergleichbarer Größe müssen notwendige Flure angeordnet sein. 37 (6)

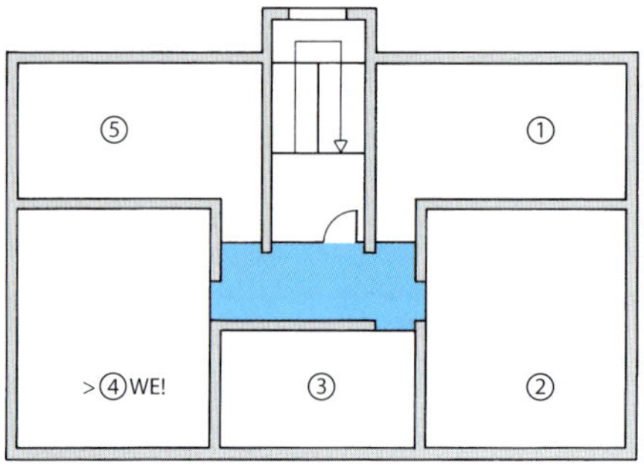

Zu § 37 (6)
Notwendiger Flur ab fünf Einheiten

37 (7) (7) Die Wände notwendiger Treppenräume und ihrer Zugänge zum Freien sind

1. in Gebäuden geringer Höhe in der Feuerwiderstandsklasse F 90 und in den wesentlichen Teilen aus nicht brennbaren Baustoffen (F 90-AB),
2. in anderen Gebäuden in der Bauart von Brandwänden (§ 33)

herzustellen. Dies gilt nicht, soweit diese Wände Außenwände sind, den Anforderungen des § 29 Abs. 1 entsprechen und durch andere an diese Außenwände anschließende Bauteile nicht gefährdet werden können. Bauteile dürfen in Treppenraumwände nur so weit eingreifen, dass der verbleibende Wandquerschnitt die Feuerwiderstandsklasse F 90 behält; für Leitungen, Leitungsschlitze und Schornsteine gilt dieses entsprechend. Leitungen dürfen durch Treppenraumwände nur hindurchgeführt werden, wenn eine Übertragung von Feuer und Rauch nicht zu befürchten ist oder Vorkehrungen hiergegen getroffen sind.

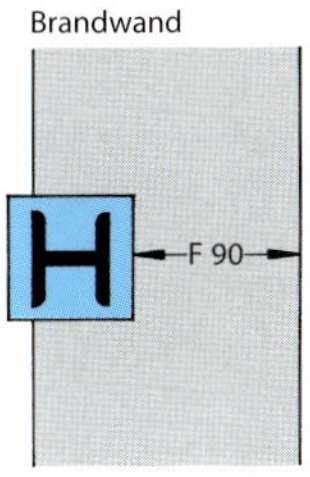

Zu § 37 (7)
Verbleibender Wandquerschnitt

37.72 Zu Absatz 7 Satz 2 37 (7)

Außenwände von Treppenräumen müssen hinsichtlich ihrer Feuerwiderstandsdauer die Anforderungen in § 29 Abs. 1 Tabelle Zeile 1 a bzw. Zeile 2 erfüllen. Werden Öffnungen in diesen Wänden mit lichtdurchlässigen Baustoffen geschlossen, so müssen diese Baustoffe bei „anderen Gebäuden" (§ 29 Abs. 1 Tabelle Spalte 4) aus nicht brennbaren Baustoffen bestehen.

Wohngebäude ≤ 2 WE	Gebäude geringer Höhe	andere Gebäude	Außenwände
./.	F 90	Brandwand § 33	§ 29 (1)
./.	AB		

Zu § 37 (7)
Anforderungen an Wände notwendiger Treppenräume und ihrer Zugänge

37.74 Zu Absatz 7 Satz 4

Nr. 30.22 VV BauO NRW gilt entsprechend.

37 (8) (8) Der obere Abschluss notwendiger Treppenräume ist

1. in Gebäuden geringer Höhe mindestens in der Feuerwiderstandsklasse F 30,
2. in anderen Gebäuden mindestens in der Feuerwiderstandsklasse F 90

herzustellen. Dies gilt nicht, wenn der obere Abschluss das Dach oder ein Hohlraum nach § 2 Abs. 6 Satz 2 ist.

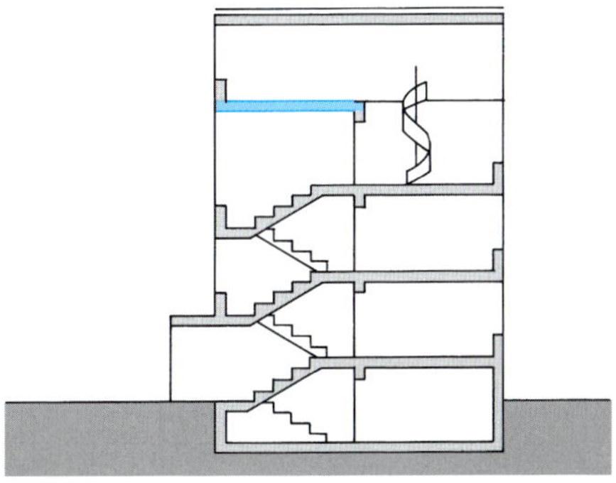

Zu § 37 (8)
Oberer Abschluss

37.8 Zu Absatz 8 37 (8)

Hohlräume zwischen dem oberen Abschluss des Treppenraumes und dem Dach, in denen gemäß § 2 Abs. 6 Satz 2 Aufenthaltsräume nicht möglich sein dürfen, sind aus Brandschutzgesichtspunkten unbedenklich, weil ein Brand im Hohlraum das Dach früher zerstören wird als den Hohlraumboden und es auf diese Weise zu einer energetischen Entlastung nach oben kommt. Ein späteres Durchbrennen des Hohlraumbodens kann als Restrisiko hingenommen werden. Diese Bauausführung kommt nur für Treppenräume in Betracht, die keine Sicherheitstreppenräume sind.

37 (9) (9) In notwendigen Treppenräumen und in Räumen nach Absatz 5 Satz 2 müssen 37 (9)

1. Bekleidungen, Putze, Dämmstoffe, Unterdecken und Einbauten aus nicht brennbaren Baustoffen,
2. Bodenbeläge, ausgenommen Gleitschutzprofile, aus mindestens schwer entflammbaren Baustoffen

bestehen. Leitungsanlagen sind zulässig, wenn Bedenken wegen des Brandschutzes nicht bestehen.

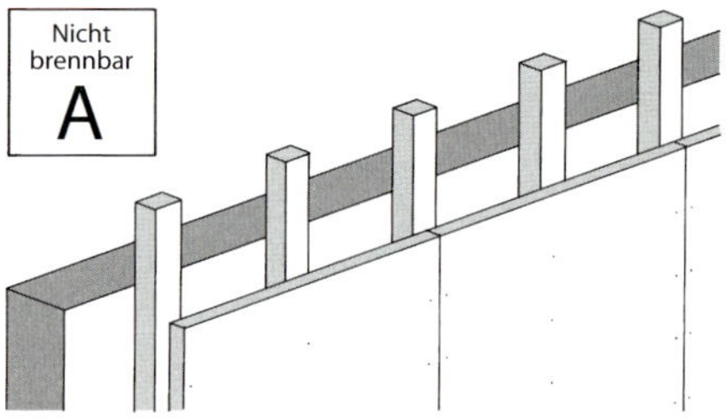

Zu § 37 (9)
Nicht brennbare Baustoffe

37 (10) (10) In notwendigen Treppenräumen müssen 37 (10)

1. Öffnungen zum Kellergeschoss, zu nicht ausgebauten Dachräumen, Werkstätten, Läden, Lagerräumen und ähnlichen Räumen sowie zu Nutzungseinheiten mit mehr als 200 m² Nutzfläche ohne notwendige Flure rauchdichte und selbstschließende Türen mit einer Feuerwiderstandsklasse T 30,
2. Öffnungen zu notwendigen Fluren, rauchdichte und selbstschließende Türen und
3. sonstige Öffnungen außer in Gebäuden geringer Höhe dichtschließende Türen

erhalten.

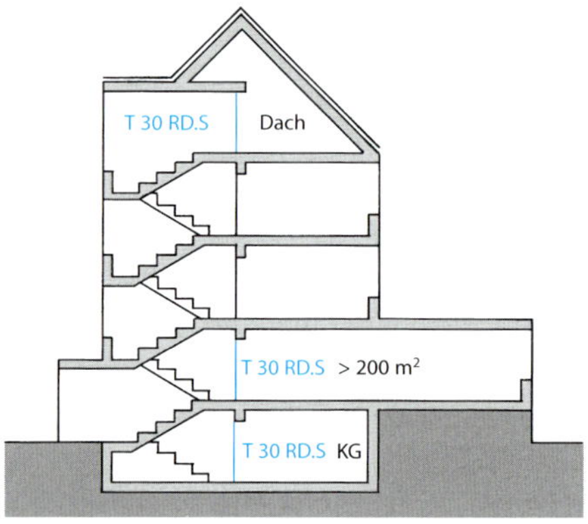

Zu § 37 (10)
Türen, Öffnungen zu Treppenräumen

37 (11) (11) Notwendige Treppenräume müssen zu lüften und zu beleuchten sein. Notwendige Treppenräume, die an einer Außenwand liegen, müssen in jedem Geschoss Fenster mit einer Größe von mindestens 0,5 m² haben, die geöffnet werden können. Innen liegende notwendige Treppenräume müssen in Gebäuden mit mehr als fünf Geschossen oberhalb der Geländeoberfläche eine Sicherheitsbeleuchtung haben. 37 (11)

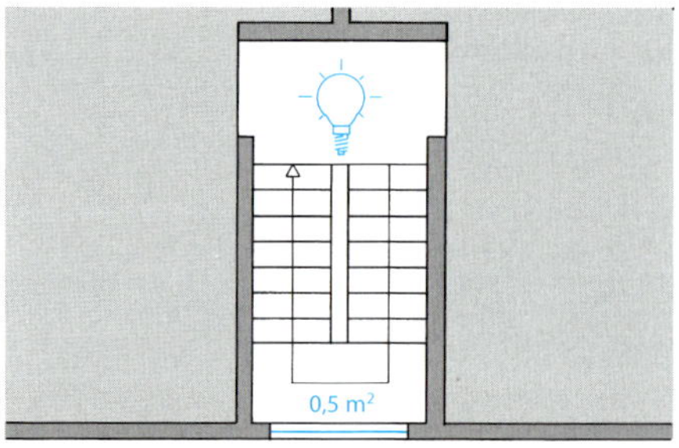

Zu § 37 (11)
Luft und Licht

37 (12) (12) In Gebäuden mit mehr als fünf Geschossen oberhalb der Geländeoberfläche sowie bei innen liegenden notwendigen Treppenräumen muss an der obersten Stelle eines notwendigen Treppenraumes ein Rauchabzug vorhanden sein. Der Rauchabzug muss eine Rauchabzugsöffnung mit einem freien Querschnitt von mindestens 5 v.H. der Grundfläche, mindestens jedoch von 1 m² haben. Der Rauchabzug muss vom Erdgeschoss und vom obersten Treppenabsatz aus bedient werden können. Abweichungen können zugelassen werden, wenn der Rauch auf andere Weise abgeführt werden kann. 37 (12)

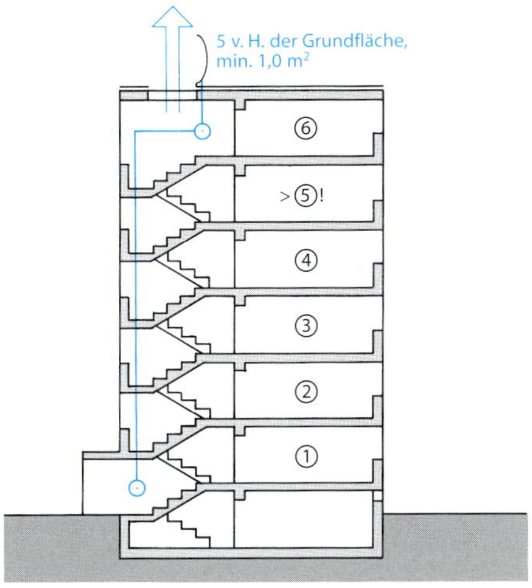

Zu § 37 (12)
Rauchabzug

37 (13) (13) Die Absätze 1 bis 5 und 7 bis 11 gelten nicht für Wohngebäude mit nicht mehr als zwei Wohnungen. Absatz 6 gilt nicht für Wohngebäude geringer Höhe. 37 (13)

Zu § 37 (13)
… für Wohngebäude geringer Höhe

§ 38

§ 38 Notwendige Flure und Gänge

§ 38

38 (1) (1) Notwendige Flure sind Flure, über die Rettungswege von Aufenthaltsräumen zu Treppenräumen notwendiger Treppen oder zu Ausgängen ins Freie führen. Als notwendige Flure gelten nicht

1. Flure innerhalb von Wohnungen oder Nutzungseinheiten vergleichbarer Größe,
2. Flure innerhalb von Nutzungseinheiten, die einer Büro- oder Verwaltungsnutzung dienen und deren Nutzfläche in einem Geschoss nicht mehr als 400 m² beträgt.

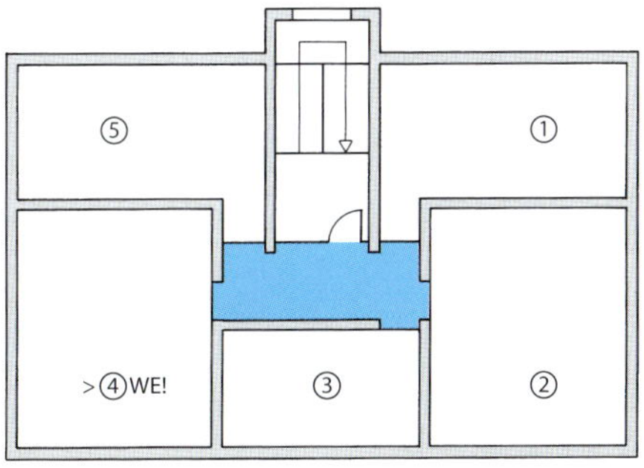

Zu § 38 (1)
Notwendiger Flur

38.1 Zu Absatz 1 38 (1)

Satz 2 schließt nicht aus, dass mehrere Nutzungseinheiten je Geschoss angeordnet werden; ihre Umfassungsbauteile müssen dann den Anforderungen an Trennwände entsprechen.
Soweit in Sonderbauverordnungen (z. B. HochhVO, KhBauVO) der Begriff „allgemein zugänglicher Flur“ verwendet wird, sind darunter „notwendige Flure“ zu verstehen. Es gelten somit für die in den Sonderbauverordnungen geregelten „allgemein zugängliche Flure“ die sich aus der Begriffsbestimmung ergebenden Konsequenzen; z. B. gelten die in den Sonderbauverordnungen geregelten Anforderungen an Flurtrennwände nur in Nutzungseinheiten, die einer Büro- oder Verwaltungsnutzung dienen und deren Nutzfläche in einem Geschoss mehr als 400 m² beträgt.

38 (2) (2) Notwendige Flure müssen so breit sein, dass sie für den größten zu erwartenden Verkehr ausreichen; Flure von mehr als 30 m Länge sollen durch nicht abschließbare, rauchdichte und selbstschließende Türen unterteilt werden. In den Fluren ist eine Folge von weniger als drei Stufen unzulässig. 38 (2)

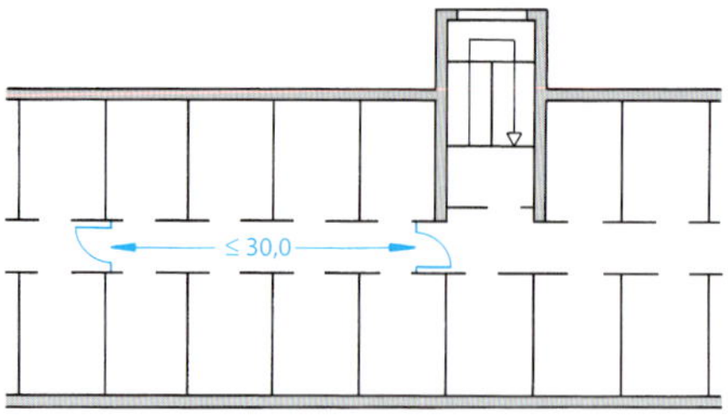

Zu § 38 (2)
Unterteilen!

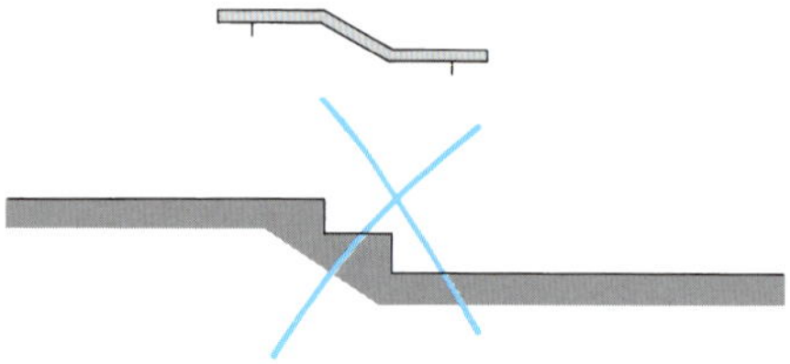
Zu § 38 (2)
Stufen

38 (3) (3) Notwendige Flure, die zu einem Sicherheitstreppenraum führen oder die als Stichflure nur eine Fluchtrichtung haben, dürfen bis zur Einmündung in einen notwendigen Treppenraum, den davor liegenden offenen Gang oder in eine Schleuse höchstens 10 m lang sein. Der Stichflur darf 20 m lang sein, wenn die Räume einen zweiten Rettungsweg haben. 38 (3)

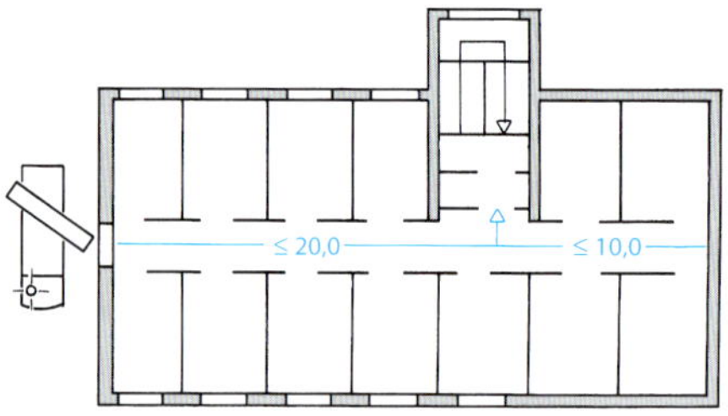

Zu § 38 (3)
Stichflure

38 (4) (4) Wände notwendiger Flure sind unbeschadet der §§ 29 bis 33

1. in Gebäuden geringer Höhe in der Feuerwiderstandsklasse F 30 und
2. in anderen Gebäuden in der Feuerwiderstandsklasse F 30 und
   - in den wesentlichen Teilen aus nicht brennbaren Baustoffen (F 30-AB) oder
   - mit einer beidseitig angeordneten ausreichend widerstandsfähigen Schicht aus nicht brennbaren Baustoffen

herzustellen. Die Wände sind bis an die Rohdecke oder bis an den oberen Raumabschluss zu führen, der die gleiche Feuerwiderstandsklasse wie die Wand hat (Fluchttunnel). Türen in diesen Wänden müssen dicht schließen; Türen in Wänden von notwendigen Fluren nach Absatz 3 müssen rauchdicht und selbstschließend sein.

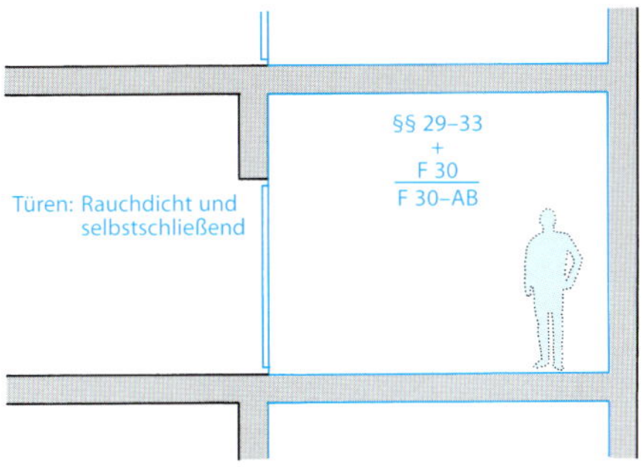

Zu § 38 (4)
Fluchttunnel

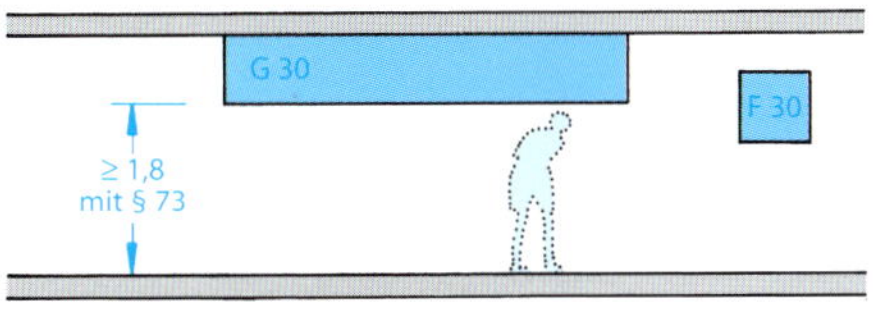

Zu VV 38.4
Lichtöffnungen

38.4 Zu Absatz 4 **38 (4)**

Lichtöffnungen sind in diesen Wänden zulässig, wenn sie durch Verglasungen in der Feuerwiderstandsklasse F 30 geschlossen werden. Keine Bedenken aus Gründen des Brandschutzes bestehen, wenn im Wege einer Abweichung (§ 73) Verglasungen mindestens der Feuerwiderstandsklasse G 30 nach DIN 4102-5, die mit ihrer Unterkante mindestens 1,8 m über dem Fußboden angeordnet sind, zugelassen werden.
Nach Absatz 4 Nr. 2 sind Wände notwendiger Flure in „anderen Gebäuden" in der Feuerwiderstandsklasse F 30 und mit einer beidseits angeordneten ausreichend widerstandsfähigen Schicht aus nicht brennbaren Baustoffen herzustellen. „Ausreichend widerstandsfähig" sind ohne weiteren Nachweis z. B. die nachfolgenden Schichten:

- Mineralischer Putz mit einer Dicke von ≥ 12,5 mm,
- Gipskartonplatten mit einer Dicke von ≥ 10 mm,
- Gipsfaserplatten mit einer Dicke von ≥ 10 mm,
- Gipsglasvliesplatten mit einer Dicke von ≥ 10 mm,
- Kalziumsilikatplatten mit einer Dicke von ≥ 8 mm.

Darüber hinaus bestehen keine Bedenken, wenn anstelle der Schicht aus nicht brennbaren Baustoffen eine mindestens 25 mm dicke Holzwolle-Leichtbauplatte auch ohne Putz verwendet wird. Die Feuerwiderstandsklasse F 30 muss nachgewiesen werden.

38 (5) (5) Wände und Brüstungen von notwendigen Fluren, die als offene Gänge vor den Außenwänden angeordnet werden, sind **38 (5)**

1. in Gebäuden geringer Höhe in der Feuerwiderstandsklasse F 30 und
2. in anderen Gebäuden in der Feuerwiderstandsklasse F 30 und in den wesentlichen Teilen aus nicht brennbaren Baustoffen (F 30-AB)

herzustellen. Fenster sind in diesen Wänden ab einer Brüstungshöhe von 0,9 m zulässig. Im Übrigen gilt Absatz 2 entsprechend.

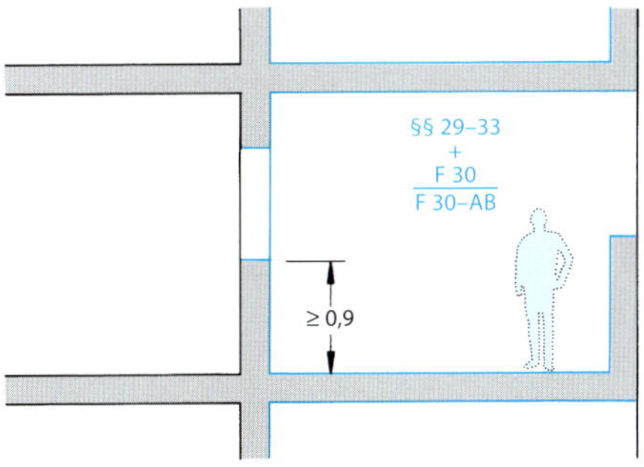

Zu § 38 (5)
Gänge vor Außenwänden

38 (6) (6) Bekleidungen einschließlich Unterdecken und Dämmstoffe müssen in notwendigen Fluren und offenen Gängen außer in Gebäuden geringer Höhe aus nicht brennbaren Baustoffen bestehen. Fußbodenbeläge müssen mindestens schwer entflammbar (B 1) sein. Leitungsanlagen sind zulässig, wenn Bedenken wegen des Brandschutzes nicht bestehen. **38 (6)**

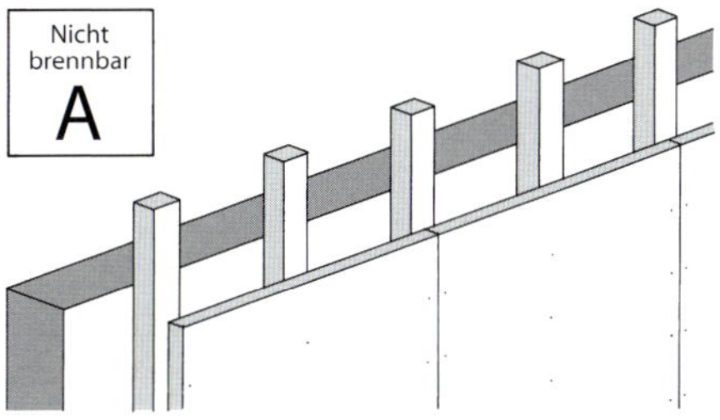

Zu § 38 (6)
Bekleidungen

§ 39

§ 39 Aufzüge

§ 39

39 (1) (1) Aufzugsanlagen müssen weitergehenden Anforderungen aufgrund des § 11 des Gerätesicherheitsgesetzes auch dann entsprechen, wenn sie weder gewerblichen noch wirtschaftlichen Zwecken dienen und in ihrem Gefahrenbereich keine Arbeitnehmer beschäftigt werden. Dies gilt auch für die Vorschriften über die Prüfung durch Sachverständige mit der Maßgabe, dass festgestellte Mängel auch der unteren Bauaufsichtsbehörde mitzuteilen sind.

Zu VV 39 (1)
Prüfung durch Sachverständige

Zu VV 39 (1)
Hinweis

39.1 Zu Absatz 1 39 (1)

Nach dieser Vorschrift haben die Bauaufsichtsbehörden bei Aufzugsanlagen, die weder gewerblichen Zwecken dienen noch im Rahmen einer wirtschaftlichen Unternehmung Verwendung finden und in deren Gefahrenbereich auch keine Arbeitnehmer beschäftigt werden (z. B. Aufzugsanlagen in Eigentumswohnanlagen ohne Mietwohnungen), darüber zu wachen, dass die Anforderungen der AufzV an die Errichtung und den Betrieb von Aufzugsanlagen sowie hinsichtlich der Prüfung von Aufzugsanlagen durch amtliche oder amtlich anerkannte Sachverständige eingehalten werden. Die Anforderungen nach § 3 Abs. 1 AufzV sind als erfüllt anzusehen, soweit die Aufzugsanlagen den Vorschriften des Anhangs zur AufzV und den vom Deutschen Aufzugsausschuß ermittelten und vom Bundesminister für Arbeit und Sozialordnung im Bundesarbeitsblatt bekanntgemachten technischen Regeln entsprechen.
Vor Aufzügen und in den Aufzugskabinen sind deutlich sichtbare Schilder anzubringen, die darauf hinweisen, dass es verboten ist, den Aufzug im Brandfalle zu benutzen.

39 (2) (2) Aufzüge im Innern von Gebäuden müssen eigene Fahrschächte haben. In einem Fahrschacht dürfen bis zu drei Aufzüge liegen. Die Wände der Fahrschächte sind in der Feuerwiderstandsklasse F 90 und in den wesentlichen Teilen aus nicht brennbaren Baustoffen (F 90-AB) herzustellen. Aufzüge ohne eigene Fahrschächte sind

- innerhalb eines Raumes und
- innerhalb eines Treppenraumes nach § 37 in Gebäuden mit nicht mehr als fünf Geschossen über der Geländeoberfläche

zulässig; die Aufzüge müssen sicher umkleidet sein.

39 (2)

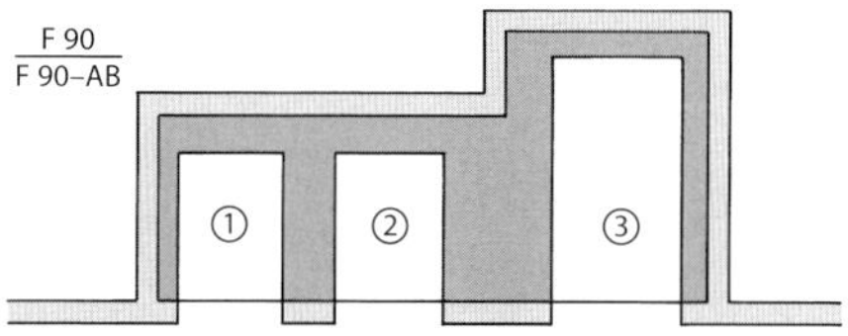

Zu § 39 (2)
Eigener Fahrschacht

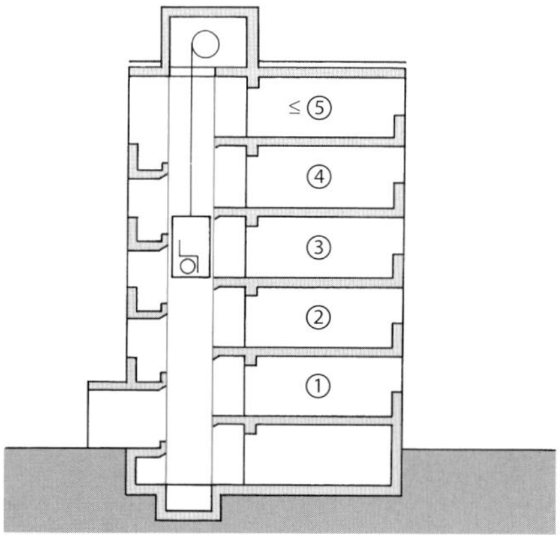

Zu § 39 (2)
Ohne eigenen Fahrschacht

39 (3) (3) Der Fahrschacht muss zu lüften und mit Rauchabzugsvorrichtungen versehen sein. Die Rauchabzugsöffnungen in Fahrschächten müssen eine Größe von mindestens 2,5 vom Hundert der Grundfläche des Fahrschachtes, mindestens jedoch von 0,10 m² haben. 39 (3)

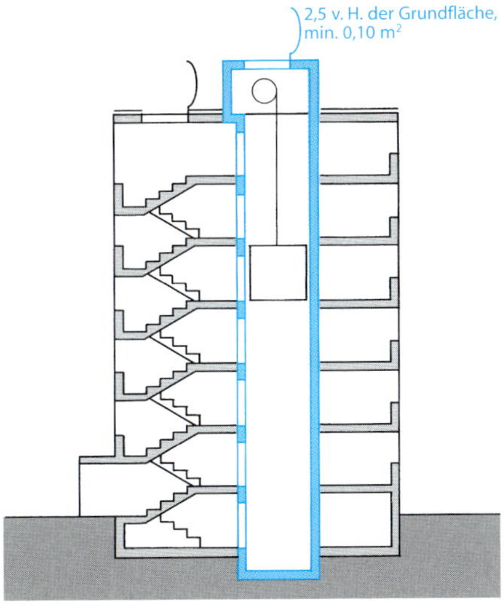

Zu § 39 (3)
Rauchabzugsvorrichtung

39 (4) (4) Fahrschachttüren oder andere Abschlüsse in Schachtwänden nach Absatz 2 Satz 1 sind so herzustellen, dass Feuer und Rauch nicht in andere Geschosse übertragen werden können. 39 (4)

39 (5) (5) Bei Aufzügen, die außerhalb von Gebäuden liegen oder die nicht mehr als drei übereinander liegende Geschosse verbinden, sowie bei vereinfachten Güteraufzügen, Kleingüteraufzügen, Lagerhausaufzügen, Behindertenaufzügen und bei Aufzugsanlagen, die den bundesrechtlichen Vorschriften aufgrund von § 11 des Gerätesicherheitsgesetzes nicht unterliegen, kann von den Anforderungen nach Absätzen 1 und 2 abgewichen werden, wenn wegen der Betriebssicherheit und des Brandschutzes Bedenken nicht bestehen. 39 (5)

39.5 Zu Absatz 5

Nach § 39 Abs. 1 in Verbindung mit den §§ 10 und 11 AufzV unterliegen Aufzugsanlagen im Abstand von zwei Jahren wiederkehrenden Hauptprüfungen und Zwischenprüfungen durch den Sachverständigen. Es bestehen keine Bedenken, wenn die unteren Bauaufsichtsbehörden bei Behindertenaufzügen, die bestimmten Personen dienen, die Prüffristen für die Hauptprüfungen von zwei auf vier Jahre verlängern – mit der Folge, dass auch die Zwischenprüfungen nur noch einmal innerhalb dieser vier Jahre stattfinden –, wenn der tatsächliche Zustand der Behindertenaufzüge nach dem Ergebnis der letzten Sachverständigenprüfung zu keinen Bedenken Anlass gibt und die Behindertenaufzüge aufgrund eines Wartungsvertrages mit einer Fachfirma regelmäßig gewartet werden.

39 (6) (6) In Gebäuden mit mehr als fünf Geschossen über der Geländeoberfläche müssen Aufzüge in ausreichender Zahl eingebaut werden, von denen einer auch zur Aufnahme von Kinderwagen, Rollstühlen, Krankentragen und Lasten geeignet sein muss; das oberste Geschoss ist nicht zu berücksichtigen, wenn seine Nutzung einen Aufzug nicht erfordert oder wenn durch den nachträglichen Ausbau des Dachgeschosses Wohnungen geschaffen werden. Fahrkörbe zur Aufnahme einer Krankentrage müssen eine nutzbare Grundfläche von mindestens 1,10 m × 2,10 m haben; ihre Türen müssen eine lichte Durchgangsbreite von mindestens 0,90 m haben. Vor den Aufzügen muss eine ausreichende Bewegungsfläche vorhanden sein. Zur Aufnahme von Rollstühlen bestimmte Aufzüge müssen eine nutzbare Grundfläche von mindestens 1,10 m × 1,40 m haben und von allen Wohnungen in dem Gebäude und von der öffentlichen Verkehrsfläche stufenlos erreichbar sein; ihre Türen müssen eine lichte Durchgangsbreite von mindestens 0,90 m haben. § 55 Abs. 4 Sätze 2 bis 6 gilt entsprechend. 39 (6

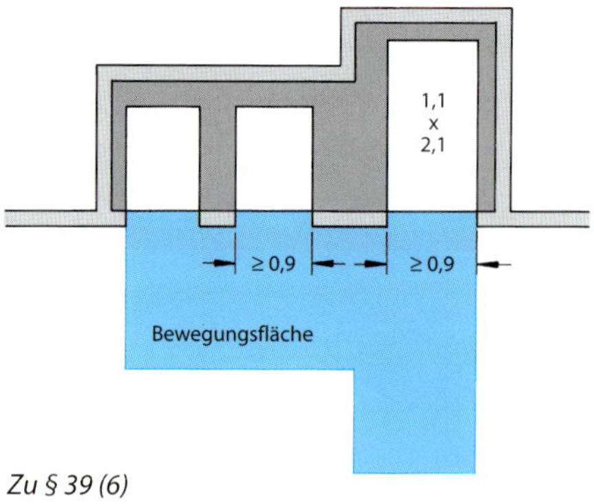

Zu § 39 (6)
Gebäude mit mehr als fünf Geschossen

Zu § 39 (6)
Stufenlos erreichbar

39 (7) (7) Aufzüge müssen zur Aufnahme von Rollstühlen geeignet sein. Von mehreren Aufzügen muss mindestens einer zur Aufnahme von Rollstühlen geeignet sein. 39 (7

40 | **§ 40 Fenster, Türen, Kellerlichtschächte** | § 40

0 (1) (1) Können die Fensterflächen nicht gefahrlos vom Erdboden, vom Innern des Gebäudes oder von Loggien oder Balkonen aus gereinigt werden, so sind Vorrichtungen wie Aufzüge oder Anschlagpunkte für Sicherheitsgeschirr anzubringen, die eine Reinigung von außen ermöglichen. 40 (1)

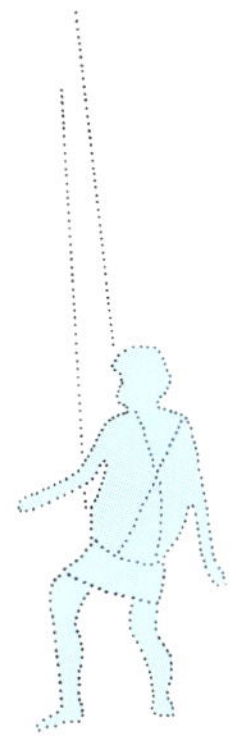

Zu § 40 (1)
Sicherung

0 (2) (2) Glastüren und andere Glasflächen, die bis zum Fußboden allgemein zugänglicher Verkehrsflächen herabreichen, sind so zu kennzeichnen, dass sie leicht erkannt werden können. Für größere Glasflächen können Schutzmaßnahmen zur Sicherung des Verkehrs verlangt werden. 40 (2)

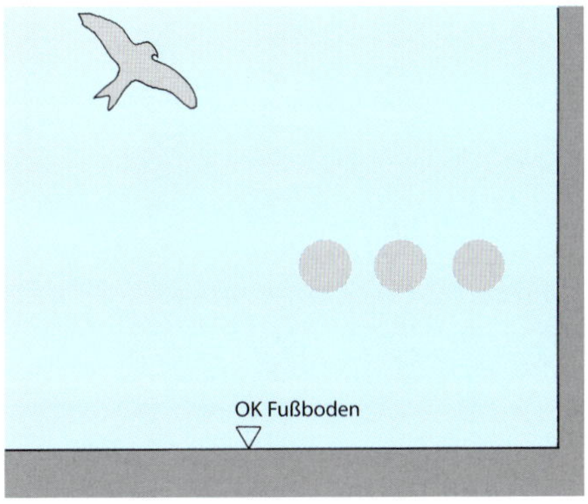

Zu § 40 (2)
Glasflächen kennzeichnen

0 (3) (3) Gemeinsame Kellerlichtschächte für übereinander liegende Kellergeschosse sind unzulässig. 40 (3)

0 (4) (4) Öffnungen in Fenstern, die als Rettungswege dienen, müssen im Lichten mindestens 0,90 m × 1,20 m groß und nicht höher als 1,20 m über der Fußbodenoberkante angeordnet sein. Liegen diese Öffnungen in Dachschrägen oder Dachaufbauten, so darf ihre Unterkante oder ein davor liegender Austritt, horizontal gemessen, nicht mehr als 1,20 m von der Traufkante entfernt sein; von diesen Fenstern müssen sich Menschen zu öffentlichen Verkehrsflächen oder zu Flächen für die Feuerwehr bemerkbar machen können. 40 (4)

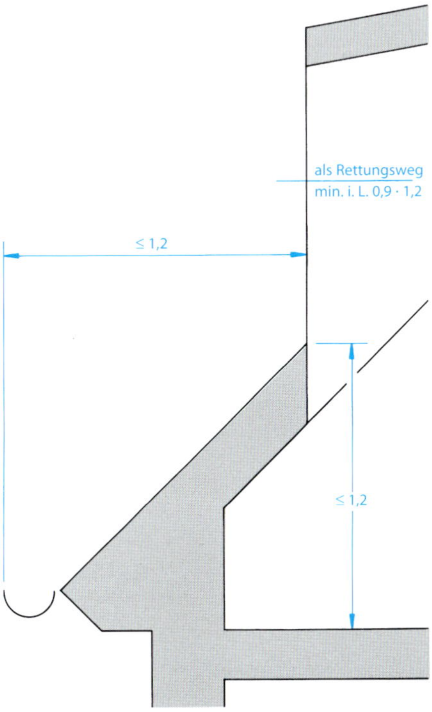

Zu § 40 (4)
Rettungsweg

§ 41

§ 41 Umwehrungen

41 (1) (1) In, an und auf baulichen Anlagen sind Flächen, die im Allgemeinen zum Begehen bestimmt sind und unmittelbar an mehr als 1 m tiefer liegende Flächen angrenzen, zu umwehren. Dies gilt nicht, wenn eine Umwehrung dem Zweck der Fläche widerspricht, wie bei Verladerampen, Kais und Schwimmbecken.

41 (2) (2) Nicht begehbare Oberlichte und Glasabdeckungen in Flächen, die im Allgemeinen zum Begehen bestimmt sind, sind zu umwehren, wenn sie weniger als 0,50 m aus diesen Flächen herausragen.

41 (3) (3) Kellerlichtschächte und Betriebsschächte, die an Verkehrsflächen liegen, sind zu umwehren oder verkehrssicher abzudecken; Abdeckungen an und in öffentlichen Verkehrsflächen müssen gegen unbefugtes Abheben gesichert sein.

41 (4) (4) Notwendige Umwehrungen müssen folgende Mindesthöhen haben:

1. Umwehrungen zur Sicherung von Öffnungen in begehbaren Decken, Dächern sowie Umwehrungen von Flächen mit einer Absturzhöhe von 1 m bis zu 12 m 0,90 m,
2. Umwehrungen von Flächen mit mehr als 12 m Absturzhöhe 1,10 m.

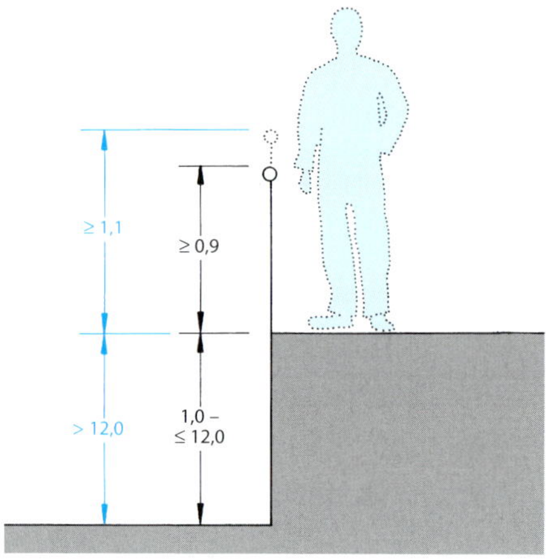

Zu § 41 (4)
Notwendige Umwehrungen

41 (5) (5) Fensterbrüstungen müssen bei einer Absturzhöhe von bis zu 12 m mindestens 0,80 m, darüber mindestens 0,90 m hoch sein. Geringere Brüstungshöhen sind zulässig, wenn durch andere brüstungsähnliche Vorrichtungen diese Mindesthöhen eingehalten werden. Soll die Absturzsicherung im Wesentlichen durch eine Umwehrung, wie Geländer, erbracht werden, so sind die Mindesthöhen nach Absatz 4 einzuhalten. Im Erdgeschoss können geringere Brüstungshöhen gestattet werden.

ACHTUNG SONDERREGEL

Zu § 41 (5)
... bei Brüstungen mit Geländer!

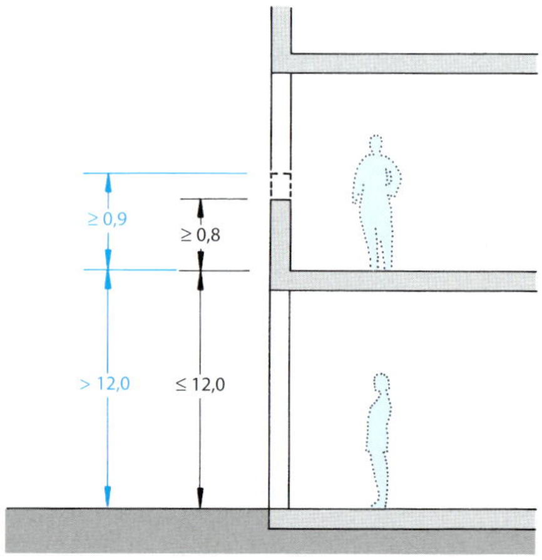

Zu § 41 (5)
Brüstungshöhen

Fünfter Abschnitt
Haustechnische Anlagen

§ 42 **§ 42 Lüftungsanlagen, Installationsschächte und Installationskanäle** § 42

42 (1) (1) Lüftungsanlagen müssen betriebssicher sein; sie dürfen den ordnungsgemäßen Betrieb von Feuerstätten nicht beeinträchtigen. 42 (1)

42 (2) (2) Lüftungsleitungen sowie deren Bekleidungen und Dämmstoffe müssen aus nicht brennbaren Baustoffen bestehen; brennbare Baustoffe sind zulässig, wenn Bedenken wegen des Brandschutzes nicht bestehen. Lüftungsanlagen, ausgenommen in Gebäuden geringer Höhe, und Lüftungsanlagen, die Gebäudetrennwände überbrücken, sind so herzustellen, dass Feuer und Rauch nicht in andere Geschosse, Brandabschnitte, Treppenräume oder notwendige Flure übertragen werden können.

42.2 Zu Absatz 2 42 (2)

Die nach § 42 Abs. 2 an Lüftungsanlagen zu stellenden Brandschutzanforderungen sind in den als Technische Baubestimmungen eingeführten Richtlinien über brandschutztechnische Anforderungen an Lüftungsanlagen in Gebäuden konkretisiert.

42 (3) (3) Lüftungsanlagen sind so herzustellen, dass sie Gerüche und Staub nicht in andere Räume übertragen. Die Weiterleitung von Schall in fremde Räume muss ausreichend gedämmt sein. 42 (3)

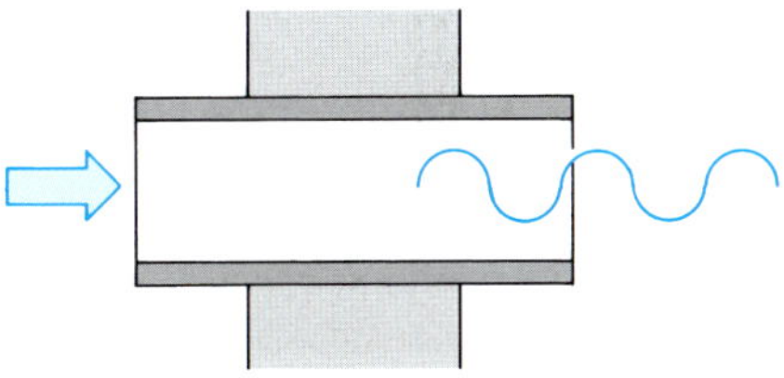

Zu § 42
Lüftungsanlagen

42 (4) (4) Lüftungsleitungen dürfen nicht in Schornsteine eingeführt werden. In Lüftungsleitungen dürfen Abgase von Feuerstätten eingeleitet werden, wenn die Abluft ins Freie geführt wird und Bedenken wegen der Betriebssicherheit und des Brandschutzes nicht bestehen. Die Abluft ist ins Freie zu führen. Nicht zur Lüftungsanlage gehörende Einrichtungen sind in Lüftungsleitungen unzulässig. 42 (4)

42 (5) (5) Für raumlufttechnische Anlagen und Warmluftheizungen gelten die Absätze 1 bis 4, für Installationsschächte und Installationskanäle die Absätze 2 und 3 Satz 2 sinngemäß.

42.5 Zu Absatz 5 42 (5)

Werden Installationsschächte und -kanäle durch Decken und Wände hindurchgeführt, an die keine Anforderungen hinsichtlich ihrer Feuerwiderstandsklasse gestellt werden, so bestehen keine Bedenken aus Gründen des Brandschutzes, wenn schwer entflammbare Baustoffe (Klasse B 1) verwendet werden. Für äußere Bekleidungen, Anstriche und Dämmschichten auf Installationsschächten und -kanälen dürfen schwer entflammbare Baustoffe (Klasse B 1) verwendet werden, wenn die Bekleidungen, Anstriche und Dämmschichten nicht durch Wände und nicht durch Decken hindurchgeführt werden, für die mindestens die Feuerwiderstandsklasse F 30 vorgeschrieben ist. Für Installationsschächte und -kanäle in Treppenräumen mit notwendigen Treppen, in Fluren, die als Rettungswege dienen, und über Unterdecken, an die brandschutztechnische Anforderungen gestellt sind, ist die Verwendung brennbarer Baustoffe (Klasse B) unzulässig.

Die Übertragung von Feuer und Rauch gilt als ausgeschlossen, wenn Installationsschächte und -kanäle mindestens 30 Minuten und in Gebäuden mit mehr als fünf Geschossen über Geländeoberfläche mindestens 60 Minuten (in Hochhäusern 90 Minuten) Feuerwiderstandsdauer aufweisen. Zwischen Brandabschnitten muss die Feuerwiderstandsdauer der Installationsschächte und -kanäle mindestens 90 Minuten betragen.

42 (6) (6) Die Absätze 2 und 3 Satz 1 und Absatz 5 gelten nicht für Lüftungsanlagen sowie Installationsschächte und -kanäle in Wohngebäuden mit nicht mehr als zwei Wohnungen, innerhalb einer Wohnung oder innerhalb einer Nutzungseinheit vergleichbarer Größe. 42 (6)

Installationsschächte und -kanäle durch Decken und Wände				
Feuerwiderstandsdauer für				
Wohngebäude mit nicht mehr als zwei Wohnungen, innerhalb einer Wohnung	Gebäude ≥ V Geschosse	Gebäude ≥ V Geschosse	zwischen Brandabschnitten	Hochhäuser
./.	F 30	F 60	F 90	F 90

Zu VV 42.5 und 42.6
Übertragung von Rauch und Feuer

§ 43

§ 43 Feuerungsanlagen, Wärme- und Brennstoffversorgungsanlagen

§ 43

§ 43 enthält allgemeine Anforderungen an die Installation von Feuerungsanlagen und Wärme- und Brennstoffversorgungsanlagen, um einen sicheren Betrieb dieser Anlagen – vor allem in Gebäuden – zu gewährleisten. Die Installationsvorschriften berücksichtigen, dass die Anlagen nach Maßgabe der §§ 20 ff. nur aus Bauprodukten hergestellt werden dürfen, deren Verwendbarkeit durch ein Ü-Zeichen oder eine CE-Kennzeichnung nachgewiesen ist.

43 (1) (1) Feuerstätten und Abgasanlagen wie Schornsteine, Abgasleitungen und Verbindungsstücke (Feuerungsanlagen), Anlagen zur Abführung von Verbrennungsgasen ortsfester Verbrennungsmotoren sowie Behälter und Rohrleitungen für brennbare Gase und Flüssigkeiten müssen betriebssicher und brandsicher sein und dürfen auch sonst nicht zu Gefahren und unzumutbaren Belästigungen führen können. Die Weiterleitung von Schall in fremde Räume muss ausreichend gedämmt sein. Abgasanlagen müssen leicht und sicher zu reinigen sein. Feuerungsanlagen für feste Brennstoffe dürfen in einem Abstand von weniger als 100 m zu Wald nur errichtet oder betrieben werden, wenn durch geeignete Maßnahmen gewährleistet ist, dass kein Waldbrand entsteht.

43.1 Zu Absatz 1 43 (1)

Eine Feuerungsanlage besteht nach § 43 Abs. 1 aus der Abgasanlage und der oder den daran angeschlossenen Feuerstätte(n). Abgasanlage ist danach der Oberbegriff für alle technischen Einrichtungen, mit denen die Verbrennungsgase von Feuerstätten für feste, flüssige oder gasförmige Brennstoffe (= Abgase) abgeführt werden. Im Wesentlichen sind dies Schornsteine und Abgasleitungen sowie etwaige Verbindungsstücke zwischen diesen und den Feuerstätten. Als Schornsteine im Sinne dieser Vorschrift sind rußbrandbeständige Schächte anzusehen, die Abgase von Feuerstätten für feste Brennstoffe über Dach ins Freie leiten sollen. Um Abgasleitungen im Sinne dieser Vorschrift handelt es sich bei Leitungen oder Schächten, die nur Abgase von Feuerstätten für flüssige oder gasförmige Brennstoffe ableiten sollen, und zwar auch dann, wenn die Abgasanlage in der Bauart eines Schornsteins ausgeführt ist.

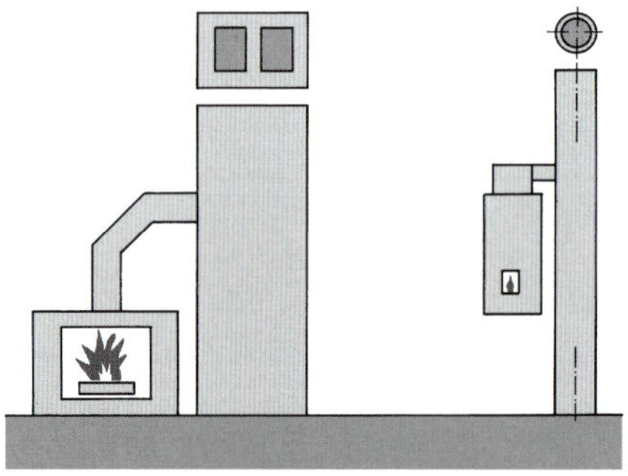

Zu VV 43.1
Schornstein, Abgasleitungen

Die Verwendbarkeit (§ 20 Abs. 1) einer Abgasanlage für eine Feuerstätte hängt außer von der Brennstoffart noch von der Temperatur und dem Feuchtegehalt des Abgases sowie davon ab, ob die Abgase mit Überdruck oder Unterdruck gefördert werden. Welche Feuerstätten an Schornsteine oder Abgasleitungen im Einzelnen angeschlossen werden dürfen, ergibt sich bei Abgasanlagen mit Ü-Zeichen aus dem Übereinstimmungsnachweis (§ 25) und bei Abgasanlagen mit CE-Kennzeichnung aus dem Konformitätsnachweis gemäß der der CE-Kennzeichnung zugrunde liegenden Richtlinie der Europäischen Gemeinschaft.

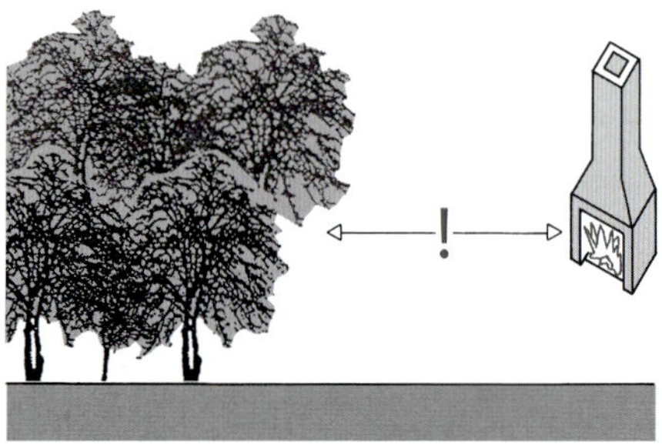

Zu § 43 (1)
Waldbrand

43.14 Zu Absatz 1 Satz 4

Ursache für Waldbrände können Flugfeuer, Funkenflug oder unkontrollierte Rußbrände in den Schornsteinen sein. Geeignete Maßnahmen gegen Flugfeuer und Funkenflug sind in erster Linie die Ausstattung der Feuerungsanlagen mit Funkenfängern oder Rauchkammern vor dem Schornstein. Funkenfänger sind z. B. trichterförmige oder korbartige Drahtgeflechte mit einer Maschenweite von 6 × 6 mm und einer Drahtdicke von 2,5 mm oder mehr in den Verbindungsstücken. Rauchkammern sind kammerartige Erweiterungen der Verbindungstücke, in denen die Abgasgeschwindigkeit durch die Querschnittsvergrößerung derartig sinkt, dass brennende Abgasbestandteile sich absetzen. Unkontrollierte Rußbrände in den Schornsteinen können nur durch häufiges Reinigen der Schornsteine verhindert werden; erforderlichenfalls sind dabei besondere Reinigungsverfahren zu verwenden. Rechtsgrundlage hierfür ist die Kehr- und Überprüfungsordnung - KÜO - vom 29. März 1999 (GV. NRW. S. 138/SGV. NRW. 7125). In der Baugenehmigung sollten die Bauherren auf die Reinigungspflichten nach der KÜO hingewiesen werden.

43 (2) (2) Für die Anlagen zur Verteilung von Wärme und zur Warmwasserversorgung gilt Absatz 1 Sätze 1 und 2 sinngemäß. 43 (2)

43 (3) (3) Feuerstätten, ortsfeste Verbrennungsmotoren und Verdichter sowie Behälter für brennbare Gase und Flüssigkeiten dürfen nur in Räumen aufgestellt werden, bei denen nach Lage, Größe, baulicher Beschaffenheit und Benutzungsart Gefahren nicht entstehen können. 43 (3)

43 (4) (4) Die Abgase der Feuerstätten sind durch Abgasanlagen über Dach, die Verbrennungsgase ortsfester Verbrennungsmotoren sind durch Anlagen zur Abführung dieser Gase über Dach abzuleiten. Abgasanlagen sind in solcher Zahl und Lage und so herzustellen, dass die Feuerstätten des Gebäudes ordnungsgemäß angeschlossen werden können. 43 (4)

43 (5) (5) Die Abgase von Gasfeuerstätten mit abgeschlossenem Verbrennungsraum, denen die Verbrennungsluft durch dichte Leitungen vom Freien zuströmt (raumluftunabhängige Gasfeuerstätten), dürfen abweichend von Absatz 4 durch die Außenwand ins Freie geleitet werden, wenn 43 (5)

1. eine Ableitung des Abgases über Dach nicht oder nur mit unverhältnismäßig hohem Aufwand möglich ist und
2. die Nennwärmeleistung der Feuerstätte 11 kW zur Beheizung und 28 kW zur Warmwasserbereitung nicht überschreitet

und Gefahren oder unzumutbare Belästigungen nicht entstehen.

43 (6) (6) Ohne Abgasanlage sind zulässig 43 (6)

1. Gasfeuerstätten, wenn durch einen sicheren Luftwechsel im Aufstellraum gewährleistet ist, dass Gefahren oder unzumutbare Belästigungen nicht entstehen,
2. Gas-Haushalts-Kochgeräte mit einer Nennwärmeleistung von nicht mehr als 11 kW, wenn der Aufstellungsraum einen Rauminhalt von mehr als 15 m^3 aufweist und mindestens eine Tür ins Freie oder ein Fenster, das geöffnet werden kann, hat,
3. nicht leitungsgebundene Gasfeuerstätten zur Beheizung von Räumen, die nicht gewerblichen Zwecken dienen, sowie Gas-Durchlauferhitzer, wenn diese Gasfeuerstätten besondere Sicherheitseinrichtungen haben, die die Kohlenmonoxidkonzentration im Aufstellraum so begrenzen, dass Gefahren oder unzumutbare Belästigungen nicht entstehen.

43 (7) (7) Bei der Errichtung oder Änderung von Schornsteinen sowie beim Anschluss von Feuerstätten an Schornsteine oder Abgasleitungen hat die Bauherrin oder der Bauherr sich von der Bezirksschornsteinfegermeisterin oder dem Bezirksschornsteinfegermeister bescheinigen zu lassen, dass die Abgasanlage sich in einem ordnungsgemäßen Zustand befindet und für die angeschlossenen Feuerstätten geeignet ist. Bei der Errichtung von Schornsteinen soll vor Erteilung der Bescheinigung auch der Rohbauzustand besichtigt worden sein. Stellt die Bezirksschornsteinfegermeisterin oder der Bezirksschornsteinfegermeister Mängel fest, hat sie oder er diese Mängel der Bauaufsichtsbehörde mitzuteilen.

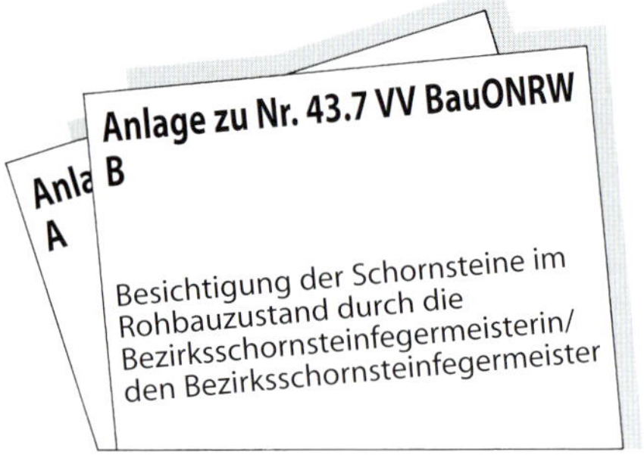

Zu § 43 (7)
Bescheinigung

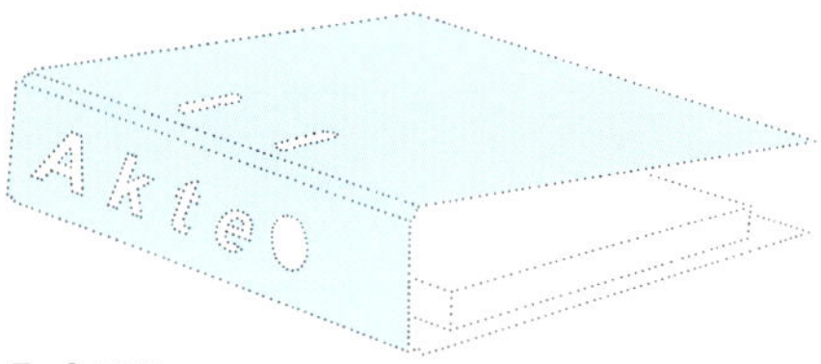

Zu § 43.7
Hausakte! Sorgfältig aufbewahren!

43.7 Zu Absatz 7 **43 (7)**

Nach § 43 Abs. 7 muss die Bauherrin oder der Bauherr sich bei der Errichtung oder Änderung von Feuerungsanlagen in den im Gesetz genannten Fällen von der Bezirksschornsteinfegermeisterin oder dem Bezirksschornsteinfegermeister (BZSM) – nach Prüfung – bescheinigen lassen, dass die Abgasanlage sich in einem ordnungsgemäßen Zustand befindet und für die angeschlossenen Feuerstätten geeignet ist. Die Bescheinigungspflicht ist beschränkt auf Abgasanlagen mit Abgasleitungen und auf Abgasanlagen als Schornsteine (zu den Begriffen siehe Nr. 43.1). Die Pflicht entsteht

- bei der Erstinstallation oder
- beim Auswechseln, auch wenn das Auswechseln gemäß § 65 Abs. 2 Nr. 4 keiner Unternehmer- oder Sachverständigenbescheinigung nach § 66 bedarf,

einer oder mehrerer Feuerstätten mit dem Anschluss der Feuerstätte(n) an die Abgasleitung oder den Schornstein. Änderungen an Feuerstätten wie das Auswechseln der Düse oder des Brenners sind nicht bescheinigungspflichtig, weil dies nicht den Tatbestand eines Feuerstättenanschlusses erfüllt.

Werden Feuerstätten und Abgasleitungen mit CE-Kennzeichnung, die nach den zugehörigen Konformitätsnachweisen miteinander verwendbar sind (siehe Nr. 43.1), errichtet, sind die ordnungsgemäße Beschaffenheit und Eignung der Abgasleitungen für den Anwendungsfall nach den gemeinschaftsrechtlichen Maßstäben bereits abschließend festgestellt. Eine BZSM-Bescheinigung nach § 43 Abs. 7 ist dafür nicht erforderlich.

Bescheinigungspflichtig ist aber auch das Errichten oder Ändern von Schornsteinen, auch wenn (noch) keine Feuerstätten angeschlossen werden; bei der Errichtung von Schornsteinen soll die Bauherrin oder der Bauherr außerdem der oder dem BZSM durch eine Besichtigung des Rohbauzustandes eine sichere Beurteilung des Schornsteins ermöglichen.

Die Bauherrin oder der Bauherr braucht die BZSM-Bescheinigung nicht der Bauaufsichtsbehörde vorzulegen, es sei denn, dass die Bauaufsichtsbehörde dies ausdrücklich verlangt und begründet. Stellt die oder der BZSM bei der für die Ausstellung der Bescheinigung erforderlichen Prüfung fest, dass die Abgasanlage sich nicht in einem ordnungsgemäßen Zustand befindet oder nicht für die angeschlossene(n) Feuerstätte(n) geeignet ist, hat die oder der BZSM die Mängel der Bauaufsichtsbehörde von sich aus mitzuteilen, und zwar so, dass die Bauaufsichtsbehörde ohne eigene Prüfung der Abgasanlage die zur Gefahrenabwehr erforderlichen Maßnahmen treffen kann. Dies schließt nicht aus, dass die oder der BZSM vor der Meldung der Bauherrin oder dem Bauherrn angemessene Gelegenheit gibt, die Mängel abzustellen.

Die von der oder dem BZSM auszustellende Bescheinigung nach § 43 Abs. 7 Satz 1 oder die Mängelmitteilung nach § 43 Abs. 7 Satz 3 muss die Angaben entsprechend dem in der Anlage A zu Nr. 43.7 bekannt gemachten Muster enthalten. Soweit die oder der BZSM eine schriftliche Mitteilung über die durchgeführte Besichtigung des Rohbauzustandes von Schornsteinen (§ 43 Abs. 7 Satz 2) für erforderlich hält, wird empfohlen, das hierfür in der Anlage B zu Nr. 43.7 bekannt gemachte Muster zu verwenden.

Bauherrinnen, Bauherren, Hauseigentümerinnen und Hauseigentümer können die BZSM im Rahmen des SchfG von sich aus mit der Wahrnehmung von Aufgaben beauftragen. Diese Möglichkeit ist auch im Zusammenhang mit § 66 gegeben. Danach steht es der Bauherrin oder dem Bauherrn frei, bei der Errichtung oder Änderung von Feuerungsanlagen anstelle einer Bescheinigung der Unternehmerin oder des Unternehmers eine Bescheinigung einer oder eines (neutralen) Sachverständigen der unteren Bauaufsichtsbehörde vorzulegen. Als Sachverständige im Sinne des § 66 kommen insbesondere auch die BZSM in Betracht, soweit es sich um die Errichtung oder Änderung von Abgasanlagen oder von Feuerstätten einfacher Bauart (ohne Wärmetauscher) wie offene Kamine oder Kaminöfen handelt. Bei weitergehenden Bescheinigungen müssen von den BZSM spezielle Sachkunde und Erfahrung für die bescheinigten Anlagen nachgewiesen sein. Eine Bescheinigung nach § 43 Abs. 7 steht der Ausstellung einer Sachverständigenbescheinigung nach § 66 durch die oder den BZSM – auch für dieselbe Anlage – nicht entgegen (vgl. auch § 66 Satz 3).

43 (8) (8) Gasfeuerstätten dürfen in Räumen nur aufgestellt werden, wenn durch besondere Vorrichtungen an den Feuerstätten oder durch Lüftungsanlagen sichergestellt ist, dass gefährliche Ansammlungen von unverbranntem Gas in den Räumen nicht entstehen. 43 (8)

43 (9) (9) Brennstoffe sind so zu lagern, dass Gefahren oder unzumutbare Belästigungen nicht entstehen. 43 (9)

§ 44

§ 44 Wasserversorgungsanlagen

§ 44

44 (1) (1) Wasserversorgungsanlagen sind so anzuordnen, herzustellen und instand zu halten, dass sie betriebssicher sind und Gefahren oder unzumutbare Belästigungen nicht entstehen können. 44 (1)

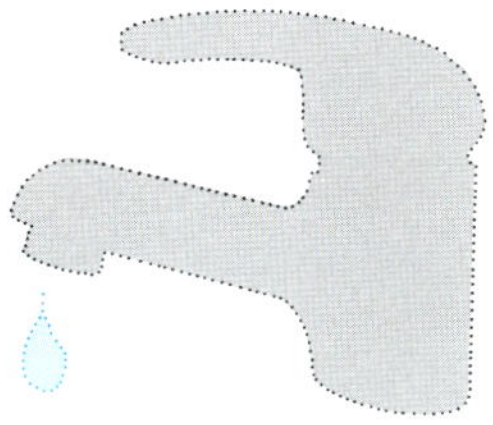

Zu § 44 (1)
Instandhalten

44 (2) (2) Jede Wohnung und jede sonstige Nutzungseinheit müssen einen eigenen Wasserzähler haben. Dies gilt nicht bei Nutzungsänderungen, wenn die Anforderung nach Satz 1 nur mit unverhältnismäßigem Aufwand erfüllt werden kann. 44 (2)

44.2 Zu Absatz 2

44.21 Der eigene Wasserzähler ist auch für nicht in sich abgeschlossene Wohnungen (§ 49 Abs. 1 Satz 2) vorgeschrieben. Der Wasserzähler muss nicht in der Wohnung oder Nutzungseinheit angebracht sein. Es kann auch ein Zwischenzähler außerhalb der Wohnung oder der Nutzungseinheit sein.

44.22 Ein unverhältnismäßiger Aufwand im Sinne des § 44 Abs. 2 Satz 2 ist dann anzunehmen, wenn zur Erfassung des Wasserverbrauchs der Wohnung oder sonstigen Nutzungseinheit bauliche Veränderungen vorgenommen werden müssten, die den üblichen Aufwand für einen Anschluss eines oder zweier Wasserzähler an ein vorhandenes Wasserrohrnetz deutlich überstiegen.
Die Bauaufsichtsbehörde kann die Ausstattung von Wohnungen mit Wasserzählern bei genehmigungspflichtigen Baumaßnahmen im Rahmen der Bauzustandsbesichtigung nachprüfen; bei genehmigungsfreien Baumaßnahmen kommen nur Ermittlungen aufgrund des § 61 Abs. 1 in Betracht.

44 (3) (3) Zur Brandbekämpfung muss eine ausreichende Wassermenge zur Verfügung stehen; Abweichungen können für Einzelgehöfte in der freien Feldflur zugelassen werden. 44 (3)

Löschwasser

Zu § 44 (3)
Ausreichende Wassermenge

§ 45 **§ 45 (aufgehoben)** § 45

Zu § 45
Abwasseranlagen

Autorenhinweis zu § 45

Die Anforderungen an Abwasseranlagen und deren Fristen für die Funktionsprüfung innerhalb von Wasserschutzgebieten sind im Landeswassergesetz (LWG) NRW geregelt. Außerhalb von Wasserschutzgebieten mögliche Ortssatzung beachten!

§ 46 **§ 46 Abfallschächte** § 46

46 (1) (1) Abfallschächte dürfen nicht errichtet werden. Bestehende Abfallschächte sind spätestens bis zum 31.12.2003 außer Betrieb zu nehmen. Die zu ihrem Befüllen vorgesehenen Öffnungen sind bis zu diesem Zeitpunkt dauerhaft zu verschließen. Bis sie stillgelegt werden, gelten für bestehende Abfallschächte die Absätze 2 bis 5. 46 (1)

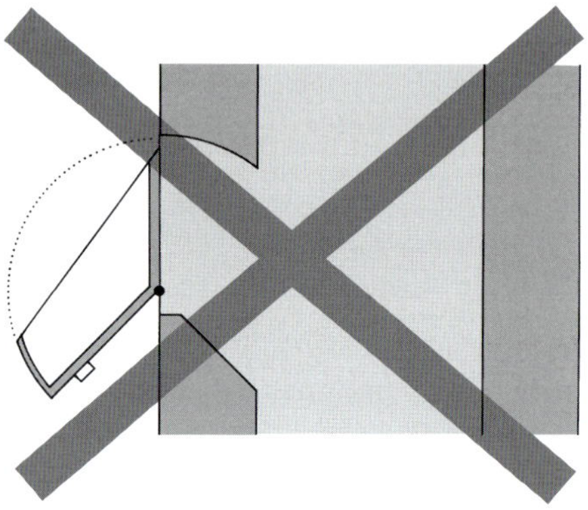

Zu § 46 (1)
Abfallschächte

46 (2) (2) Abfallschächte, ihre Einfüllöffnungen und die zugehörigen Sammelräume dürfen nicht in Aufenthaltsräumen und nicht an Wänden von Wohn- und Schlafräumen liegen. Einfüllöffnungen dürfen nicht in Treppenräumen liegen. Abfallschächte und Sammelräume müssen aus Bauteilen der Feuerwiderstandsklasse F 90 bestehen. Die Bauteile sowie Bekleidungen, Dämmstoffe und innere Wandschalen und Einrichtungen innerhalb des Schachtes und des Sammelraumes müssen aus nicht brennbaren Baustoffen bestehen. Der Einbau einer Feuerlöscheinrichtung kann verlangt werden. 46 (2)

46 (3) (3) Vorhandene Abfallschächte müssen so beschaffen sein, dass sie Abfälle sicher abführen, dass Feuer, Rauch, Gerüche und Staub nicht in das Gebäude dringen können und dass die Weiterleitung von Schall gedämmt wird. Eine ständig wirkende Lüftung muss gesichert sein. 46 (3)

46 (4) (4) Die Einfüllöffnungen müssen so beschaffen sein, dass Staubbelästigungen nicht auftreten und sperrige Abfälle nicht eingebracht werden können. Am oberen Ende des Abfallschachtes muss eine Reinigungsöffnung vorhanden sein. Alle Öffnungen müssen Verschlüsse aus nicht brennbaren Baustoffen haben. 46 (4)

46 (5) (5) Der Abfallschacht muss in einen ausreichend großen Sammelraum münden. Die inneren Zugänge des Sammelraumes müssen selbstschließende Türen der Feuerwiderstandsklasse T 90 haben. Der Sammelraum muss vom Freien aus zugänglich und entleerbar sein. Die Abfälle sind in beweglichen Abfallbehältern zu sammeln. Der Sammelraum muss eine ständig wirksame Lüftung und einen Bodenablauf mit Geruchverschluss haben. 46 (5)

§ 47 **§ 47 (aufgehoben)** § 47

Sechster Abschnitt
Aufenthaltsräume und Wohnungen

§ 48 **§ 48 Aufenthaltsräume** § 48

48 (1) (1) Aufenthaltsräume müssen eine für ihre Benutzung ausreichende Grundfläche und eine lichte Höhe von mindestens 2,40 m haben. Für Aufenthaltsräume in Wohngebäuden mit nicht mehr als zwei Wohnungen, für Aufenthaltsräume im Dachraum und im Kellergeschoss, im Übrigen für einzelne Aufenthaltsräume und Teile von Aufenthaltsräumen kann eine geringere lichte Höhe gestattet werden, wenn wegen der Benutzung Bedenken nicht bestehen. Aufenthaltsräume unter einer Dachschräge müssen eine ausreichende lichte Höhe über mindestens der Hälfte ihrer Grundfläche haben; Raumteile mit einer lichten Höhe bis zu 1,50 m bleiben außer Betracht.

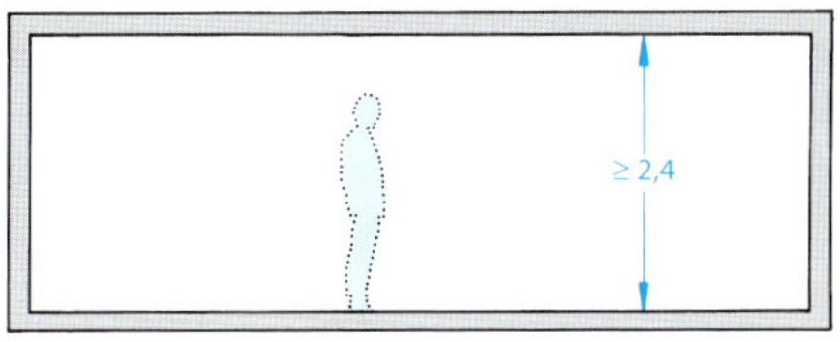

Zu § 48 (1)
Lichte Höhe Aufenthaltsraum allgemein

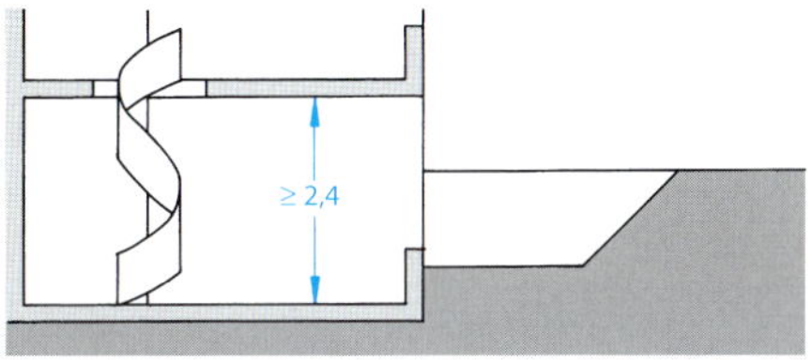

Zu § 48 (1)
Lichte Höhe Aufenthaltsraum ≤ 2,4 m mit Gestattung zulässig

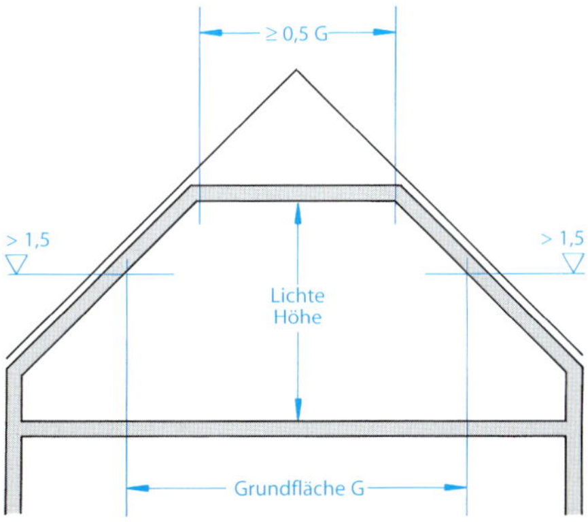

Zu § 48 (1)
Aufenthaltsräume unter Dachschräge

48.1 Zu Absatz 1 **48 (1)**

Das Mindestmaß der lichten Höhe von 2,40 m kann bei den in § 48 Abs. 1 Satz 2 genannten Aufenthaltsräumen im Einzelfall unterschritten werden (§ 73, Abweichungen), wenn wegen der Benutzung Bedenken nicht bestehen. Bedenken wegen der Benutzung bestehen nicht

- bei Wohngebäuden mit nicht mehr als zwei Wohnungen; hier ist im Allgemeinen eine lichte Höhe von 2,30 m vertretbar,
- im Dachraum und im Kellergeschoss; hier erscheint eine Reduzierung der lichten Höhe auf 2,20 m im Allgemeinen vertretbar bei Kleinwohnungen (Appartements) und bei einzelnen Aufenthaltsräumen, die zu einer Wohnung in anderen Geschossen gehören,
- bei einzelnen Aufenthaltsräumen einer Wohnung.

Gegen eine Unterschreitung der lichten Höhe von 2,20 m bestehen im Hinblick auf die Benutzbarkeit vor allem wegen der Gesundheit Bedenken. Werden in einem Aufenthaltsraum Emporen oder Galerien eingebaut, so genügt oberhalb und unterhalb derselben eine geringere lichte Raumhöhe.

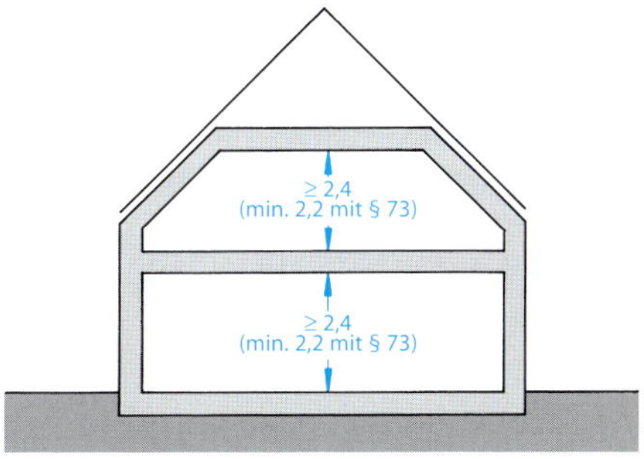

Zu VV 48.1
Lichte Höhe Aufenthaltsraum ≤ 2,4 m mit Gestattung zulässig

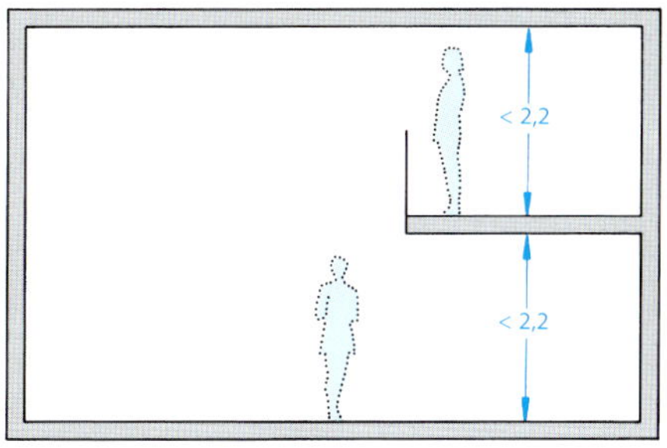

Zu VV 48.1
Emporen, Galerien
< 2,2 m mit Gestattung zulässig

48 (2) (2) Aufenthaltsräume müssen unmittelbar ins Freie führende Fenster von solcher Zahl und Beschaffenheit haben, dass die Räume ausreichend Tageslicht erhalten und belüftet werden können (notwendige Fenster). Das Rohbaumaß der Fensteröffnungen muss mindestens ein Achtel der Grundfläche des Raumes betragen; ein geringeres Maß ist zulässig, wenn wegen der Lichtverhältnisse Bedenken nicht bestehen. Oberlichte anstelle von Fenstern sind zulässig, wenn wegen der Nutzung des Aufenthaltsraumes Bedenken nicht bestehen.

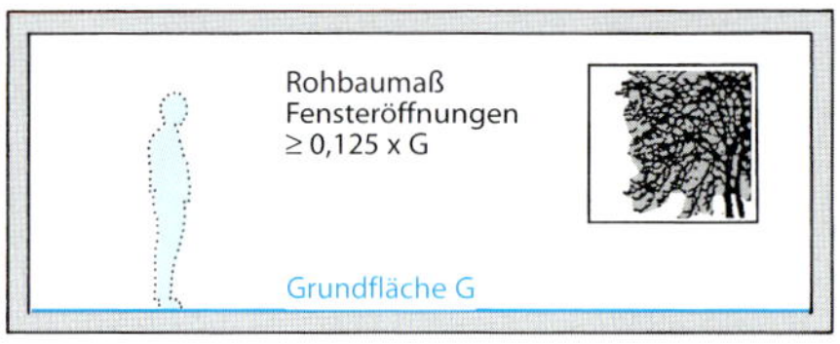

Zu § 48 (2)
Tageslicht – Belüftung

48.2 Zu Absatz 2 48 (2)

48.21 Bei der Bemessung der Grundfläche des Raumes ist § 48 Abs. 1 Satz 3, 2. Halbsatz entsprechend anzuwenden. Bedenken gegen ein geringeres Fenstermaß bestehen wegen der Lichtverhältnisse z. B. nicht

- bei Schlafräumen, die nach Art, Lage und Größe eindeutig nur für diese Nutzung in Betracht kommen; Kinderzimmer gehören in der Regel nicht dazu,
- bei Aufenthaltsräumen, die nicht dem Wohnen dienen, soweit die Voraussetzungen des Absatzes 4 erfüllt sind,
- bei Fenstern, vor denen die Abstandfläche erheblich tiefer ist als die Mindestabstandfläche nach § 6.

48.22 Oberlichte – z. B. Lichtkuppeln, Lichtbänder unterhalb der Decke oder in Sheddächern – als alleinige Quelle für die Beleuchtung mit Tageslicht kommen im Allgemeinen aus Gründen der Gesundheit (fehlende Sichtverbindung mit der Außenwelt) für Aufenthaltsräume nicht in Betracht. Abweichungen sind möglich, z. B. bei Hörsälen, Sitzungssälen und ähnlichen Räumen, in denen sich derselbe Personenkreis nur während weniger Stunden aufhält. Arbeits-, Pausen-, Bereitschafts-, Liege- und Sanitätsräume müssen nach § 7 Abs. 1 ArbStättV eine Sichtverbindung nach außen haben.

48 (3) (3) Verglaste Vorbauten und Loggien sind vor notwendigen Fenstern zulässig, wenn eine ausreichende Lüftung und Beleuchtung mit Tageslicht sichergestellt ist. 48 (3)

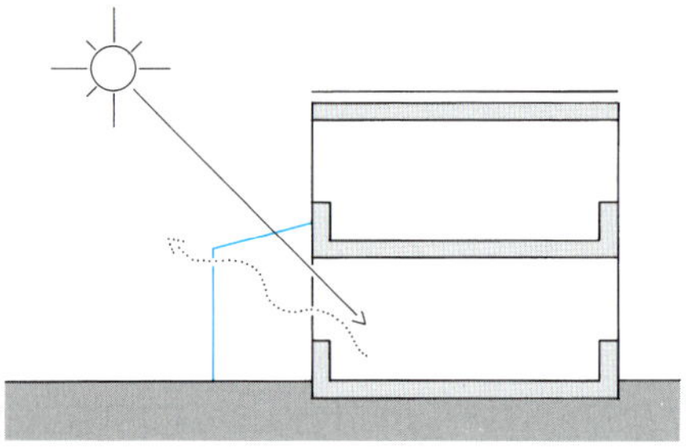

Zu § 48 (3)
Vorbauten und Loggien

48 (4) (4) Aufenthaltsräume, deren Nutzung eine Beleuchtung mit Tageslicht verbietet, sind ohne Fenster zulässig, wenn eine wirksame Lüftung gesichert ist. Küchen sind ohne eigene Fenster zulässig, wenn sie eine Sichtverbindung zu einem Aufenthaltsraum mit Fenstern nach Absatz 2 Sätze 1 und 2 haben und eine wirksame Lüftung gesichert ist. Bei Aufenthaltsräumen, die nicht dem Wohnen dienen, ist anstelle einer ausreichenden Beleuchtung mit Tageslicht und Lüftung durch Fenster eine Ausführung nach Satz 1 zulässig, wenn wegen der Gesundheit Bedenken nicht bestehen. Aufenthaltsräume, die dem Wohnen dienen, dürfen anstelle einer Lüftung durch Fenster mechanisch betriebene Lüftungsanlagen haben, wenn wegen der Gesundheit Bedenken nicht bestehen und die Lüftungsanlagen der Energieeinsparung dienen.

48.4 Zu Absatz 4 48 (4)

48.41 Aufenthaltsräume, deren Nutzung die Anordnung von Fenstern verbietet, sind z. B. Dunkelkammern in Fotolabors.
Als Aufenthaltsräume, die ohne Fenster oder mit einer geringeren Fensterfläche als nach § 48 Abs. 2 zulässig sind, wenn wegen der Gesundheit Bedenken nicht bestehen, kommen in Betracht

- Hörsäle, Sitzungssäle und ähnliche Räume, in denen sich derselbe Personenkreis nur während weniger Stunden aufhält,
- Arbeitsräume, die nach § 7 Abs. 1 der ArbStättV keine Sichtverbindung nach außen haben müssen.

48.42 Ist die Anordnung von Fenstern in Arbeitsräumen möglich, erreicht die Fensterfläche aber nicht die nach § 48 Abs. 2 erforderliche Mindestgröße, so sind aus Gründen der Gesundheit aufgrund des Arbeitsstättenrechts gleichwohl Fenster erforderlich, die eine Sichtverbindung mit der Außenwelt herstellen („Kontaktfenster“).

48.43 Eine wirksame Lüftung fensterloser Küchen oder von Räumen, die nicht durch Fenster belüftet werden, ist gewährleistet, wenn die Lüftungsanlagen den Technischen Baubestimmungen entsprechen.

48 (5) (5) In Kellergeschossen sind Aufenthaltsräume zulässig, deren Nutzung eine Beleuchtung mit Tageslicht verbietet, ferner Verkaufsräume, Gaststätten, ärztliche Behandlungsräume, Sport- und Spielräume sowie ähnliche Räume; Absatz 4 gilt sinngemäß. Einzelne Aufenthaltsräume, die dem Wohnen dienen, sind im Kellergeschoss zulässig, wenn sie zu einer Wohnung im Erdgeschoss gehören und mit dieser über eine in der Wohnung liegende Treppe unmittelbar verbunden sind. Im Übrigen sind Aufenthaltsräume und Wohnungen in Kellergeschossen nur zulässig, wenn das Gelände vor Außenwänden mit notwendigen Fenstern in einer für die Beleuchtung mit Tageslicht ausreichenden Entfernung und Breite nicht mehr als 0,80 m über dem Fußboden liegt. 48 (5)

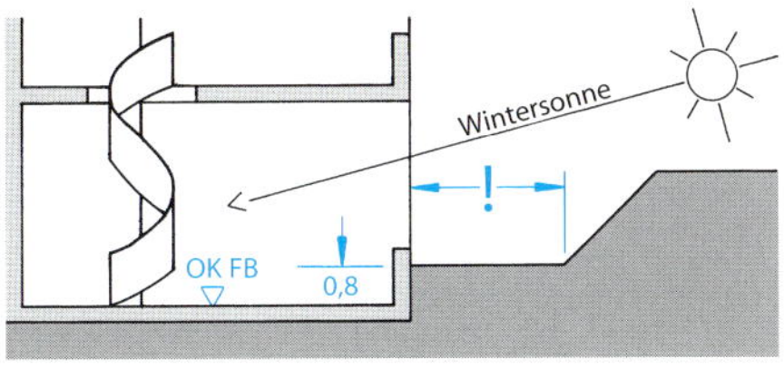

Zu § 48 (5)
Aufenthaltsräume in Kellergeschossen

48 (6) (6) Räume nach Absatz 5 müssen unmittelbar mit Rettungswegen in Verbindung stehen, die ins Freie führen. Die Räume und Rettungswege müssen von anderen Räumen im Kellergeschoss durch Wände der Feuerwiderstandsklasse F 90 und in den wesentlichen Teilen aus nicht brennbaren Baustoffen (F 90-AB) abgetrennt sein; Türen in diesen Wänden müssen der Feuerwiderstandsklasse T 30 entsprechen. Dies gilt nicht für Wohngebäude mit nicht mehr als zwei Wohnungen. 48 (6)

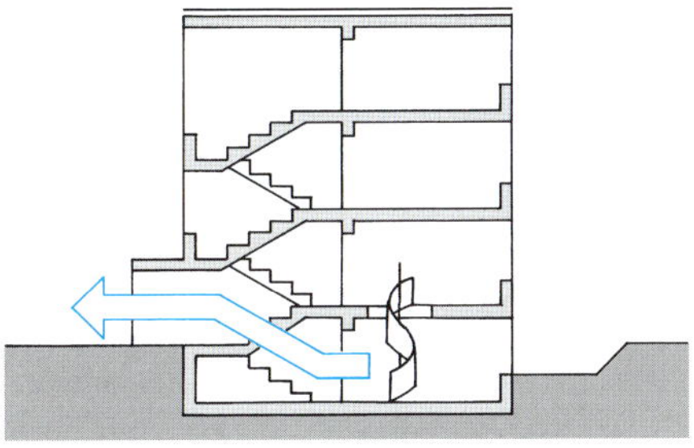

Zu § 48 (6)
Rettungswege von Aufenthaltsräumen im Kellergeschoss

Zu § 48 (6)
… für Wohngebäude mit nicht mehr als zwei Wohnungen

§ 49

§ 49 Wohnungen

§ 49

49 (1) (1) Jede Wohnung muss von anderen Wohnungen und fremden Räumen baulich abgeschlossen sein und einen eigenen, abschließbaren Zugang unmittelbar vom Freien, von einem Treppenraum, einem Flur oder einem anderen Vorraum haben. Dies gilt nicht für Wohnungen in Wohngebäuden mit nicht mehr als zwei Wohnungen. Wohnungen in Gebäuden, die nicht nur zum Wohnen dienen, müssen einen besonderen Zugang haben; gemeinsame Zugänge sind zulässig, wenn Gefahren oder unzumutbare Belästigungen für die Benutzerinnen und Benutzer der Wohnungen nicht entstehen.

49.1 Zu Absatz 1 49 (1)

In Wohngebäuden mit nicht mehr als zwei Wohnungen können die Zugänge zu den Wohnungen – z. B. Hauseingang, Vorraum, Treppenraum – gemeinsam genutzt werden (nicht abgeschlossene Wohnung, „Einliegerwohnung"). Gehören die Wohnungen verschiedenen Eigentümern oder soll für eine Wohnung ein Dauerwohnrecht begründet werden, so müssen sie allerdings voll den Anforderungen des § 49 Abs. 1 Satz 1 entsprechen (§ 3 Abs. 2 bzw. § 32 Abs. 1 WEG).
Die Anforderungen an Trennwände (§ 29 Abs. 1, § 30) und Decken (§ 34 Abs. 1) gelten auch für nicht abgeschlossene Wohnungen.

49 (2) (2) In Gebäuden mit mehr als zwei Wohnungen müssen die Wohnungen eines Geschosses barrierefrei erreichbar sein. In diesen Wohnungen müssen die Wohn- und Schlafräume, eine Toilette, ein Bad und die Küche oder Kochnische mit dem Rollstuhl zugänglich sein. Abweichungen von den Sätzen 1 und 2 sind zuzulassen, soweit die Anforderungen nur mit unverhältnismäßigem Mehraufwand erfüllt werden können, insbesondere wegen schwieriger Geländeverhältnisse, ungünstiger vorhandener Bebauung oder weil sie den Einbau eines sonst nicht notwendigen Aufzugs erfordern.

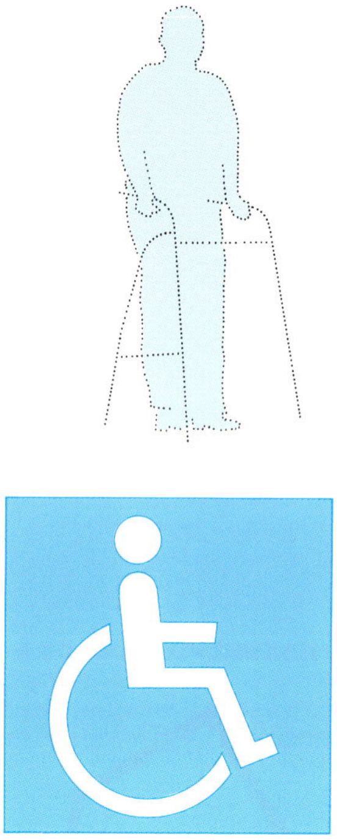

Zu § 49 (2)
Barrierefrei erreichbar

49.2 Zu Absatz 2 49 (2)

Die Wohnungen nach § 49 Abs. 2 müssen barrierefrei erreichbar sein. Dies bedeutet, dass auf dem Grundstück entsprechende bauliche Vorkehrungen getroffen werden müssen, wie z.B. Rampen, erforderliche Bewegungsflächen, ggf. Aufzüge etc. Da die wesentlichen Räume dieser Wohnungen mit dem Rollstuhl zugänglich sein müssen, müssen die erforderlichen Mindesttürbreiten und ggf. dafür notwendige Bewegungsflächen vorhanden sein. Es ist aber nicht vorgesehen, die DIN 18025 bauaufsichtlich einzuführen, denn die Wohnungen nach § 49 Abs. 2 müssen nicht rollstuhlgerecht im Sinne der DIN 18025, Teil 1, sein. Die DIN 18025 kann daher zwar nicht unmittelbar angewendet werden. Die in ihnen enthaltenen Begriffsbestimmungen und Maße können jedoch im Einzelfall geeignet sein, um die unbestimmten Rechtsbegriffe der Vorschrift zu konkretisieren.
Ein unverhältnismäßiger Mehraufwand ist nicht bereits dann anzunehmen, wenn wegen der Anforderungen gemäß § 49 Abs. 2 zusätzliche Kosten entstehen. Vielmehr muss es wegen der beabsichtigten Nutzung des Gebäudes entweder unmöglich sein, die Wohnungen im Erdgeschoss zu errichten, oder, wegen der Grundstücksverhältnisse, die im Erdgeschoss liegenden Wohnungen (auch über eine Rampe) zu erreichen, so dass ein Aufzug gebaut oder auf vergleichbar aufwendige technische Lösungen zurückgegriffen werden müsste.

49 (3) (3) Wohnungen müssen durchlüftet werden können. Reine Nordlage aller Wohn- und Schlafräume ist unzulässig.

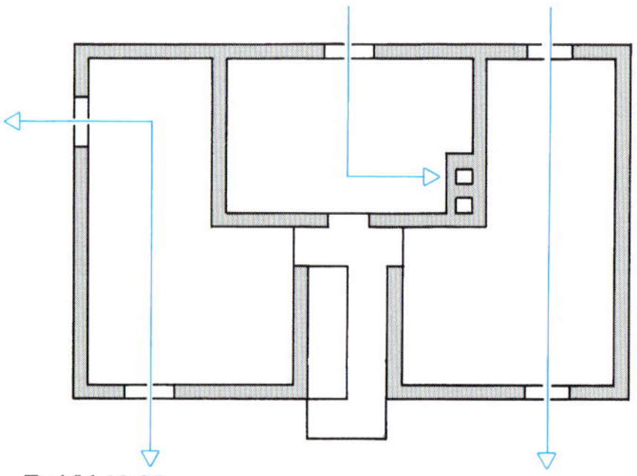

Zu VV 49.31
Durchlüftung von Wohnungen

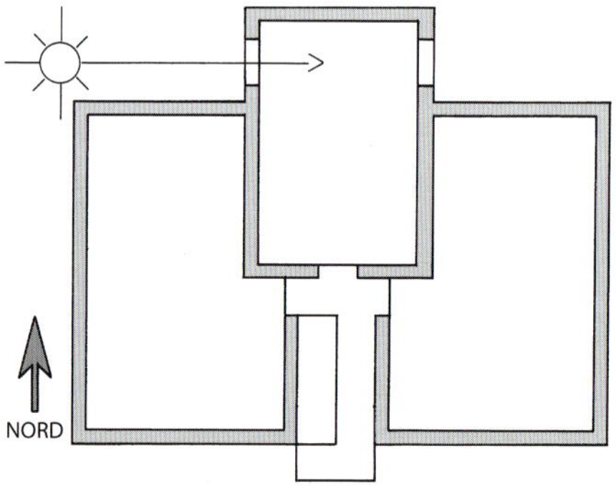

Zu VV 49.32
Nordlage: Vorsicht bei Kleinwohnungen

49.3 Zu Absatz 3 49 (3)

49.31 Die Durchlüftung ist möglich durch Querlüftung, durch Lüftung übereck oder durch Lüftungsleitungen, die für jede Wohnung getrennt angeordnet sind. Eine Querlüftung über Treppenräume oder andere gemeinschaftliche Vorräume ist nur möglich, wenn keine Belästigungen zu erwarten sind.

49.32 Als reine Nordlage gilt die Lage der Außenwand zwischen NO und NW. Besondere Bedeutung gewinnt diese Vorschrift bei Kleinwohnungen (z.B. Appartements, Altenwohnungen).

49 (4) (4) Jede Wohnung muss eine Küche oder Kochnische haben sowie über einen Abstellraum verfügen. Der Abstellraum soll mindestens 6 m² groß sein; davon soll außer in Wohngebäuden mit nicht mehr als zwei Wohnungen eine Abstellfläche von mindestens 0,5 m² innerhalb der Wohnung liegen.

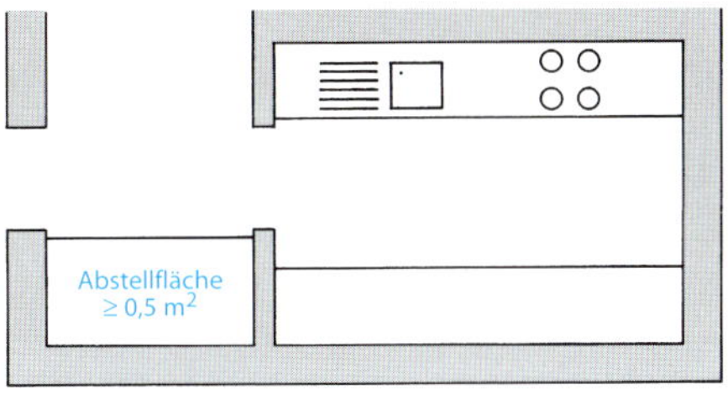

Zu § 49 (4)
Abstellfläche, Küche oder Kochnische

49.4 Zu Absatz 4 **49 (4)**

Ist ein Abstellraum innerhalb der Wohnung nicht vorgesehen, so muss in den Bauvorlagen eine Fläche von mindestens 0,5 m² dargestellt sein, auf der eine Abstellmöglichkeit – z. B. Schränke für Reinigungsgeräte – geschaffen werden kann.
Der übrige Abstellraum muss nicht im Wohngebäude selbst liegen; er kann auch in einem Nebengebäude angeordnet sein. Eine Unterschreitung der geforderten Grundfläche von 6 m² kommt nur in begründeten Fällen – z. B. Studentenwohnungen – in Betracht.

49 (5) (5) Für Gebäude mit Wohnungen in den Obergeschossen sollen leicht erreichbare und gut zugängliche Abstellräume für Kinderwagen und Fahrräder sowie für Rollstühle, Gehwagen und ähnliche Hilfsmittel hergestellt werden.

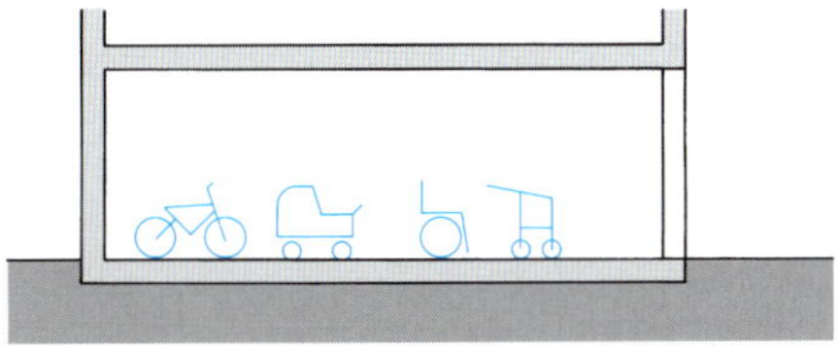

Zu § 49 (5)
Abstellräume für Fahrräder, Kinderwagen, Rollstühle, Gehwagen

49.5 Zu Absatz 5 **49 (5)**

Als leicht erreichbar und gut zugänglich können Abstellräume für Kinderwagen und Fahrräder im Allgemeinen nur angesehen werden, wenn sie zu ebener Erde oder im Keller angeordnet sind. Diese Abstellräume können auch in Nebengebäuden oder als Gemeinschaftsanlage in einem Gebäude für mehrere unmittelbar benachbarte Wohngebäude hergestellt werden.
Abstellräume für Rollstühle, Gehwagen und ähnliche Hilfsmittel dürfen nur im Erdgeschoss oder in einem Geschoss, das mithilfe eines Aufzuges erreicht werden kann, eingerichtet werden.
Auf gesonderte Abstellräume kann verzichtet werden, wenn die Größe des Abstellraums nach Absatz 4 unter Berücksichtigung der Größe der Wohnung, für die er vorgesehen ist, für die Aufnahme der in Absatz 5 genannten Gegenstände ausreichend bemessen ist.

49 (6) (6) Für Gebäude mit mehr als zwei Wohnungen sollen ausreichend große Trockenräume zur gemeinschaftlichen Benutzung eingerichtet werden.

Zu § 49 (6)
Trockenräume

49.6 Zu Absatz 6 **49 (6)**

Als ausreichend kann eine Größe von 3 m² je Wohnung, mindestens jedoch 15 m², angesehen werden. Trockenräume können auch in Nebengebäuden oder als Gemeinschaftsanlage in einem Gebäude für mehrere unmittelbar benachbarte Gebäude eingerichtet werden. Auf Trockenräume kann verzichtet werden, wenn nach der Art der Wohnungen oder ihrer Ausstattung mit Trockengeräten offensichtlich kein Bedarf besteht.

49 (7) (7) In Wohnungen müssen Schlafräume und Kinderzimmer sowie Flure, über die Rettungswege von Aufenthaltsräumen führen, jeweils mindestens einen Rauchwarnmelder haben. Dieser muss so eingebaut oder angebracht und betrieben werden, dass Brandrauch frühzeitig erkannt und gemeldet wird. Wohnungen, die bis zum 31. März 2013 errichtet oder genehmigt sind, haben die Eigentümer spätestens bis zum 31. Dezember 2016 entsprechend den Anforderungen nach den Sätzen 1 und 2 auszustatten. Die Betriebsbereitschaft der Rauchwarnmelder hat der unmittelbare Besitzer sicherzustellen, es sei denn, der Eigentümer hat diese Verpflichtung bis zum 31. März 2013 selbst übernommen.

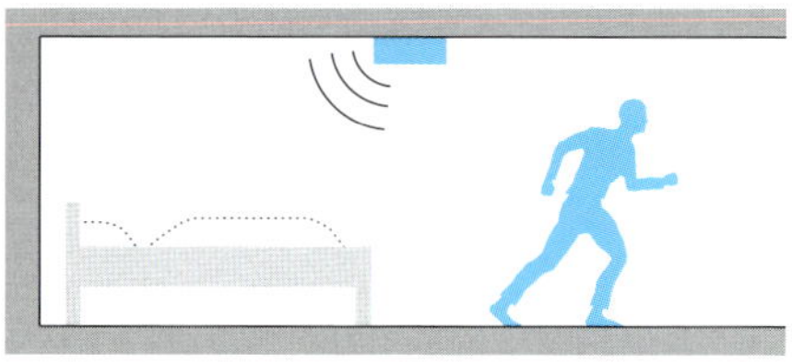

Zu § 49 (7)
Rauchwarnmelder retten leben!

Autorenhinweis zu § 49 (7)

Unmittelbarer Besitzer ist der selbstnutzende Eigentümer oder der Mieter einer Wohnung. Hinweise zu Planung, Einbau, Betrieb und Instandhaltung von Rauchwarnmeldern in Wohnungen liefert DIN 14676.

§ 50

§ 50 Bäder und Toilettenräume

50 (1) (1) Jede Wohnung muss ein Bad mit Badewanne oder Dusche haben.

50 (2) (2) Jede Wohnung und jede Nutzungseinheit mit Aufenthaltsräumen muss mindestens eine Toilette haben. Sie muss mit Wasserspülung versehen sein, wenn sie an eine dafür geeignete Sammelkanalisation oder an eine Kleinkläranlage angeschlossen werden kann. In Bädern von Wohnungen dürfen nur Toiletten mit Wasserspülung angeordnet werden. Toilettenräume für Wohnungen müssen innerhalb der Wohnung liegen.

50 (3) (3) Fensterlose Bäder und Toilettenräume sind nur zulässig, wenn eine wirksame Lüftung gewährleistet ist.

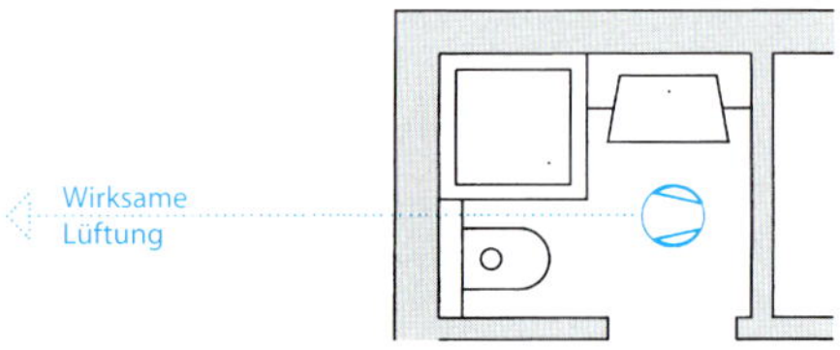

Zu § 50 (3)
Fensterlose Bäder und Toilettenräume

Siebenter Abschnitt
Besondere Anlagen

51 **§ 51 Stellplätze und Garagen, Abstellplätze für Fahrräder** § 51

1 (1) (1) Bei der Errichtung von baulichen Anlagen und anderen Anlagen, bei denen ein Zu- und Abgangsverkehr zu erwarten ist, müssen Stellplätze oder Garagen hergestellt werden, wenn und soweit unter Berücksichtigung der örtlichen Verkehrsverhältnisse und des öffentlichen Personenverkehrs zu erwarten ist, dass der Zu- und Abgangsverkehr mittels Kraftfahrzeug erfolgt (notwendige Stellplätze und Garagen). Hinsichtlich der Herstellung von Fahrradabstellplätzen gilt Satz 1 sinngemäß. Es kann gestattet werden, dass die notwendigen Stellplätze oder Garagen innerhalb einer angemessenen Frist nach Fertigstellung der Anlagen hergestellt werden.

Zu § 51 (1)
Stellplätze

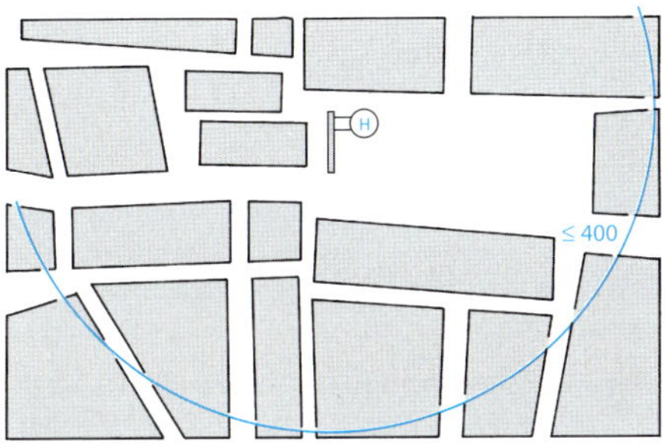

Zu VV 51.1
Erreichbarkeit

Richtzahlen für den Stellplatzbedarf

Nr.	Nutzungsart	Zahl der Stellplätze (Stpl.)	Anteil für Besucher in v.H.
1	**Wohngebäude und Wohnheime**		
1.1	Gebäude mit Wohnungen (soweit nicht Nr. 51.11)	1 Stpl. je Wohnung	–
1.2	Kinder- und Jugendwohnheime	1 Stpl. je 20 Plätze	75
1.3	Altenwohnheime, Altenheime, Wohnheime für Menschen mit Behinderungen	1 Stpl. je 10 – 17 Plätze, jedoch mind. 3 Stpl.	75
1.4	Sonstige Wohnheime	1 Stpl. je 2 – 5 Plätze, jedoch mind. 2 Stpl.	10
2	**Gebäude mit Büro, Verwaltungs- und Praxisräumen**		
2.1	Büro- und Verwaltungsräume allgemein	1 Stpl. je 30 – 40 m² Nutzfläche	20
2.2	Räume mit erheblichem Besucherverkehr (Schalter-, Abfertigungs- oder Beratungsräume, Arztpraxen o.Ä.)	1 Stpl. je 20 – 30 m² Nutzfläche, jedoch mind. 3 Stpl.	75

51.1 Zu Absatz 1 51 (1)

51.11 Grundsätzlich ist die Zahl der notwendigen Stellplätze jeweils im Einzelfall zu ermitteln, dabei ist von den in der Gemeinde vorhandenen Erkenntnissen (über die örtlichen Verkehrsverhältnisse z.B. aufgrund eines Verkehrsgutachtens) auszugehen.

Erst wenn für den zu entscheidenden Fall keine ausreichenden Erkenntnisse vorliegen, ist von den Zahlen der in der Anlage zu Nr. 51.11 abgedruckten Tabelle auszugehen, um die Zahl der herzustellenden Stellplätze unter Berücksichtigung der örtlichen Verkehrsverhältnisse und des ÖPNV zu bestimmen.

- Dabei ist zu ermitteln, ob das Bauvorhaben überdurchschnittlich gut mit öffentlichen Verkehrsmitteln erreicht werden kann; in diesem Fall ist die sich aus der Tabelle ergebende Mindestzahl der notwendigen Stellplätze um bis zu 30 vom Hundert zu mindern.
  Ein Bauvorhaben kann z.B. dann überdurchschnittlich gut mit öffentlichen Verkehrsmitteln erreicht werden, wenn
  - es weniger als 400 Meter von einem ÖPNV-Haltepunkt entfernt ist und
  - dieser Haltepunkt werktags zwischen 6 und 19 Uhr von mindestens einer Linie des ÖPNV in zeitlichen Abständen von jeweils höchstens zwanzig Minuten angefahren wird.

  Eine überdurchschnittlich gute Erreichbarkeit mit Mitteln des ÖPNV kann auch auf andere Gesichtspunkte gestützt werden. In Betracht kommt, dass ein Haltepunkt zwar weiter entfernt oder die Taktfolge ungünstiger ist, das öffentliche Verkehrsmittel jedoch besonders attraktiv ist, etwa weil die Linie gut an den überregionalen Verkehr angebunden ist oder im Vergleich zum örtlichen Kfz-Verkehr einen rascheren Transport ermöglicht (Busse oder Straßenbahnen auf eigener Spur, U-Bahnen und dgl.).

Nr.	Nutzungsart	Zahl der Stellplätze (Stpl.)	Anteil für Besucher in v.H.
3	**Verkaufsstätten**		
3.1	Verkaufsstätten bis 700 m² Verkaufsfläche	1 Stpl. je 30 - 50 m² Verkaufsfläche, jedoch mind. 2 Stpl.	75
3.2	Verkaufsstätten mit mehr als 700 m² Verkaufsfläche	1 Stpl. je 10 - 30 m² Verkaufsfläche	75
4	**Versammlungsstätten** (außer Sportstätten), **Kirchen**		
4.1	Versammlungsstätten	1 Stpl. je 5 - 10 Sitzplätze	90
4.2	Kirchen	1 Stpl. je 10 - 30 Sitzplätze	90
5	**Sportstätten**		
5.1	Sportplätze	1 Stpl. je 250 m² Sportfläche, zusätzlich 1 Stpl. je 10 - 15 Besucherplätze	-
5.2	Spiel- und Sporthallen	1 Stpl. je 50 m² Hallenfläche, zusätzlich 1 Stpl. je 10 - 15 Besucherplätze	-
5.3	Freibäder und Freiluftbäder	1 Stpl. je 200 - 300 m² Grundstücksfläche	-
5.4	Reitanlagen	1 Stpl. je 4 Pferdeeinstellplätze	-
5.5	Hallenbäder	1 Stpl. je 5 - 10 Kleiderablagen, zusätzlich 1 Stpl. je 10 - 15 Besucherplätze	-
5.6	Fitnesscenter	1 Stpl. je 15 m² Sportfläche	-
5.7	Tennisanlagen	4 Stpl. je Spielfeld, zusätzlich 1 Stpl. je 10 -15 Besucherplätze	-
5.8	Minigolfplätze	6 Stpl. je Minigolfanlage	-
5.9	Kegel-, Bowlingbahnen	4 Stpl. je Bahn	-
5.10	Bootshäuser und Bootsliegeplätze	1 Stpl. je 2 - 5 Boote	-
6	**Gaststätten und Beherbergungsbetriebe**		
6.1	Gaststätten	1 Stpl. je 6 - 12 m² Gastraum	75
6.2	Hotels, Pensionen, Kurheime und andere Beherbergungsbetriebe	1 Stpl. je 2 - 6 Betten, für zugehörigen Restaurationsbetrieb Zuschlag nach Nr. 6.1 oder 6.2	75
6.3	Spiel- und Automatenhallen	1 Stpl. je 20 - 25 m² Spielhallenfläche, mind. jedoch 3 Stpl.	-
6.4	Tanzlokale, Discotheken	1 Stpl. je 4 - 8 m² Gastraum	-
6.5	Jugendherbergen	1 Stpl. je 10 Betten	75

Auf Gebäude geringer Höhe, in denen sich ausschließlich Wohnungen befinden, ist das vorgenannte Verfahren nicht anzuwenden; hier ist, sofern keine besonderen Umstände im Einzelfall festgestellt werden, je Wohnung von einem notwendigen Stellplatz auszugehen. Gleiches gilt für Ferien- und Wochenendhäuser.

- Weiterhin sind besondere örtliche Verkehrsverhältnisse (z.B. Fremdenverkehr, Ausflugsverkehr) oder die besondere Art oder Nutzung der baulichen oder anderen Anlage (z.B. geringe Zahl von Beschäftigten oder Besuchern) zu berücksichtigen. Ein verringerter Stellplatzbedarf kann sich z.B. für Gebäude mit Altenwohnungen ergeben, wenn diese Wohnungen für Personen vom vollendeten 75. Lebensjahr an bestimmt sind. Die besondere Art oder Nutzung der baulichen oder anderen Anlage ist gegebenenfalls von der Bauherrin oder dem Bauherrn darzulegen.

Für Bauvorhaben, die in der Tabelle nach Nr. 51.11 nicht aufgeführt sind, können Ausgangszahlen für Nutzungsarten mit vergleichbarem Stellplatzbedarf sinngemäß herangezogen werden. Das in den vorstehenden Sätzen genannte Ergebnis ist im Einzelfall von der Bauaufsichtsbehörde zu begründen. Der Bauherrin oder dem Bauherrn, ist auf Wunsch die voraussichtliche Zahl der notwendigen Stellplätze für ein hinreichend beschriebenes Bauvorhaben mitzuteilen, auch wenn noch kein Bauantrag gestellt wurde.

51.13 Bei Anlagen mit unterschiedlicher Nutzung ist der Stellplatzbedarf für die jeweilige Nutzungsart getrennt zu ermitteln. Bei Anlagen mit Mehrfachnutzung ist die Nutzungsart mit dem größeren Stellplatzbedarf maßgebend. Bei Anlagen mit regelmäßigem An- oder Auslieferungsverkehr kann auch eine ausreichende Zahl von Stellplätzen für Lastkraftwagen verlangt werden. Dies gilt sinngemäß auch für Anlagen, bei denen ein Besucherverkehr mit Autobussen oder Motorrädern zu erwarten ist.

Nr.	Nutzungsart	Zahl der Stellplätze (Stpl.)	Anteil für Besucher in v.H.
7	**Krankenanstalten**		
7.1	Universitätskliniken und ähnliche Lehrkrankenhäuser	1 Stpl. je 2 – 3 Betten	50
7.2	Krankenhäuser, Kliniken und Kureinrichtungen	1 Stpl. je 2 – 6 Betten, zusätzlich Stellplätze nach Nr. 2.2	60
7.3	Pflegeheime	1 Stpl. je 10 – 15 Plätze, mind. 3 Stpl.	75
8	**Schulen, Einrichtungen der Jugendförderung**		
8.1	Grundschulen	1 Stpl. je 30 Schüler	–
8.2	Sonstige allgemeinbildende Schulen, Berufsschulen, Berufsfachschulen	1 Stpl. je 25 Schüler zusätzlich 1 Stpl. je 5 – 10 Schüler über 18 Jahre	–
8.3	Sonderschulen für Behinderte	1 Stpl. je 15 Schüler	–
8.4	Fachhochschulen, Hochschulen	1 Stpl. je 2 – 4 Studierende	–
8.5	Kindergärten, Kindertagesstätten und dergleichen	1 Stpl. je 20 – 30 Kinder, jedoch mind. 2 Stpl.	–
8.6	Jugendfreizeitheime und dergleichen	1 Stpl. je 15 Besucherplätze	–
9	**Gewerbliche Anlagen**		
9.1	Handwerks- und Industriebetriebe	1 Stpl. je 50 – 70 m² Nutzfläche oder je 3 Beschäftigte*)	10 – 30
9.2	Lagerräume, Lagerplätze, Ausstellungs- und Verkaufsplätze	1 Stpl. je 80 – 100 m² Nutzfläche oder je 3 Beschäftigte*)	–
9.3	Kraftfahrzeugwerkstätten	6 Stpl. je Wartungs- oder Reparaturstand	–
9.4	Tankstellen mit Verkaufsstätte	3 Stpl., zusätzlich Stellplätze nach Nr. 3.1	–
10	**Verschiedenes**		
10.1	Kleingartenanlagen	1 Stpl. je 3 Kleingärten	–
10.2	Friedhöfe	1 Stpl. je 2000 m² Grundstücksfläche, jedoch mind. 10 Stpl.	– –
10.3	Sonnenstudios	1 Stpl. je 4 Sonnenbänke, jedoch mind. 2 Stpl.	–
10.4	Waschsalons	1 Stpl. je 6 Waschmaschinen, jedoch mind. 2 Stpl.	–

*) Der Stellplatzbedarf ist in der Regel nach der Nutzfläche zu berechnen; ergibt sich dabei ein offensichtliches Missverhältnis zum tatsächlichen Stellplatzbedarf, so ist die Zahl der Beschäftigten zugrunde zu legen.

Wenn Vorhaben mit geringer Stellplatzverpflichtung errichtet werden sollen, weil ihren Benutzern ein geringerer Stellplatzbedarf unterstellt wird, z. B. Gebäude mit Altenwohnungen oder Studentenwohnheime, sollen die Bauaufsichtsbehörden durch Nebenbestimmung ausdrücklich vermerken, dass Fehlbelegungen als genehmigungspflichtige Nutzungsänderungen zwingend eine Neuberechnung der Stellplatzverpflichtung (in der Regel verbunden mit einer Erhöhung der Anzahl erforderlicher Stellplätze) erforderlich machen.

51 (2) (2) Wesentliche Änderungen von Anlagen nach Absatz 1 oder wesentliche Änderungen ihrer Benutzung stehen der Errichtung im Sinne des Absatzes 1 gleich.

51 (3) (3) Die Stellplätze und Garagen sind auf dem Baugrundstück oder in der näheren Umgebung davon auf einem geeigneten Grundstück herzustellen, dessen Benutzung für diesen Zweck öffentlich-rechtlich gesichert ist. Die Bauaufsichtsbehörde kann, wenn Gründe des Verkehrs dies erfordern, im Einzelfall bestimmen, ob die Stellplätze auf dem Baugrundstück oder auf einem anderen Grundstück herzustellen sind. Fahrradabstellplätze sind auf dem Baugrundstück herzustellen.

51 (4) (4) Die Gemeinde kann für abgegrenzte Teile des Gemeindegebietes oder bestimmte Fälle durch Satzung bestimmen, dass

1. notwendige Stellplätze oder Garagen sowie Abstellplätze für Fahrräder bei bestehenden baulichen Anlagen herzustellen sind, soweit die Sicherheit oder Ordnung des öffentlichen Verkehrs oder die Beseitigung städtebaulicher Missstände dies erfordert,
2. die Herstellung von Stellplätzen oder Garagen untersagt oder eingeschränkt wird, soweit Gründe des Verkehrs, insbesondere die Erreichbarkeit mit öffentlichen Verkehrsmitteln, städtebauliche Gründe oder der Schutz von Kindern dies rechtfertigen.

Zu § 51.4 Satzung

51 (5) (5) Ist die Herstellung notwendiger Stellplätze oder Garagen nicht oder nur unter großen Schwierigkeiten möglich, so kann die Bauaufsichtsbehörde unter Bestimmung der Zahl der notwendigen Stellplätze im Einvernehmen mit der Gemeinde auf die Herstellung von Stellplätzen verzichten, wenn die zur Herstellung Verpflichteten an die Gemeinde einen Geldbetrag nach Maßgabe einer Satzung zahlen. Ist die Herstellung notwendiger Stellplätze oder Garagen aufgrund einer Satzung nach Absatz 4 Nr. 2 untersagt oder eingeschränkt, so ist für die Differenz zwischen notwendigen Stellplätzen und hergestellten zulässigen Stellplätzen oder Garagen ein Geldbetrag an die Gemeinde zu zahlen. Den Geldbetrag zieht die Gemeinde ein. Der Geldbetrag darf 80 v. H. der durchschnittlichen Herstellungskosten von Parkeinrichtungen nach Absatz 6 Buchstabe a einschließlich der Kosten des Grunderwerbs im Gemeindegebiet oder in bestimmten Teilen des Gemeindegebietes nicht überschreiten. Die Höhe des Geldbetrags je Stellplatz ist durch Satzung festzulegen.

51 (6) (6) Der Geldbetrag nach Absatz 5 ist zu verwenden 51 (6)

a) für die Herstellung zusätzlicher Parkeinrichtungen im Gemeindegebiet,

b) für investive Maßnahmen zur Verbesserung des öffentlichen Personennahverkehrs oder

c) für investive Maßnahmen zur Verbesserung des Fahrradverkehrs.

Die Verwendung des Geldbetrages muss für die Erreichbarkeit des Bauvorhabens, das die Zahlungspflicht auslöst, einen Vorteil bewirken.

51 (7) (7) Stellplätze und Garagen müssen so angeordnet und ausgeführt werden, dass ihre Benutzung die Gesundheit nicht schädigt und Lärm oder Gerüche das Arbeiten und Wohnen, die Ruhe und die Erholung in der Umgebung nicht über das zumutbare Maß hinaus stören. Es kann verlangt werden, dass anstelle von Stellplätzen Garagen hergestellt werden. 51 (7)

51 (8) (8) Notwendige Stellplätze, Garagen und Fahrradabstellplätze dürfen nicht zweckentfremdet werden. Sie dürfen Personen, die nicht Nutzer oder Besucher der Anlagen nach Absatz 1 Satz 1 sind, nur dann und lediglich zum Abstellen von Kraftfahrzeugen oder Fahrrädern vermietet oder sonst überlassen werden, wenn und solange sie nicht für Nutzer und Besucher benötigt werden. 51 (8)

51 (9) (9) Werden in einem Gebäude, das vor dem 1. Januar 1993 fertiggestellt war, Wohnungen durch Ausbau des Dachgeschosses geschaffen, so brauchen notwendige Stellplätze und Garagen entsprechend Absatz 2 nicht hergestellt zu werden, soweit dies auf dem Grundstück nicht oder nur unter großen Schwierigkeiten möglich ist.

51.9 Zu Absatz 9 51 (9)

Die Vorschrift dient zur Erleichterung des nachträglichen Ausbaus von Dachgeschossen zu Wohnzwecken. Sie bewirkt, dass beim Vorliegen der Tatbestandsvoraussetzungen die Pflicht zur Herstellung eigentlich notwendiger Stellplätze und Garagen entfällt. In diesen Fällen ist deshalb auch die Forderung nach einem Geldbetrag nach Absatz 5 (Ablösebetrag) ausgeschlossen.
Die Erleichterung betrifft ausschließlich die Anzahl von Wohnungen, die innerhalb des bestehenden Dachstuhls eines Gebäudes durch nachträglichen Aus- und Umbau desselben entstehen. Dabei werden Grenzen durch die bestehende Kubatur des Dachgeschosses gezogen. Die Vorschrift ist bei Teilung von Wohnungen nicht einschlägig.

§ 52

§ 52 Ställe, Dungstätten und Gärfutterbehälter

§ 52

52 (1) (1) Ställe sind so anzuordnen, zu errichten und instand zu halten, dass eine ordnungsgemäße Tierhaltung sichergestellt ist und die Umgebung nicht unzumutbar belästigt wird. Ställe müssen ausreichend zu lüften sein. 52 (1)

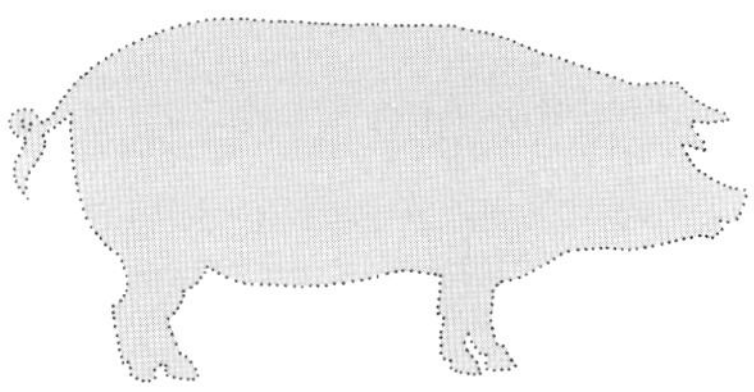

Zu § 52
Ställe, Dungstätten, Gärfutterbehälter

52 (2) (2) Die ins Freie führenden Stalltüren dürfen nicht nach innen aufschlagen. Ihre Zahl, Höhe und Breite müssen so groß sein, dass die Tiere bei Gefahr ohne Schwierigkeiten ins Freie gelangen können. 52 (2)

52 (3) (3) Bauteile wie Wände, Decken, Fußböden müssen gegen schädliche Einflüsse der Stallluft, der Jauche und des Flüssigmists geschützt sein. Der Fußboden des Stalles oder darunter liegende Auffangräume für Abgänge müssen wasserdicht sein. Für Pferdeställe, Schafställe, Ziegenställe und Kleintierställe sowie für Offenställe, Laufställe und für Räume, in denen Tiere nur vorübergehend untergebracht werden, können Abweichungen zugelassen werden. 52 (3

52 (4) (4) Für Stalldung sind Dungstätten mit wasserdichten Böden anzulegen. Die Wände müssen bis in ausreichender Höhe wasserdicht sein. Flüssige Abgänge aus Ställen und Dungstätten sind in wasserdichte Jauchebehälter oder Flüssigmistbehälter zu leiten, die keine Verbindung zu anderen Abwasseranlagen haben dürfen. 52 (4

52 (5) (5) Dungstätten, Jauchebehälter und Flüssigmistbehälter sollen 52 (5

1. von Öffnungen zu Aufenthaltsräumen mindestens 5 m,
2. von der Nachbargrenze mindestens 2 m,
3. von öffentlichen Verkehrsflächen mindestens 10 m und
4. von Brunnen und oberirdischen Gewässern mindestens 15 m

entfernt sein.

52 (6) (6) Gärfutterbehälter, die nicht nur vorübergehend benutzt werden, müssen dichte Wände und Böden haben und so angeordnet, hergestellt und instand gehalten werden, dass Gefahren oder unzumutbare Belästigungen nicht entstehen. Die Sickersäfte sind einwandfrei zu beseitigen. Absatz 5 Nr. 4 gilt entsprechend. 52 (6

§ 53

§ 53 Behelfsbauten und untergeordnete Gebäude

§ 53

53 (1) (1) Die §§ 29 bis 52 gelten nicht für Anlagen, die nach ihrer Ausführung für eine dauernde Nutzung nicht geeignet sind oder die für eine begrenzte Zeit aufgestellt werden sollen (Behelfsbauten). 53 (1

53 (2) (2) Absatz 1 gilt auch für kleine, Nebenzwecken dienende Gebäude ohne Feuerstätten und für frei stehende andere Gebäude, die eingeschossig sind und nicht für einen Aufenthalt oder nur für einen vorübergehenden Aufenthalt bestimmt sind wie Lauben und Unterkunftshütten sowie für Gebäude mit Abstellräumen nach § 6 Abs. 11. 53 (2

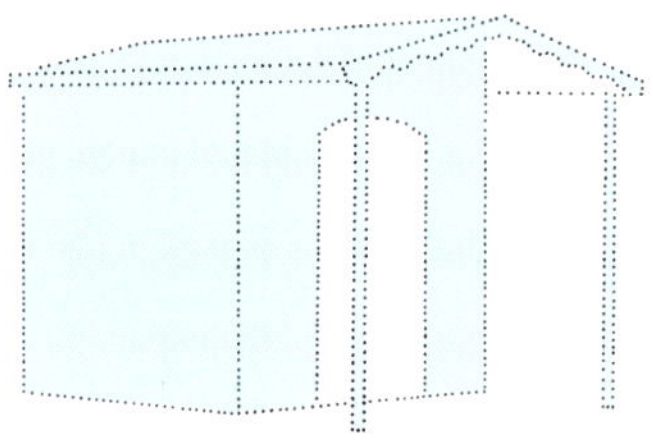

Zu § 53 (2)
Lauben, Abstellräume

53 (3) (3) Gebäude nach Absatz 1, die überwiegend aus brennbaren Baustoffen bestehen, dürfen nur erdgeschossig hergestellt werden. Ihre Dachräume dürfen nicht nutzbar sein und müssen von den Giebelseiten oder vom Flur aus für die Brandbekämpfung erreichbar sein. Brandwände (§ 33) sind mindestens alle 30,0 m anzuordnen und stets 0,30 m über Dach und vor die Seitenwände zu führen. 53 (3

54

§ 54 Sonderbauten

§ 54

4 (1) (1) Für bauliche Anlagen und Räume besonderer Art oder Nutzung (Sonderbauten) können im Einzelfall zur Verwirklichung der allgemeinen Anforderungen nach § 3 Abs. 1 Satz 1 besondere Anforderungen gestellt werden. Erleichterungen können im Einzelfall gestattet werden, soweit es der Einhaltung von Vorschriften

a) wegen der besonderen Art oder Nutzung baulicher Anlagen und Räume oder

b) wegen der besonderen Anforderungen nach Satz 1

nicht bedarf.

54.1 Zu Absatz 1 54 (1)

54.11 Für einige bestimmte Sonderbauten sind die besonderen Anforderungen oder Erleichterungen in Rechtsverordnungen („Sonderbauverordnungen" nach § 85 Abs. 1 Nr. 5) enthalten. Da sich diese besonderen Anforderungen oder Erleichterungen nur auf übliche Sonderbauten beziehen, enthalten die meisten Sonderbauverordnungen eine Ermächtigung, im Einzelfall zur Gefahrenabwehr weitere Anforderungen zu stellen (z. B. § 40 KhBauVO). Soweit diese Ermächtigung nicht vorhanden ist, können Anforderungen, die über die Sonderbauverordnungen hinausgehen, nur bei atypischen Fällen gestellt werden, um einer im Einzelfall bestehenden Gefahr zu begegnen.
Erleichterungen von Anforderungen in Sonderbauverordnungen können nur durch eine Abweichung gemäß § 73 Abs. 1 zugelassen werden.

54.12 Die in § 54 Abs. 1 Satz 2 genannten Erleichterungen von einer Vorschrift der Landesbauordnung können im Einzelfall gestattet werden, wenn

a) die besondere Art oder Nutzung der baulichen Anlage oder Räume der Einhaltung einer Vorschrift ganz offensichtlich nicht bedarf, weil sie von dem Regelfall, der der Vorschrift zugrunde liegt, erheblich abweicht;
b) die Erleichterung durch eine besondere Anforderung kompensiert wird (z. B. automatische Feuerlöschanlagen bei größeren Brandabschnitten, Alarmmeldeanlagen bei größeren Rettungsweglängen, Maßnahmen zur Entrauchung für wirksame Löscharbeiten).

Erleichterungen nach § 54 Abs. 1 Satz 2 kommen von allen materiellen Anforderungen in Betracht. Mit diesen Erleichterungen sind jedoch keine Abweichungen von Technischen Baubestimmungen gemeint (vgl. § 3 Abs. 1 Satz 3).

4 (2) (2) Anforderungen und Erleichterungen können sich insbesondere erstrecken auf

1. die Abstände von Nachbargrenzen, von anderen baulichen Anlagen auf dem Grundstück und von öffentlichen Verkehrsflächen sowie auf die Größe der auf Baugrundstücken freizuhaltenden Flächen,
2. die Anordnung der baulichen Anlagen auf dem Grundstück,
3. die Öffnungen nach öffentlichen Verkehrsflächen und nach angrenzenden Grundstücken,
4. die Bauart und Anordnung aller für die Standsicherheit, Verkehrssicherheit, den Brandschutz, den Wärme- und Schallschutz oder Gesundheitsschutz wesentlichen Bauteile,
5. Brandschutzeinrichtungen und Brandschutzvorkehrungen,
6. die Feuerungsanlagen und Heizräume,

54.2 Zu Absatz 2 54 (2)

54.205 Die besonderen Anforderungen an Sonderbauten können sich auch auf Brandschutzeinrichtungen und Brandschutzvorkehrungen erstrecken. Hierzu zählen insbesondere technische Anlagen und Einrichtungen wie Feuerlöschanlagen, Rauch- und Wärmeabzugsanlagen, Drucklüftungsanlagen, Brandmeldeanlagen und Alarmmeldeanlagen, wie sie für Sonderbauten bereits in mehreren Regelwerken vorgeschrieben sind.
Brandmeldeanlagen der Kenngröße „Rauch" sind insbesondere erforderlich bei unübersichtlich geführter Rettungswegsituation oder in Sonderbauten, in denen gewohnt und geschlafen wird, wie Entbindungs-, Säuglings-, Kinder- und Pflegeheime (§ 68 Abs. 1 Satz 3 Nr. 9), Altenwohnheime, Wohnheime für Menschen mit Behinderungen u. Ä.
Sofern bei Sonderbauten aufgrund von § 54 Abs. 1 das Erfordernis von Brandschutzeinrichtungen oder Brandschutzvorkehrungen (§ 54 Abs. 2 Nr. 5) besteht, ist der Bauherrin oder dem Bauherrn oder der Betreiberin oder dem Betreiber in der Baugenehmigung aufzugeben, deren Wirksamkeit und Betriebssicherheit entsprechend den Vorschriften der TPrüfVO zu prüfen.
Zu den Brandschutzvorkehrungen nach § 54 Abs. 2 Nr. 5 können auch Feuerwehrpläne nach DIN 14095-1 gehören.

7. die Anordnung und Herstellung der Aufzüge sowie die Treppen, Treppenräume, Flure, Ausgänge, sonstige Rettungswege und ihre Kennzeichnung,
8. die zulässige Zahl der Benutzerinnen und Benutzer, Anordnung und Zahl der zulässigen Sitzplätze und Stehplätze bei Versammlungsstätten, Gaststätten, Vergnügungsstätten, Tribünen und Fliegenden Bauten,
9. die Lüftung,
10. die Beleuchtung und Energieversorgung,
11. die Wasserversorgung,
12. die Aufbewahrung und Beseitigung von Abwasser und von Abfällen,
13. die Stellplätze und Garagen sowie die Abstellplätze für Fahrräder,
14. die Anlage der Zufahrten und Abfahrten,
15. die Anlage von Grünstreifen, Baumbepflanzungen und anderen Pflanzungen sowie die Begrünung von Aufschüttungen und Abgrabungen,
16. Löschwasser-Rückhalteanlagen,
17. die Qualifikation der Bauleiterin oder des Bauleiters und der Fachbauleiterinnen und der Fachbauleiter,
18. die Bestellung einer oder eines Brandschutzbeauftragten für den Betrieb eines Gebäudes,
19. die Pflicht, ein Brandschutzkonzept vorzulegen, und dessen Inhalt,
20. weitere Bescheinigungen, die nach Fertigstellung des Rohbaus oder nach abschließender Fertigstellung der baulichen Anlagen zu erbringen sind,
21. Nachweise über die Nutzbarkeit der Rettungswege im Brandfall,
22 Prüfungen und Prüfungen, die von Zeit zu Zeit zu wiederholen sind (wiederkehrende Prüfungen), sowie die Bescheinigungen, die hierfür zu erbringen sind,
23. den Betrieb und die Benutzung.

54.217 Bei Sonderbauten nach § 68 Abs. 1 Satz 3 sollen Fachbauleiterinnen und Fachbauleiter für den Brandschutz benannt oder von der Bauaufsichtsbehörde gefordert werden. Sie haben darüber zu wachen, dass das genehmigte Brandschutzkonzept während der Errichtung des Sonderbaus beachtet und umgesetzt sowie Änderungen oder Ergänzungen des Konzeptes einer Genehmigung zugeführt werden. Als für die Fachbauleitung geeignet sind vor allem die Personen anzusehen, die als Fachplanerinnen oder Fachplaner nach Nr. 58.3 das Brandschutzkonzept aufstellen können.

Autorenhinweis zu Abs. 2.17

„Fachbauleiter für den Brandschutz" ist keine geschützte Berufsbezeichnung, es gibt auch keine Norm für die Qualifikation und den Aufgabenbereich eines Fachbauleiters für Brandschutz. Es ist vielmehr gemäß § 59a der BauO NRW die Aufgabe des Architekten bzw. Bauingenieurs als Bauleiter *„[...] darüber zu wachen, dass die Baumaßnahme dem öffentlichen Baurecht, insbesondere den allgemein anerkannten Regeln der Technik und den Bauvorlagen entsprechend durchgeführt wird"*. Nur wenn *„er auf einzelnen Teilgebieten nicht über die erforderliche Sachkunde und Erfahrung"* verfügt, hat *„er dafür zu sorgen, dass Fachbauleiterinnen und Fachbauleiter herangezogen werden"*. Die Bauaufsichtsbehörde kann im Einzelfall einen Qualifikationsnachweis für die Aufgabenerfüllung fordern.

Quelle: § 59a

54.218 Brandschutzbeauftragte sollten – sofern sich ihr Erfordernis nicht bereits aus Sonderregelungen für Sonderbauten ergibt (vgl. Verkaufsstättenverordnung, Industriebau-Richtlinie) – von der Bauaufsichtsbehörde, insbesondere bei Sonderbauten nach § 68 Abs. 1 Satz 3 gefordert werden. Sie haben u. a. die Aufgabe, während des Betriebes die Einhaltung des genehmigten Brandschutzkonzeptes und der sich daraus ergebenden betrieblichen Brandschutzanforderungen zu überwachen und dem Betreiber festgestellte Mängel zu melden. Die Aufgaben der oder des Brandschutzbeauftragten sind im Einzelfall schriftlich festzulegen. Der Name des oder der Brandschutzbeauftragten sind der überwachenden Behörde auf Verlangen mitzuteilen.
Eine Brandschutzbeauftragte oder ein Brandschutzbeauftragter kann auch für mehr als ein Objekt benannt werden.

Autorenhinweis zu Abs. 2.18

Die Forderung der Bauaufsichtsbehörde, einen Brandschutzbeauftragten zu bestellen, gilt für die Nutzung und den Betrieb der baulichen Anlage und richtet sich an den Bauherrn. Sie gilt nicht für die Baudurchführung.
Die Voraussetzungen, als Brandschutzbeauftragter tätig werden zu können, wird u. a. vom Verband der Sachversicherer festgelegt.

54.219 Absatz 2 Nr. 19 greift für Sonderbauten, die nicht vom Katalog des § 68 Abs. 1 Satz 3 erfasst sind. Bei diesen Sonderbauten sollte ein Brandschutzkonzept insbesondere in den Fällen verlangt werden, in denen wesentliche Erleichterungen von den sonst geltenden Vorschriften der BauO NRW gewünscht werden.

54.221 Nachweise für die Nutzbarkeit der Rettungswege im Brandfall können vor Inbetriebnahme des Sonderbaues insbesondere zur Unterstützung oder in Ergänzung von Rechenverfahren nach Methoden des Brandschutzingenieurwesens erforderlich sein. Die Nachweise können z. B. geführt werden durch

- Druckdifferenzmessungen,
- Luftvolumenstrommessungen,
- Strömungsgeschwindigkeitsmessungen oder
- ggf. durch ergänzende Rauchversuche.

Die Nachweise können auch von Personen geführt werden, die als Fachplanerin oder Fachplaner das Brandschutzkonzept aufgestellt haben.

54 (3) (3) Die Vorschriften der Absätze 1 und 2 gelten insbesondere für die in § 68 Abs. 1 Satz 3 aufgeführten Vorhaben.

54.3 Zu Absatz 3 54 (3)

54.31 Zu einem Bauantrag für Sonderbauten sind zu hören

- die für den Brandschutz zuständige Dienststelle hinsichtlich den in Nr. 54.33 genannten Anforderungen,
- das Staatliche Amt für Arbeitsschutz, soweit es sich um Arbeitsräume handelt,
- das Staatliche Umweltamt, soweit Belange des Immissionsschutzes berührt sind, und
- das Bergamt, soweit die baulichen Anlagen und Räume der Bergaufsicht unterliegen.

Eine Anhörung ist entbehrlich, wenn durch die Anhörung offensichtlich keine Erkenntnisse gewonnen werden, die zu besonderen Anforderungen führen können (Bagatellfall, Wiederholungsfall).
Eine Anhörung des Staatlichen Amtes für Arbeitsschutz bei Gaststätten (Schank- und Speisewirtschaften, Beherbungsbetriebe), Verkaufsstätten und Büros findet nur nach Maßgabe des Gem. RdErl. d. Ministeriums für Bauen und Wohnen u. d. Ministeriums für Arbeit, Soziales und Stadtentwicklung, Kultur und Sport v. 2.6.1998 (SMBl. NRW. 23210) – Baugenehmigung von Arbeitsstätten; hier: Gaststätten, Verkaufsstätten, Büros – statt. Soweit danach das Staatliche Amt für Arbeitsschutz nicht beteiligt wird, hat die Bauaufsichtsbehörde die Erfüllung der Anforderungen des baulichen Arbeitsschutzes selbst zu prüfen, auf Antrag über Ausnahmen nach § 4 Abs. 1 ArbStättV zu entscheiden und gegebenenfalls erforderliche Nebenbestimmungen in die Baugenehmigung aufzunehmen. In den Fällen, in denen Ausnahmegenehmigungen nach § 4 Abs. 1 ArbStättV erteilt werden, gilt das Einvernehmen nach der Verordnung zur Regelung von Zuständigkeiten auf dem Gebiet des Arbeits- und technischen Gefahrenschutzes (ZustVOArbtG) als hergestellt. Die Bauaufsichtsbehörde hat das örtlich zuständige Staatliche Amt für Arbeitsschutz über erteilte Ausnahmegenehmigungen zu unterrichten.
Staatlich anerkannte Sachverständige können im Wege der Bescheinigung nach SV-VO nur feststellen, dass ein Vorhaben den Anforderungen der Landesbauordnung bzw. der Sonderbauverordnungen entspricht. Die Entscheidung über zusätzliche Anforderungen bzw. Erleichterungen im Sinne von § 54 Abs. 1 trifft ausschließlich die Bauaufsichtsbehörde.

54.32 Die Prüfung der Bauvorlagen auf ihre Übereinstimmung mit den Vorschriften der Bauordnung oder der aufgrund der Bauordnung erlassenen Rechtsverordnungen und Verwaltungsvorschriften obliegt grundsätzlich den Bauaufsichtsbehörden. Die in Nr. 54.31 genannten Dienststellen und Behörden sind deshalb nur zu solchen Fragen zu hören, die

a) Gegenstände betreffen, für deren Beurteilung im Einzelfall die Kenntnisse der Bauaufsichtsbehörde nicht ausreichen (z. B. Einrichtungen für die Brandbekämpfung, zu erwartende Emissionen) oder
b) in deren Aufgabenbereich liegen (z. B. Immissionsschutzrecht, Arbeitsstättenrecht).

Die Bauaufsichtsbehörde hat bei ihrer Anfrage die Gegenstände genau zu bezeichnen, zu denen sie eine Stellungnahme erwartet.

54.33 Beteiligung der Brandschutzdienststellen
Die Brandschutzdienststellen sollen sich äußern, ob die Anforderungen erfüllt sind an

- die Löschwasserversorgung und die Einrichtung zur Löschwasserversorgung,
- die Zugänglichkeit der Grundstücke und der baulichen Anlagen für die Feuerwehr sowie an Zufahrten, Durchfahrten, Aufstell- und Bewegungsflächen, insbesondere wenn eine von Nr. 5 VV BauO NRW abweichende Lösung geplant ist,
- Lage und Anordnung der zum Anleitern bestimmten Stellen (§ 17 Abs. 3 in Verbindung mit § 40 Abs. 4),
- Lage und Anordnung von Löschwasser-Rückhalteanlagen,

- Anlagen, Einrichtungen und Geräte für die Brandbekämpfung (wie Wandhydranten, Schlauchanschlussleitungen, Feuerlöschgeräte, Feuerlöschanlagen) und für den Rauch- und Wärmeabzug bei Bränden,
- Anlagen und Einrichtungen für die Brandmeldung (wie Brandmeldeanlagen) und für die Alarmierung im Brandfall (Alarmierungseinrichtungen),
- betriebliche Maßnahmen zur Brandverhütung und Brandbekämpfung sowie zur Rettung von Menschen und Tieren (wie Hausfeuerwehr, Brandschutzordnung, Feuerschutzübungen).

Die Bauaufsichtsbehörde entscheidet über die Berücksichtigung der Stellungnahme der Brandschutzdienststellen und über vorgeschlagene Bedingungen, Auflagen oder Hinweise für die Baugenehmigung. Soll der Stellungnahme nicht gefolgt werden und wird ein Einvernehmen nach erneuter – ggf. mündlicher – Anhörung nicht erreicht, so unterrichtet die Bauaufsichtsbehörde die Brandschutzdienststelle von ihrer Entscheidung. Auf Nr. 73.12 VV BauO NRW wird hingewiesen.

54.34 Beteiligung der Staatlichen Ämter für Arbeitsschutz
Die Staatlichen Ämter für Arbeitsschutz haben unter Berücksichtigung der konkreten Fragen der Bauaufsichtsbehörde zu prüfen, ob das in den Bauvorlagen dargestellte Bauvorhaben die an Arbeitsräume zu stellenden Anforderungen erfüllt. Auflagen und Bedingungen sind von den Staatlichen Ämtern für Arbeitsschutz nur in dem Umfang vorzuschlagen, der sich aufgrund der Darstellungen in den Bauvorlagen als notwendig erweist; die Vorschläge sind unter Angabe der Rechtsgrundlage kurz zu begründen. Die Bauaufsichtsbehörden entscheiden in eigener Verantwortung über die Vorschläge der Staatlichen Ämter für Arbeitsschutz. Auf Nr. 54.31 2. Absatz wird verwiesen.

54.35 Beteiligung der Staatlichen Umweltämter
Die Staatlichen Umweltämter haben unter Berücksichtigung der konkreten Fragen der Bauaufsichtsbehörde zu prüfen, ob das in den Bauvorlagen dargestellte Bauvorhaben den Belangen des Immissionsschutzes entspricht. Auflagen und Bedingungen sind von den Staatlichen Umweltämtern nur in dem Umfang vorzuschlagen, der sich aufgrund der Darstellungen in den Bauvorlagen als notwendig erweist; die Vorschläge sind unter Angabe der Rechtsgrundlage kurz zu begründen. Die Bauaufsichtsbehörden entscheiden in eigener Verantwortung über die Vorschläge der Staatlichen Umweltämter.
Für die Zusammenarbeit mit den Staatlichen Umweltämtern bei Belangen des Immissionsschutzes gelten im Übrigen die Runderlasse

- vom 8.7.1982 (SMBl. NRW. 2311):
  Berücksichtigung von Emissionen und Immissionen bei der Bauleitplanung sowie bei der Genehmigung von Vorhaben (Planungserlass), hier Teil II,
- vom 2.4.1998 (SMBl. NRW. 283):
  Abstände zwischen Industrie- bzw. Gewerbegebieten und Wohngebieten im Rahmen der Bauleitplanung und sonstige für den Immissionsschutz bedeutsame Abstände (Abstandserlass), hier Nr. 3,
- vom 16.7.1993 (SMBl. NRW. 7129):
  Verwaltungsvorschriften zum Bundes-Immissionsschutzgesetz, hier Nr. 14.3.

§ 55 **§ 55 Barrierefreiheit öffentlich zugänglicher baulicher Anlagen** § 55

55 (1) (1) Bauliche Anlagen, die öffentlich zugänglich sind, müssen in den dem allgemeinen Besucherverkehr dienenden Teilen von Menschen mit Behinderung, alten Menschen und Personen mit Kleinkindern barrierefrei erreicht und ohne fremde Hilfe zweckentsprechend genutzt werden können.

Autorenhinweis zu Abs. 1 55 (1)

Die Anforderungen des § 55 sind bei baulichen oder wesentlichen Nutzungsänderungen für die Teile zu berücksichtigen, die Gegenstand des Antrags sind.
Gewerblich genutzte Anlagen, die nur gelegentlich von Besuchern aufgesucht werden und Wohnungen gelten nicht als öffentlich zugänglich.

55 (2) (2) Absatz 1 gilt insbesondere für

1. Einrichtungen der Kultur und des Bildungswesens,
2. Sport- und Freizeitstätten,
3. Einrichtungen des Gesundheitswesens,
4. Büro-, Verwaltungs- und Gerichtsgebäude,
5. Verkaufs- und Gaststätten,
6. Stellplätze, Garagen und Toilettenanlagen.

Bei Stellplätzen und Garagen muss mindestens 1 vom Hundert der Einstellplätze, mindestens jedoch ein Einstellplatz, für schwerbehinderte Menschen vorgehalten werden.

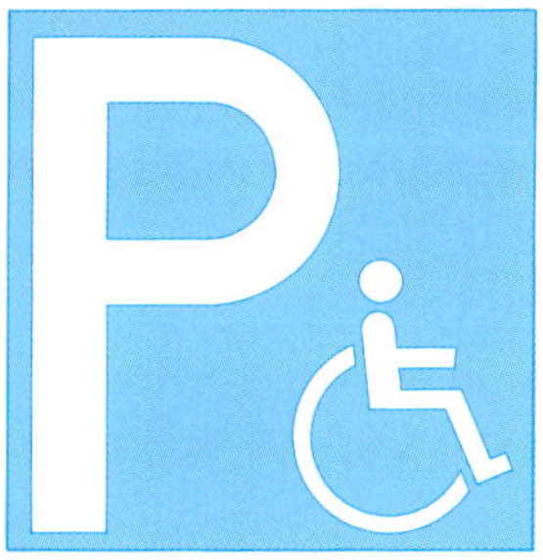

Zu § 55 (2)
Einstellplätze für Schwerbehinderte

Autorenhinweis zu Abs. 2 55 (2)

Die Aufzählung in Abs. 2 ist nicht abschließend; sie gilt vielmehr für Nutzungsgruppen. So zählen z.B. Arztpraxen zu Nr. 3 und Hotels zu Nr. 5.

55 (3) (3) Für bauliche Anlagen sowie andere Anlagen und Einrichtungen, die überwiegend oder ausschließlich von Menschen mit Behinderungen oder alten Menschen genutzt werden, wie 55 (3)

1. Tagesstätten, Schulen, Werkstätten und Heime für Behinderte,
2. Altenheime, Altenwohnheime, Altenpflegeheime und Altenwohnungen

gilt Absatz 1 nicht nur für die dem allgemeinen Besucherverkehr dienenden Teile, sondern für die gesamte Anlage und die gesamten Einrichtungen.

55 (4) (4) Bauliche Anlagen sowie andere Anlagen und Einrichtungen nach den Absätzen 2 und 3 müssen mindestens durch einen Eingang stufenlos erreichbar sein. Der Eingang muss eine lichte Durchgangsbreite von mindestens 0,90 m haben. Vor Türen muss eine ausreichende Bewegungsfläche vorhanden sein. Rampen dürfen nicht mehr als 6 vom Hundert geneigt sein, sie müssen mindestens 1,20 m breit sein und beidseitig einen festen und griffsicheren Handlauf haben. Am Anfang und am Ende jeder Rampe ist ein Podest, alle 6,0 m ein Zwischenpodest anzuordnen. Die Podeste müssen eine Länge von mindestens 1,50 m haben. Treppen müssen an beiden Seiten Handläufe erhalten, die über Treppenabsätze und Fensteröffnungen sowie über die letzten Stufen zu führen sind. Die Treppen müssen Setzstufen haben. Flure müssen mindestens 1,40 m breit sein. Ein Toilettenraum muss auch für Benutzerinnen und Benutzer von Rollstühlen geeignet und erreichbar sein; er ist zu kennzeichnen. 55 (4)

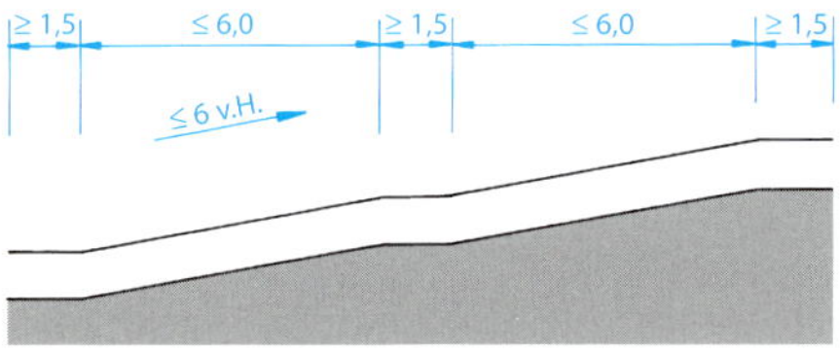

Zu § 55 (4)
Rampen

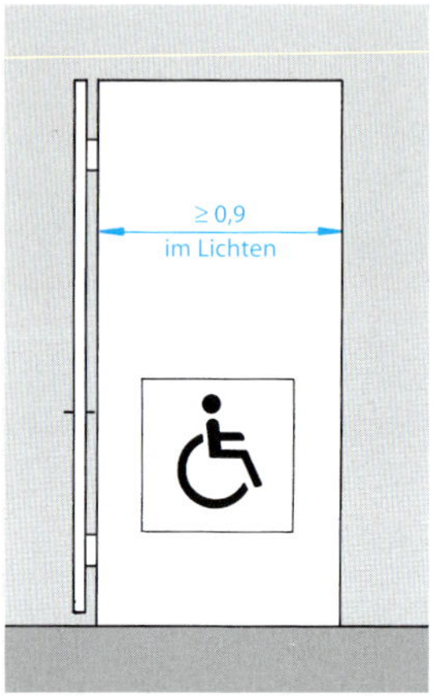

Zu § 55 (4)
Durchgangsbreite

Autorenhinweis zu Abs. 4

Die barrierefreie Erreichbarkeit gilt nicht nur für die in Abs. 4 aufgeführten baulichen Barrieren für Menschen mit körperlichen Behinderungen, sondern auch für Menschen mit Seh- oder Hörbehinderungen. Die Erreichbarkeit und Auffindbarkeit für diese Personengruppe kann nur mit optischen und akustischen Ausstattungen (Zwei-Sinne-Prinzip) erreicht werden.

55 (5) (5) § 39 Abs. 6 gilt auch für Gebäude mit weniger als sechs Geschossen, soweit Geschosse von Menschen mit Behinderungen mit Rollstühlen stufenlos erreichbar sein müssen. 55 (5)

55 (6) (6) Abweichungen von den Absätzen 1, 4 und 5 können zugelassen werden, soweit die Anforderungen wegen schwieriger Geländeverhältnisse, ungünstiger vorhandener Bebauung oder im Hinblick auf die Sicherheit der Menschen mit Behinderungen oder alten Menschen nur mit einem unverhältnismäßigen Mehraufwand erfüllt werden können. 55 (6)

Vierter Teil

Die am Bau Beteiligten

§ 56 **§ 56 Grundsatz** § 56

56 Bei der Errichtung, Änderung, Instandhaltung, Nutzungsänderung oder dem Abbruch baulicher Anlagen sowie anderer Anlagen und Einrichtungen im Sinne des § 1 Abs. 1 Satz 2 sind die Bauherrin oder der Bauherr und im Rahmen ihres Wirkungskreises die anderen am Bau Beteiligten (§§ 58 bis 59 a) dafür verantwortlich, dass die öffentlich-rechtlichen Vorschriften eingehalten werden. 56

§ 57 **§ 57 Bauherrin, Bauherr** § 57

57 (1) (1) Die Bauherrin oder der Bauherr hat zur Vorbereitung und Ausführung eines genehmigungsbedürftigen Bauvorhabens eine Entwurfsverfasserin oder einen Entwurfsverfasser (§ 58), Unternehmerinnen oder Unternehmer (§ 59) und eine Bauleiterin oder einen Bauleiter (§ 59 a) zu beauftragen. Die Bauherrin oder der Bauherr hat gegenüber der Bauaufsichtsbehörde die nach den öffentlich-rechtlichen Vorschriften erforderlichen Anzeigen und Nachweise zu erbringen, soweit hierzu nicht die Bauleiterin oder der Bauleiter verpflichtet ist. 57 (1)

Zu § 57
Bauherrin, Bauherr

57 (2) (2) Bei technisch einfachen baulichen Anlagen und anderen Anlagen und Einrichtungen im Sinne des § 1 Abs. 1 Satz 2 kann die Bauaufsichtsbehörde darauf verzichten, dass eine Entwurfsverfasserin oder ein Entwurfsverfasser und eine Bauleiterin oder ein Bauleiter beauftragt werden. Bei Bauarbeiten, die in Selbst- oder Nachbarschaftshilfe ausgeführt werden, ist die Beauftragung von Unternehmerinnen oder Unternehmern nicht erforderlich, wenn dabei genügend Fachkräfte mit der nötigen Sachkunde, Erfahrung und Zuverlässigkeit mitwirken. Genehmigungsbedürftige Abbrucharbeiten dürfen nicht in Selbst- oder Nachbarschaftshilfe ausgeführt werden.

57.2 Zu Absatz 2 57 (2)

„Technisch einfach" im Sinne dieser Vorschrift können bauliche Anlagen und Einrichtungen sein, bei denen keine besonderen Anforderungen an die Bauvorlagen zu stellen sind und aus diesem Grunde eine Entwurfsverfasserin oder ein Entwurfsverfasser (§ 58) entbehrlich ist. Ob diese Voraussetzung vorliegt, hat die Bauaufsichtsbehörde im Einzelfall zu prüfen. Sie kann auf Antrag darauf verzichten, dass die Bauherrin oder der Bauherr eine Entwurfsverfasserin oder einen Entwurfsverfasser, eine Bauleiterin oder einen Bauleiter beauftragt. Sie kann aber auch bei der Vorlage eines Bauantrages ohne Angabe einer Entwurfsverfasserin oder eines Entwurfsverfassers feststellen, ob die Voraussetzungen für den Verzicht vorliegen oder ob der Bauantrag zurückzuweisen ist (§ 72 Abs. 1 Satz 2). Der Verzicht sollte in den Bauakten vermerkt werden.

57 (3) (3) Sind die von der Bauherrin oder vom Bauherrn beauftragten Personen für ihre Aufgabe nach Sachkunde und Erfahrung nicht geeignet, so kann die Bauaufsichtsbehörde vor und während der Bauausführung verlangen, dass ungeeignete Beauftragte durch geeignete ersetzt oder Sachverständige beauftragt werden. Die Bauaufsichtsbehörde kann die Bauarbeiten einstellen lassen, bis geeignete Beauftragte oder Sachverständige beauftragt sind. 57 (3

57 (4) (4) Absatz 1 Satz 1 gilt auch für Bauvorhaben, die gemäß § 67 von der Genehmigungspflicht freigestellt sind. 57 (4

57 (5) (5) Die Bauherrin oder der Bauherr hat vor Baubeginn die Namen der Bauleiterin oder des Bauleiters und der Fachbauleiterinnen oder Fachbauleiter und während der Bauausführung einen Wechsel dieser Personen mitzuteilen. Die Bauaufsichtsbehörde kann verlangen, dass für bestimmte Arbeiten die Unternehmerinnen oder Unternehmer namhaft gemacht werden. Wechselt die Bauherrin oder der Bauherr, so hat die neue Bauherrin oder der neue Bauherr dies der Bauaufsichtsbehörde unverzüglich schriftlich mitzuteilen. 57 (5

57 (6) (6) Die Bauherrin oder der Bauherr trägt die Kosten für 57 (6

1. die Entnahme von Proben und deren Prüfung (§ 81 Abs. 3),
2. für die Tätigkeit von Sachverständigen aufgrund von § 61 Abs. 3 sowie von Rechtsverordnungen nach § 85 Abs. 2 Nr. 3.

§ 58 **§ 58 Entwurfsverfasserin, Entwurfsverfasser** § 58

58 (1) (1) Die Entwurfsverfasserin oder der Entwurfsverfasser muss nach Sachkunde und Erfahrung zur Vorbereitung des jeweiligen Bauvorhabens geeignet sein. Sie oder er ist für die Vollständigkeit und Brauchbarkeit ihres oder seines Entwurfs verantwortlich. Die Entwurfsverfasserin oder der Entwurfsverfasser hat dafür zu sorgen, dass die für die Ausführung notwendigen Einzelzeichnungen, Einzelberechnungen und Anweisungen geliefert werden und dem genehmigten Entwurf und den öffentlich-rechtlichen Vorschriften entsprechen. 58 (1)

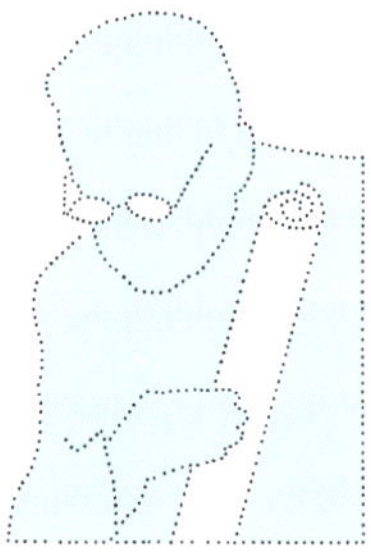

Zu § 58
Entwurfsverfasserin, Entwurfsverfasser

58 (2) (2) Besitzt die Entwurfsverfasserin oder der Entwurfsverfasser auf einzelnen Fachgebieten nicht die erforderliche Sachkunde und Erfahrung, so hat sie oder er dafür zu sorgen, dass geeignete Fachplanerinnen oder Fachplaner herangezogen werden. Diese sind für die von ihnen gelieferten Unterlagen verantwortlich. Für das ordnungsgemäße Ineinandergreifen aller Fachentwürfe bleibt die Entwurfsverfasserin oder der Entwurfsverfasser verantwortlich. 58 (2)

58 (3) (3) Brandschutzkonzepte für bauliche Anlagen gemäß § 54 Abs. 2 Nr. 19 und § 69 Abs. 1 Satz 2 sollen von staatlich anerkannten Sachverständigen nach § 85 Abs. 2 Satz 1 Nr. 4 für die Prüfung des Brandschutzes aufgestellt werden.

58.3 Zu Absatz 3 58 (3)

Brandschutzkonzepte sollen von staatlich anerkannten Sachverständigen für die Prüfung des Brandschutzes aufgestellt werden.
Allerdings ist § 9 Abs. 1 Satz 3 BauPrüfVO zu beachten. Danach werden die nach § 36 der Gewerbeordnung öffentlich bestellten und vereidigten Sachverständigen für den baulichen Brandschutz den staatlich anerkannten Sachverständigen gleichgestellt, soweit es um das Aufstellen von Brandschutzkonzepten geht.
Neben den vorgenannten Sachverständigen kommen im Einzelfall auch weitere Personen in Betracht, deren Brandschutzkonzepte von den Bauaufsichtsbehörden akzeptiert werden.
Es handelt sich um Personen, deren jeweilige Ausbildung und berufliche Erfahrung sie als hinreichend qualifiziert im Sinne des Regelungsziels des § 58 Abs. 3 erscheinen lassen, vor allem solche, die

- zu dem Zeitpunkt, an dem die Änderung der Landesbauordnung in Kraft tritt, bereits regelmäßig Brandschutzgutachten für Sonderbauten aufgestellt haben,
- sich als Lehrer an einer deutschen Hochschule mit der Erforschung des baulichen Brandschutzes befassen,
- als von anderen Ländern der Bundesrepublik anerkannte Sachverständige den staatlich anerkannten Sachverständigen für die Prüfung des Brandschutzes vergleichbar sind,
- die Befähigung zum höheren oder gehobenen bautechnischen Verwaltungsdienst besitzen, für ihre dienstliche Tätigkeit,
- die Befähigung zum höheren oder gehobenen feuerwehrtechnischen Dienst besitzen und eine mindestens fünfjährige Tätigkeit im vorbeugenden Brandschutz und bei der Erstellung von Brandschutzkonzepten nachweisen können,
- als Angehörige von Werksfeuerwehren aufgrund ihrer Ausbildung auch den vorbeugenden Brandschutz der baulichen Anlage ihres Betriebes beurteilen können.

Im Zweifel kann sich die Bauaufsichtsbehörde die erforderliche Sachkunde und Erfahrung nachweisen lassen.
Die erforderlichen Erkenntnisse über die Belange des abwehrenden Brandschutzes, die für das Brandschutzkonzept beachtet werden müssen, können die Sachverständigen dadurch erlangen, dass sie mit der Brandschutzdienststelle rechtzeitig Kontakt aufnehmen.

§ 59

§ 59 Unternehmerin, Unternehmer

§ 59

59 (1) (1) Jede Unternehmerin oder jeder Unternehmer ist für die ordnungsgemäße, den allgemein anerkannten Regeln der Technik und den Bauvorlagen entsprechende Ausführung der von ihr oder ihm übernommenen Arbeiten und insoweit für die ordnungsgemäße Einrichtung und den sicheren bautechnischen Betrieb der Baustelle sowie für die Einhaltung der Arbeitsschutzbestimmungen verantwortlich. Sie oder er hat die erforderlichen Nachweise über die Verwendbarkeit der verwendeten Bauprodukte und Bauarten zu erbringen und auf der Baustelle bereitzuhalten. Sie oder er darf, unbeschadet der Vorschriften des § 75, Arbeiten nicht ausführen oder ausführen lassen, bevor nicht die dafür notwendigen Unterlagen und Anweisungen an der Baustelle vorliegen.

59 (1)

Zu § 59
Unternehmerin, Unternehmer

59 (2) (2) Die Unternehmerin oder der Unternehmer hat auf Verlangen der Bauaufsichtsbehörde für Bauarbeiten, bei denen die Sicherheit der baulichen Anlagen sowie anderer Anlagen und Einrichtungen in außergewöhnlichem Maße von der besonderen Sachkenntnis und Erfahrung der Unternehmerin oder des Unternehmers oder von einer Ausstattung des Unternehmens mit besonderen Vorrichtungen abhängt, nachzuweisen, dass sie oder er für diese Bauarbeiten geeignet ist und über die erforderlichen Vorrichtungen verfügt. 59 (2)

59 (3) (3) Besitzt eine Unternehmerin oder ein Unternehmer für einzelne Arbeiten nicht die erforderliche Sachkunde und Erfahrung, so hat sie oder er dafür zu sorgen, dass Fachunternehmerinnen oder Fachunternehmer oder Fachleute herangezogen werden. Diese sind für ihre Arbeiten verantwortlich. Für das ordnungsgemäße Ineinandergreifen ihrer oder seiner Arbeiten mit denen der Fachunternehmerinnen oder Fachunternehmer oder Fachleute ist die Unternehmerin oder der Unternehmer verantwortlich. 59 (3)

§ 59a

§ 59a Bauleiterin, Bauleiter

§ 59 a

59a (1) (1) Die Bauleiterin oder der Bauleiter hat darüber zu wachen, dass die Baumaßnahme dem öffentlichen Baurecht, insbesondere den allgemein anerkannten Regeln der Technik und den Bauvorlagen entsprechend durchgeführt wird, und die dafür erforderlichen Weisungen zu erteilen. Sie oder er hat im Rahmen dieser Aufgabe auf den sicheren bautechnischen Betrieb der Baustelle, insbesondere auf das gefahrlose Ineinandergreifen der Arbeiten der Unternehmerinnen oder der Unternehmer und auf die Einhaltung der Arbeitsschutzbestimmungen zu achten. Die Verantwortlichkeit der Unternehmerinnen oder Unternehmer bleibt unberührt.

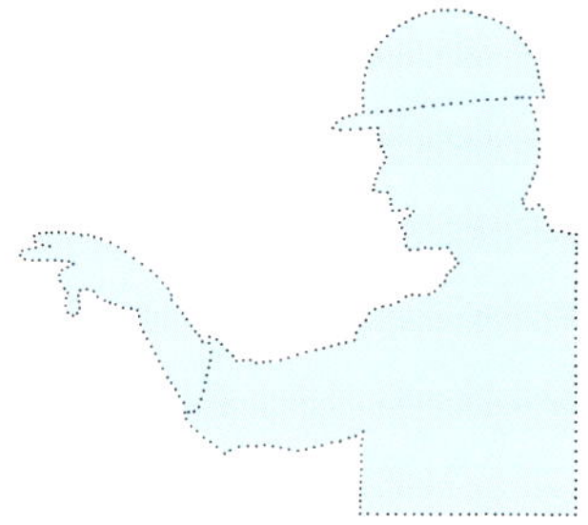

Zu § 59a
Bauleiterin, Bauleiter

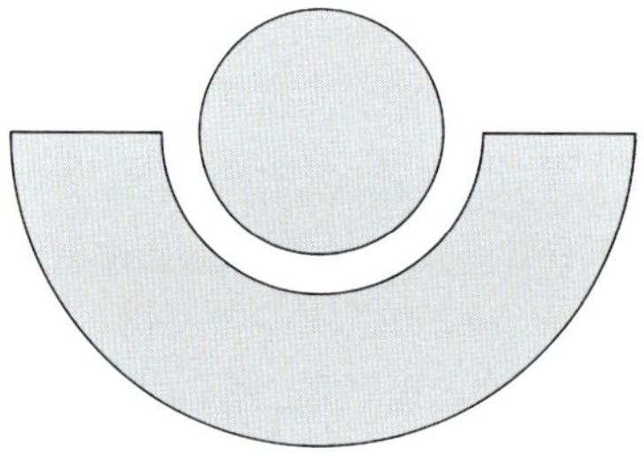

Zu § 59a
Arbeitsschutzbestimmungen

59a.1 Zu Absatz 1 Satz 2 59a (1)

Die Aufgaben nach Satz 2 obliegen der Bauleiterin oder dem Bauleiter nur im Rahmen der in Satz 1 aufgeführten Hauptpflichten. Ist für ein Bauvorhaben neben der Bauleiterin oder dem Bauleiter ein Koordinator nach § 3 der Verordnung über Sicherheit und Gesundheitsschutz auf Baustellen vom 10. Juni 1998 (BGBl. I S. 128) bestellt worden, so ist vorrangig dieser dafür zuständig, die Belange des Arbeitsschutzes zu wahren. Überwachungsbehörde ist insoweit das zuständige Staatliche Amt für Arbeitsschutz.

Autorenhinweis zu Abs. 1

Der Bauleiter kann durch keinen Dritten, auch nicht von einem Sicherheits- und Gesundheitskoordinator, von seiner Verpflichtung freigestellt werden, über die Einhaltung der Belange des Arbeitsschutzes zu achten.

59a (2) (2) Die Bauleiterin oder der Bauleiter hat die Anzeigen nach § 75 Abs. 7 und § 82 Abs. 1 zu erstatten, sofern dies nicht durch die Bauherrin oder den Bauherrn geschieht. 59a (2)

59a (3) (3) Die Bauleiterin oder der Bauleiter muss über die für ihre oder seine Aufgabe erforderliche Sachkunde und Erfahrung verfügen. Verfügt sie oder er auf einzelnen Teilgebieten nicht über die erforderliche Sachkunde und Erfahrung, so hat sie oder er dafür zu sorgen, dass Fachbauleiterinnen oder Fachbauleiter herangezogen werden. Diese treten insoweit an die Stelle der Bauleiterin oder des Bauleiters. Die Bauleiterin oder der Bauleiter hat die Tätigkeit der Fachbauleiterinnen oder Fachbauleiter und ihre oder seine Tätigkeit aufeinander abzustimmen. 59a (3)

Fünfter Teil
Bauaufsichtsbehörden und Verwaltungsverfahren

Erster Abschnitt
Bauaufsichtsbehörden

§ 60 **§ 60 Bauaufsichtsbehörden** § 60

60 (1) (1) Bauaufsichtsbehörden sind:

1. Oberste Bauaufsichtsbehörde: das für die Bauaufsicht zuständige Ministerium;
2. Obere Bauaufsichtsbehörde: die Bezirksregierungen für die kreisfreien Städte und Kreise sowie in den Fällen des § 80, im Übrigen die Landräte als untere staatliche Verwaltungsbehörden;
3. Untere Bauaufsichtsbehörden:
   a) die kreisfreien Städte, die großen kreisangehörigen Städte und die mittleren kreisangehörigen Städte,
   b) die Kreise für die übrigen kreisangehörigen Gemeinden

als Ordnungsbehörden.

60 (1)

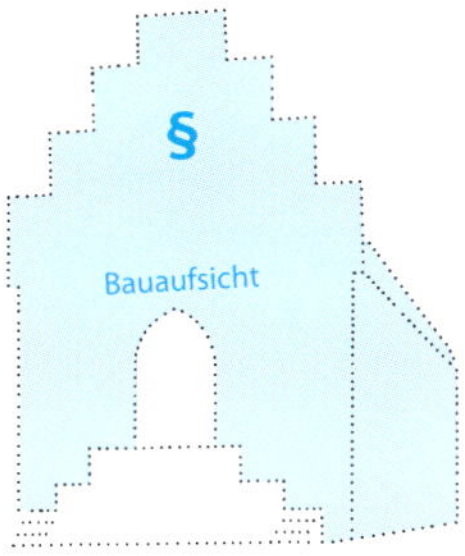

Zu § 60
Bauaufsichtsbehörden

60 (2) (2) Die den Bauaufsichtsbehörden obliegenden Aufgaben gelten als solche der Gefahrenabwehr. § 86 bleibt unberührt. 60 (2)

60 (3) (3) Die Bauaufsichtsbehörden sind zur Durchführung ihrer Aufgaben ausreichend mit Personen zu besetzen, die aufgrund eines Hochschulabschlusses der Fachrichtungen Architektur oder Bauingenieurwesen die Berufsbezeichnung „Ingenieurin" oder „Ingenieur" führen dürfen und die insbesondere die erforderlichen Kenntnisse des öffentlichen Baurechts, der Bautechnik und der Baugestaltung haben.

60.3 Zu Absatz 3 60 (3)

Die Voraussetzungen erfüllen in der Regel Beamtinnen oder Beamte

1. des höheren bautechnischen Verwaltungsdienstes, die die Prüfung
   a) für die Laufbahn des höheren bautechnischen Verwaltungsdienstes Hochbau im Lande Nordrhein-Westfalen (§ 1 Abs. 1 Nr. 1 der Ausbildungsverordnung höherer bautechnischer Dienst Hochbau, Maschinen- und Elektrotechnik vom 21. September 1993 – GV. NRW. S. 718/SGV. NRW. 20301) abgelegt haben, oder
   b) für die Laufbahn des höheren bautechnischen Verwaltungsdienstes Städtebau im Lande Nordrhein-Westfalen (§ 1 Abs. 1 Nr. 1 der Ausbildungsverordnung höherer bautechnischer Dienst Städtebau, Stadtbauwesen, Straßenwesen vom 10. Juni 1991 – GV. NRW. S. 308/SGV. NRW. 20301) abgelegt haben.

In Frage kommen hier auch Beamtinnen und Beamte, die ein Vertiefungsstudium Städtebau im Rahmen des Studiums der Architektur oder ein Aufbaustudium des Städtebaus im Anschluss an ein Studium der Architektur absolviert haben.

2. des gehobenen bautechnischen Verwaltungsdienstes, die die Prüfung
   a) für die Laufbahn im Fachgebiet Hochbau aufgrund der Verordnung über die Ausbildung und Prüfung für die Laufbahn des gehobenen bautechnischen Dienstes in den Gemeinden und Gemeindeverbänden des Landes Nordrhein-

Westfalen vom 22. Februar 1987 (GV. NRW. S. 116), zuletzt geändert am 22. Februar 2000 (GV. NRW. S. 222) – SGV. NRW. 203015 – abgelegt haben, oder

b) für die Laufbahn im Fachgebiet Architektur (Hochbau) aufgrund der Verordnung über die Ausbildung und Prüfung des gehobenen bautechnischen Dienstes in der Finanzbauverwaltung und in der Staatshochbauverwaltung des Landes Nordrhein-Westfalen vom 20. Juni 1986 (GV. NRW. S. 548/SGV. NRW. 203015) abgelegt haben.

Die Voraussetzungen erfüllen auch Beamtinnen oder Beamte des höheren oder gehobenen bautechnischen Verwaltungsdienstes, die entsprechende Laufbahnprüfungen nach dem Laufbahnrecht des Bundes oder anderer Bundesländer abgelegt haben.
Bei Beamtinnen oder Beamten des bautechnischen Verwaltungsdienstes und bei Angestellten, die die vorstehend genannten Voraussetzungen nicht erfüllen, ist für die Beurteilung der erforderlichen Fachkenntnisse im Wesentlichen auf den bisherigen beruflichen Werdegang abzustellen.

§ 61

§ 61 Aufgaben und Befugnisse der Bauaufsichtsbehörden

§ 61

61 (1) (1) Die Bauaufsichtsbehörden haben bei der Errichtung, der Änderung, dem Abbruch, der Nutzung, der Nutzungsänderung sowie der Instandhaltung baulicher Anlagen sowie anderer Anlagen und Einrichtungen im Sinne des § 1 Abs. 1 Satz 2 darüber zu wachen, dass die öffentlich-rechtlichen Vorschriften und die aufgrund dieser Vorschriften erlassenen Anordnungen eingehalten werden. Sie haben in Wahrnehmung dieser Aufgaben nach pflichtgemäßem Ermessen die erforderlichen Maßnahmen zu treffen. Die gesetzlich geregelten Zuständigkeiten und Befugnisse anderer Behörden bleiben unberührt.

Zu § 61
Bauaufsichtsbehörden achten auf Einhaltung

61.1 Zu Absatz 1 61 (1)

Können zur Durchsetzung einzelner öffentlich-rechtlicher Anforderungen neben den Bauaufsichtsbehörden auch andere Behörden in Betracht kommen, sollen die Bauaufsichtsbehörden sich mit diesen abstimmen.

61 (2) (2) Auch nach Erteilung einer Baugenehmigung (§ 75) oder einer Zustimmung nach § 80 können Anforderungen gestellt werden, um dabei nicht voraussehbare Gefahren oder unzumutbare Belästigungen von der Allgemeinheit oder denjenigen, die die bauliche Anlage benutzen, abzuwenden. Satz 1 gilt entsprechend, wenn bauliche Anlagen oder andere Anlagen oder Einrichtungen im Sinne von § 1 Abs. 1 Satz 2 ohne Genehmigung oder Zustimmung errichtet werden dürfen.

61.2 Zu Absatz 2 61 (2)

§ 61 Abs. 2 nimmt die gleichlautende Vorschrift des § 88 Abs. 4 BauO NRW 1970 wieder auf. Er ergänzt die §§ 48 und 49 des Verwaltungsverfahrensgesetzes. Danach sind nachträgliche Anforderungen – in der Regel weitere, die Genehmigung einschränkende Auflagen – insbesondere erforderlich, wenn bei den Bauarbeiten Altlasten entdeckt werden, die trotz sorgfältiger Nachforschungen vor Erteilung der Baugenehmigung nicht bekannt waren.

61 (3) (3) Die Bauaufsichtsbehörden können zur Erfüllung ihrer Aufgaben Sachverständige und sachverständige Stellen heranziehen.

61.3 Zu Absatz 3 61 (3)

61.31 Die Entscheidung über die Eignung von **Sachverständigen** und sachverständigen Stellen trifft, unbeschadet Nr. 54.21 VV BauO NRW, die untere Bauaufsichtsbehörde, sofern nicht aufgrund von Rechtsverordnungen ein besonderes Anerkennungsverfahren durchzuführen ist (z. B. TPrüfVO, SV-VO). Die nach diesen Rechtsverordnungen staatlich anerkannten Sachverständigen können auch von den Bauaufsichtsbehörden zur Erfüllung ihrer Aufgaben herangezogen werden.
Als Sachverständige kommen gleichfalls in Betracht

a) Ingenieurinnen oder Ingenieure der entsprechenden Fachrichtungen, die mindestens den Abschluss einer Fachhochschule und eine fünfjährige Berufspraxis nachweisen können,
b) von den Industrie- und Handelskammern, den Handwerkskammern, einer Architektenkammer oder Ingenieurkammer öffentlich bestellte und vereidigte Sachverständige entsprechender Fachrichtungen,
c) für Fragen des Schallschutzes außerdem Personen oder Stellen, die entweder als Prüfstelle nach § 28 Abs. 1 Satz 1 Nr. 1 anerkannt sind oder in einem Verzeichnis über „Sachverständige Prüfstellen für Schallmessungen nach DIN 4109: Schallschutz im Hochbau" beim Verband der Materialprüfungsämter (VMPA), Berlin, Rudower Chaussee 5, geführt werden,
d) für Fragen der Standsicherheit u. a. die von einer obersten Bauaufsichtsbehörde anerkannten Prüfingenieurinnen oder Prüfingenieure für Baustatik,
e) für Fragen der technischen Anlagen und Einrichtungen die Sachverständigen der technischen Überwachungsorganisationen, die nach der Verordnung über die Organisation der technischen Überwachung vom 2. Dezember 1959 (GV. NRW. S. 174), zuletzt geändert durch Verordnung vom 14. Juni 1994 (GV. NRW. S. 360) - SGV. NRW. 7131 - anerkannt sind.

Die Sachverständigen dürfen nicht zum Kreis der am Bau Beteiligten (§ 56) gehören.

61.32 **Sachverständige Stellen** sind die in Einführungserlassen zu den entsprechenden Normen aufgeführten Stellen sowie die durch die oberste Bauaufsichtsbehörde benannten Personen. Auf Nr. 67.41, Satz 2 wird verwiesen.

61.33 **Sachkundige** (z. B. § 45 Abs. 5, § 65 Abs. 2 Nr. 1) können mit den am Bau Beteiligten identisch sein. Als Sachkundige kommen in Betracht

- Ingenieurinnen oder Ingenieure der entsprechenden Fachrichtungen mit mindestens fünfjähriger Berufserfahrung,
- Personen mit abgeschlossener handwerklicher Ausbildung oder mit gleichwertiger Ausbildung und mindestens fünfjähriger Berufserfahrung in der Fachrichtung, in der sie tätig werden,
- Unternehmerinnen oder Unternehmer, die Bescheinigungen nach § 66 ausstellen.

61 (4) (4) Sind Bauprodukte entgegen § 25 Abs. 4 mit dem Ü-Zeichen gekennzeichnet, so kann die Bauaufsichtsbehörde die Verwendung dieser Bauprodukte untersagen und deren Kennzeichnung entwerten oder beseitigen lassen. 61 (4)

61 (5) (5) Die Einstellung der Bauarbeiten kann angeordnet werden, wenn Bauprodukte verwendet werden, die unberechtigt mit der CE-Kennzeichnung (§ 20 Abs. 1 Nr. 2) oder dem Ü-Zeichen (§ 25 Abs. 4) gekennzeichnet sind.

61.5 Zu Absatz 5 61 (5)

Neben der Baueinstellung wegen Verwendung unberechtigt gekennzeichneter Bauprodukte mit der CE-Kennzeichnung kommen auch Maßnahmen nach § 13 Abs. 2 BauPG in Betracht, um das Inverkehrbringen und den freien Warenverkehr mit diesen Bauprodukten zu verhindern oder zu beschränken oder sie aus dem Verkehr zu ziehen. Die hierfür zuständige Behörde wird durch Rechtsverordnung bestimmt.

61 (6) (6) Die mit dem Vollzug dieses Gesetzes beauftragten Personen sind berechtigt, in Ausübung ihres Amtes Grundstücke und bauliche Anlagen einschließlich der Wohnungen zu betreten. Das Grundrecht der Unverletzlichkeit der Wohnung (Artikel 13 des Grundgesetzes) wird insoweit eingeschränkt.

61.6 Die Absicht, Grundstücke und bauliche Anlagen einschließlich der Wohnungen nach der Bauzustandsbesichtigung nach abschließender Fertigstellung zu betreten, soll dem Eigentümer und dem unmittelbaren Besitzer rechtzeitig vorher mitgeteilt werden. 61 (6)

§ 62

§ 62 Sachliche Zuständigkeit

§ 62

62 Für den Vollzug dieses Gesetzes sowie anderer öffentlich-rechtlicher Vorschriften für die Errichtung, die Änderung, die Nutzungsänderung, die Instandhaltung und den Abbruch baulicher Anlagen sowie anderer Anlagen und Einrichtungen im Sinne des § 1 Abs. 1 Satz 2 ist die untere Bauaufsichtsbehörde zuständig, soweit nichts anderes bestimmt ist. 62

Zweiter Abschnitt
Genehmigungsbedürftige und genehmigungsfreie Vorhaben

§ 63 **§ 63 Genehmigungsbedürftige Vorhaben** § 63

63 (1) (1) Die Errichtung, die Änderung, die Nutzungsänderung und der Abbruch baulicher Anlagen sowie anderer Anlagen und Einrichtungen im Sinne des § 1 Abs. 1 Satz 2 bedürfen der Baugenehmigung, soweit in den §§ 65 bis 67, 79 und 80 nichts anderes bestimmt ist.
Soweit für das bauliche Vorhaben nach § 1 i.V.m. Anlage 1 Nrn. 20, 21, 27, 28 des Gesetzes über die Umweltverträglichkeitsprüfung in Nordrhein-Westfalen (UVPG NW) eine Umweltverträglichkeitsprüfung oder eine Vorprüfung des Einzelfalles durchzuführen ist, müssen die Durchführung der Umweltverträglichkeitsprüfung sowie die Vorprüfung des Einzelfalles den Anforderungen des UVPG NW entsprechen.

Zu § 63
. . . dennoch Vorschriften beachten!

63.1 Zu Absatz 1 (Abbruch baulicher Anlagen) **63 (1)**

63.11 Im Abbruch-Genehmigungsverfahren ist zu prüfen, ob das Vorhaben

- einer wohnungsrechtlichen Abbruchgenehmigung bedarf,
- von einem Rückbauverbot nach §§ 172 bis 174 BauGB erfasst ist oder
- eine erlaubnispflichtige Maßnahme nach § 9 Abs. 1 DSchG ist.

Eine wohnungsrechtliche Abbruchgenehmigung ist erforderlich

a) bei öffentlich geförderten Wohnungen nach § 12 WohBindG,
b) bei allen übrigen Wohnungen, sofern sie in den Gebieten liegen, die durch die ZweckentfremdungsVO bestimmt sind.

Wenn die Bauaufsichtsbehörde nicht selbst feststellen kann, ob eine wohnungsrechtliche Abbruchgenehmigung erforderlich ist, hat sie zunächst der für die Genehmigung zuständigen Behörde Gelegenheit zur Prüfung und zur Stellungnahme zu geben. Ist eine solche Genehmigung erforderlich, hat die Bauaufsichtsbehörde den Antragsteller darauf hinzuweisen, dass die Abbruchgenehmigung erst erteilt werden kann, wenn die wohnungsrechtliche Genehmigung zum Abbruch erteilt worden ist, und dass der Antrag zunächst der für diese Genehmigung zuständigen Behörde zugeleitet worden ist. Die Bauaufsichtsbehörde erhält eine Durchschrift der Entscheidung über die wohnungsrechtliche Genehmigung. Ist diese Genehmigung versagt worden, sollte dem Antragsteller im Interesse der Kostenersparnis empfohlen werden, den Antrag auf Erteilung der Abbruchgenehmigung zurückzunehmen.

63.12 Die Bauaufsichtsbehörde kann zwar bei geringfügigen und bei technisch einfachen baulichen Anlagen darauf verzichten, dass eine Entwurfsverfasserin oder ein Entwurfsverfasser bestellt wird (§ 57 Abs. 2); Verzichtsvoraussetzungen liegen jedoch nicht vor, wenn die Prüfung ergibt, dass der Abbruch einer solchen baulichen Anlage erhebliche Gefahren in sich birgt.

63.13 Abbrucharbeiten können ihrer Natur nach unerwartete, mit der vorbereitenden Planung allein nicht zu bewältigende Schwierigkeiten zeitigen und können in Folge dessen mit außergewöhnlichen Gefahren verbunden sein. Insofern wird auf die erforderliche Kenntnis und die Verantwortlichkeit der Abbruchunternehmerin oder des Abbruchunternehmers (§ 59) gerade in Fragen der Standsicherheit und der Arbeitsschutzbestimmungen (Unfallverhütungsvorschriften Bauarbeiten – BGV C 22 [bisher VBG 37]) hingewiesen. Die Unternehmerin oder der Unternehmer müssen über mehrjährige Erfahrungen auf dem Gebiet des Abbruchs baulicher Anlagen verfügen.
Der Abbruch von Stahl- und Stahlbetonkonstruktionen erfordert spezielle Sachkenntnisse.
Abbrucharbeiten an oder in baulichen Anlagen, die schwachgebundene Asbestprodukte enthalten, dürfen nur von Unternehmen durchgeführt werden, die nach § 39 der Gefahrstoffverordnung zur Durchführung dieser Arbeiten zugelassen sind.

Die Bauaufsichtsbehörden sind verpflichtet zu prüfen, ob die Unternehmerin oder der Unternehmer für die Ausführung der vorgesehenen Abbrucharbeiten nach Sachkunde und Erfahrung, wie auch hinsichtlich der Ausstattung mit Gerüsten und sonstigen Einrichtungen, geeignet ist (§ 59 Abs. 1 und 2). Sie haben deshalb von der Ermächtigung nach § 69 Abs. 3 dahingehend Gebrauch zu machen, dass die Bauherrin oder der Bauherr vor der Erteilung der Abbruchgenehmigung die Unternehmerin oder den Unternehmer namhaft macht. Das ist umso mehr notwendig, als die Ausübung des Gewerbes der Abbruchunternehmungen nicht erlaubnispflichtig ist, obwohl hierzu spezielle fachliche Qualitäten Voraussetzung sind.
Ergibt die bauaufsichtliche Prüfung, dass die von der Bauherrin oder vom Bauherrn bestellten und namhaft gemachten Personen, wie die Unternehmerin oder der Unternehmer, für die Aufgabe nicht geeignet sind, kann die Bauaufsichtsbehörde diese nach § 57 Abs. 3 ersetzen lassen. Die Forderung kann auch noch während der Ausführung der Abbrucharbeiten erhoben werden, wenn sie zur Gefahrenabwehr erforderlich ist. Die Abbruchgenehmigung ist regelmäßig unter der Auflage zu erteilen, dass die Bauherrin oder der Bauherr den Wechsel der Unternehmerin oder des Unternehmers vor oder während der Abbrucharbeiten der Bauaufsichtsbehörde unverzüglich mitzuteilen hat.

63.14 Von der Abbruchgenehmigung und von der Anzeige des Ausführungsbeginns genehmigter Abbrucharbeiten sind in geeigneter Weise in Kenntnis zu setzen:
das Staatliche Umweltamt,
das Staatliche Amt für Arbeitsschutz,
die untere Abfallwirtschaftsbehörde,
die Bauberufsgenossenschaft,
die Katasterbehörde,
ggf. die Untere Denkmalbehörde.

63 (2) (2) Die Genehmigung nach § 4 und § 15 Abs. 1 des Bundes-Immissionsschutzgesetzes, auch wenn sie im vereinfachten Verfahren nach § 19 Bundes-Immissionsschutzgesetz erteilt wird, die Erlaubnis nach § 11 des Gerätesicherheitsgesetzes, die Anlagengenehmigung nach § 8 des Gentechnikgesetzes, die Genehmigung nach § 7 Abs. 3 des Abfallgesetzes und die Verbindlichkeitserklärung eines Sanierungsplanes nach § 13 Abs. 6 Bundes-Bodenschutzgesetz oder § 15 Abs. 3 Landesbodenschutzgesetz schließen eine Genehmigung nach Absatz 1 sowie eine Zustimmung nach § 80 ein.

63.2 Zu Absatz 2 63 (2)

Der Katalog der Genehmigungen und Erlaubnisse, die die Baugenehmigung einschließen, ist nicht abschließend. Auch in anderen Gesetzen können Spezialgenehmigungen mit Konzentrationswirkungen vorgesehen sein, so z. B. in § 7 Abs. 3 Abgrabungsgesetz.

63 (3) (3) Die Vorschriften über gesetzlich geregelte Planfeststellungsverfahren bleiben unberührt. 63 (3)

§ 64 **§ 64 (aufgehoben)** § 64

§ 65

§ 65 Genehmigungsfreie Vorhaben

§ 65

65 (1) (1) Die Errichtung oder Änderung folgender baulicher Anlagen sowie anderer Anlagen und Einrichtungen im Sinne des § 1 Abs. 1 Satz 2 bedarf keiner Baugenehmigung:

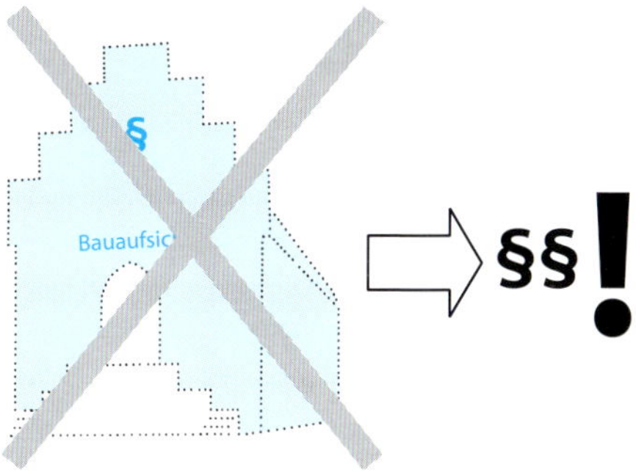

Zu § 65
Genehmigungsfreie Vorhaben: dennoch Vorschriften beachten!

Gebäude

1. Gebäude bis zu 30 m³ Brutto-Rauminhalt ohne Aufenthaltsräume, Ställe, Aborte oder Feuerstätten, im Außenbereich nur, wenn sie einem land- oder forstwirtschaftlichen Betrieb dienen (§ 35 Abs. 1 Nr. 1 des Baugesetzbuches); dies gilt nicht für Garagen und Verkaufs- und Ausstellungsstände,
2. Gartenlauben in Kleingartenanlagen nach dem Bundeskleingartengesetz,
3. Wochenendhäuser auf genehmigten Wochenendplätzen,
4. Gebäude bis zu 4,0 m Firsthöhe, die nur zum vorübergehenden Schutz von Pflanzen und Tieren bestimmt sind und die einem land- oder forstwirtschaftlichen Betrieb dienen,
5. Gewächshäuser ohne Verkaufsstätten mit einer Firsthöhe bis zu 5,0 m und nicht mehr als 1.600 m² Grundfläche, die einem land- oder forstwirtschaftlichen Betrieb oder einem Betrieb der gartenbaulichen Erzeugung im Sinne des § 35 Abs. 1 Nrn. 1 und 2 und des § 201 BauGB dienen,
6. Fahrgastunterstände des öffentlichen Personenverkehrs oder der Schülerbeförderung,
7. Schutzhütten für Wanderer.

Anlagen in, an und außerhalb von Gewässern

7 a. Anlagen an und in oberirdischen Gewässern einschließlich der Lande- und Umschlagstellen und der Rückhaltebecken, Anlagen der Gewässerbenutzung wie Anlagen zur Entnahme von Wasser, Anlagen zur Einleitung von Abwasser, Stauanlagen, Anlagen der Gewässerunterhaltung und des Gewässerausbaues, Deiche, Dämme und Stützmauern, mit Ausnahme von Gebäuden, Aufbauten und Überbrückungen.

Bauteile

8. nicht tragende oder nicht aussteifende Bauteile innerhalb baulicher Anlagen; dies gilt nicht für Wände, Decken und Türen von notwendigen Fluren als Rettungswege,

8 a. Verkleidungen von Balkonbrüstungen,

8 b. Terrassenüberdachungen mit einer Fläche bis zu 30 m² und einer Tiefe bis zu 3 m.

Versorgungsanlagen, Leitungen, Behälter, Abwasserbehandlungsanlagen, Aufzüge

9. Lüftungsanlagen, raumlufttechnische Anlagen, Warmluftheizungen, Installationsschächte und Installationskanäle, die keine Gebäudetrennwände und – außer in Gebäuden geringer Höhe – keine Geschosse überbrücken; § 66 Satz 1 Nr. 7 bleibt unberührt.

Die in dieser Vorschrift genannten Vorhaben sind vom Baugenehmigungsverfahren befreit und unterliegen auch nicht der Bauüberwachung (§ 81) und der Bauzustandsbesichtigung (§ 82). Die Verpflichtung, nach anderen Vorschriften erforderliche Genehmigungen, Erlaubnisse u. Ä. einzuholen, bleibt bestehen. In Frage kommen z. B. die Erlaubnis nach dem Denkmalschutzgesetz, die Genehmigung nach dem Straßenrecht oder Ausnahmen und Befreiungen nach Landschaftsrecht. Die Genehmigungsfreiheit lässt auch die Pflicht unberührt, öffentlich-rechtliche Vorschriften einzuhalten (§ 65 Abs. 4). Die Vorhaben müssen vor allem den allgemeinen Anforderungen des Bauordnungsrechts (§§ 3, 12 bis 19) genügen. Zu beachten sind auch örtliche Bauvorschriften in Bebauungsplänen und Satzungen nach § 86. Es dürfen nur Bauprodukte und Bauarten verwendet bzw. angewendet werden, deren Brauchbarkeit nachgewiesen ist (§§ 20 bis 28). Genehmigungsfreie Teile eines genehmigungspflichtigen Vorhabens sind nicht Gegenstand des Baugenehmigungsverfahrens (z. B. nicht tragende oder nichtaussteifende Bauteile nach § 65 Abs. 1 Nr. 8). Soweit derartige Teile in den Bauvorlagen dargestellt sind, bedarf eine Abweichung bei der Bauausführung daher auch keiner Nachtragsgenehmigung. Als genehmigungsfreie Baumaßnahmen unterliegen sie – für sich betrachtet – auch keiner Bauzustandsbesichtigung (§ 82). Im Übrigen wird auf § 65 Abs. 4 verwiesen. Nach § 63 Abs. 1 genehmigungsbedürftige bauliche Anlagen und Einrichtungen im Sinne von § 1 Abs. 1 Satz 2 bleiben dagegen in Verbindung mit genehmigungsfreien Vorhaben genehmigungsbedürftig. 65 (1)

65.17 Zu Absatz 1 Nr. 7

Eine Schutzhütte ist ein Gebäude, das jedermann jederzeit zugänglich ist, um Zuflucht bei ungünstiger Witterung zu gewähren. Sie darf keine Aufenthaltsräume enthalten.

9a. Bauliche Anlagen, die dem Fernmeldewesen, der allgemeinen Versorgung mit Elektrizität, Gas, Öl, Wärme und Wasser dienen, wie Transformatoren, Schalt-, Regler- oder Pumpstationen, bis 20 m² Grundfläche und 4 m Höhe,
10. Energieleitungen einschließlich ihrer Masten und Unterstützungen,
11. Behälter und Flachsilos bis zu 50 m³ Fassungsvermögen und bis zu 3,0 m Höhe außer ortsfesten Behältern für brennbare oder schädliche Flüssigkeiten oder für verflüssigte oder nicht verflüssigte Gase und offenen Behältern für Jauche und Flüssigmist,
12. Abwasserbehandlungsanlagen, mit Ausnahme von Gebäuden,
12a. Aufzüge mit Ausnahme solcher in Sonderbauten (§ 54),

Kernenergieanlagen, Sprengstofflager, Füllanlagen,

12b. Anlagen, die einer Genehmigung nach § 7 Atomgesetz bedürfen,
12c. bauliche Anlagen, die ausschließlich zur Lagerung von Sprengstoffen dienen,
12d. Füllanlagen für Kraftfahrzeuge an Tankstellen,

Einfriedungen, Stützmauern, Brücken

13. Einfriedungen bis zu 2,0 m, an öffentlichen Verkehrsflächen bis zu 1,0 m Höhe über der Geländeoberfläche, im Außenbereich nur bei Grundstücken, die bebaut sind oder deren Bebauung genehmigt ist,
14. offene Einfriedungen für landwirtschaftlich (§ 201 des Baugesetzbuches) oder forstwirtschaftlich genutzte Grundstücke im Außenbereich,
15. Brücken und Durchlässe bis zu 5,0 m Lichtweite,
16. Stützmauern bis zu 2,0 m Höhe über der Geländeoberfläche,

Masten, Antennen und ähnliche Anlagen und Einrichtungen

17. Unterstützungen von Seilbahnen,
18. Parabolantennen mit Reflektorschalen bis zu einem Durchmesser von 1,20 m und bis zu einer Höhe von 10,0 m, sonstige Antennen und Sendeanlagen einschließlich der Masten mit einer Höhe bis zu 10,0 m und zugehörige nach der Nummer 9a zulässige Versorgungseinheiten sowie die Änderung der Nutzung oder der äußeren Gestalt der baulichen Anlage, wenn die Antenne, Sendeanlage oder die Versorgungseinheit in, auf oder an einer bestehenden baulichen Anlage errichtet werden.
19. ortsveränderliche Antennenträger, die nur vorübergehend aufgestellt werden,
20. Blitzschutzanlagen,
21. Signalhochbauten der Landesvermessung,
22. Fahnenmasten,
23. Flutlichtanlagen bis zu 10,0 m Höhe über der Geländeoberfläche,

Stellplätze, Abstellplätze, Lagerplätze

24. nicht überdachte Stellplätze für Personenkraftwagen und Motorräder bis zu insgesamt 100 m²,
25. überdachte und nicht überdachte Fahrradabstellplätze bis zu insgesamt 100 m²,
26. Ausstellungsplätze, Abstellplätze und Lagerplätze bis zu 300 m² Fläche außer in Wohngebieten und im Außenbereich,
27. unbefestigte Lagerplätze, die einem land- oder forstwirtschaftlichen Betrieb dienen, für die Lagerung land- oder forstwirtschaftlicher Produkte,

Bauliche Anlagen in Gärten und zur Freizeitgestaltung

28. bauliche Anlagen, die der Gartengestaltung oder der zweckentsprechenden Einrichtung von Gärten dienen, wie Bänke, Sitzgruppen, Pergolen,
29. bauliche Anlagen, die der zweckentsprechenden Einrichtung von Sport- und Spielflächen dienen, wie Tore für Ballspiele, Schaukeln und Klettergerüste, ausgenommen Tribünen,
30. Wasserbecken bis zu 100 m³ Fassungsvermögen außer im Außenbereich,

65.19a Zu Absatz 1 Nr. 9a

Bauliche Anlagen nach Nummer 9a können auch zusammen mit genehmigungsfreien Antennenanlagen nach Nr. 18 genehmigungsfrei errichtet werden.

65.110 Zu Absatz 1 Nr. 10
Es handelt sich hierbei um private Energieleitungen für Gas und Strom; im Übrigen wird auf § 1 Abs. 2 Nr. 3 verwiesen.

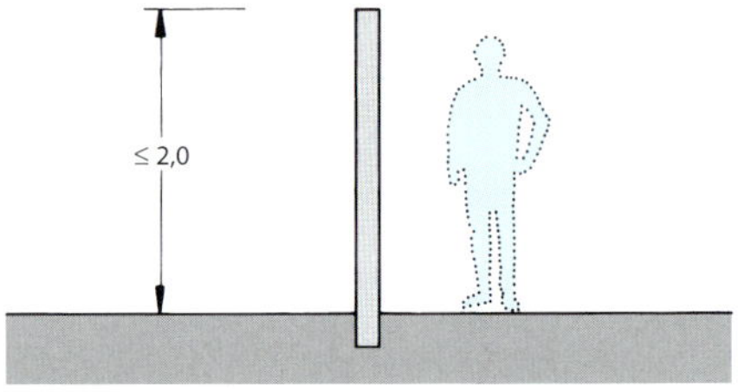

Zu § 65
Einfriedungen

Zu § 65
Masten

31. Landungsstege,
32. Sprungschanzen und Sprungtürme bis zu 10,0 m Höhe,

Werbeanlagen, Warenautomaten

33. Werbeanlagen und Hinweiszeichen nach § 13 Abs. 3 Nr. 3 bis zu einer Größe von 1 m^2,

33a. Werbeanlagen in durch Bebauungsplan festgesetzten Gewerbe-, Industrie- und vergleichbaren Sondergebieten an der Stätte der Leistung, an und auf Flugplätzen, Sportanlagen, an und in abgegrenzten Versammlungsstätten, sowie auf Ausstellungs- und Messegeländen, soweit sie nicht in die freie Landschaft wirken,

33b. Werbeanlagen im Geltungsbereich einer Satzung nach § 86 Abs. 1 Nr. 1, wenn die Satzung Festsetzungen über Art, Größe und Anbringungsort der Werbeanlagen enthält und die Werbeanlagen diesen Festsetzungen entsprechen,

34. Werbeanlagen für zeitlich begrenzte Veranstaltungen, insbesondere für Ausverkäufe und Schlussverkäufe an der Stätte der Leistung, jedoch nur für die Dauer der Veranstaltung,
35. Werbeanlagen, die an der Stätte der Leistung vorübergehend angebracht oder aufgestellt sind, soweit sie nicht fest mit dem Boden oder anderen baulichen Anlagen verbunden sind,
36. Warenautomaten,

Vorübergehend aufgestellte oder genutzte Anlagen

37. Gerüste und Hilfseinrichtungen zur statischen Sicherung von Bauzuständen,
38. Baustelleneinrichtungen einschließlich der Lagerhallen, Schutzhallen und Unterkünfte,
39. Behelfsbauten, die der Landesverteidigung, dem Katastrophenschutz oder der Unfallhilfe für kurze Zeit dienen,
40. bauliche Anlagen, die zu Straßenfesten, Märkten und ähnlichen Veranstaltungen nur für kurze Zeit aufgestellt werden und die keine Fliegenden Bauten sind,
41. bauliche Anlagen, die für höchstens drei Monate auf genehmigtem Messe- und Ausstellungsgelände errichtet werden, ausgenommen Fliegende Bauten,

Sonstige bauliche Anlagen und Einrichtungen

41a. Zugänge und Zufahrten, ausgenommen solche nach § 5,

42. selbständige Aufschüttungen oder Abgrabungen bis zu 2,0 m Höhe oder Tiefe, im Außenbereich nur, wenn die Aufschüttungen und Abgrabungen nicht mehr als 400 m^2 Fläche haben,
43. Regale mit einer Lagerhöhe (Oberkante Lagergut) von bis zu 7,50 m Höhe,
44. Anlagen zur Nutzung erneuerbarer Energien:
    a) Solaranlagen in, an und auf Dach- und Außenwandflächen oder als untergeordnete Nebenanlagen,
    b) Kleinwindanlagen bis zu 10 m Anlagengesamthöhe, außer in reinen, allgemeinen und besonderen Wohngebieten, sowie Mischgebieten,
45. Denkmale, Skulpturen und Brunnenanlagen sowie Grabdenkmale und Grabsteine auf Friedhöfen,
46. Brunnen,
47. Fahrzeugwaagen,
48. Hochsitze,
49. unbedeutende bauliche Anlagen und Einrichtungen, soweit sie nicht durch die Nrn. 1 bis 48 erfasst sind, wie Teppichstangen, Markisen, nicht überdachte Terrassen sowie Kleintierställe bis zu 5 m^3.

65.142 Zu Absatz 1 Nr. 42
Es ist die Grundfläche der Aufschüttung oder Abgrabung zugrunde zu legen.

65 (2) (2) Keiner Baugenehmigung bedürfen ferner: 65 (2)

1. eine geringfügige, die Standsicherheit nicht berührende Änderung tragender oder aussteifender Bauteile innerhalb von Gebäuden; die nicht geringfügige Änderung dieser Bauteile, wenn eine Sachkundige oder ein Sachkundiger der Bauherrin oder dem Bauherrn die Ungefährlichkeit der Maßnahme schriftlich bescheinigt,

65.21 Zu Absatz 2 Nr. 1

Als „Änderung" eines tragenden oder aussteifenden Bauteiles gilt z. B. das Herstellen von Schlitzen oder Durchbrüchen für Leitungen, aber auch der Durchbruch einer neuen Türöffnung. Der Ersatz des gesamten tragenden oder aussteifenden Bauteils durch ein anderes gilt nicht als Änderung, sondern bedarf der Baugenehmigung. Die Standsicherheit wird im Allgemeinen erkennbar nicht berührt von kleineren senkrechten Schlitzen und Durchbrüchen für Rohrleitungen. Sie kann z. B. berührt werden von längeren waagerechten Schlitzen und von größeren Durchbrüchen (z. B. für Türen); dies gilt insbesondere, wenn der Durchbruch in der Nähe des auszusteifenden Bauteils vorgesehen ist.

2. die Änderung der äußeren Gestaltung durch Anstrich, Verputz, Verfugung, Dacheindeckung, durch Einbau oder Austausch von Fenstern und Türen, Austausch von Umwehrungen sowie durch Bekleidungen und Verblendungen; dies gilt nicht in Gebieten, für die eine örtliche Bauvorschrift nach § 86 Abs. 1 Nr. 1 oder 2 besteht,
3. die mit Solaranlagen in, an und auf Dach- und Außenwandflächen verbundene Änderung der Nutzung oder der äußeren Gestalt des Gebäudes,
4. die mit Kleinwindanlagen bis zu 10 m Anlagengesamthöhe verbundene Änderung der Nutzung oder der äußeren Gestalt des Gebäudes, außer in reinen, allgemeinen und besonderen Wohngebieten, sowie Mischgebieten,
5. Nutzungsänderungen, wenn die Errichtung oder Änderung der Anlage für die neue Nutzung genehmigungsfrei wäre,
6. das Auswechseln von gleichartigen Teilen haustechnischer Anlagen, wie Abwasseranlagen, Lüftungsanlagen und Feuerungsanlagen,
7. das Auswechseln von Belägen auf Sport- und Spielflächen,
8. die Instandhaltung von baulichen Anlagen sowie anderen Anlagen und Einrichtungen.

65 (3) (3) Der Abbruch oder die Beseitigung von baulichen Anlagen sowie anderen Anlagen und Einrichtungen nach Absatz 1 bedarf keiner Baugenehmigung. Dies gilt auch für den Abbruch oder die Beseitigung von 65 (3)

1. genehmigungsfreien Anlagen nach § 66,
2. Gebäuden bis zu 300 m³ umbautem Raum,
3. ortsfesten Behältern ,
4. luftgetragenen Überdachungen,
5. Mauern und Einfriedungen,
6. Schwimmbecken,
7. Regalen,
8. Stellplätzen für Kraftfahrzeuge,
9. Lager- und Abstellplätzen,
10. Fahrradabstellplätzen,
11. Camping- und Wochenendplätzen,
12. Werbeanlagen.

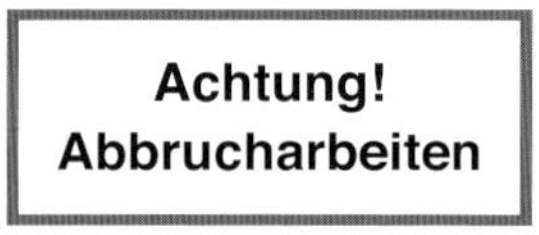

Zu § 65 (3)
Abbruch baulicher Anlagen

65 (4) (4) Die Genehmigungsfreiheit entbindet nicht von der Verpflichtung zur Einhaltung der Anforderungen, die in diesem Gesetz, in Vorschriften aufgrund dieses Gesetzes oder in anderen öffentlich-rechtlichen Vorschriften gestellt werden. 65 (4)

§ 66 Genehmigungsfreie Anlagen

66 Die Errichtung oder Änderung folgender Anlagen bedarf keiner Genehmigung:

1. Anlagen zur Verteilung von Wärme bei Wasserheizungsanlagen einschließlich der Wärmeerzeuger,
2. Feuerungsanlagen,

2a. in Serie hergestellte Blockheizkraftwerke,

2b. in Serie hergestellte Brennstoffzellen,

3. Wärmepumpen,
4. ortsfeste Behälter für brennbare oder schädliche Flüssigkeiten bis zu 50 m³ Fassungsvermögen, für verflüssigte oder nicht verflüssigte Gase bis zu 5 m³ Fassungsvermögen,
5. Wasserversorgungsanlagen einschließlich der Warmwasserversorgungsanlagen und ihre Wärmeerzeuger,
6. Abwasseranlagen, soweit sie nicht als Abwasserbehandlungsanlagen von der Genehmigungspflicht freigestellt sind (§ 65 Abs. 1 Nr. 12),
7. Lüftungsanlagen, raumlufttechnische Anlagen und Warmluftheizungen in Wohnungen oder ähnlichen Nutzungseinheiten mit Einrichtungen zur Wärmerückgewinnung.

Die Bauherrin oder der Bauherr hat sich vor der Benutzung der Anlagen von der Unternehmerin oder dem Unternehmer oder einer oder einem Sachverständigen bescheinigen zu lassen, dass die Anlagen den öffentlich-rechtlichen Vorschriften entsprechen.

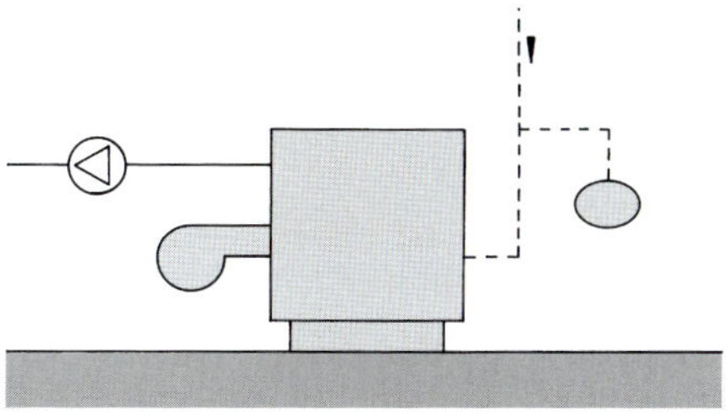

Zu § 66
Anlagen

Zu VV 66
Unternehmerbescheinigung

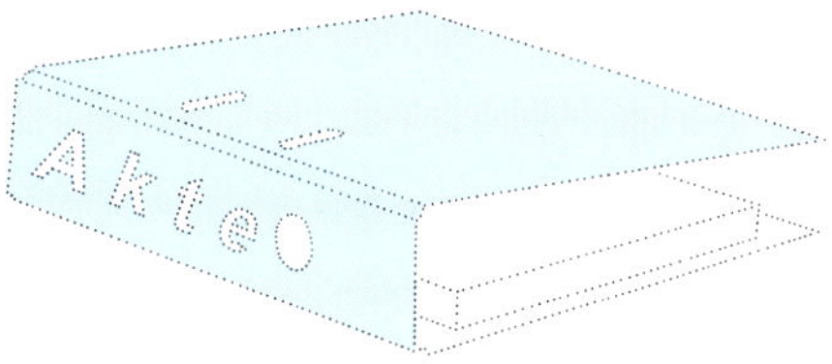

Zu § 66
Hausakte! Sorgfältig aufbewahren!

Die Errichtung und Änderung der in § 66 genannten haustechnischen Anlagen bedürfen keiner Baugenehmigung und werden von der Baugenehmigung für ein Gebäude – auch wenn die Anlagen zusammen mit dem Gebäude errichtet oder geändert werden – nicht erfasst. Die Bauherrin oder der Bauherr muss sich jedoch vor Benutzung der errichteten oder geänderten haustechnischen Anlage von der Unternehmerin oder dem Unternehmer oder einer oder einem Sachverständigen bescheinigen lassen, dass die Anlage den öffentlich-rechtlichen Vorschriften entspricht. Die Bescheinigung muss entsprechend den in der Anlage zu Nr. 66 bekannt gemachten Mustern ausgestellt werden. 66

Legt die Bauherrin oder der Bauherr der Bauaufsichtsbehörde die Bescheinigung nicht vor, wenn diese es verlangt, bestehen an der Sachkunde und Erfahrung der Unternehmerin, des Unternehmers, der Sachverständigen oder des Sachverständigen Zweifel oder gibt der Inhalt der Bescheinigung Anlass zu Bedenken, so kommt im Rahmen des ordnungsbehördlichen Einschreitens auch eine Untersagung der Inbetriebnahme oder des Betriebes der haustechnischen Anlagen bis zur Vorlage der Bescheinigungen in Betracht. Auf die Gebührenregelung in der Tarifstelle 2.8.2.6 des Allgemeinen Gebührentarifs der AVwGebO NRW wird verwiesen.

Sind mehrere Unternehmerinnen oder Unternehmer an der Errichtung oder Änderung einer Anlage beteiligt, sind der Bauherrin oder dem Bauherrn Bescheinigungen von jeder Unternehmerin oder jedem Unternehmer auszustellen.

Eine Unternehmer- oder Sachverständigenbescheinigung vor der Benutzung der errichteten oder geänderten haustechnischen Anlage ist nach § 66 auch dann erforderlich, wenn die haustechnische Anlage

a) zu einem Gebäude gehört, dessen Errichtung oder Änderung nach den §§ 65 oder 67 genehmigungsfrei ist oder nach § 68 dem vereinfachten Genehmigungsverfahren unterliegt oder
b) einer Genehmigung, Erlaubnis, Anzeige oder der staatlichen Aufsicht nach anderen Rechtsvorschriften, ausgenommen Planfeststellungsverfahren, unterliegt.

Die Benutzung einer haustechnischen Anlage nach der Errichtung oder einer Änderung ohne Unternehmer- oder Sachverständigen-Bescheinigung kann nach § 84 Abs. 1 Nr. 9 mit einem Bußgeld geahndet werden.

Der Abbruch oder die Beseitigung von haustechnischen Anlagen im Sinne des § 66 ist baugenehmigungsfrei (siehe § 65 Abs. 3 Nr. 1) und bedarf keiner Fachunternehmer- oder Sachverständigenbescheinigung.

Weder einer Baugenehmigung noch einer Unternehmer- oder Sachverständigenbescheinigung bedürfen ferner

1. die Nutzungsänderung (ohne bauliche Änderung), das Auswechseln gleichartiger Teile und die Instandhaltung haustechnischer Anlagen im Sinne des § 66 (siehe § 65 Abs. 2 Nrn. 3, 4 und 6),
2. die Errichtung oder Änderung von Abwasserbehandlungsanlagen, Solarenergieanlagen und Brunnen (siehe § 65 Abs. 1 Nrn. 12, 44 und 46) als Teile haustechnischer Anlagen im Sinne des § 66 sowie
3. die Errichtung oder Änderung von haustechnischen Anlagen im Sinne des § 66 als Teile von vorübergehend aufgestellten oder genutzten Anlagen nach § 65 Abs. 1 Nrn. 37 bis 41.

Zu den Feuerungsanlagen nach § 66 Nr. 2 gehören auch die Abgasanlagen (siehe Definition der Feuerungsanlage in § 43 Abs. 1). Somit ist auch die Errichtung oder Änderung von Schornsteinen genehmigungsfrei; sie bedarf jedoch der Unternehmer- oder Sachverständigenbescheinigung. Neben den Unternehmer- oder Sachverständigenbescheinigungen nach § 66 Nr. 2 sind bei Feuerungsanlagen für bestimmte Tatbestände noch Bescheinigungen der Bezirksschornsteinfegermeisterin oder des Bezirksschornsteinfegermeisters in § 43 Abs. 7 vorgeschrieben. Auf Nr. 43.7 VV BauO NRW wird hingewiesen.

§ 67

§ 67 Genehmigungsfreie Wohngebäude, Stellplätze und Garagen

§ 67

67 (1) (1) Im Geltungsbereich eines Bebauungsplanes im Sinne von § 30 Abs. 1 oder § 30 Abs. 2 des Baugesetzbuches bedürfen die Errichtung oder Änderung von Wohngebäuden mittlerer und geringer Höhe einschließlich ihrer Nebengebäude und Nebenanlagen keiner Baugenehmigung, wenn

1. das Vorhaben den Festsetzungen des Bebauungsplans nicht widerspricht,
2. die Erschließung im Sinne des Baugesetzbuchs gesichert ist und
3. die Gemeinde nicht innerhalb eines Monats nach Eingang der Bauvorlagen erklärt, dass das Genehmigungsverfahren durchgeführt werden soll.

Satz 1 gilt auch für Nutzungsänderungen von Gebäuden, deren Errichtung oder Änderung bei geänderter Nutzung genehmigungsfrei wäre. Die Bauherrin oder der Bauherr kann beantragen, dass für die in Satz 1 genannten Vorhaben das Baugenehmigungsverfahren durchgeführt wird.

Zu § 67 (1)
Angrenzerbenachrichtigung

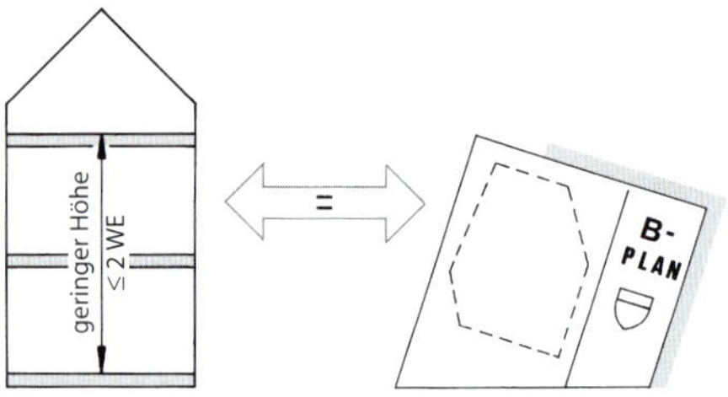

Zu § 67
Wohngebäude geringer Höhe ≤ 2 WE

Bei der Errichtung eines von der Genehmigung freigestellten Wohngebäudes geringer Höhe mit nicht mehr als 2 WE (§ 67) ist zu beachten:

Für den Baubeginn:

✓ Die Gemeinde darf nicht innerhalb eines Monats nach Einreichen der Bauvorlagen erklärt haben, dass ein Genehmigungsverfahren durchgeführt werden soll.

✓ Der Bauaufsichtsbehörde muss eine Woche vorher angezeigt sein – formlos, aber schriftlich:
- der Baubeginn und
- der Name der Bauleiterin oder des Bauleiters. (§ 59 a)

✓ Die Angrenzer müssen durch die Bauherrin oder den Bauherrn informiert worden sein, dass ein genehmigungsfreies Vorhaben errichtet werden soll – formlos.

✓ Die Grundrissfläche und die Höhenlage der baulichen Anlage muss abgesteckt sein.

67.1 Zu Absatz 1 **67 (1)**

In Wohngebäuden nach § 67 sind auch Räume für die Berufsausübung freiberuflich Tätiger und solcher Gewerbetreibender, die ihren Beruf in gleicher Weise ausüben, zulässig. In Frage kommen aber nur solche freiberuflich bzw. gewerblich genutzten Räume, deren Nutzung mit einer Wohnnutzung hinsichtlich des ihnen innewohnenden Gefährdungspotentials vergleichbar ist.
Damit sind in einem Wohngebäude nach § 67 jedenfalls keine Nutzungseinheiten zulässig, die den Betrieb eines – und sei es nur kleinen – Labors mit sich bringen, das Aufstellen schwerer Apparaturen oder die Lagerung größerer Mengen brennbaren Materials erfordern. Übliche Arzt- und Zahnarztpraxen sind daher in der Regel in einem Wohngebäude im Sinne des § 67 nicht zulässig.
Das Wohngebäude muss durch die Wohnnutzung geprägt sein; das heißt, anders genutzte Räume dürfen sowohl nach Anzahl als auch nach Fläche nur in deutlich untergeordnetem Maße vorhanden sein.
Zu den freigestellten Vorhaben im Sinne des § 67 gehören auch Ferien- und Wochenendhäuser.
Nebengebäude und Nebenanlagen sind Gebäude und andere bauliche Anlagen, die dem Wohngebäude räumlich und funktional zugeordnet sein müssen. Darüber hinaus müssen sie im Vergleich

Zu § 67 (1)
Die Baubeginnanzeige, die Benennung des Bauleiters nach § 59 a, erfolgt formlos.

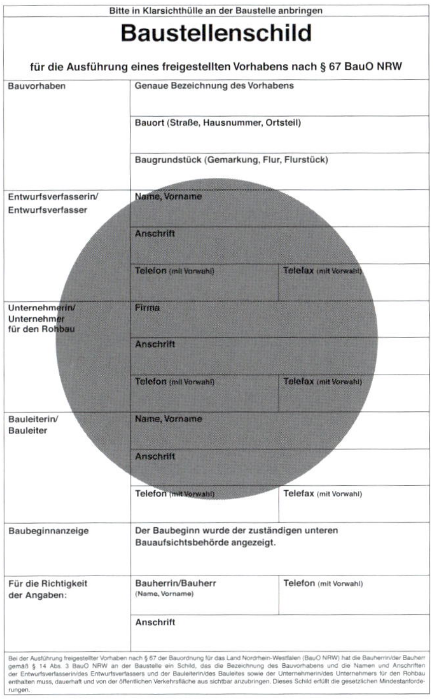
Bitte in Klarsichthülle an der Baustelle anbringen

Baustellenschild

für die Ausführung eines freigestellten Vorhabens nach § 67 BauO NRW

Bauvorhaben	Genaue Bezeichnung des Vorhabens	
	Bauort (Straße, Hausnummer, Ortsteil)	
	Baugrundstück (Gemarkung, Flur, Flurstück)	
Entwurfsverfasserin/ Entwurfsverfasser	Name, Vorname	
	Anschrift	
	Telefon (mit Vorwahl)	Telefax (mit Vorwahl)
Unternehmerin/ Unternehmer für den Rohbau	Firma	
	Anschrift	
	Telefon (mit Vorwahl)	Telefax (mit Vorwahl)
Bauleiterin/ Bauleiter	Name, Vorname	
	Anschrift	
	Telefon (mit Vorwahl)	Telefax (mit Vorwahl)
Baubeginnanzeige	Der Baubeginn wurde der zuständigen unteren Bauaufsichtsbehörde angezeigt.	
Für die Richtigkeit der Angaben:	Bauherrin/Bauherr (Name, Vorname)	Telefon (mit Vorwahl)
	Anschrift	

Bei der Ausführung freigestellter Vorhaben nach § 67 der Bauordnung für das Land Nordrhein-Westfalen (BauO NRW) hat die Bauherrin/der Bauherr gemäß § 14 Abs. 3 BauO NRW an der Baustelle ein Schild, das die Bezeichnung des Bauvorhabens und die Namen und Anschriften der Entwurfsverfasserin/des Entwurfsverfassers und der Bauleiterin/des Bauleites sowie der Unternehmerin/des Unternehmers für den Rohbau enthalten muss, dauerhaft und von der öffentlichen Verkehrsfläche aus sichtbar anzubringen. Dieses Schild erfüllt die gesetzlichen Mindestanforderungen.

Erhältlich bei der Gemeinde/Bauaufsicht

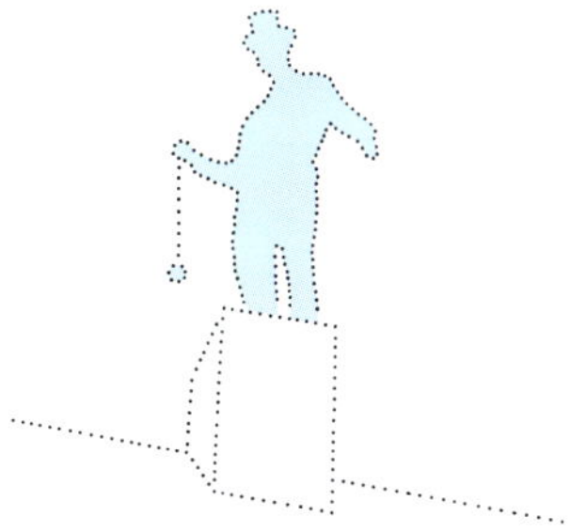

Zu § 67 (1)
Bezirksschornsteinfegermeister (siehe § 43 [7])

Es müssen beauftragt sein:

✓ eine Architektin oder ein Architekt*), der/die sicherstellt, dass die für die Ausführung notwendigen Einzelzeichnungen, Einzelberechnungen und Anweisungen geliefert werden, dem Entwurf und den öffentlich-rechtlichen Vorschriften entsprechen (§ 58)
✓ eine Unternehmerin oder ein Unternehmer (§ 59)
✓ eine Bauleiterin oder ein Bauleiter (§ 59 a)
✓ ggf. eine Sicherheits- und Gesundheitskoordinatorin oder ein Sicherheits- und Gesundheitskoordinator, s. BaustellenVO

Es müssen an der Baustelle vorliegen:

✓ die Bauvorlagen mit:
- dem Schall- und Wärmeschutznachweis
- dem Standsicherheitsnachweis
- ggf. den Bescheinigungen über genehmigte Abweichungen, Baulasten u. Ä.

✓ Das Bauschild mit dem *grünen* Punkt muss gut sichtbar angebracht sein.

Während der Bauausführung:

✓ Die Bezirksschornsteinfegermeisterin oder der Bezirksschornsteinfegermeister ist zur Besichtigung des, der Schornsteine während des Rohbaus einzuladen. (§ 43)

Vor der Benutzung des Vorhabens sind der Bauaufsicht vorzulegen:

✓ die Fertigstellungsanzeige (ggf. auch Teilfertigstellung möglich und notwendig)
✓ Nachweis, dass die Heizungsanlage die Vorschriften der Heizungsanlagen VO erfüllt – Fachunternehmererklärung (Vordruck)

Bescheinigungen, die vor der Benutzung des Vorhabens der Bauherrin oder dem Bauherrn vorliegen müssen:

✓ Bescheinigung der Bezirksschornsteinfegermeisterin oder des Bezirksschornsteinfegermeisters (§ 43)
✓ Bescheinigungen von Unternehmern oder von Sachverständigen, wonach die „haustechnischen" Anlagen den öffentlich-rechtlichen Vorschriften entsprechen (§ 66 Nr. 1–7) (Vordrucke für die einzelnen Gewerke im Anhang der VV zur BauO)

Hinweis:

Die Bauherrin oder der Bauherr hat alle zuvor genannten Vorlagen, Nachweise und Bescheinigungen aufzubewahren und an die Nacheigentümer weiterzuleiten.

*) Architektin oder Architekt steht synonym für „bauvorlageberechtigte Entwurfsverfasser".

zum Wohngebäude von der Größe her untergeordnet sein. Hierzu zählen z. B. nicht überdachte Stellplätze, Gartenhäuschen, Geräteschuppen, Einfriedungen, Freisitze und ähnliche Anlagen, sofern sie nicht bereits nach § 65 vom Genehmigungsverfahren freigestellt sind.

67.11 Dass das Vorhaben gemäß § 67 Abs. 1 Satz 1 Nr. 1 den Festsetzungen eines qualifizierten Bebauungsplans nicht widersprechen darf, gewährleistet, dass die bodenrechtlichen Vorschriften des BauGB beachtet werden. Es ist daher nicht möglich, Bauvorhaben genehmigungsfrei zu errichten, die sich in einem Bereich befinden, in dem sich die planungsrechtliche Zulässigkeit von Vorhaben nach § 33 BauGB bestimmen würde.
Das Erfordernis einer Ausnahme oder einer Befreiung nach § 31 BauGB schließt die genehmigungsfreie Errichtung von Bauvorhaben nach § 67 aus. Dies gilt auch dann, wenn die Ausnahme oder die Befreiung vor Inanspruchnahme der Freistellungsregelung bei der Bauaufsichtsbehörde beantragt wurde.
Dies bewirkt auch, dass Wohnungen für Aufsichts- und Bereitschaftspersonal, die nur ausnahmsweise in Gewerbe- und Industriegebieten zulässig sind, nicht genehmigungsfrei errichtet werden können. Dagegen können Wohngebäude auch in Dorfgebieten nach § 5 BauNVO ohne Baugenehmigung errichtet werden, da sie dort zulässig sind, ohne dass hierfür eine Ausnahme nach § 31 BauGB erteilt werden müsste.
Die Anwendung der Freistellung ist somit immer ausgeschlossen, wenn hinsichtlich der planungsrechtlichen Zulässigkeit noch eine Entscheidung im Einzelfall erforderlich ist.
Die Möglichkeit, auch bei der Freistellungsregelung von bauordnungsrechtlichen Anforderungen abzuweichen, ist durch die Verweisung auf § 68 Abs. 7 in § 67 Abs. 5 ausdrücklich vorgesehen. In diesen Fällen ist allerdings eine gesonderte Entscheidung der Bauaufsichtsbehörde über die Zulassung der Abweichung erforderlich.

67.12 Die Erschließung im Sinne des § 67 Abs. 1 Satz 1 Nr. 2 ist dann gesichert, wenn aufgrund der vorhandenen Anzeichen vernünftigerweise erwartet werden kann, dass zum Zeitpunkt der

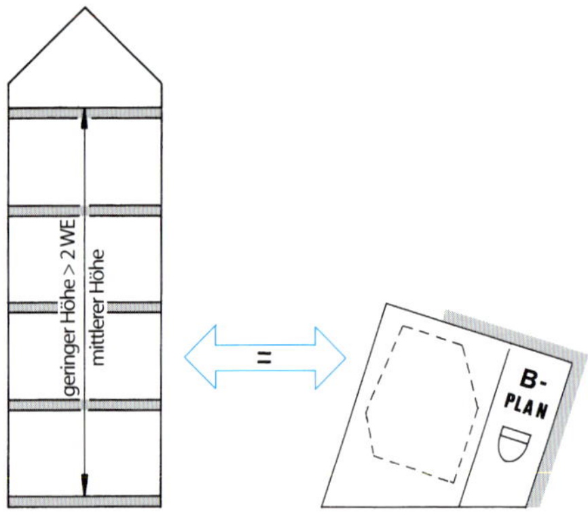

Zu § 67 (1)
Wohngebäude geringer Höhe > 2 WE und Wohngebäude mittlerer Höhe

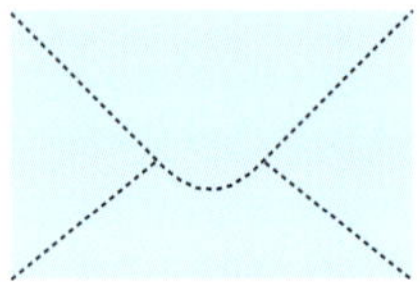

Zu § 67 (1)
Angrenzerbenachrichtigung

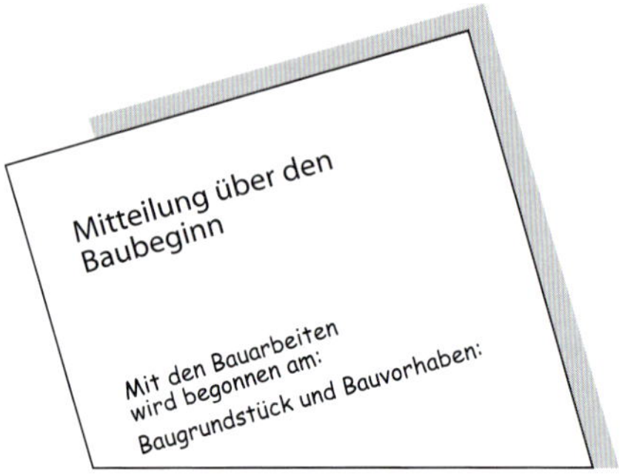

Zu § 67 (1)
Die Baubeginnanzeige, die Benennung des Bauleiters nach § 59 a und der Sachverständigen, erfolgt formlos.

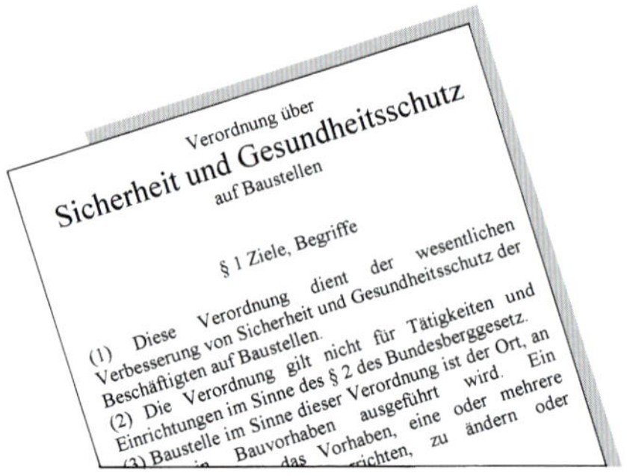

Zu § 67 (1)
Baustellenverordnung beachten

Bei der Errichtung der von der Genehmigung freigestellten Wohngebäude geringer Höhe mit mehr als 2 WE sowie von Wohngebäuden mittlerer Höhe und der im Zusammenhang mit diesen zu errichtenden Stellplätze und Garagen bis zu 1000 m² (§ 67) ist zu beachten:

Für den Baubeginn:

✓ Die Gemeinde darf nicht innerhalb eines Monats nach Einreichen der Bauvorlagen erklärt haben, dass ein Genehmigungsverfahren durchgeführt werden soll.

✓ Der Bauaufsichtsbehörde muss eine Woche vorher angezeigt bzw. benannt werden – formlos, aber schriftlich:
- der Baubeginn
- der Name der Bauleiterin oder des Bauleiters (§ 59 a) sowie
- die Namen der **sa SV****), die während der Bauausführung die erforderlichen stichprobenhaften Kontrollen durchführen – formlos, aber schriftlich

✓ Die Angrenzer müssen durch die Bauherrin oder den Bauherrn informiert worden sein, dass ein genehmigungsfreies Vorhaben errichtet werden soll – formlos.

✓ Die Grundrissfläche und die Höhenlage der baulichen Anlage muss abgesteckt sein.

Es müssen beauftragt sein:

✓ eine Architektin oder ein Architekt*), der/die sicherstellt, dass die für die Ausführung notwendigen Einzelzeichnungen, Einzelberechnungen und Anweisungen geliefert werden und diese dem Entwurf und den öffentlich-rechtlichen Vorschriften entsprechen (§ 58)

✓ eine Unternehmerin oder ein Unternehmer (§ 59)

✓ eine Bauleiterin oder ein Bauleiter (§ 59 a)

✓ die **sa SV****) zur stichprobenhaften Kontrolle der Belange
- des Schall- und Wärmeschutzes
- der Standsicherheit und
- des Brandschutzes (bei Gebäuden mittlerer Höhe und bei Mittelgaragen)

✓ eine Sicherheits- und Gesundheitskoordinatorin oder ein Sicherheits- und Gesundheitskoordinator, s. BaustellenVO

Es müssen an der Baustelle vorliegen:

✓ die Bauvorlagen mit:
- der von einer oder einem **sa SV****) aufgestellten oder geprüften Schall- und Wärmeschutznachweis
- dem Standsicherheitsnachweis
- der Bescheinigung von der oder dem **sa SV****), über die Prüfung des Standsicherheitsnachweises

*) Architektin oder Architekt steht synonym für „bauvorlageberechtigte Entwurfsverfasser".
) **sa SV steht für „staatlich anerkannte Sachverständige".

Benutzbarkeit der baulichen Anlage die für eine von § 30 Abs. 1 BauGB geforderte planungsrechtliche Erschließung erforderlichen Anlagen vorhanden und benutzbar sind. Da es im Rahmen des § 67 auf die planungsrechtliche Erschließung ankommt, sind Bescheinigungen über das Vorliegen der Voraussetzungen des § 4 nicht erforderlich.

67.13 Bei der Erklärung der Gemeinde (§ 67 Abs. 1 Satz 1 Nr. 3) handelt es sich nicht um einen Verwaltungsakt, sie muss daher auch nicht gemäß § 39 VwVfG. NRW. begründet werden. Da die Gemeinde die Erklärung innerhalb eines Monats nach Eingang der Bauvorlagen abgeben muss, hat sie sicherzustellen, dass sie diese Frist tatsächlich zur Wahrnehmung der ihr zukommenden Beteiligungsrechte nutzen kann. Entscheidend ist der Eingang der Bauvorlagen bei der Gemeinde, unabhängig davon, bei welcher Organisationseinheit (Amt) sie eingereicht werden.
Im Zweifel hat die Bauherrin oder der Bauherr den Eingang der Bauvorlagen bei der Gemeinde darzulegen und zu beweisen, während die Gemeinde ihrerseits den Zeitpunkt der Abgabe der gemeindlichen Erklärung darzulegen und zu beweisen hat.
Die Gemeinde erhält durch das Verfahren nach § 67 nicht die Stellung einer Bauaufsichtsbehörde. Sie wird in dem Verfahren beteiligt, um die Möglichkeit zu erhalten, eigene Rechte, die sich aus der kommunalen Planungshoheit ergeben, wahrzunehmen.
Diese ausschließliche Wahrnehmung eigener Rechte hat zur Folge, dass der Gemeinde keinerlei Prüfpflichten zukommen, die sie als Amtspflichten gegenüber Dritten zu erfüllen hätte. Dies gilt auch in den Fällen, in denen die Gemeinde gleichzeitig untere Bauaufsichtsbehörde ist. Da die Gemeinde lediglich zur Wahrung eigener Rechte beteiligt ist und in diesem Zusammenhang frei darüber entscheiden kann, in welchem Umfang sie diese Rechte wahrnehmen will, kann sie von der Bauherrin oder dem Bauherrn auch keine Gebühren erheben. Etwas anderes gilt nur, wenn die Gemeinde im Interesse der Bauherrin oder des Bauherrn vorzeitig bescheinigt, dass sie nicht die Durchführung eines Genehmigungsverfah-

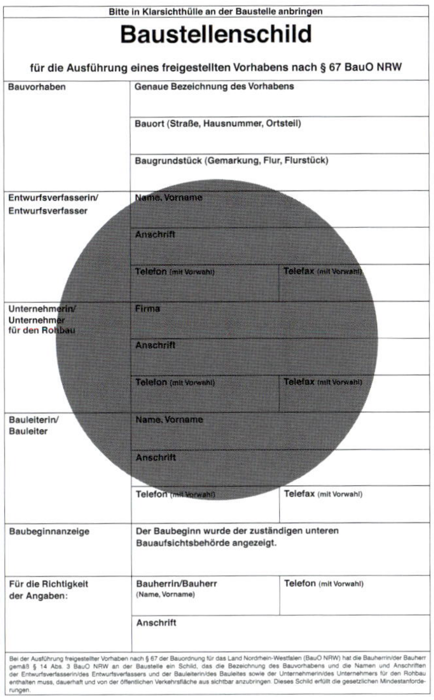

Bitte in Klarsichthülle an der Baustelle anbringen

Baustellenschild

für die Ausführung eines freigestellten Vorhabens nach § 67 BauO NRW

Bauvorhaben	Genaue Bezeichnung des Vorhabens	
	Bauort (Straße, Hausnummer, Ortsteil)	
	Baugrundstück (Gemarkung, Flur, Flurstück)	
Entwurfsverfasserin/ Entwurfsverfasser	Name, Vorname	
	Anschrift	
	Telefon (mit Vorwahl)	Telefax (mit Vorwahl)
Unternehmerin/ Unternehmer für den Rohbau	Firma	
	Anschrift	
	Telefon (mit Vorwahl)	Telefax (mit Vorwahl)
Bauleiterin/ Bauleiter	Name, Vorname	
	Anschrift	
	Telefon (mit Vorwahl)	Telefax (mit Vorwahl)
Baubeginnanzeige	Der Baubeginn wurde der zuständigen unteren Bauaufsichtsbehörde angezeigt.	
Für die Richtigkeit der Angaben:	Bauherrin/Bauherr (Name, Vorname)	Telefon (mit Vorwahl)
	Anschrift	

Bei der Ausführung freigestellter Vorhaben nach § 67 der Bauordnung für das Land Nordrhein-Westfalen (BauO NRW) hat die Bauherrin/der Bauherr gemäß § 14 Abs. 3 BauO NRW an der Baustelle ein Schild, das die Bezeichnung des Bauvorhabens und die Namen und Anschriften der Entwurfsverfasserin/des Entwurfsverfassers und der Bauleiterin/des Bauleites sowie der Unternehmerin/des Unternehmers für den Rohbau enthalten muss, dauerhaft und von der öffentlichen Verkehrsfläche aus sichtbar anzubringen. Dieses Schild erfüllt die gesetzlichen Mindestanforderungen.

Erhältlich bei der Gemeinde/Bauaufsicht

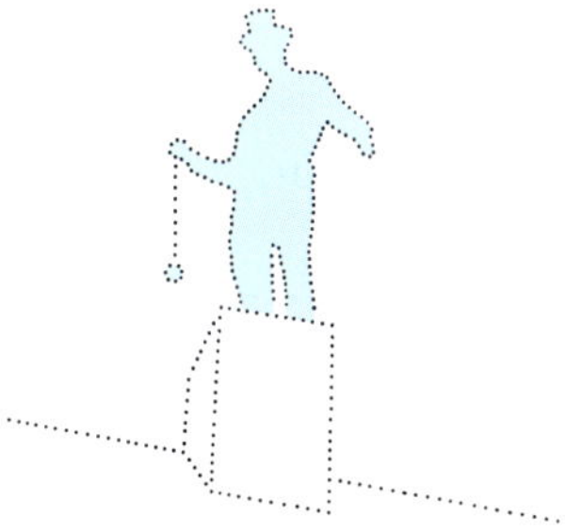

Zu § 67 (1)
Bezirksschornsteinfegermeister (siehe § 43 [7])

- der Bescheinigung einer oder eines **sa SV****), dass das Vorhaben den Anforderungen des Brandschutzes entspricht, (nur bei Wohngebäuden mittlerer Höhe und bei Mittelgaragen)
- ggf. den Bescheinigungen über genehmigte Abweichungen, Baulasten u. Ä.

✓ Das Bauschild mit dem *grünen* Punkt muss gut sichtbar angebracht sein.

Während der Bauausführung:

✓ Die Bezirksschornsteinfegermeisterin oder der Bezirksschornsteinfegermeister ist zur Besichtigung des, der Schornsteine während des Rohbaus einzuladen. (§ 43)

✓ Die **sa SV****) müssen eingeladen werden zur stichprobenhaften Kontrolle der Belange
- des Schall- und Wärmeschutzes
- der Standsicherheit und
- des Brandschutzes (bei Gebäuden mittlerer Höhe und Mittelgaragen).

Vor der Benutzung des Vorhabens sind der Bauaufsicht vorzulegen:

✓ Fertigstellungsanzeige (ggf. auch Teilfertigstellung möglich und notwendig)

✓ Nachweis, dass die Heizungsanlage die Vorschriften der Heizungsanlagen VO erfüllt – Fachunternehmererklärung (Vordruck)

Bescheinigungen, die vor der Benutzung des Vorhabens der Bauherrin oder dem Bauherrn vorliegen müssen:

✓ Bescheinigung der Bezirksschornsteinfegermeisterin oder des Bezirksschornsteinfegermeisters [§ 43 (7)]

✓ Bescheinigungen der **sa SV****) über die stichprobenhaft durchgeführten Kontrollen der Belange
- des Schall- und Wärmeschutzes
- der Standsicherheit
- des Brandschutzes (bei Gebäuden mittlerer Höhe und bei Mittelgaragen)
- einen Monat nach Benutzung die Unbedenklichkeitsbescheinigung der oder des **sa SV****) bei geschlossenen Mittelgaragen mit natürlicher Belüftung

✓ Bescheinigungen von Unternehmern oder von Sachverständigen, wonach die „haustechnischen" Anlagen den öffentlich-rechtlichen Vorschriften entsprechen (§ 66 Nr. 1–7) (Vordrucke für die einzelnen Gewerke im Anhang der VV zur BauO)

Hinweis:

Die Bauherrin oder der Bauherr hat alle zuvor genannten Vorlagen, Nachweise und Bescheinigungen aufzubewahren und an die Nacheigentümer weiter zu leiten.

) **sa SV steht für „staatlich anerkannte Sachverständige".

rens verlangen will, bzw. dass sie nicht die Durchführung eines Genehmigungsverfahrens verlangt hat. In diesen Fällen ist jeweils die Erhebung einer Gebühr in Höhe von 100,– DM vorgesehen (Tarifstelle 2.4.9.1 und 2.4.9.2 des Allgemeinen Gebührentarifs der AVwGebO NRW).

Das Schweigen innerhalb der Monatsfrist, das die genehmigungsfreie Errichtung eines Wohngebäudes ermöglicht, entfaltet für die Gemeinde hinsichtlich ihrer bauleitplanerischen Absichten keinerlei Bindungswirkung.

Die Bauherrin oder der Bauherr hat darauf zu achten, dass sich die rechtlichen Grundlagen für die Durchführung seines Bauvorhabens nicht ändern.

Entspricht ein Bauvorhaben nicht mehr den Festsetzungen des Bebauungsplans, so ist es nicht nur materiell, sondern wegen der aufgrund Nichtübereinstimmung eintretenden Genehmigungsbedürftigkeit auch formell rechtswidrig.

Ändert die Gemeinde den Bebauungsplan vor Fertigstellung des Bauvorhabens, so hat die untere Bauaufsichtsbehörde im Hinblick auf das nunmehr formell und materiell rechtswidrige Bauvorhaben zu prüfen, ob im Rahmen des ihr zukommenden Ermessens die Stilllegung bzw. der Abbruch des Bauwerks verfügt werden kann.

67.14 Beantragt die Bauherrin oder der Bauherr, dass für ein Vorhaben, das die Voraussetzungen des § 67 erfüllt, ein Genehmigungsverfahren durchgeführt wird, so kann die Bauaufsichtsbehörde diesen Antrag nicht zurückweisen.

Der Weg von der Planung zum Baubeginn für genehmigungsfreie Wohngebäude, Stellplätze und Garagen bis 1000 m² Nutzfläche (§ 67 Abs. 1)

Voraussetzungen: Das Baugrundstück muss innerhalb eines Bebauungsplans liegen. Das Vorhaben darf den Festsetzungen des B-Plans oder VE-Plans nicht widersprechen. Die Erschließung muss im Sinne des Baugesetzbuchs gesichert sein.

Die Bauherrin oder der Bauherr (§ 57) beauftragt eine Architektin oder einen Architekten*) mit der Planung des Vorhabens. (Teil II HOAI)

Die Architektin, der Architekt*) (§ 58) fertigt den Vorentwurf, den Entwurf und die Bauvorlage für das Vorhaben. (§ 15 HOAI)

↓

Die Bauherrin, der Bauherr vereinbaren mit der Architektin, dem Architekten*), ob von der Freistellung gem. § 67 Gebrauch gemacht werden soll,

↓

Ja, die Freistellung gem. § 67 ist erwünscht.
(keine Genehmigung, keine Gebühren)

↓

Die Architektin, der Architekt*) fertigt die Bauvorlagen
(§ 13 BauPrüfVO und Vordruck Anlage I)
und reicht sie der **Gemeinde** ein.

↓

Die Gemeinde entscheidet gem. § 67, ob

- sie nur den Eingang der Bauvorlagen bestätigt.
- sie mitteilt, dass ein Bauantrag nicht erforderlich ist.
- ein Genehmigungsverfahren gem. § 68 gefordert wird.
  ↓ Die Bauvorlagen werden je nach Wunsch der Bauherrin oder dem Bauherrn zurückgegeben oder der Bauaufsicht zur Prüfung gem. § 68 geschickt.

Nein, Baugenehmigung gem. § 68 soll beantragt werden.
(Genehmigungsgebühren)

↓

Die Architektin, der Architekt*) fertigt die Bauvorlagen
(§ 10 BauPrüfVO und Vordruck Anlage I)
und reicht sie der **Bauaufsicht** ein.

Voraussetzung für den Baubeginn:

- 1 Monat nach Eingang und wenn Folgendes veranlasst ist:
- Sofort nach Mitteilung der Gemeinde und wenn Folgendes veranlasst ist:

Der Bauaufsicht muss 1 Woche vorher angezeigt bzw. benannt sein: der Baubeginn, der Name der Bauleiterin oder des Bauleiters (§ 59 a), die Namen der **sa SV****), die die stichprobenhaften Kontrollen durchführen.

Die Angrenzer müssen durch den Bauherrn informiert sein, dass ein von der Genehmigung freigestelltes Bauvorhaben, gegen das die Gemeinde keine Bedenken geltend gemacht hat, errichtet werden soll – formlos.
Die Grundrissfläche und die Höhenlage der baulichen Anlagen müssen abgesteckt sein.

Der Bauherrin, dem Bauherrn müssen (an der Baustelle) vorliegen:

✓ der Schall- und Wärmeschutznachweis – muss bei Vorhaben mit mehr als 2 WE von einer oder einem **sa SV****) aufgestellt oder geprüft sein

✓ der Standsicherheitsnachweis – muss bei Vorhaben mit mehr als 2 WE und bei Mittelgaragen (100 bis 1000 m²) von einer oder einem **sa SV****) geprüft sein

✓ bei Gebäuden mittlerer Höhe und bei Mittelgaragen (100 bis 1000 m²) die Bescheinigung einer oder eines **sa SV****), dass das Vorhaben den Anforderungen des Brandschutzes entspricht

*) Architektin, Architekt steht synonym für die „bauvorlageberechtigten Entwurfsverfasser".

) **sa SV bedeutet „staatlich anerkannte Sachverständige, Sachverständiger".

67 (2) (2) Den bei der Gemeinde einzureichenden Bauvorlagen ist eine Erklärung der Entwurfsverfasserin oder des Entwurfsverfassers beizufügen, dass das Vorhaben den Anforderungen an den Brandschutz entspricht. Mit dem Vorhaben darf einen Monat nach Eingang der Bauvorlagen bei der Gemeinde begonnen werden. Teilt die Gemeinde der Bauherrin oder dem Bauherrn vor Ablauf der Frist schriftlich mit, dass kein Genehmigungsverfahren durchgeführt werden soll, darf unverzüglich mit dem Vorhaben begonnen werden. Ein Rechtsanspruch auf eine solche Mitteilung besteht nicht.

67.2 Zu Absatz 2 67 (2)

67.21 Die Vordrucke für Bauvorlagen in der Genehmigungsfreistellung (Anlagen I/1 und I/2 zur VV BauPrüfVO) sind u. a. zusammen mit dem Muster eines Baustellenschildes (siehe Anlage B zu Nr. 14.3 VV BauO NRW) und den vom Landesamt für Datenverarbeitung und Statistik NRW (LDS) zur Verfügung gestellten Erhebungsbögen nach dem HBauStatG von den unteren Bauaufsichtsbehörden und den Gemeinden (siehe § 22 Abs. 2 GO NRW) vorzuhalten und den Bauherrinnen oder Bauherren sowie den Entwurfsverfasserinnen und Entwurfsverfassern auszuhändigen. Art und Umfang der einzureichenden Bauvorlagen ergeben sich aus § 13 BauPrüfVO. Zusammen mit den Bauvorlagen nach § 13 BauPrüfVO reichen die Bauherrinnen oder Bauherrn die von ihnen ausgefüllten Erhebungsbögen nach dem HBauStatG bei der Gemeinde ein, die sie um die von ihr zu machenden Angaben ergänzt (siehe § 6 Abs. 2 des HBauStatG). Die Gemeinde leitet die Erhebungsbögen an das LDS weiter. Notwendige Rückfragen zu Angaben im Erhebungsbogen, für die nicht die Gemeinde, sondern die Bauherrin oder der Bauherr auskunftspflichtig ist (das sind die Angaben nach § 3 Abs. 1 und 2 des HBauStatG), richtet das LDS unmittelbar an die Bauherrin oder den Bauherrn.
Die für die Meldung der Baufertigstellung vorgesehene Ausfertigung des Erhebungsbogens leitet die Gemeinde der Bauaufsichtsbehörde zu.

67.22 Die Gemeinde hat weder die Vollständigkeit noch die Richtigkeit der Bauvorlagen sowie das Vorliegen der Bauvorlageberechtigung der Entwurfsverfasserinnen oder Entwurfsverfasser zu prüfen. Kann die Gemeinde aufgrund unvollständiger Bauvorlagen nicht entscheiden, ob sie verlangen soll, dass ein Genehmigungsverfahren durchgeführt wird, kann sie die Vorlage nicht entsprechend § 72 Abs. 1 Satz 2 zurückweisen. In solchen Fällen kann sie nur die Durchführung eines Genehmigungsverfahrens verlangen.

67 (3) (3) Die Gemeinde kann die Erklärung nach Absatz 1 Satz 1 Nr. 3 abgeben, weil sie beabsichtigt, eine Veränderungssperre nach § 14 des Baugesetzbuches zu beschließen oder eine Zurückstellung nach § 15 des Baugesetzbuches zu beantragen, oder wenn sie aus anderen Gründen die Durchführung eines Genehmigungsverfahrens für erforderlich hält. Erklärt die Gemeinde, dass das Genehmigungsverfahren durchgeführt werden soll, hat sie der Bauherrin oder dem Bauherrn mit der Erklärung die Bauvorlagen zurückzureichen, falls die Bauherrin oder der Bauherr bei der Vorlage nicht ausdrücklich bestimmt hat, dass sie im Falle der Erklärung der Gemeinde nach Absatz 1 Nr. 3 als Bauantrag zu behandeln sind. Die Gemeinde leitet dann die Bauvorlagen zusammen mit ihrer Stellungnahme an die untere Bauaufsichtsbehörde weiter; § 72 Abs. 1 Satz 3 ist nicht anzuwenden.

67.3 Zu Absatz 3 67 (3)

Die Gemeinde wird von dem Bauvorhaben durch die Bauvorlagen in Kenntnis gesetzt, um ihre eigenen Belange wahrnehmen zu können. Sie hat dagegen nicht die Aufgabe, die Rechtmäßigkeit des Bauvorhabens zu prüfen. Der Gemeinde wird durch die Regelung des § 67 Abs. 3 Satz 1 eine sehr weitgehende Möglichkeit gegeben, im eigenen Interesse die Durchführung eines Baugenehmigungsverfahrens zu verlangen. Die Grenze für die rechtliche Zulässigkeit der gemeindlichen Erklärung bildet das Willkürverbot.

67.32 Es ist möglich, dass ein Bauvorhaben nur durchgeführt werden darf, wenn zuvor andere behördliche Genehmigungen oder Erlaubnisse erteilt wurden. In diesen Fällen kann die Gemeinde zwar verlangen, dass ein Baugenehmigungsverfahren durchgeführt wird, sie muss es aber nicht, weil die am Bau Beteiligten selbst das geltende Recht beachten müssen.

67.33 Die Gemeinde ist nicht verpflichtet, die Bauherrin oder den Bauherrn darüber zu informieren, dass sie – nachdem sie zu dem Bauvorhaben geschwiegen hat – beabsichtigt, eine Veränderungssperre zu erlassen oder den Bebauungsplan zu ändern.

67 (4) (4) Bei Wohngebäuden mittlerer Höhe und Wohngebäuden geringer Höhe mit mehr als zwei Wohnungen, jedoch nicht bei deren Nebengebäuden und Nebenanlagen, müssen vor Baubeginn ein von einer oder einem staatlich anerkannten Sachverständigen im Sinne des § 85 Abs. 2 Satz 1 Nr. 4 geprüfter Nachweis über die Standsicherheit und von einer oder einem staatlich anerkannten Sachverständigen aufgestellte oder geprüfte Nachweise über den Schallschutz und den Wärmeschutz vorliegen. Bei Wohngebäuden mittlerer Höhe muss zusätzlich von einer oder einem staatlich anerkannten Sachverständigen geprüft und bescheinigt werden, dass das Vorhaben den Anforderungen an den Brandschutz entspricht. Die Bauherrin oder der Bauherr hat den Angrenzern (§ 74 Abs. 1) vor Baubeginn mitzuteilen, dass ein genehmigungsfreies Bauvorhaben nach Absatz 1 oder Absatz 7 durchgeführt werden soll, zu dem die Gemeinde keine Erklärung nach Absatz 1 Satz 1 Nr. 3 abgegeben hat.

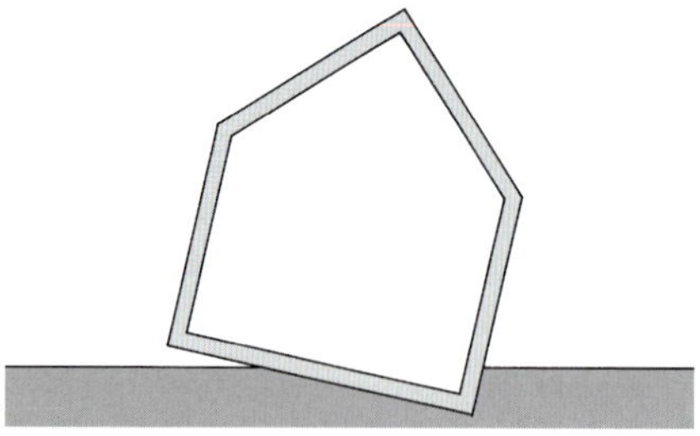

Zu § 67 (4)
Nachweis über die Standsicherheit von einer oder einem staatlich anerkannten Sachverständigen

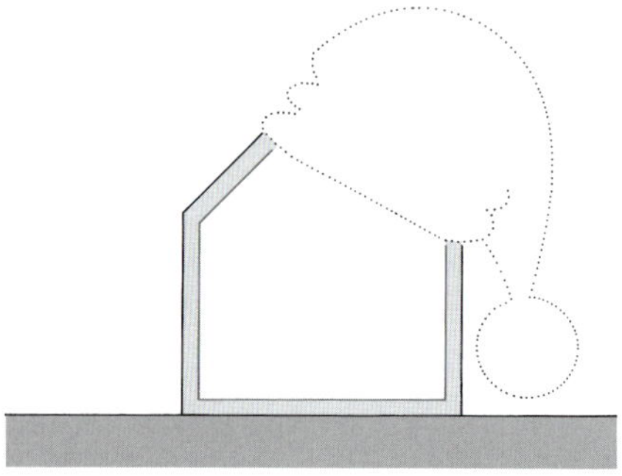

Zu § 67 (4)
Nachweis über den Schallschutz und Wärmeschutz von einer oder einem staatlich anerkannten Sachverständigen

Zu § 67 (4)
Nachweis über die Anforderungen an den Brandschutz von einer oder einem staatlich anerkannten Sachverständigen

67.4 Zu Absatz 4 67 (4

67.41 Hinsichtlich der Aufgabenerledigung der staatlich anerkannten Sachverständigen wird auf Nr. 72.6 VV BauO NRW verwiesen. Die von staatlich anerkannten Sachverständigen aufgestellten bzw. geprüften Nachweise sowie deren Bescheinigungen müssen der Bauherrin oder dem Bauherrn vor Baubeginn vorliegen; sie brauchen jedoch weder der Gemeinde noch der unteren Bauaufsichtsbehörde vorgelegt zu werden.

7 (5) (5) Die Bauherrin oder der Bauherr hat den Ausführungsbeginn eines Vorhabens nach den Absätzen 1 und 7 mindestens eine Woche vorher der Bauaufsichtsbehörde schriftlich anzuzeigen und dabei die Namen der Bauleiterin oder des Bauleiters und der Fachbauleiterinnen oder der Fachbauleiter sowie die staatlich anerkannten Sachverständigen nach § 85 Abs. 2 Satz 1 Nr. 4, die die Nachweise nach Absatz 4 aufstellen oder prüfen und stichprobenhafte Kontrollen nach Satz 7 durchführen, mitzuteilen. Die Bauaufsichtsbehörde unterrichtet das Staatliche Amt für Arbeitsschutz und, soweit erforderlich, das Staatliche Umweltamt. Vor Baubeginn muss die Grundrissfläche und die Höhenlage der baulichen Anlage abgesteckt sein. Die Bauvorlagen und die Bescheinigungen der Sachverständigen nach Absatz 4 müssen an der Baustelle von Baubeginn an vorliegen. Bauliche Anlagen im Sinne der Absätze 1 und 7 dürfen erst dann benutzt werden, wenn sie ordnungsgemäß fertig gestellt und sicher benutzbar sind. Ihre Fertigstellung ist der Bauaufsichtsbehörde anzuzeigen. Bei Fertigstellung müssen Bescheinigungen von staatlich anerkannten Sachverständigen vorliegen, wonach sie sich durch stichprobenhafte Kontrollen während der Bauausführung davon überzeugt haben, dass die baulichen Anlagen entsprechend den in Absatz 4 genannten Nachweisen errichtet oder geändert worden sind. § 65 Abs. 4, § 68 Abs. 7 und § 70 gelten entsprechend. Der in § 81 Abs. 2 Satz 1 genannte Nachweis muss der Bauherrin oder dem Bauherrn vorliegen.

67.5 Zu Absatz 5 67 (5)

Erfährt die Bauaufsichtsbehörde, dass den ihr benannten Sachverständigen der Auftrag für die stichprobenhaften Kontrollen wieder entzogen wurde, so hat sie die Bauherrin oder den Bauherrn unverzüglich zu veranlassen, ihr die nunmehr beauftragten Sachverständigen zu benennen.
Aufgrund der Anzeige nach Satz 1 hat die untere Bauaufsichtsbehörde über den Baubeginn außer dem Staatlichen Amt für Arbeitsschutz und dem Staatlichen Umweltamt folgende Behörden und Stellen zu unterrichten:

- das örtlich zuständige Finanzamt (siehe § 29 Abs. 3 BewG)
- die Katasterbehörde (§ 2 Abs. 3 VermKatG NRW)
- die untere Abfallwirtschaftsbehörde
- die Bauberufsgenossenschaft (§ 195 Abs. 3 SGB VII).

Aufgrund der Fertigstellungsanzeige nach Satz 5 hat die untere Bauaufsichtsbehörde das Landesamt für Datenverarbeitung und Statistik zu unterrichten. Zu diesem Zweck trägt sie in die für die Meldung der Baufertigstellung vorgesehene Ausfertigung des statistischen Erhebungsbogens, die ihr von der Gemeinde zugeleitet worden ist (siehe Nr. 67.21), das von der Bauherrin oder vom Bauherrn gemeldete Datum der Fertigstellung ein und übersendet diese Ausfertigung dem Landesamt.

7 (6) (6) Die Bauherrin oder der Bauherr und die späteren Eigentümer haben die Bauvorlagen, Nachweise und Bescheinigungen aufzubewahren. 67 (6)

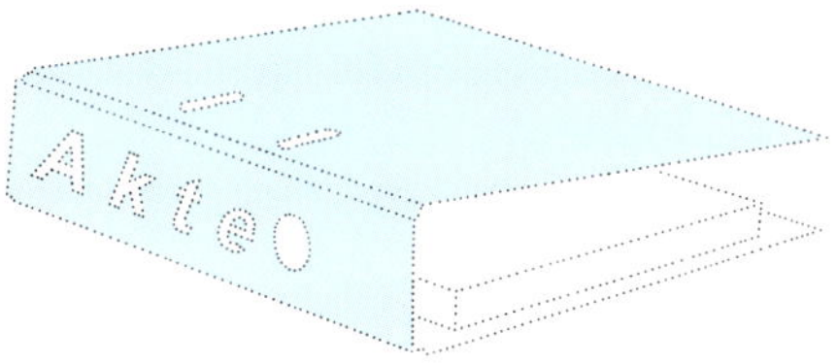

Zu § 67 (6)
Hausakte! Sorgfältig aufbewahren!

67 (7) (7) Die Absätze 1 bis 3 gelten auch für Garagen und überdachte Stellplätze bis 1000 m^2 Nutzfläche, wenn sie einem Wohngebäude im Sinne des Absatzes 1 dienen. Bei Garagen mit einer Nutzfläche über 100 m^2 bis 1000 m^2 muss vor Baubeginn ein von einer oder einem staatlich anerkannten Sachverständigen geprüfter Nachweis über die Standsicherheit vorliegen sowie zusätzlich von einer oder einem staatlich anerkannten Sachverständigen geprüft und bescheinigt worden sein, dass das Vorhaben den Anforderungen an den Brandschutz entspricht. Für diese Garagen gelten zusätzlich Absatz 4 Satz 3 und Absatz 6. Soll in einer geschlossenen Mittelgarage eine natürliche Lüftung vorgesehen werden, so muss zuvor von einer oder einem staatlich anerkannten Sachverständigen die Unbedenklichkeit bescheinigt worden sein. Die Bescheinigung ist aufgrund durchgeführter Messungen innerhalb eines Monats nach Inbetriebnahme der Garage von der oder dem Sachverständigen zu bestätigen.

67.7 Zu Absatz 7 67 (7

Die in Satz 3 genannten staatlich anerkannten Sachverständigen für die Prüfung von Mittelgaragen werden nach der TPrüfVO anerkannt.

67 (8) (8) Wird nach Durchführung des Bauvorhabens die Nichtigkeit des Bebauungsplanes festgestellt, so bedarf das Bauvorhaben auch dann keiner Baugenehmigung. Seine Beseitigung darf wegen eines Verstoßes gegen bauplanungsrechtliche Vorschriften, der auf der Nichtigkeit des Bebauungsplanes beruht, nicht verlangt werden, es sei denn, dass eine Beeinträchtigung von Rechten Dritter dies erfordert. 67 (8

§ 68

§ 68 Vereinfachtes Genehmigungsverfahren

§ 6

68 (1) (1) Das vereinfachte Genehmigungsverfahren wird für die Errichtung und Änderung von baulichen Anlagen sowie anderen Anlagen und Einrichtungen im Sinne des § 1 Abs. 1 Satz 2 durchgeführt, soweit sie nicht nach den §§ 65 bis 67 genehmigungsfrei sind. Das vereinfachte Genehmigungsverfahren wird auch durchgeführt, wenn die Bauherrin oder der Bauherr dies gemäß § 67 Abs. 1 Satz 3 beantragt. Das vereinfachte Genehmigungsverfahren gilt nicht für die Errichtung und Änderung von

1. Hochhäusern,
2. baulichen Anlagen mit mehr als 30 m Höhe,
3. baulichen Anlagen und Räumen mit mehr als 1.600 m^2 Grundfläche; dies gilt nicht für Gewächshäuser ohne Verkaufsstätten mit einer Grundfläche von bis zu 5.000 m^2, die einem land- oder forstwirtschaftlichen Betrieb oder einem Betrieb der gartenbaulichen Erzeugung dienen,
4. Verkaufsstätten mit mehr als 700 m^2 Verkaufsfläche,
5. Messe- und Ausstellungsbauten.

Bei der Errichtung baulicher Anlagen, die im vereinfachten Genehmigungsverfahren (§ 68 [1]) genehmigt sind – ohne die in § 68 Abs. 1 Satz 3 aufgeführten Sonderbauten und ohne die in Abs. 3 aufgeführten Vorhaben – ist zu beachten:

Für den Baubeginn:

✓ Die Baugenehmigung muss erteilt sein.

✓ Der Bauaufsicht muss eingereicht sein:

- die von einer oder einem **sa SV****) aufgestellten oder geprüften Schall- und Wärmeschutznachweise
- der Standsicherheitsnachweis mit der Bescheinigung einer oder eines **sa SV****), über die Prüfung des Standsicherheitsnachweises
- die Bescheinigung einer oder eines **sa SV****), dass das Vorhaben den Anforderungen des Brandschutzes entspricht (nur bei Gebäuden mittlerer Höhe und Mittelgaragen 100 bis 1000 m^2 Nutzfläche)
- die Unbedenklichkeitsbescheinigung einer oder eines **sa SV****), (nur bei geschlossenen Mittelgaragen mit natürlicher Belüftung)

  (Bei **Sonderbauten** wird der Brandschutz von der Bauaufsicht selbst geprüft,

) **sa SV steht für „staatlich anerkannte Sachverständige".

68.1 Zu Absatz 1 68 (1

Für Bauvorhaben, die nach § 67 ohne Genehmigung errichtet werden könnten, kann das vereinfachte Genehmigungsverfahren nur durchgeführt werden, wenn entweder die Gemeinde die Erklärung nach § 67 Abs. 1 Satz 1 Nr. 3 abgegeben hat oder die Bauherrin bzw. der Bauherr beantragt, dass das Baugenehmigungsverfahren durchgeführt wird.

6. Büro- und Verwaltungsgebäuden mit mehr als 3.000 m² Geschossfläche,
7. Kirchen und Versammlungsstätten mit Räumen für mehr als 200 Personen,
8. Sportstätten mit mehr als 1.600 m² Grundfläche oder mehr als 200 Zuschauerplätzen, Freisportanlagen mit mehr als 400 Tribünenplätzen,
9. Sanatorien und Krankenhäusern, Entbindungs-, Säuglings-, Kinder- und Pflegeheimen,
10. Kindergärten und Horten mit mehr als zwei Gruppen oder mit dem Aufenthalt für Kinder dienenden Räumen außerhalb des Erdgeschosses sowie Tageseinrichtungen für Behinderte und alte Menschen,
11. Gaststätten mit mehr als 40 Gastplätzen oder Beherbergungsbetrieben mit mehr als 30 Betten und Vergnügungsstätten,
12. Schulen, Hochschulen und ähnlichen Einrichtungen,
13. Abfertigungsgebäuden von Flughäfen und Bahnhöfen,
14. Justizvollzugsanstalten und baulichen Anlagen für den Maßregelvollzug,
15. baulichen Anlagen und Räumen, deren Nutzung mit Explosionsgefahr oder erhöhter Brand-, Gesundheits- oder Verkehrsgefahr verbunden ist, und Anlagen, die am 1.1.1997 in der Vierten Verordnung zur Durchführung des Bundes-Immissionsschutzgesetzes enthalten waren,
16. Garagen mit mehr als 1.000 m² Nutzfläche,
17. Camping- und Wochenendplätzen,

sie kann hierfür auch ein Brandschutzkonzept gem. § 9 BauPrüf VO fordern, wenn es für die Prüfung erforderlich ist.)

✓ Der Bauaufsichtsbehörde muss eine Woche vorher angezeigt sein bzw. benannt sein – formlos, aber schriftlich:
  - der Baubeginn
  - der Name der Bauleiterin oder des Bauleiters (§ 59 a)
  - die Namen der **sa SV****), die während der Bauausführung die erforderlichen stichprobenhaften Kontrollen durchführen

✓ Die Grundrissfläche und die Höhenlage der baulichen Anlage muss abgesteckt sein.

Es müssen beauftragt sein:

✓ eine Architektin oder ein Architekt*), die/der sicherstellt, dass die für die Ausführung notwendigen Einzelzeichnungen, Einzelberechnungen und Anweisungen geliefert werden, der genehmigten Planung, einschließlich etwaiger Auflagen und den öffentlich-rechtlichen Vorschriften entsprechen (§ 58)

✓ eine Unternehmerin oder ein Unternehmer (§ 59)

✓ eine Bauleiterin oder ein Bauleiter (§ 59 a)

✓ die **sa SV****), zur stichprobenhaften Kontrolle der Belange
  - des Schall- und Wärmeschutzes
  - der Standsicherheit und
  - des Brandschutzes (bei Gebäuden mittlerer Höhe und bei Mittelgaragen – ohne Sonderbauten)

✓ eine Sicherheits- und Gesundheitskoordinatorin oder ein Sicherheits- und Gesundheitskoordinator, s. BaustellenVO

Es müssen an der Baustelle vorliegen:

✓ die Baugenehmigung sowie

✓ die Bauvorlagen.

✓ Das Bauschild mit dem *roten* Punkt muss gut sichtbar angebracht sein.

Während der Bauausführung:

✓ Die Bezirksschornsteinfegermeisterin oder der Bezirksschornsteinfegermeister ist zur Besichtigung des, der Schornsteine während des Rohbaus einzuladen. (§ 43)

✓ Die **sa SV****) müssen eingeladen werden zur stichprobenhaften Kontrolle der Belange
  - des Schall- und Wärmeschutzes
  - der Standsicherheit und
  - des Brandschutzes (bei Gebäuden mittlerer Höhe und Mittelgaragen)

*) Architektin oder Architekt steht synonym für „bauvorlageberechtigte Entwurfsverfasser".

) **sa SV steht für „staatlich anerkannte Sachverständige".

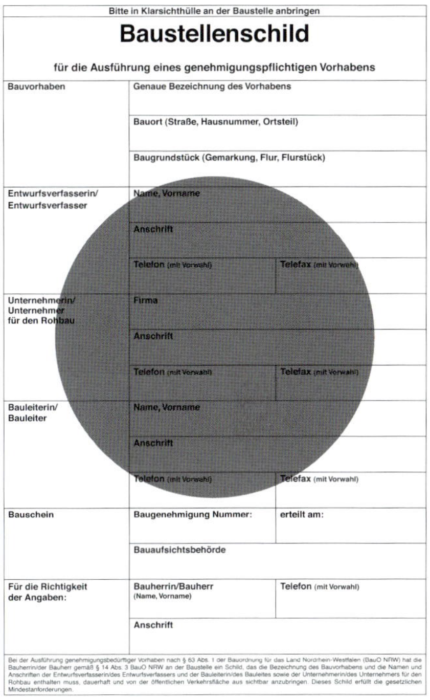

Bitte in Klarsichthülle an der Baustelle anbringen

Baustellenschild

für die Ausführung eines genehmigungspflichtigen Vorhabens

Bauvorhaben	Genaue Bezeichnung des Vorhabens	
	Bauort (Straße, Hausnummer, Ortsteil)	
	Baugrundstück (Gemarkung, Flur, Flurstück)	
Entwurfsverfasserin/ Entwurfsverfasser	Name, Vorname	
	Anschrift	
	Telefon (mit Vorwahl)	Telefax (mit Vorwahl)
Unternehmerin/ Unternehmer für den Rohbau	Firma	
	Anschrift	
	Telefon (mit Vorwahl)	Telefax (mit Vorwahl)
Bauleiterin/ Bauleiter	Name, Vorname	
	Anschrift	
	Telefon (mit Vorwahl)	Telefax (mit Vorwahl)
Bauschein	Baugenehmigung Nummer:	erteilt am:
	Bauaufsichtsbehörde	
Für die Richtigkeit der Angaben:	Bauherrin/Bauherr (Name, Vorname)	Telefon (mit Vorwahl)
	Anschrift	

Bei der Ausführung genehmigungsbedürftiger Vorhaben nach § 63 Abs. 1 der Bauordnung für das Land Nordrhein-Westfalen (BauO NRW) hat die Bauherrin/der Bauherr gemäß § 14 Abs. 3 BauO NRW an der Baustelle ein Schild, das die Bezeichnung des Bauvorhabens und die Namen und Anschriften der Entwurfsverfasserin/des Entwurfsverfassers und der Bauleiterin/des Bauleites sowie der Unternehmerin/des Unternehmers für den Rohbau enthalten muss, dauerhaft und von der öffentlichen Verkehrsfläche aus sichtbar anzubringen. Dieses Schild erfüllt die gesetzlichen Mindestanforderungen.

Erhältlich bei der Gemeinde/Bauaufsicht

68.13 Zu Absatz 1 Satz 3

Zu den in § 68 Abs. 1 Satz 3 Nr. 15 geregelten Anlagen, die in der Vierten Verordnung zur Durchführung des Bundes-Immissionsschutzgesetzes am 1.1.1997 enthalten waren, wird auf die im Anhang enthaltene Anlage zu Nr. 68 verwiesen.

18. Regalen mit mehr als 9 m Lagerhöhe (Oberkante Lagergut),
19. Zelten, soweit sie nicht Fliegende Bauten sind.

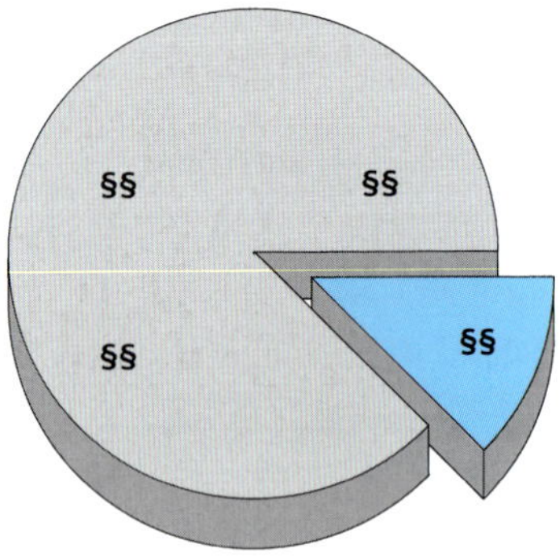

Zu § 68 (1)
Eingeschränkte Prüfung!

Im vereinfachten Genehmigungsverfahren prüft die Bauaufsichtsbehörde nur die Vereinbarkeit des Vorhabens mit

1. den Vorschriften der §§ 29 bis 38 des Baugesetzbuches,
2. den §§ 4, 6, 7, § 9 Abs. 2, §§ 12, 13, 51 und 55, bei Sonderbauten auch mit § 17,
3. den örtlichen Bauvorschriften nach § 86,
4. anderen öffentlich-rechtlichen Vorschriften, deren Einhaltung nicht in einem anderen Genehmigungs-, Erlaubnis- oder sonstigen Zulassungsverfahren geprüft wird.

Das vereinfachte Genehmigungsverfahren wird auch durchgeführt, wenn durch eine Nutzungsänderung eine bauliche Anlage entsteht, die keine bauliche Anlage im Sinne des Satzes 3 ist.

✓ ist ggf. der Bauaufsicht die Fertigstellung des Rohbaus eine Woche vorher anzuzeigen.

Vor der Benutzung des Vorhabens sind der Bauaufsicht vorzulegen:

✓ Fertigstellungsanzeige (ggf. auch Teilfertigstellung möglich und notwendig)

✓ Bescheinigungen der **sa SV****) über die stichprobenhaft durchgeführten Kontrollen der Belange
- des Schall- und Wärmeschutzes
- der Standsicherheit
- des Brandschutzes bei Gebäuden mittlerer Höhe und Mittelgaragen (100 bis 1000 m² Nutzfläche)
- die Unbedenklichkeitsbescheinigung der oder des **sa SV****) bei geschlossenen Mittelgaragen mit natürlicher Belüftung einen Monat nach der Benutzung

✓ Nachweis, dass die Heizungsanlage die Vorschriften der Heizungsanlagen VO erfüllt, Fachunternehmererklärung (Vordruck)

Bescheinigungen, die vor der Benutzung des Vorhabens der Bauherrin oder dem Bauherrn vorliegen müssen:

✓ Bescheinigung der Bezirksschornsteinfegermeisterin oder des Bezirksschornsteinfegermeisters (§ 43 [7])

✓ Bescheinigungen von Unternehmern oder von Sachverständigen, wonach die „haustechnischen" Anlagen den öffentlich-rechtlichen Vorschriften entsprechen (§ 66 Nr. 1–7) (Vordrucke für die einzelnen Gewerke im Anhang der VV zur BauO)

Hinweis:
Die Bauherrin oder der Bauherr hat alle zuvor genannten Vorlagen, Nachweise und Bescheinigungen aufzubewahren und an den Nacheigentümer weiter zu leiten.

68.14 Zu Absatz 1 Satz 4
Der Prüfumfang wird gegenüber dem bisherigen Recht nur in Bezug auf § 16 BauO geändert. Die untere Bauaufsichtsbehörde prüft zwar nicht präventiv, ob das Grundstück gem. § 16 Satz 2 BauO NRW für bauliche Anlagen geeignet ist. Die notwendige Information anderer Behörden findet jedoch weiterhin statt. Sofern z. B. der Verdacht besteht, dass das Baugrundstück mit Altlasten belastet ist, wird die Abfallwirtschaftsbehörde beteiligt. Erklärt diese, dass der Altlastenverdacht nicht ausgeräumt ist, kann die Baugenehmigung nicht erteilt werden. Es wird auf die Nr. 5 des gemeinsamen Runderlasses von MURL und MBW v. 15.5.1992 (MBl. NRW. S. 876/SMBl. NRW. 2311) hingewiesen. Bei Sonderbauten wird über § 17 die Übereinstimmung mit sämtlichen Brandschutzvorschriften geprüft. Bescheinigungen staatlich anerkannter Sachverständiger für die Prüfung des Brandschutzes kommen insoweit nicht in Betracht.

) **sa SV steht für „staatlich anerkannte Sachverständige".

Der Weg von der Planung zum Baubeginn im vereinfachten Genehmigungsverfahren (§ 68 Abs. 1 Satz 1 und Satz 2)

Voraussetzungen: Die Bebauung des Grundstücks muss planungsrechtlich zulässig sein (§§ 30, 31 BauGB), oder das Vorhaben muss sich nach Art und Maß der baulichen Nutzung einfügen (§ 34 BauGB) oder es muss sich um ein privilegiertes Vorhaben handeln (§ 35 BauGB).
Die Erschließung muss gesichert sein.

Die Bauherrin oder der Bauherr (§ 57) beauftragt:
eine Architektin oder einen Architekten*) mit der Planung des Vorhabens (Teil II HOAI)

Die Architektin oder der Architekt*) (§ 58) fertigt:
den Vorentwurf, den Entwurf und die Genehmigungsplanung für das Vorhaben (§ 15 HOAI) sowie den Bauantrag mit den Bauvorlagen (gem. § 10 BauPrüfVO) und reicht diese mit den erforderlichen Unterschriften (§ 69) der zuständigen Bauaufsicht ein.

Die Bauaufsicht prüft innerhalb einer Woche den Bauantrag auf Vollständigkeit (§ 72 Abs. 1).
(Anträge, die auf Grund fehlender Unterlagen nicht prüfbar sind, sollen zurückgewiesen werden.)

Im vereinfachten Genehmigungsverfahren prüft die Bauaufsicht nur die Vereinbarkeit des Vorhabens mit:
- ✓ den Vorschriften der §§ 29 bis 38 des Baugesetzbuchs
- ✓ den §§ 4, 6, 7, § 9 Abs. 2, §§ 12, 13 und 51 – bei Sonderbauten auch § 17
- ✓ den örtlichen Bauvorschriften nach § 86
- ✓ andere öffentlich-rechtliche Vorschriften, deren Einhaltung nicht in einem anderen Genehmigungs-, Erlaubnis- oder sonstigem Zulassungsverfahren geprüft wird.

Voraussetzung für den Baubeginn (§ 75)

Der Bauaufsicht müssen spätestens vor dem Baubeginn eingereicht sein:
- ✓ der Schall- und Wärmeschutznachweis, bei Vorhaben mit mehr als 2 WE von einer oder einem **sa SV****) aufgestellt oder geprüft
- ✓ der Standsicherheitsnachweis, von einer oder einem **sa SV****) geprüft, außer bei Vorhaben mit bis zu 2 WE, bei frei stehenden landwirtschaftlichen Betriebsgebäuden und eingeschossigen Gebäuden mit einer Grundfläche bis 200 m^2
- ✓ die Bescheinigung einer oder eines **sa SV****), dass das Vorhaben den Anforderungen des Brandschutzes entspricht (nur bei Gebäuden mittlerer Höhe und bei Mittelgaragen von 100 bis 1000 m^2)
- ✓ die Unbedenklichkeitsbescheinigung einer oder eines **sa SV****) (nur bei geschlossenen Mittelgaragen mit natürlicher Belüftung)

Bei Sonderbauten prüft die Bauaufsicht den Brandschutz selbst, sie kann hierfür ein Brandschutzkonzept fordern.

Die Baugenehmigung muss erteilt sein und mit den Bauvorlagen an der Baustelle vorliegen, die Grundrissfläche und die Höhenlage der genehmigten baulichen Anlagen müssen abgesteckt sein.

Der Bauaufsicht muss eine Woche vorher angezeigt bzw. benannt sein:
- ✓ der Baubeginn
- ✓ der Name der Bauleiterin oder des Bauleiters (§ 59 a)
- ✓ die Namen der **sa SV****), die die stichprobenhaften Kontrollen während der Bauausführung durchführen – formlos, aber schriftlich

*) Architektin, Architekt steht synonym für die „bauvorlageberechtigten Entwurfsverfasser".
) **sa SV bedeutet „staatlich anerkannte Sachverständige, Sachverständiger".

68 (2) (2) Spätestens bei Baubeginn sind bei der Bauaufsichtsbehörde einzureichen

1. Nachweise über den Schallschutz und den Wärmeschutz, die von einer oder einem staatlich anerkannten Sachverständigen nach § 85 Abs. 2 Satz 1 Nr. 4 aufgestellt oder geprüft sein müssen,
2. ein Nachweis über die Standsicherheit, der von einer oder einem staatlich anerkannten Sachverständigen nach § 85 Abs. 2 Satz 1 Nr. 4 geprüft sein muss, und
3. die Bescheinigung eines oder einer staatlich anerkannten Sachverständigen nach § 85 Abs. 2 Satz 1 Nr. 4, dass das Vorhaben den Anforderungen an den Brandschutz entspricht; dies gilt nicht für Wohngebäude geringer Höhe und Sonderbauten.

Gleichzeitig sind der Bauaufsichtsbehörde die staatlich anerkannten Sachverständigen nach § 85 Abs. 2 Satz 1 Nr. 4 zu benennen, die mit den stichprobenhaften Kontrollen der Bauausführung beauftragt worden sind.

Soll bei der Errichtung geschlossener Garagen mit einer Nutzfläche über 100 m² bis 1.000 m² eine natürliche Lüftung vorgesehen werden, so muss zuvor von einer oder einem staatlich anerkannten Sachverständigen die Unbedenklichkeit bescheinigt worden sein; die Bescheinigung ist aufgrund durchgeführter Messungen innerhalb eines Monats nach Inbetriebnahme der Garage von der oder dem Sachverständigen zu bestätigen.

68.2 Zu Absatz 2 68 (2

68.21 Zu Satz 1

Bei Garagen und überdachten Stellplätzen bis zu 100 m² Nutzfläche ist regelmäßig auf die Nachweise über den Schallschutz, den Wärmeschutz und über die Standsicherheit zu verzichten (siehe § 1 Abs. 2 Satz 3 BauPrüfVO).

68.22 Zu Satz 2

§ 81 Abs. 1 Satz 3 sieht stichprobenhafte Kontrollen staatlich anerkannter Sachverständiger dann vor, wenn zuvor Sachverständigenbescheinigungen nach § 68 Abs. 2 oder § 72 Abs. 6 im Genehmigungsverfahren vorgelegt wurden. Nur in diesen Fällen sind daher der Bauaufsichtsbehörde staatlich anerkannte Sachverständige nach Satz 2 zu benennen. Erfährt die Bauaufsichtsbehörde, dass den ihr benannten Sachverständigen der Auftrag für die stichprobenhaften Kontrollen wieder entzogen wurde, so hat sie die Bauherrin oder den Bauherrn unverzüglich zu veranlassen, ihr die nunmehr beauftragten Sachverständigen zu benennen.

68 (3) (3) Die Nachweise gemäß Absatz 2 müssen für

1. Wohngebäude geringer Höhe mit bis zu zwei Wohnungen einschließlich ihrer Nebengebäude und Nebenanlagen,
2. frei stehende landwirtschaftliche Betriebsgebäude, auch mit Wohnteil, bis zu zwei Geschossen über der Geländeoberfläche, ausgenommen solche mit Anlagen für Jauche und Flüssigmist und
3. eingeschossige Gebäude mit einer Grundfläche bis 200 m²

nicht von staatlich anerkannten Sachverständigen nach § 85 Abs. 2 Satz 1 Nr. 4 aufgestellt oder geprüft werden.

Bei der Errichtung im vereinfachten Genehmigungsverfahren (§ 68) genehmigter

1. **Wohngebäude geringer Höhe mit nicht mehr als 2 WE**
2. **frei stehender Landwirtschaftlicher Betriebsgebäude oder**
3. **eingeschossiger Gebäude mit einer Grundrissfläche bis zu 200 m² gem. § 68 (3) ist zu beachten:**

Für den Baubeginn:

✓ Die Baugenehmigung muss erteilt sein.

✓ Der Bauaufsichtsbehörde muss eine Woche vorher angezeigt sein – formlos, aber schriftlich:

- der Baubeginn und
- der Name der Bauleiterin oder des Bauleiters. (§ 59 a)

✓ Die Grundrissfläche und die Höhenlage der baulichen Anlage muss abgesteckt sein.

Es müssen beauftragt sein:

✓ eine Architektin oder ein Architekt*), die/der sicherstellt, dass die für die Ausführung notwendigen Einzelzeichnungen, Einzelberechnungen und Anweisungen geliefert werden und diese der genehmigten Planung einschließlich etwaiger Auflagen und den öffentlich-rechtlichen Vorschriften entsprechen (§ 58)

68.3 Zu Absatz 3 68 (3

Zwar müssen die Nachweise nicht von staatlich anerkannten Sachverständigen aufgestellt oder geprüft sein. Sie müssen jedoch von geeigneten Entwurfsverfasserinnen oder Entwurfsverfassern oder Fachplanerinnen oder Fachplanern (§ 58) aufgestellt sein. Der Entwurfsverfasser muss zudem ggf. bauvorlageberechtigt sein (§ 70).

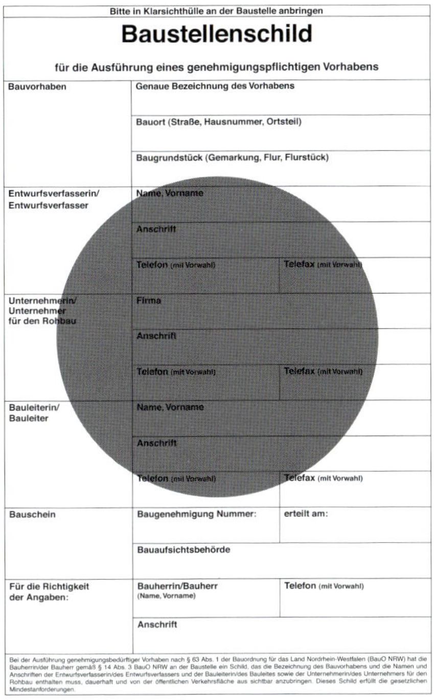

Bitte in Klarsichthülle an der Baustelle anbringen

Baustellenschild

für die Ausführung eines genehmigungspflichtigen Vorhabens

Bauvorhaben	Genaue Bezeichnung des Vorhabens	
	Bauort (Straße, Hausnummer, Ortsteil)	
	Baugrundstück (Gemarkung, Flur, Flurstück)	
Entwurfsverfasserin/ Entwurfsverfasser	Name, Vorname	
	Anschrift	
	Telefon (mit Vorwahl)	Telefax (mit Vorwahl)
Unternehmerin/ Unternehmer für den Rohbau	Firma	
	Anschrift	
	Telefon (mit Vorwahl)	Telefax (mit Vorwahl)
Bauleiterin/ Bauleiter	Name, Vorname	
	Anschrift	
	Telefon (mit Vorwahl)	Telefax (mit Vorwahl)
Bauschein	Baugenehmigung Nummer:	erteilt am:
	Bauaufsichtsbehörde	
Für die Richtigkeit der Angaben:	Bauherrin/Bauherr (Name, Vorname)	Telefon (mit Vorwahl)
	Anschrift	

Bei der Ausführung genehmigungsbedürftiger Vorhaben nach § 63 Abs. 1 der Bauordnung für das Land Nordrhein-Westfalen (BauO NRW) hat die Bauherrin/der Bauherr gemäß § 14 Abs. 3 BauO NRW an der Baustelle ein Schild, das die Bezeichnung des Bauvorhabens und die Namen und Anschriften der Entwurfsverfasserin/des Entwurfsverfassers und der Bauleiterin/des Bauleites sowie der Unternehmerin/des Unternehmers für den Rohbau enthalten muss, dauerhaft und von der öffentlichen Verkehrsfläche aus sichtbar anzubringen. Dieses Schild erfüllt die gesetzlichen Mindestanforderungen.

Erhältlich bei der Gemeinde/Bauaufsicht

- ✓ eine Unternehmerin oder ein Unternehmer (§ 59)
- ✓ eine Bauleiterin oder ein Bauleiter (§ 59 a)

Es müssen an der Baustelle vorliegen:

- ✓ die Baugenehmigung
- ✓ die Bauvorlagen mit:
  - dem Schall- und Wärmeschutznachweis
  - dem Standsicherheitsnachweis,
  - das Bauschild mit dem *roten* Punkt muss gut sichtbar angebracht sein.

Während der Bauausführung:

- ✓ Die Bezirksschornsteinfegermeisterin oder der Bezirksschornsteinfegermeister ist zur Besichtigung des, der Schornsteine während des Rohbaus einzuladen. (§ 43)
- ✓ Die Bauaufsicht kann auf die Bauüberwachung sowie auf die Bauzustandsbesichtigung verzichten.

Vor der Benutzung des Vorhabens sind der Bauaufsicht vorzulegen:

- ✓ Fertigstellungsanzeige (ggf. auch Teilfertigstellung möglich und notwendig)
- ✓ Nachweis, dass die Heizungsanlage die Vorschriften der Heizungsanlagen VO erfüllt, Fachunternehmererklärung (Vordruck)

Bescheinigungen, die vor der Benutzung des Vorhabens der Bauherrin oder dem Bauherrn vorliegen müssen:

- ✓ Bescheinigung der Bezirksschornsteinfegermeisterin oder des Bezirksschornsteinfegermeisters (§ 43)
- ✓ Bescheinigungen von Unternehmern oder von Sachverständigen, wonach die „haustechnischen“ Anlagen den öffentlich-rechtlichen Vorschriften entsprechen (§ 66 Nr. 1–7) (Vordrucke für die einzelnen Gewerke im Anhang der VV zur BauO)

Hinweis:

Die Bauherrin oder der Bauherr hat alle zuvor genannten Vorlagen, Nachweise und Bescheinigungen aufzubewahren und an die Nacheigentümer weiter zu leiten.

*) Architektin oder Architekt steht synonym für „bauvorlageberechtigte Entwurfsverfasser“.

68 (4) (4) Für die folgenden Vorhaben müssen die bautechnischen Nachweise nach Absatz 2 nicht vorgelegt werden: 68 (4)

1. Gewächshäuser mit einer Firsthöhe bis zu 5,0 m und nicht mehr als 1.600 m^2 Grundfläche,
2. Garagen und überdachte Stellplätze mit einer Nutzfläche bis 100 m^2,
3. untergeordnete Gebäude (§ 53),
4. Wasserbecken bis zu 100 m^3, einschließlich ihrer Überdachungen,
5. Verkaufs- und Ausstellungsstände,
6. Einfriedungen,
7. Aufschüttungen und Abgrabungen,
8. Werbeanlagen.

68 (5) (5) Auf Antrag der Bauherrin oder des Bauherrn kann die Bauaufsichtsbehörde die Nachweise nach Absatz 2 Nrn. 1 und 2 prüfen. Dies gilt auch für die Anforderungen an den baulichen Brandschutz, soweit hierüber Sachverständigenbescheinigungen vorzulegen sind. 68 (5)

68 (6) (6) Bei Wohngebäuden geringer Höhe ist den Bauvorlagen eine Erklärung der Entwurfsverfasserin oder des Entwurfsverfassers beizufügen, dass das Vorhaben den Anforderungen an den Brandschutz entspricht.

68.6 Zu Absatz 6 **68 (6)**

Die Erklärung der Entwurfsverfasserin oder des Entwurfsverfassers hinsichtlich des Brandschutzes ist in den als Anlage I/1 zur VV BauPrüfVO bekannt gemachten Antragsvordruck eingearbeitet (siehe Abschnitt II Nr. 17 des Vordrucks).

68 (7) (7) Über Abweichungen (§ 73) von den nach Absatz 1 nicht zu prüfenden Vorschriften entscheidet die Genehmigungsbehörde auf besonderen Antrag. **68 (7)**

68 (8) (8) Die Bauaufsichtsbehörde hat über den Bauantrag innerhalb einer Frist von sechs Wochen nach Eingang des Antrags bei ihr zu entscheiden, **68 (8)**

- wenn das Vorhaben im Geltungsbereich eines Bebauungsplanes im Sinne des § 30 Abs. 1 oder § 30 Abs. 2 des Baugesetzbuches liegt oder
- für das Bauvorhaben ein Vorbescheid (§ 71) erteilt worden ist, in dem über die Zulässigkeit des Vorhabens auf dem Grundstück, die Bebaubarkeit des Grundstücks, die Zugänge auf dem Grundstück sowie über die Abstandflächen entschieden wurde.

Die Bauaufsichtsbehörde kann die Frist aus wichtigen Gründen bis zu sechs Wochen verlängern. Als wichtige Gründe gelten insbesondere die notwendige Beteiligung anderer Behörden oder die notwendige Entscheidung über eine Befreiung nach § 31 Abs. 2 des Baugesetzbuches oder eine Abweichung nach § 73.

68 (9) (9) Bauüberwachung (§ 81) und Bauzustandsbesichtigung (§ 82) beschränken sich auf den bei der Genehmigung geprüften Umfang. Unberührt bleibt § 43 Abs. 7. **68 (9)**

Dritter Abschnitt
Verwaltungsverfahren

§ 69 **§ 69 Bauantrag** § 69

69 (1) (1) Der Bauantrag ist schriftlich mit allen für seine Bearbeitung sowie für die Beurteilung des Bauvorhabens erforderlichen Unterlagen (Bauvorlagen) in ausreichender Anzahl bei der Bauaufsichtsbehörde einzureichen. Mit den Bauvorlagen für Sonderbauten gemäß § 68 Abs. 1 Satz 3 ist ein Brandschutzkonzept einzureichen. Es kann gestattet werden, dass einzelne Bauvorlagen nachgereicht werden.

69.1 Zu Absatz 1 69 (1)

69.11 Wegen Umfang, Art, Inhalt und Zahl der Bauvorlagen und der zu verwendenden Vordrucke wird auf die BauPrüfVO und die dazu ergangene VV BauPrüfVO verwiesen.

Das Nachreichen von Bauvorlagen (z B. Standsicherheitsnachweis, andere bautechnische Nachweise) während des Genehmigungsverfahrens sollte insbesondere dann gestattet werden, wenn

- die bauplanungsrechtliche Zulässigkeit des Vorhabens nicht zweifelsfrei ist,
- die Baugenehmigung nur unter Befreiung oder Abweichung von zwingenden Vorschriften möglich ist,
- die Baugenehmigung von der Zustimmung oder von einer weiteren Genehmigung oder Erlaubnis einer anderen Behörde abhängig ist.

Im Übrigen wird auf § 8 Abs. 3 BauPrüfVO und § 11 Abs. 2 BauPrüfVO verwiesen.

Hat die Bauherrin oder der Bauherr ausdrücklich eine Prüfung nur der vorgelegten Bauvorlagen beantragt, ist der Bauantrag als Antrag auf Erteilung eines Vorbescheides (§ 71) zu werten. In Zweifelsfällen ist eine Rückfrage erforderlich.

Bauherrin oder Bauherr und Entwurfsverfasserin oder Entwurfsverfasser sollten, insbesondere wenn Zweifel über die grundsätzliche Zulässigkeit des Vorhabens bestehen, auf die Möglichkeit, einen Vorbescheid gem. § 71 einzuholen, hingewiesen werden.

BauPrüfVO

Verordnung über bautechnische Prüfungen
In der ab 17. November 2009 gültigen Fassung

(BauPrüfVO 2009)

Aufgrund des § 85 Abs. 3 und 4 der Landesbauordnung (Bau0 NRW) vom 07. März 1995 (GV. NRW. S. 218), zuletzt geändert durch Gesetz vom 09. November 1999 (GV. NRW. S 622) wird nach Anhörung des Ausschusses für Städtebau und Wohnen ... Landtags verordnet:

Zu VV 69.1
BauPrüfVO (ab S. 184)

Der Eingang des Bauantrages ist von der Bauaufsichtsbehörde durch Stempel mit Tagesangabe auf dem Bauantrag zu vermerken. Bauvorlagen, die nachgereicht oder erneut vorgelegt werden, sind ebenfalls mit einem Eingangsstempel zu versehen. Fristen für die Bearbeitung von Bauanträgen beginnen erst zu laufen, wenn der Bauantrag mit allen Bauvorlagen bei der Bauaufsichtsbehörde eingegangen ist.

69 (2) (2) Die Bauherrin oder der Bauherr und die Entwurfsverfasserin oder der Entwurfsverfasser haben den Bauantrag, die Entwurfsverfasserin oder der Entwurfsverfasser die Bauvorlagen zu unterschreiben. Die von den Fachplanerinnen oder den Fachplanern nach § 58 Abs. 2 bearbeiteten Unterlagen müssen auch von diesen unterschrieben sein. Für Bauvorhaben auf fremden Grundstücken kann die Zustimmung der Grundstückseigentümerin oder des Grundstückseigentümers zu dem Bauvorhaben gefordert werden. 69 (2)

69 (3) (3) Treten bei einem Bauvorhaben mehrere Personen als Bauherrinnen oder Bauherren auf, ist gegenüber der Bauaufsichtsbehörde eine Vertreterin oder ein Vertreter zu bestellen, die oder der die der Bauherrin oder dem Bauherrn nach den öffentlich-rechtlichen Vorschriften obliegenden Verpflichtungen zu erfüllen hat. 69 (3)

§ 70

§ 70 Bauvorlageberechtigung

§ 70

70 (1) (1) Bauvorlagen für die Errichtung und Änderung von Gebäuden müssen von einer Entwurfsverfasserin oder einem Entwurfsverfasser, welche oder welcher bauvorlageberechtigt ist, durch Unterschrift anerkannt sein (§ 69 Abs. 2 Satz 1). § 58 Abs. 1 bleibt unberührt.

70.1 Zu Absatz 1 70 (1)

70.11 Das Erfordernis der Bauvorlageberechtigung besteht nur für Entwurfsverfasserinnen oder Entwurfsverfasser von Bauvorlagen für die Errichtung und Änderung von Gebäuden – ausgenommen die in Absatz 2 genannten Gebäude –, also nicht für andere bauliche Anlagen sowie sonstige Anlagen und Einrichtungen innerhalb und außerhalb von Gebäuden. Es besteht auch nicht bei Bauvorlagen für die Nutzungsänderung oder den Abbruch von Gebäuden. Die Frage der Bauvorlageberechtigung stellt sich ferner nicht, wenn die Bauaufsichtsbehörde bei der Errichtung „technisch einfacher" Gebäude oder bei der „technisch einfachen" Änderung von Gebäuden darauf verzichtet, dass die Bauherrin oder der Bauherr eine Entwurfsverfasserin oder einen Entwurfsverfasser beauftragt (§ 57 Abs. 2). Auf Nr. 52 wird verwiesen.

70.12 Sind die Bauvorlagen nicht von einer Entwurfsverfasserin oder einem Entwurfsverfasser, welche oder welcher bauvorlageberechtigt ist, durch Unterschrift anerkannt, so liegt ein erheblicher Mangel vor (§ 72 Abs. 1 Satz 2). Die Bauaufsichtsbehörde hat den Bauantrag zurückzuweisen.

70 (2) (2) Absatz 1 gilt nicht für Bauvorlagen für 70 (2)

1. Garagen und überdachte Stellplätze bis zu 100 m² Nutzfläche sowie überdachte Fahrradabstellplätze,
2. Behelfsbauten und untergeordnete Gebäude (§ 53),
3. eingeschossige Wintergärten mit einer Grundfläche von bis zu 25 m²,
4. eingeschossige Gebäude mit einer Grundfläche von bis zu 250 m², in denen sich keine Aufenthaltsräume, Ställe, Aborte oder Feuerstätten befinden,
5. Dachgauben, wenn ihre Breite insgesamt höchstens ein Drittel der Breite der darunterliegenden Außenwand beträgt,
6. Terrassenüberdachungen,
7. Balkone und Altane, die bis zu 1,5 m vor die Außenwand vortreten,
8. Aufzugschächte, die an den Außenwänden von Wohngebäuden geringer Höhe errichtet werden.

70 (3) (3) Bauvorlageberechtigt ist, wer

1. die Berufsbezeichnung „Architektin“ oder „Architekt“ führen darf,

70.3 Zu Absatz 3 **70 (3)**

70.31 Uneingeschränkte Bauvorlageberechtigung für Architektinnen und Architekten (Nr. 1)
Der Nachweis der Berechtigung, die Berufsbezeichnung „Architektin“ oder „Architekt“ (§ 1 Abs. 1 BauKaG NRW) zu führen, wird durch eine von einer Architektenkammer ausgestellte Bescheinigung oder durch Vorlage des Mitgliedsausweises einer Architektenkammer erbracht.

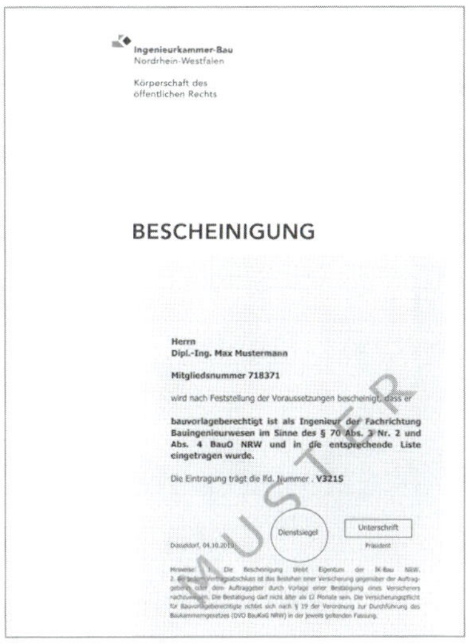

Ingenieurkammer-Bau
Nordrhein-Westfalen

Körperschaft des
öffentlichen Rechts

BESCHEINIGUNG

Herrn
Dipl.-Ing. Max Mustermann

Mitgliedsnummer 718371

wird nach Feststellung der Voraussetzungen bescheinigt, dass er

bauvorlageberechtigt ist als Ingenieur der Fachrichtung Bauingenieurwesen im Sinne des § 70 Abs. 3 Nr. 2 und Abs. 4 BauO NRW und in die entsprechende Liste eingetragen wurde.

Die Eintragung trägt die lfd. Nummer . **V3215**

Düsseldorf, 04.10.201[illegible]

Dienstsiegel

Unterschrift
Präsident

Hinweise: 1. Die Bescheinigung bleibt Eigentum der IK-Bau NRW. 2. Bei jedem Vertragsabschluss ist das Bestehen einer Versicherung gegenüber der Auftraggeberin oder dem Auftraggeber durch Vorlage einer Bestätigung eines Versicherers nachzuweisen. Die Bestätigung darf nicht älter als 12 Monate sein. Die Versicherungspflicht für Bauvorlageberechtigte richtet sich nach § 19 der Verordnung zur Durchführung des Baukammerngesetzes (DVO BauKaG NRW) in der jeweils geltenden Fassung.

Autorenhinweis zu Abs. 3

Mitglieder einer Ingenieurkammer müssen die Bauvorlageberechtigung gegenüber der Bauaufsichtsbehörde durch Vorlage einer Bescheinigung der Ingenieurkammer-Bau NRW belegen, dass sie in der Liste der Bauvorlageberechtigten eingetragen sind. Liegt dieser Nachweis nicht vor, ist der Bauantrag abzulehnen.

2. als Mitglied einer Ingenieurkammer in die von der Ingenieurkammer-Bau NRW geführte Liste der Bauvorlageberechtigten eingetragen ist. Eintragungen anderer Länder gelten auch im Land Nordrhein-Westfalen, soweit diese an die Mitgliedschaft in einer Ingenieurkammer geknüpft sind,

70.32 Uneingeschränkte Bauvorlageberechtigung für Ingenieurinnen und Ingenieure der Fachrichtung Bauingenieurwesen (Nr. 2)
Es sind die folgenden Nachweise zu erbringen:

1. Vorlage des Mitgliedsausweises einer Ingenieurkammer oder einer von einer Ingenieurkammer ausgestellten Bescheinigung über die Mitgliedschaft;

3. aufgrund des Baukammerngesetzes die Berufsbezeichnung „Innenarchitektin“ oder „Innenarchitekt“ führen darf, durch eine ergänzende Hochschulprüfung seine Befähigung nachgewiesen hat, Gebäude gestaltend zu planen, und mindestens zwei Jahre in der Planung und Überwachung der Ausführung von Gebäuden praktisch tätig war,

70.33 Uneingeschränkte Bauvorlageberechtigung für Innenarchitektinnen und Innenarchitekten (Nr. 3)

70.331 Der Nachweis der Bauvorlageberechtigung nach Nr. 3 wird geführt durch Vorlage
- einer von einer Architektenkammer ausgestellten Bescheinigung oder des Mitgliedsausweises einer Architektenkammer

und
- eines Zeugnisses über die ergänzende Hochschulprüfung über die Befähigung, Gebäude gestaltend zu planen.

70.332 Der Nachweis einer zweijährigen praktischen Tätigkeit in der Planung von Gebäuden kann geführt werden durch Vorlage
- eigener Entwürfe oder
- einer Bescheinigung der Arbeitgeberin oder des Arbeitgebers, aus denen Art, Ziel und Umfang der praktischen Tätigkeit eindeutig hervorgehen müssen.

Der Nachweis einer zweijährigen praktischen Tätigkeit bei der Überwachung der Ausführung von Gebäuden wird erbracht durch Vorlage von mindestens drei Bescheinigungen von Auftraggeberinnen bzw. Auftraggebern oder Arbeitgeberinnen oder Arbeitgebern, aus denen die Wahrnehmung einer Bauleitertätigkeit für eindeutig bestimmte Gebäude hervorgehen muss.

4. aufgrund des Baukammerngesetzes die Berufsbezeichnung „Innenarchitektin“ oder „Innenarchitekt“ führen darf für die mit der Berufsaufgabe der Innenarchitektinnen und Innenarchitekten verbundene bauliche Änderung von Gebäuden,

Autorenhinweis zu Abs. 3

Die Bauvorlageberechtigung für Innenarchitektinnen und Innenarchitekten umfasst auch Änderungen an Außenwänden und am Dach des Gebäudes, wenn sie in unmittelbarem Zusammenhang mit einer Änderung von Innenräumen stehen und dieser untergeordnet sind.
Dies ist z. B. dann der Fall, wenn

- Dachform und Dachneigung bei Um- und Ausbau des Dachgeschosses geändert werden, nicht jedoch dann, wenn das Dach um ein Geschoss aufgestockt werden soll;
- am Gebäude Bauteile oder Vorkehrungen angebracht werden sollen, damit Nutzungseinheiten erschlossen oder barrierefrei erreicht werden können, wie z. B. Treppen, Rampen oder Aufzüge, Letztere jedoch nur, wenn sie nicht über mehr als zwei Geschosse führen;
- untergeordnete Bauteile wie Erker, Balkone und vergleichbare Vorbauten sowie Dachgauben angebracht werden.

5. aufgrund des Ingenieurgesetzes als Angehörige oder Angehöriger der Fachrichtung Architektur (Studiengang Innenarchitektur) die Berufsbezeichnung „Ingenieurin“ oder „Ingenieur“ führen darf, während eines Zeitraums von zwei Jahren vor dem 1. Januar 1990 wiederholt Bauvorlagen für die Errichtung oder Änderung von Gebäuden als Entwurfsverfasserin oder Entwurfsverfasser durch Unterschrift anerkannt hat und Mitglied der Architektenkammer oder der Ingenieurkammer-Bau ist,
6. die Befähigung zum höheren oder gehobenen bautechnischen Verwaltungsdienst besitzt, für ihre oder seine dienstliche Tätigkeit.

70.35 Besitzstandswahrung (Nr. 5)
Das wiederholte Anerkennen von Bauvorlagen muss nach dieser Vorschrift während des Zeitraumes vor 1.1.1988 bis 31.12.1989 stattgefunden haben. Dies bedeutet jedoch nicht, dass Bauvorlagen während dieses Zeitraumes kontinuierlich eingereicht worden sein müssen. Es kommt vielmehr darauf an, dass Bauvorlagen nicht nur gelegentlich gefertigt wurden, sondern dass das Anerkennen von Bauvorlagen durch Unterschrift einen Schwerpunkt in der Berufsausübung der Entwurfsverfasserin oder des Entwurfsverfassers vor dem 1.1.1990 gebildet hat. Es genügt nicht, wenn die formalen Voraussetzungen für die Bauvorlageberechtigung nach der BauO NRW 1970 vorliegen, von dieser Berechtigung aber kein Gebrauch gemacht wurde.

70.36 Besitzstandswahrung für Handwerksmeister
Eine beschränkte Bauvorlagenberechtigung für frei stehende Wohngebäude mit nicht mehr als zwei Wohnungen („Einfamilienhaus einschließlich einer Einliegerwohnung“) besteht aufgrund der Übergangsvorschriften in Artikel II Abs. 3 des Zweiten Gesetzes zur Änderung der Landesbauordnung vom 15. Juli 1976 (GV. NRW. S. 264). Diese Vorschrift lautet: „*Wer als Meister des Maurer-, Beton- oder Stahlbetonbauerhandwerks oder des Zimmererhandwerks während der vergangenen fünf Jahre vor Inkrafttreten dieses Gesetzes regelmäßig Bauvorlagen für frei stehende Einfamilienhäuser einschließlich einer Einliegerwohnung als Entwurfsverfasser durch Unterschrift anerkannt hat (§ 83 Abs. 4 Satz 1 BauO NRW), gilt für diese Gebäude auch weiterhin als bauvorlageberechtigt.*“
Das Gesetz ist am 1.1.1977 in Kraft getreten.

70 (4) (4) In die Liste der Bauvorlageberechtigten ist auf Antrag von der Ingenieurkammer-Bau NRW einzutragen, wer einen berufsqualifizierenden Hochschulabschluss eines Studiums der Fachrichtung Bauingenieurwesen nachweist und danach mindestens zwei Jahre in der Planung und Überwachung der Ausführung von Gebäuden praktisch tätig war. Dem Antrag sind die zur Beurteilung erforderlichen Unterlagen beizufügen. Die Ingenieurkammer-Bau NRW stellt eine Empfangsbestätigung nach § 71 b Absatz 3 und 4 des Verwaltungsverfahrensgesetzes aus. 70 (4)

Hat die Anerkennungsbehörde nicht innerhalb einer Frist von drei Monaten entschieden, gilt die Anerkennung als erteilt. Es gilt § 42 a Verwaltungsverfahrensgesetz mit der Maßgabe, dass die Fristverlängerung zwei Monate nicht übersteigen darf.

70 (5) (5) Personen, die in einem anderen Mitgliedstaat der Europäischen Union oder einem nach dem Recht der Europäischen Gemeinschaften gleichgestellten Staat als Bauvorlageberechtigte niedergelassen sind, sind ohne Eintragung in die Liste nach Absatz 3 Nummer 2 und ohne Nachweis einer Kammermitgliedschaft bauvorlageberechtigt, wenn sie 70 (5)

1. eine vergleichbare Berechtigung besitzen und
2. dafür dem Absatz 4 Satz 1 vergleichbare Anforderungen erfüllen mussten.

Sie haben das erstmalige Tätigwerden als Bauvorlageberechtigte vorher der Ingenieurkammer-Bau NRW anzuzeigen und dabei

1. eine Bescheinigung darüber, dass sie in einem Mitgliedstaat der Europäischen Union oder einem nach dem Recht der Europäischen Gemeinschaften gleichgestellten Staat rechtmäßig als Bauvorlageberechtigte niedergelassen sind und ihnen die Ausübung dieser Tätigkeiten zum Zeitpunkt der Vorlage der Bescheinigung nicht, auch nicht vorübergehend, untersagt ist, und
2. einen Nachweis darüber, dass sie im Staat ihrer Niederlassung für die Tätigkeit als Bauvorlageberechtigte mindestens die Voraussetzungen des Absatzes 4 Satz 1 erfüllen mussten, vorzulegen; sie sind in einem Verzeichnis zu führen.

Die Ingenieurkammer-Bau NRW hat auf Antrag zu bestätigen, dass die Anzeige nach Satz 2 erfolgt ist; sie kann das Tätigwerden als bauvorlageberechtigte Person untersagen und die Eintragung in dem Verzeichnis nach Satz 2 löschen, wenn die Voraussetzungen des Satzes 1 nicht erfüllt sind.

Autorenhinweis zu Abs. 5

Das erstmalige Einreichen von Bauvorlagen ist der Ingenieurkammer-Bau anzuzeigen. Der Anzeige sind Nachweise beizufügen, die es der Ingenieurkammer-Bau ermöglichen, die Voraussetzungen der Bauvorlageberechtigung zu überprüfen. Die Personen, die das beabsichtigte Einreichen von Bauvorlagen angezeigt haben, werden nachrichtlich in einem von der Liste der Bauvorlageberechtigten getrennten Verzeichnis geführt. Auf diese Weise ist für Bauherren und Bauaufsichtsbehörden erkennbar, dass die jeweilige Person die formalen Anforderungen zur Tätigkeit als Bauvorlageberechtigter erfüllt hat. Unmittelbar nach der Anzeige nach Satz 2 dürfen Bauvorlagen eingereicht werden. Eine Prüfung oder Genehmigung durch die Ingenieurkammer-Bau ist nicht erforderlich.

70 (6) (6) Personen, die in einem anderen Mitgliedstaat der Europäischen Union oder einem nach dem Recht der Europäischen Gemeinschaften gleichgestellten Staat als Bauvorlageberechtigte niedergelassen sind, ohne im Sinne des Absatzes 5 Satz 1 Nummer 2 vergleichbar zu sein, sind bauvorlageberechtigt, wenn ihnen die Ingenieurkammer-Bau NRW bescheinigt hat, dass sie die Anforderungen des Absatzes 4 Satz 1 erfüllen; sie sind in einem Verzeichnis zu führen. Die Bescheinigung wird auf Antrag erteilt. Absatz 4 Satz 2 bis 5 ist entsprechend anzuwenden. 70 (6)

Autorenhinweis zu Abs. 6

Diese Personen sind erst bauvorlageberechtigt, wenn ihnen die Ingenieurkammer bescheinigt, dass sie tatsächlich die Anforderungen des Absatzes 4 Satz 1 erfüllen.

70 (7) (7) Anzeigen und Bescheinigungen nach den Absätzen 5 und 6 sind nicht erforderlich, wenn bereits in einem anderen Land eine Anzeige erfolgt ist oder eine Bescheinigung erteilt wurde; eine weitere Eintragung in die von der Ingenieurkammer-Bau NRW geführten Verzeichnisse erfolgt nicht. Verfahren nach den Absätzen 4 bis 6 können über eine einheitliche Stelle nach den Vorschriften des Verwaltungsverfahrensgesetzes abgewickelt werden. 70 (7)

70 (8) (8) Juristische Personen des öffentlichen Rechts und Unternehmen dürfen Bauvorlagen als Entwurfsverfasser unterschreiben, wenn sie diese unter der Leitung einer bauvorlageberechtigten Person, die der juristischen Person oder dem Unternehmen angehören muss, aufstellen. Die bauvorlageberechtigte Person hat die Bauvorlagen durch Unterschrift anzuerkennen. 70 (8)

§ 71

§ 71 Vorbescheid

§ 71

71 (1) (1) Vor Einreichung des Bauantrages kann zu Fragen des Bauvorhabens ein Bescheid (Vorbescheid) beantragt werden. Der Vorbescheid gilt zwei Jahre.

71.1 Zu Absatz 1 71 (1)

Ein Vorbescheid kommt nicht nur zur Klärung der bauplanungsrechtlichen Zulässigkeit eines Bauvorhabens in Betracht (sog. Bebauungsgenehmigung). Durch ihn kann auch über bauordnungsrechtliche und sonstige die Genehmigungsfähigkeit betreffende Fragen, insbesondere die Einhaltung bestimmter öffentlich-rechtlicher Vorschriften (§ 75 Abs. 1), entschieden werden.

71 (2) (2) § 69, § 72 Abs. 1 bis 3, §§ 73 und 74, § 75 Abs. 1 bis 3 und § 77 Abs. 2 gelten entsprechend.

71.2 Zu Absatz 2 71 (2)

In einem Verfahren zur Erlangung eines Vorbescheides können auch alle Bauvorlagen, z. B. mit Ausnahme der bautechnischen Nachweise geprüft und insoweit über die Zulässigkeit des Vorhabens befunden werden. In diesem Fall müssen die mit dem Antrag eingereichten Bauvorlagen von einer oder einem bauvorlageberechtigten Entwurfsverfasserin oder Entwurfsverfasser durch Unterschrift anerkannt sein (§ 70). Ein solcher Vorbescheid ist noch keine Baugenehmigung und berechtigt nicht zum Baubeginn. Wer gleichwohl mit den Bauarbeiten beginnen will, bedarf hierfür zumindest einer Teilbaugenehmigung (§ 76).

71 (3) (3) Betreffen die Fragen nach Absatz 1 die Errichtung oder Änderung eines Gebäudes, müssen die dem Antrag auf Vorbescheid beizufügenden Bauvorlagen von einer Entwurfsverfasserin oder einem Entwurfsverfasser, die oder der bauvorlageberechtigt ist, unterschrieben sein; § 70 gilt entsprechend. Dies gilt nicht für einen Antrag auf Vorbescheid, mit dem nur über die Vereinbarkeit mit den planungsrechtlichen Vorschriften über die Art der baulichen Nutzung, die Bauweise und die überbaubare Grundstücksfläche entschieden werden soll. 71 (3)

§ 72

§ 72 Behandlung des Bauantrages

§ 72

72 (1) (1) Die Bauaufsichtsbehörde hat innerhalb einer Woche nach Eingang des Bauantrages zu prüfen, ob

1. der Bauantrag und die Bauvorlagen den Anforderungen des § 69 und den Vorschriften der aufgrund des § 85 Abs. 3 erlassenen Rechtsverordnung entsprechen,
2. die Erteilung der Baugenehmigung von der Zustimmung, dem Einvernehmen, Benehmen oder von der Erteilung einer weiteren Genehmigung oder Erlaubnis einer anderen Behörde abhängig ist,
3. welche anderen Behörden oder Dienststellen zu beteiligen sind und
4. welche Sachverständigen heranzuziehen sind.

Die Bauaufsichtsbehörde soll den Bauantrag zurückweisen, wenn die Bauvorlagen unvollständig sind oder

72.1 Zu Absatz 1 72 (1)

72.11 Bestimmungen über die Zusammenarbeit zwischen den Bauaufsichtsbehörden und anderen Behörden enthalten auch die in der Anlage zu Nr. 72.11 aufgeführten Erlasse.

72.12 § 72 Abs. 1 Satz 2 hat zur Folge, dass unvollständige oder erheblich mangelhafte Bauvorlagen nur in begründeten Ausnahmefällen nicht zurückgewiesen werden.
Die Zurückweisung von Bauanträgen nach Satz 2 unterliegt keiner Frist; Satz 1 bestimmt lediglich, dass die Bauaufsichtsbehörde die sog. Vorprüfung innerhalb einer Woche nach Eingang des Bauantrages durchzuführen hat. Auch nach Ablauf dieser Wochenfrist ist es nicht ausgeschlossen, den Bauantrag zurückzuweisen, wenn sich erst im Laufe der weiteren Prüfung herausstellt, dass Bauvorlagen unvollständig sind oder erhebliche Mängel aufweisen. Jedoch sollte in der Regel die Zurückweisung unmittelbar nach der sog. Vorprüfung vorgenommen werden. Eine Zurückweisung zu einem wesentlich späteren Zeitpunkt dürfte nur schwer vermittelbar sein.
Vor der Zurückweisung eines Bauantrages ist eine Anhörung gemäß § 28 VwVfG. NRW. in der Regel nicht erforderlich. Sie sollte ausnahmsweise dann erfolgen, wenn sie auf Gründe gestützt wird, von denen anzunehmen ist, dass die Antragstellerin oder der Antragsteller ihre Erheblichkeit für die Bearbeitung des Bauantrages verkannt hat (siehe auch OVG NRW, Urteil vom 1.7.1983 – 4 A 248/82 –, NVwZ 1983, 746; DÖV 83, 986). Die Nachforderung von Unterlagen gemäß § 1 Abs. 2 Satz 2 BauPrüfVO ist als Anhörung anzusehen.

erhebliche Mängel aufweisen. Unmittelbar nach Abschluss der Prüfung nach Satz 1 hat die Bauaufsichtsbehörde den Bauantrag und die dazugehörenden Bauvorlagen mit Ausnahme der bautechnischen Nachweise der Gemeinde zuzuleiten.

72.13 Die Gemeinde erhält den Bauantrag und eine Ausfertigung der Bauvorlagen mit Ausnahme der bautechnischen Nachweise zur Stellungnahme. Die Stellungnahme hat sich auf Sach- und Rechtsfragen zu beschränken, an denen sie im Baugenehmigungsverfahren beteiligt ist, insbesondere auf Fragen

- des Bauplanungsrechts,
- der Erschließung,
- der Einhaltung örtlicher Bauvorschriften (§ 86).

In der Stellungnahme ist darzulegen, inwieweit gesetzlich vorgeschriebene Mitwirkungsakte der Gemeinde (z.B. Einvernehmen nach den Vorschriften des BauGB oder nach § 86 Abs. 5) vollzogen wurden. Ist die Baugenehmigung von der Erteilung besonderer gemeindlicher Genehmigungen, Erlaubnisse oder Prüfungen abhängig (z. B. §§ 145, 173 BauGB, § 9 DSchG), sind der Stellungnahme Durchschriften der entsprechenden Bescheide beizufügen und darzulegen, ob und inwieweit sich diese Genehmigungen auf das beantragte Bauvorhaben auswirken, insbesondere ob die Baugenehmigung aufgrund dieser Bestimmungen zu versagen oder mit Nebenbestimmungen zu versehen ist.
Die Gemeinde soll ihre Stellungnahme innerhalb von drei Wochen gegenüber der Bauaufsichtsbehörde abgeben. Ist dies nicht möglich, soll die Bauaufsichtsbehörde unter Darlegung der Verzögerungsgründe hiervon unterrichtet werden. Kann die Stellungnahme nicht rechtzeitig abgegeben werden, weil für die Erteilung gemeindlicher Genehmigungen die Beteiligung weiterer Behörden vorgeschrieben ist (z. B. § 9 in Verbindung mit § 21 Abs. 4 DSchG), soll die Gemeinde auch die Antragstellerin oder den Antragsteller unterrichten.

72 (2) (2) Bedarf die Erteilung der Baugenehmigung nach landesrechtlichen Vorschriften der Zustimmung, des Einvernehmens oder des Benehmens einer anderen Körperschaft, Behörde oder Dienststelle, so gelten diese als erteilt, wenn sie nicht innerhalb von zwei Monaten nach Eingang des Ersuchens unter Angabe der Gründe verweigert werden. Hat eine andere Behörde oder Dienststelle eine Stellungnahme nicht innerhalb eines Monats nach Aufforderung abgegeben, so kann die Bauaufsichtsbehörde ohne die Stellungnahme entscheiden. Bearbeitungs- und Ausschlussfristen in anderen Rechtsvorschriften bleiben unberührt.

72.2 Zu Absatz 2 72 (2)

72.21 Zu den in § 72 Abs. 2 Satz 2 genannten Stellungnahmen zählen auch die, welche die für den Brandschutz zuständigen Dienststellen, das Staatliche Amt für Arbeitsschutz und das Staatliche Umweltamt nach Anhörung gemäß Nr. 54.3 VV BauO NRW abgeben; diese Behörden sind bei der Anhörung auf diese Vorschrift hinzuweisen.
§ 72 Abs. 2 dient der Beschleunigung des Baugenehmigungsverfahrens. Die Baugenehmigungsbehörde hat deshalb nach Ablauf der Fristen das Verfahren fortzusetzen und zu entscheiden. Erscheint ihr bei Anlegen strenger Maßstäbe die Stellungnahme einer Fachbehörde (z. B. der für den Brandschutz zuständigen Dienststelle) unentbehrlich, ist erforderlichenfalls über die Aufsichtsbehörde der Fachbehörde auf die alsbaldige Abgabe der Stellungnahme zu drängen.

72.22 Nach §§ 110 und 111 Abs. 6 BBergG kann der Bergbauberechtigte im Einwirkungsbereich untertägigen Bergbaus von der Bauherrin oder vom Bauherrn die Anpassung oder Sicherung eines zu errichtenden Bauvorhabens gegen zu erwartende Bergschäden, ggf. gegen Kostenersatz verlangen. Nach § 110 Abs. 6 BBergG erteilen die zuständigen Behörden dem Bergbauberechtigten für das von ihm bezeichnete Gebiet Auskunft über alle Anträge auf Erteilung einer baurechtlichen Genehmigung oder Zustimmung oder eine diese einschließende Genehmigung. Daher hat die Bauaufsichtsbehörde die Bauvorlagen an den Bergbauberechtigten weiterzuleiten, wenn das Bauvorhaben im Einwirkungsbereich untertägigen Bergbaus liegt. Der Bergbauberechtigte gibt eine Stellungnahme gemäß §§ 110 und 111 BBergG ab.

72.23 Bei der Genehmigung von Bauvorhaben im Sinne der §§ 34 und 35 BauGB, die in einem Abstand von weniger als 35 m zu Wäldern (§ 2 Bundeswaldgesetz in Verbindung mit § 1 LFoG) errichtet werden sollen, ist die zuständige Forstbehörde zu hören. Im Baugenehmigungsverfahren soll möglichst darauf hingewirkt werden, dass Bauvorhaben einen Abstand von mindestens 35 m zu Wäldern einhalten.

72 (3) (3) Entscheidungen und Stellungnahmen nach Absatz 2 sollen gleichzeitig eingeholt werden. Eine gemeinsame Besprechung der nach Absatz 2 zu beteiligenden Stellen (Antragskonferenz) soll einberufen werden, wenn dies der beschleunigten Abwicklung des Baugenehmigungsverfahrens dienlich ist. Förmlicher Erklärungen der Zustimmung, des Einvernehmens oder Benehmens nach Absatz 2 Satz 1 bedarf es nicht, wenn die dort genannten Behörden oder Dienststellen derselben Körperschaft wie die Bauaufsichtsbehörde angehören. 72 (3

72 (4) (4) Die Beachtung der technischen Regeln ist, soweit sie nach § 3 Abs. 3 eingeführt sind, zu prüfen. 72 (4

72 (5) (5) Einer Prüfung bautechnischer Nachweise, die von einem Prüfamt für Baustatik allgemein geprüft sind (Typenprüfung), bedarf es nicht. Typenprüfungen anderer Länder gelten auch im Land Nordrhein-Westfalen. 72 (5

72 (6) (6) Legt die Bauherrin oder der Bauherr Bescheinigungen einer oder eines staatlich anerkannten Sachverständigen im Sinne des § 85 Abs. 2 Nr. 4 vor, so wird vermutet, dass die bauaufsichtlichen Anforderungen insoweit erfüllt sind. Im Hinblick auf die Standsicherheit und den Brandschutz einer baulichen Anlage sind Bescheinigungen über die Prüfung der entsprechenden Nachweise und Bauvorlagen erforderlich. Die Bauaufsichtsbehörde kann die Vorlage solcher Bescheinigungen verlangen. Die Bauaufsichtsbehörde ist zu einer Überprüfung des Inhalts der Bescheinigungen nicht verpflichtet. Mit der Vorlage der Bescheinigungen sind der Bauaufsichtsbehörde die staatlich anerkannten Sachverständigen nach § 85 Abs. 2 Satz 1 Nr. 4 zu benennen, die mit den stichprobenhaften Kontrollen der Bauausführung beauftragt worden sind. Die Sätze 1 bis 5 gelten im Hinblick auf den Brandschutz einer baulichen Anlage nicht für Sonderbauten (§ 54).

72.6 Zu Absatz 6 72 (6)

72.61 Unter Berücksichtigung der SV-VO ist die Vorlage von Sachverständigenbescheinigungen in den Fachbereichen Standsicherheit (einschließlich Erd- und Grundbau), Brandschutz, Schallschutz und Wärmeschutz vorgesehen.
Im Baugenehmigungsverfahren gemäß § 63 ist es der Bauherrin oder dem Bauherrn freigestellt, Sachverständigenbescheinigungen in den Bereichen Standsicherheit und Schallschutz vorzulegen; für den Wärmeschutznachweis gelten die besonderen Regelungen der WärmeschutzUVO (siehe auch Nr. 68.3).

72.62 Aufgabenerledigung der staatlich anerkannten Sachverständigen
Soweit § 72 Abs. 6 Satz 2 vorsieht, dass im Hinblick auf die Standsicherheit und den Brandschutz einer baulichen Anlage Bescheinigungen über die Prüfung der entsprechenden Nachweise und Bauvorlagen erforderlich sind, setzt dies voraus, dass die oder der staatlich anerkannte Sachverständige die Übereinstimmung von Bauvorlagen mit dem geltenden Recht bescheinigt, die von einer anderen Person aufgestellt worden sind. Es darf sich dabei auch nicht um Bauvorlagen handeln, die von der Person aufgestellt wurden, die zu der oder dem staatlich anerkannten Sachverständigen in einem fachlichen Abhängigkeitsverhältnis steht.

72.621 Die staatlich anerkannten Sachverständigen für die Prüfung der Standsicherheit haben

1. im Baugenehmigungsverfahren gemäß § 63
   1.1 zu bescheinigen, dass der Standsicherheitsnachweis einschließlich des statisch-konstruktiven Brandschutzes (§ 12 Abs. 1 Satz 1 SV-VO) vollständig und richtig ist, sowie
   1.2 zu bescheinigen, dass das Bauvorhaben nach Prüfung des (einzureichenden) Standsicherheitsnachweises den Anforderungen an die Standsicherheit entspricht (§ 72 Abs. 6 Satz 1 und 2).

   Zur Bescheinigung gehören der Prüfbericht, in dem Umfang und Ergebnis der Prüfung niederzulegen sind, und eine Ausfertigung des geprüften Standsicherheitsnachweises (§ 12 Abs. 1 Satz 2 SV-VO),
2. im vereinfachten Genehmigungsverfahren (§ 68 Abs. 2 Nr. 2) die in Ziffern 1.1 und 1.2 genannten Bescheinigungen auszustellen,
3. in der Freistellungsregelung (§ 67 Abs. 4 Satz 1) die in Ziffern 1.1 und 1.2 genannten Bescheinigungen auszustellen.

72.622 Die staatlich anerkannten Sachverständigen für die Prüfung des Brandschutzes haben

1. im vereinfachten Genehmigungsverfahren – soweit es sich nicht um Sonderbauten (§ 54) handelt –
   zu bescheinigen, dass das Bauvorhaben nach Prüfung der einzureichenden Bauvorlagen den Anforderungen an den baulichen Brandschutz entspricht (§ 72 Abs. 6 Sätze 1 und 2 BauO NRW in Verbindung mit § 16 Abs. 1 Satz 1 SV-VO). Zur Bescheinigung gehören der Prüfbericht und eine Ausfertigung der brandschutztechnisch geprüften Bauvorlagen (§ 16 Abs. 1 Satz 2 SV-VO). Die Sachverständigen haben den zur Wahrung der Belange des abwehrenden Brandschutzes erhobenen Forderungen der Brandschutzdienststelle zu entsprechen (§ 16 Abs. 2 SV-VO), dies ist in der Bescheinigung zum Ausdruck zu bringen;
2. in der Freistellungsregelung (§ 67 Abs. 4 Satz 2) die in Ziffer 1 genannte Bescheinigung auszustellen.

72.623 Die staatlich anerkannten Sachverständigen für Schall- und Wärmeschutz haben im Baugenehmigungsverfahren gemäß § 63, im vereinfachten Genehmigungsverfahren nach Maßgabe des § 68 Abs. 2 Nr. 1 sowie in der Freistellungsregelung nach Maßgabe des § 67 Abs. 4 Satz 1

1. zu bescheinigen, dass die von ihnen aufgestellten oder, sofern die Nachweise von anderen Personen aufgestellt sind, geprüften Nachweise über den Schallschutz (siehe § 8 Abs. 4 BauPrüfVO) die bauaufsichtlichen Anforderungen erfüllen (§ 72 Abs. 6 Satz 1) und
2. die Nachweise des Wärmeschutzes entsprechend den Vorschriften der WärmeschutzUVO aufzustellen oder, sofern die Nachweise von anderen Personen aufgestellt sind, zu prüfen.
   Die Nachweise für Vorhaben, die dem üblichen Genehmigungsverfahren unterliegen, sind spätestens bei Baubeginn der unteren Bauaufsichtsbehörde vorzulegen.

72.63 Soweit in Satz 2 von „Prüfung" die Rede ist, ist eine Prüfung durch staatlich anerkannte Sachverständige gemeint, die Grundlage der Bescheinigung nach Satz 1 ist.

72.64 Werden mit dem Bauantrag Bauvorlagen ohne Sachverständigenbescheinigungen hinsichtlich Standsicherheit, Schallschutz oder Brandschutz vorgelegt, ist die Beachtung der entsprechenden Vorschriften von der Bauaufsichtsbehörde zu prüfen. Sie kann mit der Prüfung der Nachweise über die Standsicherheit, den Schallschutz sowie den statisch-konstruktiven Brandschutz eine Prüfingenieurin oder einen Prüfingenieur für Baustatik beauftragen (§ 27 BauPrüfVO). Sie kann aber auch von der Bauherrin oder vom Bauherrn die Vorlage entsprechender Bescheinigungen staatlich anerkannter Sachverständiger verlangen.

§ 73

§ 73 Abweichungen

§ 73

73 (1) (1) Soweit in diesem Gesetz oder in aufgrund dieses Gesetzes erlassenen Vorschriften nichts anderes geregelt ist, kann die Genehmigungsbehörde Abweichungen von bauaufsichtlichen Anforderungen dieses Gesetzes und der aufgrund dieses Gesetzes erlassener Vorschriften zulassen, wenn sie unter Berücksichtigung des Zwecks der jeweiligen Anforderungen und unter Würdigung der nachbarlichen Interessen mit den öffentlichen Belangen vereinbar sind. Abweichungen von § 6 sind insbesondere zulässig, wenn durch das Vorhaben nachbarliche Interessen nicht stärker oder nur unwesentlich stärker beeinträchtigt werden, als bei einer Bebauung des Grundstücks, die nach § 6 zulässig wäre. Unter den Voraussetzungen des Satzes 1 sind Abweichungen zuzulassen, wenn sie der Verwirklichung von Vorhaben zur Einsparung von Wasser oder Energie dienen. Soll von einer technischen Anforderung abgewichen werden, ist der Genehmigungsbehörde nachzuweisen, dass dem Zweck dieser Anforderung auf andere Weise entsprochen wird.

73.1 Zu Absatz 1 73 (1

Die Abweichung soll – auch in den Fällen des § 68 Abs. 7 – möglichst zusammen mit der Baugenehmigung beantragt werden, damit aus Gründen der Verfahrensökonomie über ihre Zulassung zusammen mit dem Bauantrag entschieden werden kann. Die Vorschriften, von denen abgewichen werden soll, sollen genau bezeichnet werden. Außerdem soll dargelegt werden, dass dem Zweck der Vorschrift bei Nichterfüllung der jeweiligen Anforderung gleichwohl entsprochen wird.

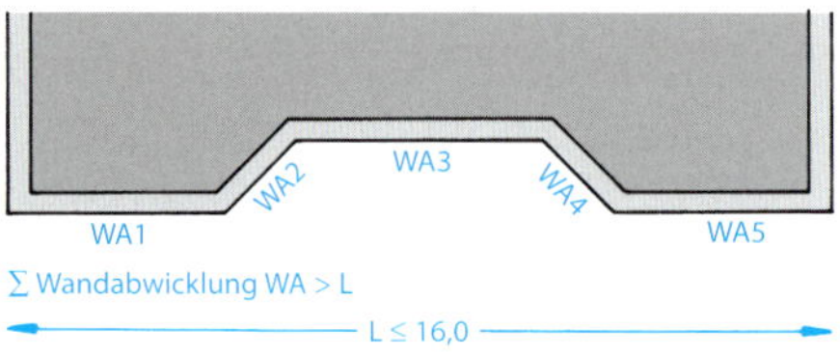

Zu § 73 (1)
Angrenzer nicht stärker beeinträchtigt

Autorenhinweis zu Abs. 1

Satz 2 verdeutlicht, dass Abweichungen von § 6 zugelassen werden können, wenn die Abstandflächen einer geplanten Bebauung den Nachbarn nicht stärker oder nur unwesentlich stärker beeinträchtigen, als es eine andere, nach § 6 zulässige Bebauung tun würde.

73.13 Zu Absatz 1

Der Nachweis, dass bei Abweichen von einer technischen Anforderung deren Zweck auf andere Weise entsprochen wird, ist von der Bauherrin oder dem Bauherrn ggf. durch Vorlage eines Sachverständigengutachtens zu führen. Bei Abweichungen von Vorschriften, die ausdrücklich unter der Voraussetzung gestattet werden können, dass Bedenken wegen des Brandschutzes nicht bestehen oder dass der Brandschutz auf andere Weise gesichert ist, sind die Brandschutzdienststellen zu hören. Nr. 54.33 VV BauO NRW gilt entsprechend. Dies gilt nicht, wenn die Abweichung der zu der jeweiligen gesetzlichen Regelung ergangenen Verwaltungsvorschrift entspricht. Bei allen anderen Abweichungen von Vorschriften des Brandschutzes ist die Brandschutzdienststelle zu hören, soweit die Durchführung von Löscharbeiten oder die Rettung von Menschen und Tieren berührt werden.

Bei Abweichungen, die für den Arbeitsschutz oder den Immissionsschutz von Bedeutung sind, ist das Staatliche Amt für Arbeitsschutz oder das Staatliche Umweltamt oder, sofern die baulichen Anlagen oder Räume der Bergaufsicht unterliegen, das Bergamt zu hören. Nrn. 54.34 und 54.35 VV BauO NRW gelten entsprechend.

Die Abweichungsvorschrift des § 73 betrifft nicht die Zulassung nicht geregelter Bauprodukte (§ 20 Abs. 3) und Bauarten (§ 24).

73 (2) (2) Ist für bauliche Anlagen oder andere Anlagen und Einrichtungen im Sinne von § 1 Abs. 1 Satz 2, die keiner Baugenehmigung bedürfen, eine Abweichung erforderlich, so ist sie schriftlich zu beantragen. 73 (2

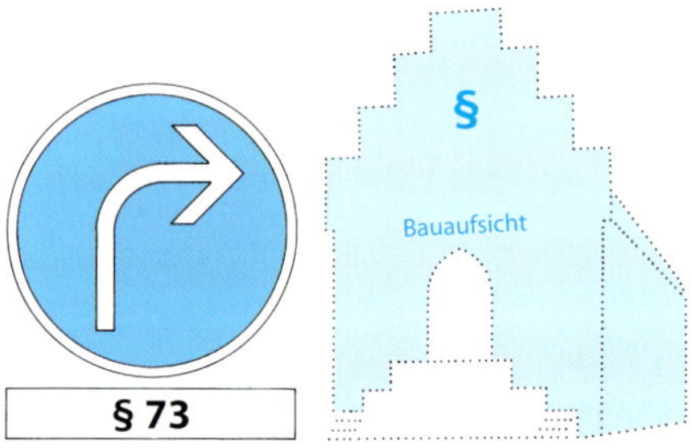

Zu § 73 (2)
Abweichungen beantragen!

§ 74 § 74 Öffentlichkeitsbeteiligung, Beteiligung der Angrenzer § 74

74 (1) (1) Auf das Baugenehmigungsverfahren findet § 25 Absatz 3 des Verwaltungsverfahrensgesetztes für das Land Nordrhein-Westfalen keine Anwendung. 74 (1)

74 (2) (2) Die Eigentümerinnen und Eigentümer sowie die Erbbauberechtigten angrenzender Grundstücke (Angrenzer) sind nach den Absätzen 3 bis 5 zu beteiligen. Die Vorschriften des Verwaltungsverfahrensgesetzes für das Land Nordrhein-Westfalen sind insoweit nicht anzuwenden. 74 (2)

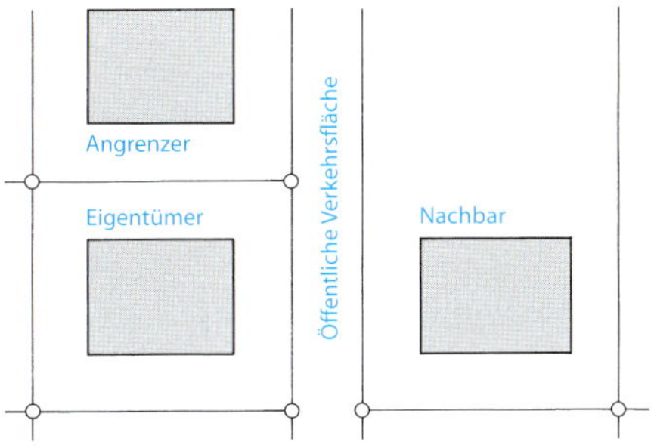

Zu § 74 (2)
Angrenzer, Nachbar

74 (3) (3) Die Bauaufsichtsbehörden sollen die Angrenzer vor Zulassung von Abweichungen benachrichtigen, wenn zu erwarten ist, dass öffentlich-rechtlich geschützte nachbarliche Belange berührt werden. Einwendungen sind innerhalb eines Monats nach Zugang der Benachrichtigung bei der Bauaufsichtsbehörde schriftlich oder zu Protokoll vorzubringen.

74.3 Zu Absatz 3 74 (3)

74.31 Nicht die Gewissheit, sondern schon die Möglichkeit, dass durch eine Abweichung öffentlich-rechtlich geschützte nachbarliche Belange berührt werden, macht die Beteiligung der Angrenzer erforderlich. Im Zweifelsfall sollte immer das Beteiligungsverfahren durchgeführt werden. Allerdings braucht nur der Angrenzer beteiligt zu werden, dessen Belange von der beantragten Abweichung berührt werden können. Aus Gründen des Datenschutzes sind die Angrenzer nur so weit zu beteiligen, dass sie ihre rechtlichen Interessen wahren können.
Die Sollvorschrift bedeutet, dass die Anhörung in aller Regel durchzuführen ist. Sind allerdings, etwa bei Erbengemeinschaften, einzelne (Mit-)Eigentümer nur unter Schwierigkeiten oder mit erheblichen Verzögerungen zu ermitteln oder zu erreichen, kann im Interesse eines zügigen Verfahrensablaufs – ausnahmsweise – insoweit von einer Anhörung abgesehen werden.

74.32 Bei Befreiungen gemäß § 31 Abs. 2 BauGB sind die Beteiligungsvorschriften des VwVfG. NRW. uneingeschränkt anzuwenden.

74 (4) (4) Die Benachrichtigung entfällt, wenn die zu benachrichtigenden Angrenzer die Lagepläne und Bauzeichnungen unterschrieben oder der Zulassung von Abweichungen zugestimmt haben. 74 (4)

74 (5) (5) Wird den Einwendungen nicht entsprochen, so ist die Entscheidung über die Abweichung dem Angrenzer zuzustellen. Wird den Einwendungen entsprochen, kann auf die Zustellung der Entscheidung verzichtet werden. 74 (5)

§ 74a § 74a Ausnahme und Befreiungen nach dem Bauplanungsrecht § 74a

Ausnahmen und Befreiungen von den Festsetzungen eines Bebauungsplans, einer sonstigen städtebaulichen Satzung nach § 34 BauGB oder von Regelungen der Baunutzungsverordnung (BauNVO) über die zulässige Art der baulichen Nutzung nach § 34 Abs. 2 Halbsatz 2 BauGB, über die nicht in einem Baugenehmigungsverfahren entschieden wird, sind schriftlich zu beantragen. Der Antrag ist zu begründen; ihm sind die zu seiner Beurteilung erforderlichen Unterlagen beizufügen. Die Bauaufsichtsbehörde hat über den Antrag innerhalb von 6 Wochen nach Eingang des Antrags bei ihr zu entscheiden.

§ 75

§ 75 Baugenehmigung und Baubeginn

§ 75

75 (1) (1) Die Baugenehmigung ist zu erteilen, wenn dem Vorhaben öffentlich-rechtliche Vorschriften nicht entgegenstehen. Die Baugenehmigung bedarf der Schriftform; sie braucht nicht begründet zu werden. Eine Ausfertigung der mit einem Genehmigungsvermerk versehenen Bauvorlagen ist der Antragstellerin oder dem Antragsteller mit der Baugenehmigung zuzustellen.

75.1 Zu Absatz 1 75 (1)

75.11 Zu den öffentlich-rechtlichen Vorschriften zählen neben der Landesbauordnung und deren Durchführungsverordnungen insbesondere das Baugesetzbuch, die Vorschriften des Landschaftsrechts, des Denkmalrechts, die Vorschriften zum Bodenschutz, zum Immissionsschutz und zum Gewässerschutz, die Arbeitsstättenverordnung, die Bebauungspläne und die als kommunale Satzung erlassenen örtlichen Bauvorschriften.

75.12 Bei einer Reihe von Vorschriften über den Brandschutz ist die Erfüllung der Vorschrift auf andere Art und Weise als vom Gesetz im Regelfall vorgesehen zulässig, wenn besondere Brandschutzmaßnahmen getroffen werden oder Bedenken wegen des Brandschutzes nicht bestehen (z. B. § 33 Abs. 3, § 35 Abs. 1, § 37 Abs. 1 und 8). Die Zulässigkeit dieser anderweitigen Vorschriftenerfüllung ist im Baugenehmigungsverfahren unter Anhörung der Brandschutzdienststelle zu prüfen. Eine solche Prüfung unter Beteiligung der Brandschutzdienststelle entfällt bei Bauvorhaben, die keine Sonderbauten sind, wenn durch Bescheinigung einer oder eines staatlich anerkannten Sachverständigen für die Prüfung des Brandschutzes bestätigt wird, dass die bauaufsichtlichen Anforderungen hinsichtlich des Brandschutzes erfüllt sind.

75.13 Die Baugenehmigung berechtigt zum Baubeginn; sie kann erst erteilt werden, wenn die Bauaufsichtsbehörde nach Prüfung der erforderlichen Bauvorlagen festgestellt hat, dass dem Bauvorhaben öffentlich-rechtliche Vorschriften nicht entgegenstehen. Solange erforderliche Bauvorlagen nicht oder nur zum Teil vorliegen, kann diese Feststellung nicht getroffen werden. Auf besonderen schriftlichen Antrag kann dann gestattet werden, dass mit den Bauarbeiten für die Baugrube und für einzelne Bauteile oder Bauabschnitte begonnen werden darf (Teilbaugenehmigung nach § 76). Werden Bauvorlagen zu unterschiedlichen Zeitpunkten eingereicht, so muss eine Übereinstimmungserklärung der Entwurfsverfasserin oder des Entwurfsverfassers vorliegen (§ 7 BauPrüfVO). Dies gilt auch für Einzelnachweise zur Standsicherheit, die nach ihrem Inhalt erst vorgelegt werden können, wenn die Ausführungsplanung erstellt ist (§ 8 Abs. 3 BauPrüfVO).
Die Baugenehmigung ist mit dem Hinweis zu versehen, dass die Bauherrin oder der Bauherr verpflichtet ist, für jede der in § 2 Abs. 2 Nr. 1 oder Nr. 2 BaustellV genannten Baustellen dem hierfür zuständigen Staatlichen Amt für Arbeitsschutz die nach der BaustellV vorgeschriebene Vorankündigung zu übermitteln.

75 (2) (2) Die Baugenehmigung gilt auch für und gegen die Rechtsnachfolgerin oder den Rechtsnachfolger der Bauherrin oder des Bauherrn. 75 (2)

75 (3) (3) Die Baugenehmigung wird unbeschadet der privaten Rechte Dritter erteilt. Sie lässt aufgrund anderer Vorschriften bestehende Verpflichtungen zum Einholen von Genehmigungen, Bewilligungen, Erlaubnissen und Zustimmungen oder zum Erstatten von Anzeigen unberührt. 75 (3)

75 (4) (4) Die Bauaufsichtsbehörde hat die Gemeinde von der Erteilung, Verlängerung, Ablehnung, Rücknahme und dem Widerruf einer Baugenehmigung, Teilbaugenehmigung, eines Vorbescheides, einer Zustimmung oder einer Abweichung zu unterrichten. Eine Ausfertigung des Bescheides ist beizufügen.

75.4 Zu Absatz 4 75 (4)

Von der Erteilung der Baugenehmigung für die Errichtung und Änderung baulicher Anlagen hat die Bauaufsichtsbehörde außer der Gemeinde auch zu unterrichten

- die untere Landschaftsbehörde, sofern sie im Baugenehmigungsverfahren beteiligt war,
- die untere Abfallwirtschaftsbehörde,
- das örtlich zuständige Finanzamt (§ 29 Abs. 3 BewG),
- die Katasterbehörde.

Gemäß § 195 Abs. 3 des Siebten Buches des Sozialgesetzbuches (SGB VII) haben die für die Erteilung von Bauerlaubnissen zuständigen Behörden dem zuständigen Unfallversicherungsträger nach Erteilung einer Bauerlaubnis den Namen und die Anschrift des Bauherrn, den Ort und die Art der Bauarbeiten, den Baubeginn sowie die Höhe der in den baubehördlichen Verfahren angegebenen oder festgestellten Baukosten mitzuteilen. Bei nicht bauerlaubnispflichtigen Bauvorhaben trifft diese Verpflichtung die für die Entgegennahme von Bauunterlagen zuständigen Behörden. Danach sind in Nordrhein-Westfalen für die Erfüllung dieser Mitteilungspflicht bei baugenehmigungsbedürftigen Bauvorhaben die unteren Bauaufsichtsbehörden und bei nach § 67 BauO NRW freigestellten Bauvorhaben die Gemeinden zuständig. Betroffen von der Mitteilungspflicht sind nicht nur die Errichtung, sondern auch die bauliche Änderung sowie der Abbruch von baulichen Anlagen.
Der Bau-Berufsgenossenschaft Rheinland und Westfalen, Viktoriastraße 21, 42115 Wuppertal, und der für den Regierungsbezirk Detmold zuständigen Bau-Berufsgenossenschaft Hannover, Hildesheimer Straße 309, 30519 Hannover, als Trägern der gesetzlichen Unfallversicherung sind folgende Daten zu übermitteln:

1. Name und Anschrift des Bauherrn
2. Ort der Bauarbeiten (Angaben entsprechend den Rubriken „Baugrundstück" und „Grundstück" in den als Anlagen I/1 bis I/3 und I/5 zur VVBauPrüfVO bekannt gemachten Vordrucken).
3. Art der Bauarbeiten (bei genehmigungsbedürftigen Vorhaben entsprechend der Baugenehmigung, bei nach § 67 BauO NRW freigestellten Bauvorhaben entsprechend der Rubrik „Genaue Bezeichnung des Vorhabens" in dem als Anlage I/1 zur VVBauPrüfVO bekannt gemachten Vordruck).
4. Anstelle des Datums des Baubeginns reicht es aus, bei genehmigungsbedürftigen Bauvorhaben das Datum der Baugenehmigung und bei nach § 67 BauO NRW freigestellten Bauvorhaben das Datum des Eingangs der Bauvorlagen bei den Gemeinden (§ 67 Abs. 2 BauO NRW) mitzuteilen.
5. Anstelle der Baukosten sind bei genehmigungsbedürftigen Gebäuden die Rohbausumme entsprechend Tarifstelle 2.1.2 des Allgemeinen Gebührentarifs der AVwGebO NRW und bei genehmigungsbedürftigen sonstigen baulichen Anlagen sowie anderen Anlagen und Einrichtungen im Sinne des § 1 Abs. 1 Satz 2 BauO NRW die Herstellungssumme entsprechend Tarifstelle 2.1.3 des Allgemeinen Gebührentarifs der AVwGebO NRW anzugeben; bei nach § 67 BauO NRW freigestellten Bauvorhaben sind derartige Angaben nicht möglich.

Die Gemeinde erhält neben einem Abdruck des Bauscheins eine Ausfertigung der mit Genehmigungsvermerk versehenen Bauvorlagen ausgenommen der bautechnischen Nachweise.
Hinsichtlich der Unterrichtung über die Erteilung von Abbruchgenehmigungen wird auf Nr. 63.14 verwiesen.

75 (5) (5) Vor Zugang der Baugenehmigung darf mit der Bauausführung nicht begonnen werden. 75 (5)

75 (6) (6) Vor Baubeginn muss die Grundrissfläche und die Höhenlage der genehmigten baulichen Anlage abgesteckt sein. Baugenehmigungen und Bauvorlagen müssen an der Baustelle von Baubeginn an vorliegen.

75.6 Zu Absatz 6 75 (6

Beabsichtigt die Bauaufsichtsbehörde, einen amtlichen Nachweis nach § 81 Abs. 3 Satz 2 zu verlangen, soll sie die Bauherrin oder den Bauherrn schon bei Erteilung der Baugenehmigung hierauf hinweisen und ihr oder ihm nahe legen, bei Absteckung der Grundrissfläche und der Höhenlage der baulichen Anlage eine Öffentlich bestellte Vermessungsingenieurin oder einen Öffentlich bestellten Vermessungsingenieur oder eine Behörde, die befugt ist, Vermessungen zur Einrichtung und Fortführung des Liegenschaftskatasters auszuführen, einzuschalten.

75 (7) (7) Die Bauherrin oder der Bauherr oder die Bauleiterin oder der Bauleiter hat den Ausführungsbeginn genehmigungsbedürftiger Vorhaben nach § 63 Abs. 1 mindestens eine Woche vorher der Bauaufsichtsbehörde schriftlich anzuzeigen. Die Bauaufsichtsbehörde unterrichtet das Staatliche Amt für Arbeitsschutz und das Staatliche Umweltamt, soweit es im Baugenehmigungsverfahren beteiligt wurde. 75 (7

§ 76

§ 76 Teilbaugenehmigung

§ 76

76 (1) (1) Ist ein Bauantrag eingereicht, so kann der Beginn der Bauarbeiten für die Baugrube und für einzelne Bauteile oder Bauabschnitte auf schriftlichen Antrag schon vor Erteilung der Baugenehmigung schriftlich gestattet werden (Teilbaugenehmigung). § 75 gilt entsprechend.

76.1 Zu Absatz 1 76 (1

Die Bauvorlagen für eine Teilbaugenehmigung müssen die Feststellung der grundsätzlichen baurechtlichen Zulässigkeit des Vorhabens als Ganzes sowie die abschließende Prüfung der bautechnischen Unbedenklichkeit der jeweils zu erfassenden Teile oder Abschnitte des Vorhabens ermöglichen. Liegt eine 1. Teilbaugenehmigung bereits vor, braucht bei weiteren Teilbaugenehmigungen die grundsätzliche Zulässigkeit des Vorhabens nicht mehr geprüft zu werden. Im Übrigen kann die Zulässigkeit des Vorhabens auch durch Vorbescheid (§ 71) festgestellt werden.

76 (2) (2) In der Baugenehmigung können für die bereits begonnenen Teile des Bauvorhabens zusätzliche Anforderungen gestellt werden, wenn sich bei der weiteren Prüfung der Bauvorlagen ergibt, dass die zusätzlichen Anforderungen wegen der öffentlichen Sicherheit oder Ordnung erforderlich sind. 76 (2

§ 77

§ 77 Geltungsdauer der Genehmigung

§ 77

77 (1) (1) Die Baugenehmigung und die Teilbaugenehmigung erlöschen, wenn innerhalb von drei Jahren nach Erteilung der Genehmigung mit der Ausführung des Bauvorhabens nicht begonnen oder die Bauausführung ein Jahr unterbrochen worden ist. 77 (1

Zu § 77 (1)
Geltungsdauer

77 (2) (2) Die Frist nach Absatz 1 kann auf schriftlichen Antrag jeweils bis zu einem Jahr verlängert werden. Sie kann auch rückwirkend verlängert werden. 77 (2

§ 78

§ 78 Typengenehmigung

§ 78

78 (1) (1) Für bauliche Anlagen, die in derselben Ausführung an mehreren Stellen errichtet werden sollen, kann die oberste Bauaufsichtsbehörde eine allgemeine Genehmigung (Typengenehmigung) erteilen, wenn die baulichen Anlagen den bauaufsichtlichen Vorschriften entsprechen, ihre Brauchbarkeit für den jeweiligen Verwendungszweck nachgewiesen ist und ein öffentliches Interesse vorliegt. Eine Typengenehmigung kann auch erteilt werden für bauliche Anlagen, die in unterschiedlicher Ausführung, aber nach einem bestimmten System und aus bestimmten Bauteilen an mehreren Stellen errichtet werden sollen; in der Typengenehmigung ist die zulässige Veränderbarkeit festzulegen. Für Fliegende Bauten wird eine Typengenehmigung nicht erteilt.

78.1 Zu Absatz 1 78 (1)

Der Antrag auf Erteilung einer Typengenehmigung soll an das Deutsche Institut für Bautechnik, Kolonnenstr. 30, 10829 Berlin, gerichtet werden; dem Antrag sind die in § 13 BauPrüfVO genannten Bauvorlagen beizufügen.
Für bauliche Anlagen oder Teile von baulichen Anlagen, bei denen sich die Prüfung nur auf die Standsicherheit erstrecken soll, kommt eine Typenprüfung (§ 72 Abs. 6) in Betracht; auf die näheren Bestimmungen in § 29 Abs. 1 und 2 BauPrüfVO wird verwiesen.

78 (2) (2) Die Typengenehmigung bedarf der Schriftform. Sie darf nur unter dem Vorbehalt des Widerrufs und nur für eine bestimmte Frist erteilt werden, die fünf Jahre nicht überschreiten soll. Sie kann auf schriftlichen Antrag jeweils bis zu fünf Jahren verlängert werden. § 77 Abs. 2 Satz 2 gilt entsprechend. Eine Ausfertigung der mit dem Genehmigungsvermerk zu versehenden Bauvorlagen ist der Antragstellerin oder dem Antragsteller mit der Typengenehmigung zuzustellen. 78 (2)

78 (3) (3) Typengenehmigungen anderer Länder gelten auch im Land Nordrhein-Westfalen. 78 (3)

78 (4) (4) § 69 Abs. 1 und 2, § 72 Abs. 1 Satz 2 und Abs. 4 sowie § 73 gelten entsprechend. 78 (4)

78 (5) (5) Eine Typengenehmigung entbindet nicht von der Verpflichtung, eine Baugenehmigung (§ 75) oder eine Zustimmung (§ 80) einzuholen. 78 (5)

78 (6) (6) Die in der Typengenehmigung entschiedenen Sachverhalte brauchen von der Bauaufsichtsbehörde nicht geprüft zu werden. Soweit es aufgrund örtlicher Verhältnisse im Einzelfall erforderlich ist, kann die Bauaufsichtsbehörde weitere Auflagen machen oder genehmigte Typen ausschließen. 78 (6)

§ 79 Fliegende Bauten

79 (1) (1) Fliegende Bauten sind bauliche Anlagen, die geeignet und bestimmt sind, an verschiedenen Orten wiederholt aufgestellt und zerlegt zu werden. Baustelleneinrichtungen und Baugerüste gelten nicht als Fliegende Bauten.

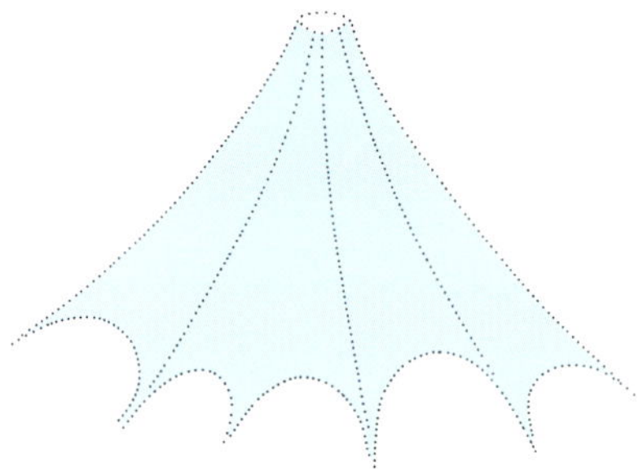

Zu § 79 (1)
Fliegende Bauten

Es wird auf den Runderlass des Ministeriums für Städtebau und Wohnen, Kultur und Sport vom 8.9.2000 (MBl. NRW. S. 1228/SMBl. NRW. 23213): Verwaltungsvorschriften über Ausführungsgenehmigungen für Fliegende Bauten und deren Gebrauchsabnahmen – (FlBauVV) – verwiesen. 79 (1)

79 (2) (2) Fliegende Bauten bedürfen, bevor sie erstmals aufgestellt und in Gebrauch genommen werden, einer Ausführungsgenehmigung. § 54 Abs. 2 Nrn. 4 bis 12, 21 und 23 gilt entsprechend. Dies gilt nicht für Fliegende Bauten bis zu 5 m Höhe, die nicht dazu bestimmt sind, von Besucherinnen und Besuchern betreten zu werden, sowie für Zelte bis zu einer Grundfläche von 75 m^2. 79 (2)

79 (3) (3) Die Ausführungsgenehmigung wird von der Bauaufsichtsbehörde erteilt, in deren Bereich die Antragstellerin oder der Antragsteller ihre oder seine Hauptwohnung oder ihre oder seine gewerbliche Niederlassung hat. Hat die Antragstellerin oder der Antragsteller ihre oder seine Hauptwohnung oder ihre oder seine gewerbliche Niederlassung außerhalb der Bundesrepublik Deutschland, so ist die Bauaufsichtsbehörde zuständig, in deren Bereich der Fliegende Bau erstmals aufgestellt und in Gebrauch genommen werden soll. Ausführungsgenehmigungen anderer Länder gelten auch im Land Nordrhein-Westfalen. 79 (3)

79 (4) (4) Die oberste Bauaufsichtsbehörde kann bestimmen, dass Ausführungsgenehmigungen für Fliegende Bauten nur durch bestimmte Bauaufsichtsbehörden erteilt werden dürfen. 79 (4)

79 (5) (5) Die Ausführungsgenehmigung wird für eine bestimmte Frist erteilt, die höchstens fünf Jahre betragen soll; sie kann auf schriftlichen Antrag jeweils bis zu fünf Jahren verlängert werden; § 77 Abs. 2 Satz 2 gilt entsprechend. Die Ausführungsgenehmigung wird in ein Prüfbuch eingetragen, dem eine Ausfertigung der mit einem Genehmigungsvermerk zu versehenden Bauvorlagen beizufügen ist. In der Ausführungsgenehmigung kann bestimmt werden, dass Anzeigen nach Absatz 7 nicht erforderlich sind, wenn eine Gefährdung im Sinne des § 3 Abs. 1 nicht zu erwarten ist. 79 (5)

79 (6) (6) Die Inhaberin oder der Inhaber der Ausführungsgenehmigung hat den Wechsel ihrer oder seiner Hauptwohnung oder ihrer oder seiner gewerblichen Niederlassung oder die Übertragung eines Fliegenden Baues an Dritte der Bauaufsichtsbehörde anzuzeigen, die die Ausführungsgenehmigung erteilt hat. Die Behörde hat die Änderungen in das Prüfbuch einzutragen und sie, wenn mit den Änderungen ein Wechsel der Zuständigkeit verbunden ist, der nunmehr zuständigen Behörde mitzuteilen. 79 (6)

79 (7) (7) Fliegende Bauten, die nach Absatz 2 Satz 1 einer Ausführungsgenehmigung bedürfen, dürfen unbeschadet anderer Vorschriften nur in Gebrauch genommen werden, wenn ihre Aufstellung der Bauaufsichtsbehörde des Aufstellungsortes unter Vorlage des Prüfbuches angezeigt ist. Die Bauaufsichtsbehörde kann die Inbetriebnahme dieser Fliegenden Bauten von einer Gebrauchsabnahme abhängig machen, wenn dies aus Gründen der Standsicherheit oder Betriebssicherheit erforderlich ist. Technisch schwierige Fliegende Bauten sowie Zelte und Tribünen, die in wechselnden Größen aufgestellt werden können, sind immer einer Gebrauchsabnahme zu unterziehen. Das Ergebnis der Abnahme ist in das Prüfbuch einzutragen. 79 (7)

79 (8) (8) Die für die Erteilung der Gebrauchsabnahme zuständige Bauaufsichtsbehörde kann Auflagen machen oder die Aufstellung oder den Gebrauch Fliegender Bauten untersagen, soweit dies nach den örtlichen Verhältnissen oder zur Abwehr von Gefahren erforderlich ist, insbesondere weil die Betriebssicherheit oder Standsicherheit nicht oder nicht mehr gewährleistet ist oder weil von der Ausführungsgenehmigung abgewichen wird. Wird die Aufstellung oder der Gebrauch aufgrund von Mängeln am Fliegenden Bau untersagt, so ist dies in das Prüfbuch einzutragen. Die für die Ausführungsgenehmigung zuständige Behörde ist zu benachrichtigen, das Prüfbuch ist einzuziehen und ihr zuzuleiten, wenn die Herstellung ordnungsgemäßer Zustände innerhalb angemessener Frist nicht zu erwarten ist. 79 (8)

79 (9) (9) Bei Fliegenden Bauten, die von Besucherinnen und Besuchern betreten und längere Zeit an einem Aufstellungsort betrieben werden, kann die für die Gebrauchsabnahme zuständige Bauaufsichtsbehörde aus Gründen der Sicherheit Nachabnahmen durchführen. Das Ergebnis der Nachabnahme ist in das Prüfbuch einzutragen. 79 (9)

79 (10) (10) § 69, § 72 Abs. 1 Satz 2 und § 81 Abs. 1, 3 und 4 gelten entsprechend. 79 (10)

79 (11) (11) Absätze 2 bis 10 finden auf Fliegende Bauten, die der Landesverteidigung dienen, keine Anwendung. 79 (11)

§ 80

§ 80 Öffentliche Bauherren

§ 80

80 (1) (1) Bauliche Anlagen sowie andere Anlagen und Einrichtungen bedürfen keiner Baugenehmigung, Bauüberwachung und Bauzustandsbesichtigung, wenn

1. der öffentliche Bauherr die Leitung der Entwurfsarbeiten und die Bauüberwachung einer Baudienststelle des Bundes, eines Landes oder eines Landschaftsverbandes übertragen hat und
2. die Baudienststelle mindestens mit einer Person, die aufgrund eines Hochschulabschlusses der Fachrichtungen Architektur oder Bauingenieurwesen die Berufsbezeichnung „Ingenieurin" oder „Ingenieur" führen darf und die insbesondere die erforderlichen Kenntnisse des öffentlichen Baurechts, der Bautechnik und der Baugestaltung hat, und mit sonstigen geeigneten Fachkräften ausreichend besetzt ist.

Solche Anlagen und Einrichtungen bedürfen der Zustimmung der oberen Bauaufsichtsbehörde, wenn sie nach § 63 Abs. 1 genehmigungsbedürftig wären (Zustimmungsverfahren). §§ 68 Abs. 1 Satz 4, 69 Abs. 1 und 2 und 71 bis 77 gelten entsprechend. Die Gemeinde ist zu dem Vorhaben zu hören.

80.1 Zu Absatz 1 80 (1)

Der Verweis auf § 68 Abs. 1 Satz 4 in § 80 Abs. 1 Satz 3 bedeutet, dass in einem Zustimmungsverfahren weder der Standsicherheitsnachweis noch die Nachweise über den Schall- und Wärmeschutz geprüft werden. Soweit das Zustimmungsverfahren Sonderbauten betrifft, ist der Brandschutz zu prüfen. Eine Prüfung baurechtlicher Vorschriften über den im vereinfachten Genehmigungsverfahren vorgesehenen Umfang hinaus findet nicht statt.

80 (2) (2) Hat eine Gemeinde ihr nach § 36 Abs. 1 Satz 1 und 2 des Baugesetzbuches erforderliches Einvernehmen rechtswidrig versagt, so kann die obere Bauaufsichtsbehörde das fehlende Einvernehmen nach Maßgabe der Sätze 2 bis 4 ersetzen. §§ 119 und 120 der Gemeindeordnung finden keine Anwendung. Die Zustimmung gilt zugleich als Ersatzvornahme im Sinne des § 36 Abs. 2 Baugesetzbuch. Sie ist insoweit zu begründen. Der Gemeinde ist vor Erlass der Zustimmung Gelegenheit zu geben, binnen angemessener Frist erneut über das gemeindliche Einvernehmen zu entscheiden. Gegen die Entscheidung der oberen Bauaufsichtsbehörde ist unmittelbar der Rechtsweg zu den Verwaltungsgerichten eröffnet. 80 (2)

80 (3) (3) Über Abweichungen entscheidet die obere Bauaufsichtsbehörde im Zustimmungsverfahren. 80 (3)

80 (4) (4) Bauliche Anlagen sowie andere Anlagen und Einrichtungen, die unmittelbar der Landesverteidigung dienen, sind abweichend von den Absätzen 1 und 2 der oberen Bauaufsichtsbehörde in geeigneter Weise zur Kenntnis zu bringen. Im Übrigen wirken die Bauaufsichtsbehörden nicht mit.

80.4 Zu Absatz 4 80 (4)

Zu den baulichen Anlagen, die unmittelbar der Landesverteidigung dienen, gehören alle Anlagen innerhalb von abgeschlossenen Bereichen, wie Kasernengelände und Truppenübungsplätze, die im Allgemeinen der Öffentlichkeit nicht zugänglich sind. Dies gilt auch z.B. für Sporthallen, Casinos und Supermärkte in diesen Bereichen. Nicht unmittelbar der Landesverteidigung dienen insbesondere bauliche Anlagen außerhalb solcher Bereiche wie:

- Verwaltungsgebäude,
- Wohngebäude,
- Schulen und Hochschulen aller Art,
- Sport- und Freizeiteinrichtungen,
- Einrichtungen für die Seelsorge und Sozialbetreuung,
- Stellplatzanlagen.

80 (5) (5) Der öffentliche Bauherr trägt die Verantwortung, dass Entwurf und Ausführung der baulichen Anlagen sowie anderer Anlagen und Einrichtungen im Sinne des § 1 Abs. 1 Satz 2 den öffentlich-rechtlichen Vorschriften entsprechen. 80 (5)

§ 81

§ 81 Bauüberwachung

§ 81

81 (1) (1) Während der Ausführung eines genehmigten Bauvorhabens überprüft die Bauaufsichtsbehörde die Einhaltung der öffentlich-rechtlichen Vorschriften und Anforderungen und die ordnungsgemäße Erfüllung der Pflichten der am Bau Beteiligten (Bauüberwachung). Die Bauüberwachung kann auf Stichproben beschränkt werden. Sie entfällt, soweit Bescheinigungen staatlich anerkannter Sachverständiger nach § 85 Abs. 2 Satz 1 Nr. 4 gemäß § 68 Abs. 2 oder § 72 Abs. 6 vorliegen; in diesem Fall kontrollieren staatlich anerkannte Sachverständige stichprobenhaft, ob das Bauvorhaben entsprechend den Bescheinigungen ausgeführt wird. Bei Vorhaben, die im vereinfachten Genehmigungsverfahren (§ 68) genehmigt werden, kann die Bauaufsichtsbehörde auf die Bauüberwachung verzichten.

Zu § 81 (1)
Bauüberwachung

81.1 Zu Absatz 1 81 (1)

81.11 Soweit eine Bauüberwachung durchgeführt wird, soll sie sich auch auf die Ausbauphase in Gebäuden erstrecken, außerdem soll darauf geachtet werden, dass die Bauherrin oder der Bauherr der Pflicht nachkommt, ein Baustellenschild anzubringen (siehe Nr. 14.3).

81.12 Die Bauüberwachung enthält weiterhin die Prüfung, ob das Vorhaben entsprechend den genehmigten Bauvorlagen ausgeführt wird. Bemerkt die Bauaufsichtsbehörde Verstöße gegen die BaustellV, z. B. dass die Vorankündigung bei großen Bauvorhaben nicht ausgehängt wurde, so unterrichtet sie das Staatliche Amt für Arbeitsschutz.

81.13 Europäische technische Zulassungen nach § 6 BauPG, allgemeine bauaufsichtliche Zulassungen und Prüfzeugnisse (§§ 21 und 22) und Zustimmungen im Einzelfall (§ 23) für Bauprodukte sowie allgemeine bauaufsichtliche Zulassungen und Zustimmungen im Einzelfall für Bauarten (§ 24) gehören zu den Nachweisen, die von der Unternehmerin oder vom Unternehmer nach § 59 Abs. 1 Satz 2 auf der Baustelle bereitzuhalten sind und in die im Rahmen der Bauüberwachung nach § 81 Abs. 4 Einblick zu gewähren ist.
Im Rahmen der Bauüberwachung nach § 81 und der Bauzustandsbesichtigung nach § 82 braucht die Überprüfung der Verwendbarkeit der Bauprodukte und der Anwendbarkeit der Bauarten nur stichprobenartig zu erfolgen, es sei denn, es gibt konkrete Hinweise, dass unrechtmäßig oder entgegen den Bestimmungen der §§ 20 ff. nicht gekennzeichnete Bauprodukte verwendet oder Bauarten ohne nach § 24 erforderliche Zulassung, Prüfzeugnis oder Zustimmung angewendet werden.
Grundsätzlich kann davon ausgegangen werden, dass Bauprodukte, die die CE-Kennzeichnung tragen oder die mit dem Ü-Zeichen gekennzeichnet sind, verwendbar sind und dass bei Vorhandensein der nach § 24 erforderlichen Nachweise die entsprechenden Bauarten anwendbar sind. Die Verwendbarkeit von Bauprodukten kann nur in Frage gestellt werden, wenn die CE-Kennzeichnung oder das Ü-Zeichen offensichtlich zu Unrecht aufgebracht sind.
Bei CE-gekennzeichneten Bauprodukten kann die Verwendbarkeit auch ausgeschlossen sein, wenn die CE-Kennzeichnung eine andere Klasse oder Leistungsstufe ausweist, als sie für den Verwendungszweck des Bauproduktes in der Bauregelliste B vorgesehen ist. In bestimmten Fällen ist es möglich, dass eine CE-Kennzeichnung nach Bauregelliste B nur Teilanforderungen an das Bauprodukt abdeckt. Die nicht gedeckten Anforderungen, die von der Bauproduktenrichtlinie nicht erfasst werden, sind durch Ü-Zeichen zu belegen. Fehlt dieses Ü-Zeichen, ist der Verwendbarkeitsnachweis nicht erbracht.
Nur in besonderen Einzelfällen kann die Verwendbarkeit von Bauprodukten und die Anwendbarkeit von Bauarten trotz Vorhandenseins von rechtmäßigen Kennzeichnungen bzw. von Übereinstimmungsbestätigungen ausgeschlossen sein, wenn nämlich die besonderen Umstände, z. B. am Verwendungs- oder Anwesenheitsort, vermuten lassen, dass diese bei der Feststellung der grundsätzlichen Verwend- oder Anwendbarkeit nicht berücksichtigt wurden.
Die Verwendbarkeit Sonstiger Bauprodukte oder von Bauprodukten nach der Liste C sollte nur in Ausnahmefällen – bei konkreten Hinweisen, dass die Bauprodukte tatsächlich den Anforderungen der BauO NRW oder aufgrund der BauO NRW nicht entsprechen – überprüft werden.

81 (2) (2) Der Bauaufsichtsbehörde ist die Einhaltung der Grundrissflächen und Höhenlagen der baulichen Anlagen nachzuweisen. Wenn es die besonderen Grundstücksverhältnisse erfordern, kann sie die Vorlage eines amtlichen Nachweises verlangen.

81.2 Zu Absatz 2 81 (2)

Ein amtlicher Nachweis darf nur in begründeten Fällen verlangt werden, z. B. bei Grundstücken in Hanglage oder bei sehr ungewöhnlichen oder beengten Grundstücksverhältnissen. Der amtliche Nachweis darüber, dass die Grundrissflächen und Höhenlagen der baulichen Anlagen eingehalten sind, kann nur durch eine Öffentlich bestellte Vermessungsingenieurin oder einen Öffentlich bestellten Vermessungsingenieur oder Behörden geführt werden, die befugt sind, Vermessungen zur Einrichtung und Fortführung des Liegenschaftskatasters auszuführen.

81 (3) (3) Die Bauaufsichtsbehörde und die von ihr Beauftragten können Proben von Bauprodukten und, soweit erforderlich, auch aus fertigen Bauteilen entnehmen und prüfen lassen. 81 (3)

81 (4) (4) Den mit der Überwachung beauftragten Personen ist jederzeit Einblick in die Genehmigungen, Zulassungen, Prüfzeugnisse, Übereinstimmungserklärungen, Übereinstimmungszertifikate, Überwachungsnachweise, Zeugnisse und Aufzeichnungen über die Prüfungen von Bauprodukten, in die Bautagebücher und andere vorgeschriebene Aufzeichnungen zu gewähren. 81 (4)

§ 82 **§ 82 Bauzustandsbesichtigung** § 82

82 (1) (1) Die Bauzustandsbesichtigung zur Fertigstellung des Rohbaus und der abschließenden Fertigstellung genehmigter baulicher Anlagen sowie anderer Anlagen und Einrichtungen (§ 63) wird von der Bauaufsichtsbehörde durchgeführt. Die Bauzustandsbesichtigung kann auf Stichproben beschränkt werden und entfällt, soweit Bescheinigungen staatlich anerkannter Sachverständiger nach § 85 Abs. 2 Satz 1 Nr. 4 gemäß § 72 Abs. 6 vorliegen. Bei Vorhaben, die im vereinfachten Genehmigungsverfahren (§ 68) genehmigt werden, kann die Bauaufsichtsbehörde auf die Bauzustandsbesichtigung verzichten. 82 (1)

82 (2) (2) Die Fertigstellung des Rohbaues und die abschließende Fertigstellung genehmigter baulicher Anlagen sowie anderer Anlagen und Einrichtungen (§ 63 Abs. 1) sind der Bauaufsichtsbehörde von der Bauherrin oder dem Bauherrn oder der Bauleiterin oder dem Bauleiter jeweils eine Woche vorher anzuzeigen, um der Bauaufsichtsbehörde eine Besichtigung des Bauzustandes zu ermöglichen. Die Bauaufsichtsbehörde kann darüber hinaus verlangen, dass ihr oder von ihr Beauftragten Beginn und Beendigung bestimmter Bauarbeiten von der Bauherrin oder dem Bauherrn oder der Bauleiterin oder dem Bauleiter angezeigt werden. 82 (2)

82 (3) (3) Der Rohbau ist fertiggestellt, wenn die tragenden Teile, Schornsteine, Brandwände und die Dachkonstruktion vollendet sind. Zur Besichtigung des Rohbaus sind die Bauteile, die für die Standsicherheit und, soweit möglich, die Bauteile, die für den Brand- und Schallschutz wesentlich sind, derart offen zu halten, dass Maße und Ausführungsart geprüft werden können. Die abschließende Fertigstellung umfasst die Fertigstellung auch der Wasserversorgungsanlagen und Abwasseranlagen. 82 (3)

82 (4) (4) Mit der Anzeige der abschließenden Fertigstellung von Bauvorhaben, für die der Bauaufsichtsbehörde Bescheinigungen von staatlich anerkannten Sachverständigen nach § 85 Abs. 2 Satz 1 Nr. 4 gemäß § 68 Abs. 2 und § 72 Abs. 6 vorliegen, sind von den Sachverständigen Bescheinigungen einzureichen, wonach sie sich durch stichprobenhafte Kontrollen während der Bauausführung davon überzeugt haben, dass die baulichen Anlagen entsprechend den erstellten Nachweisen errichtet oder geändert worden sind. Bauzustandsbesichtigungen finden insoweit nicht statt. 82 (4)

82 (5) (5) Die Bauherrin oder der Bauherr hat für die Besichtigung und die damit verbundenen möglichen Prüfungen die erforderlichen Arbeitskräfte und Geräte bereitzustellen. Über das Ergebnis der Besichtigung ist auf Verlangen der Bauherrin oder des Bauherrn eine Bescheinigung auszustellen. 82 (5)

82 (6) (6) Mit der Fortsetzung der Bauarbeiten darf erst einen Tag nach dem in der Anzeige nach Absatz 1 genannten Zeitpunkt der Fertigstellung des Rohbaues begonnen werden, soweit die Bauaufsichtsbehörde nicht einem früheren Beginn zugestimmt hat. 82 (6)

82 (7) (7) Die Bauaufsichtsbehörde kann verlangen, dass bei Bauausführungen die Arbeiten erst fortgesetzt oder die Anlagen erst benutzt werden, wenn sie von ihr oder einer oder einem beauftragten Sachverständigen geprüft worden sind. 82 (7)

82 (8) (8) Bauliche Anlagen sowie andere Anlagen und Einrichtungen im Sinne des Absatzes 1 dürfen erst benutzt werden, wenn sie ordnungsgemäß fertiggestellt und sicher benutzbar sind, frühestens jedoch eine Woche nach dem in der Anzeige nach Absatz 1 genannten Zeitpunkt der Fertigstellung. Die Bauaufsichtsbehörde soll auf Antrag gestatten, dass die Anlage oder Einrichtung ganz oder teilweise schon früher benutzt wird, wenn wegen der öffentlichen Sicherheit oder Ordnung Bedenken nicht bestehen. 82 (8)

§ 83

§ 83 Baulast und Baulastenverzeichnis

§ 8

83 (1) (1) Durch Erklärung gegenüber der Bauaufsichtsbehörde kann die Grundstückseigentümerin oder der Grundstückseigentümer öffentlich-rechtliche Verpflichtungen zu einem ihr oder sein Grundstück betreffenden Tun, Dulden oder Unterlassen übernehmen, die sich nicht schon aus öffentlich-rechtlichen Vorschriften ergeben (Baulast). Besteht an dem Grundstück ein Erbbaurecht, so ist auch die Erklärung der oder des Erbbauberechtigten erforderlich. Baulasten werden unbeschadet der Rechte Dritter mit der Eintragung in das Baulastenverzeichnis wirksam und wirken auch gegenüber der Rechtsnachfolgerin oder dem Rechtsnachfolger.

83 (2) (2) Die Erklärung nach Absatz 1 bedarf der Schriftform; die Unterschrift muss öffentlich beglaubigt oder vor der Bauaufsichtsbehörde geleistet oder vor ihr anerkannt werden.

83 (3) (3) Die Baulast geht nur durch schriftlichen, im Baulastenverzeichnis zu vermerkenden Verzicht der Bauaufsichtsbehörde unter. Auf Antrag der Grundstückseigentümerin oder des Grundstückseigentümers ist der Verzicht zu erklären, wenn ein öffentliches Interesse an der Baulast nicht mehr besteht.

83 (4) (4) Das Baulastenverzeichnis wird von der Bauaufsichtsbehörde geführt. In das Baulastenverzeichnis können auch Auflagen, Bedingungen, Befristungen und Widerrufsvorbehalte eingetragen werden.

83 (5) (5) Wer ein berechtigtes Interesse darlegt, kann in das Baulastenverzeichnis Einsicht nehmen oder sich Abschriften erteilen lassen.

Zu § 83
Baulastenverzeichnis

83.1 Einteilung und Form des Baulastenverzeichnisses 83 (1

83.11 Das Baulastenverzeichnis wird von der unteren Bauaufsichtsbehörde jeweils für das Gebiet einer Gemeinde geführt. Ist die Gemeinde in mehrere Bauaufsichtsbezirke unterteilt, so kann das Baulastenverzeichnis entsprechend untergliedert werden. Es kann in festen Bänden, in Loseblattheftern oder als Kartei, die das Format DIN A4 (hoch oder quer) haben, geführt werden. Wird das Baulastenverzeichnis in festen Bänden geführt, erhält es ein Titelblatt entsprechend dem anliegenden Muster 1.

83.12 Das Baulastenverzeichnis besteht aus den einzelnen Baulastenblättern im Format DIN A4 (hoch oder quer) nach dem anliegenden Muster 2. Jedes Grundstück erhält ein eigenes Baulastenblatt, das mehrere Seiten umfassen kann. Die Baulastenblätter dürfen nur einseitig beschrieben werden.
Reicht die erste Seite des Baulastenblattes für weitere Eintragungen nicht mehr aus, 83 (2
so sind nach Bedarf weitere Seiten nachzuheften oder weitere Karteikarten einzustellen. Das Baulastenblatt für jedes Grundstück ist mit fortlaufenden Seitenzahlen zu versehen. Umfasst ein Baulastenblatt mehr als eine Seite, so ist die Nummer der folgenden Seite unten rechts anzugeben.
Die Bezeichnung des belasteten Grundstücks ist in den Baulastenblättern laufend zu halten. Soweit die Grundstücke nach Straße und Hausnummer bezeichnet sind, können Änderungen der Katasterbezeichnung unberücksichtigt bleiben. 83 (3

83.2 Führung des Baulastenverzeichnisses

Mit der Führung des Baulastenverzeichnisses sind von der unteren Bauaufsichtsbehörde geeignete Bedienstete zu beauftragen; für diese sind Vertreter zu bestellen. Auftrag und Bestellung sind aktenkundig zu machen.

83.3 Eintragungen

83.31 Eintragungen in das Baulastenverzeichnis dürfen nur aufgrund einer Eintragungsverfügung vorgenommen werden. 83 (4
Die Eintragungsverfügung ist auf die Urschrift der Verpflichtungserklärung (§ 83 Abs. 1 und 2) zu setzen oder mit ihr zu verbinden. Die Verpflichtungserklärung und die Eintragungsverfügung sind nach Eintragung in das Baulastenverzeichnis zu den Bauakten des belasteten Grundstücks zu nehmen.

83.32 Jede Eintragung ist unter Angabe des Tages, an dem sie erfolgt, zu unterschreiben. Als Tag der Eintragung ist der Tag anzugeben, an dem die Eintragung unterschrieben wird. Beim Einschreiben der Eintragung ist deshalb der Eintragungstag zunächst offen zu lassen. 83 (5

83.33 Die Eintragungen sind mit fortlaufenden Nummern zu versehen, die in Spalte 1 einzutragen sind. Bezieht sich die neue Eintragung auf eine frühere Eintragung, so ist dies in Spalte 3 bei der früheren Eintragung zu vermerken. Gelöschte oder geänderte Eintragungen sind rot durchzustreichen (vgl. Muster 2).

83.34 In Spalte 2 (Inhalt der Eintragung) kann bei Baulasten der Wortlaut der Verpflichtungserklärung eingetragen werden. Es genügt jedoch auch, wenn nur der wesentliche Inhalt der übernommenen Verpflichtung eingetragen wird (vgl. Muster 2).

83.35 In Spalte 3 können neben den Vermerken der Änderungen (vgl. Nr. 83.33), die stets eingetragen werden müssen, noch Hinweise auf die Bauakten oder auf andere Grundstücke eingetragen werden.

83.4 Besondere Eintragungen

83.41 Wird in der Verpflichtungserklärung für Baulasten nach § 4 Abs. 1 oder 2 und § 7 Abs. 1 sowie anderen Baulasten, die sich flächenmäßig auf Grundstücke oder Teile von Grundstücken beziehen, auf einen Lageplan Bezug genommen, ist dieser für die Eintragung beizufügen. Der Lageplan muss den Anforderungen des § 18 BauPrüfVO entsprechen.

83.42 Nach § 83 Abs. 4 Satz 2 können – neben freiwilligen Verpflichtungen – auch Auflagen, Bedingungen, Befristungen und Widerrufsvorbehalte in das Baulastenverzeichnis eingetragen werden. Auflagen sind jedoch im Baulastenverzeichnis nur zu vermerken, wenn es sich um solche Auflagen handelt, die nicht nur ein einmaliges Tun, Dulden oder Unterlassen betreffen. Die Eintragung darf erst vorgenommen werden, wenn die Auflagen, Bedingungen, Befristungen oder Widerrufsvorbehalte unanfechtbar geworden sind.

83.43 Soweit z. B. bei Prüfung der Nachweisung festgestellt wird, dass die Bezeichnung belasteter Flurstücke sich geändert hat, erteilt das Katasteramt der Bauaufsichtsbehörde als Unterlage für die Berichtigung der Baulastenblätter:

a) bei Formveränderungen einen beglaubigten Auszug aus der Flurkarte, in dem die neuen Grenzen und Flurstücksnummern rot gekennzeichnet sind;
b) bei sonstigen Umnummerierungen und für Grundstücke, die erstmalig eine Hausnummer erhalten haben, eine Identitätsbescheinigung.

Solche Änderungen kann auch eine Öffentlich bestellte Vermessungsingenieurin oder ein Öffentlich bestellter Vermessungsingenieur der Bauaufsichtsbehörde mitteilen, wenn ihr oder ihm diese Änderungen bei ihrer oder seiner Tätigkeit bekannt geworden sind.
Die Änderungen sind auf dem Baulastenblatt zu vermerken.
Werden durch Teilung oder Grenzänderung des Grundstücks eingetragene Baulasten betroffen, so ist für die neugebildeten Grundstücksteile ein neues Baulastenblatt anzulegen, wenn sich die Baulast auch auf den neugebildeten Grundstücksteil erstreckt.
Eintragungen aufgrund einer Mitteilung des Katasteramtes oder einer Öffentlich bestellten Vermessungsingenieurin oder eines Öffentlich bestellten Vermessungsingenieurs bedürfen gleichfalls einer besonderen Eintragungsverfügung.

83.5 Schließungen

Ist ein Baulastenblatt infolge vieler Änderungen oder Löschungen unübersichtlich geworden, so ist das Blatt zu schließen und umzuschreiben. Die Schließung erfolgt durch den Vermerk „Geschlossen am ...“ am Schluss des Baulastenblattes. Der Vermerk ist von dem zuständigen Bediensteten zu unterschreiben. Bei der Umschreibung ist in dem neuen Baulastenblatt auf das geschlossene und in dem geschlossenen auf das neue Baulastenblatt zu verweisen. Der Inhalt gelöschter Eintragungen ist in das neue Baulastenblatt nicht zu übertragen, vielmehr sind nur die Nummern der gelöschten Eintragungen und in Spalte 3 der Vermerk „gelöscht“ einzutragen. Am Schluss des umgeschriebenen Inhalts des neuen Baulastenblattes ist in Spalte 3 von dem zuständigen Bediensteten zu bescheinigen, dass der Inhalt des neuen mit dem des geschlossenen Baulastenblattes übereinstimmt. Die geschlossenen Blätter sind zu den Akten zu nehmen.

83.6 Mitteilungen

Je eine beglaubigte Abschrift der Eintragung erhalten:

- die oder der verpflichtete Grundstückseigentümerin oder Grundstückseigentümer,
- die Eigentümerin oder der Eigentümer des begünstigten Grundstücks; falls die Baulast mit Rücksicht auf ein anhängiges Baugenehmigungsverfahren eingeräumt worden ist, wird die beglaubigte Abschrift der Eigentümerin oder dem Eigentümer des begünstigten Grundstücks als Anlage zum Bauschein mitübersandt,
- die Gemeinde, sofern sie nicht selbst das Baulastenverzeichnis führt.

83.7 Nachweis der Eintragung

Neben dem Baulastenverzeichnis ist ein Nachweis zu führen, aus dem jederzeit ersichtlich ist, ob für ein bestimmtes Grundstück ein Baulastenblatt besteht. Die Form des Nachweises ist freigestellt. Jedes Grundstück, für das ein Baulastenblatt angelegt wird, ist in den Nachweis aufzunehmen.
Wird nach Absprache mit dem Katasteramt bei automatisierter Führung des Katasterbuchwerks ein entsprechender Nachweis im Katasterbuchwerk geführt, kann auf die Einrichtung des Nachweises durch die Bauaufsichtsbehörde verzichtet werden.

83.8 Einsichtnahme in das Baulastenverzeichnis und den Nachweis

Die Einsicht in das Baulastenverzeichnis und den Nachweis nach Nr. 83.7 ist jeder Person gestattet, die ein berechtigtes Interesse darlegt. Das Gleiche gilt für die Einsicht in die Baulastakten (Nr. 83.31, 2. Absatz), soweit dies zur Feststellung des Inhalts und Umfangs der Baulast erforderlich ist. Ein berechtigtes Interesse kann unter anderem bei den dinglich Berechtigten am Grundstück sowie bei kaufinteressierten Personen und künftigen Hypotheken- und Grundschuldgläubigerinnen und -gläubigern angenommen werden. Bei Notarinnen und Notaren sowie für die Anfertigung von Lageplänen bei Entwurfsverfasserinnen und Entwurfsverfassern, Fachplanerinnen und Fachplanern und Öffentlich bestellten Vermessungsingenieurinnen und Öffentlich bestellten Vermessungsingenieuren ist allgemein von einem berechtigten Interesse auszugehen. Soweit die Einsicht gestattet ist, können Abschriften oder Auszüge gefordert werden.
Für die Erteilung von Auskünften aus dem Baulastenverzeichnis und dem Nachweis gelten die Regelungen für die Einsicht entsprechend.

Muster 1

....

....

(untere Bauaufsichtsbehörde)

Band............

des Baulastenverzeichnisses

von

....

(Gemeinde/Amt)

....

....

(Bezirk)

Muster 2

Baulastenverzeichnis von Langenburg Grundstück: Bankstr. 32 Gemarkung Langenburg Flur 3 Flurstück 114, 115	Baulastenblatt Nr. 8	Seite 1

Lfd NR.	Inhalt der Eintragung	Bemerkungen
1	2	3
1	Verpflichtung, eine Fläche vom 100 qm, die im Lageplan näher bezeichnet ist, für die Schaffung von vier Stellplätzen für das Grundstück Bankstraße Nr. 34 freizuhalten. eingetragen am 7. Oktober 1962 Müller	
2	~~Übernahme der Abstandfläche des Nachbargrundstücks Bankstraße Nr. 30 in einer Breite von 1,00 m.~~ ~~eingetragen am 9. Oktober 1962~~ ~~Müller~~	gelöscht, s. lfd. Nr. 4
3	Die Genehmigung zum Bau eines Lagerschuppens an der hinteren Grundstücksgrenze (Bauschein Nr. 1387/62) wurde ~~bis zum 31. Mai 1965~~ befristet. eingetragen am 15. Mai 1963 Müller	gelöscht, s. lfd. Nr. 5
4	Auf die Baulast zu lfd. Nr. 2 wurde am 10. Mai 1963 verzichtet. eingetragen am 12. Juni 1963 Müller	Folgende Seite: 2

Sechster Teil
Bußgeldvorschriften, Rechtsvorschriften, bestehende Anlagen und Einrichtungen

84 **§ 84 Bußgeldvorschriften** § 84

4 (1) (1) Ordnungswidrig handelt, wer vorsätzlich oder fahrlässig 84 (1)

1. entgegen § 5 Abs. 6 Zu- und Durchfahrten sowie befahrbare Flächen durch Einbauten einengt, nicht ständig freihält oder Fahrzeuge dort abstellt,
2. es entgegen § 14 Abs. 3 unterlässt, ein Baustellenschild aufzustellen,
3. Bauprodukte mit dem Ü-Zeichen kennzeichnet, ohne dass dafür die Voraussetzungen nach § 25 Abs. 4 vorliegen,
4. Bauprodukte entgegen § 20 Abs. 1 Nr. 1 ohne das Ü-Zeichen verwendet,
5. Bauarten entgegen § 24 ohne allgemeine bauaufsichtliche Zulassung, allgemeines bauaufsichtliches Prüfzeugnis oder Zustimmung im Einzelfall anwendet,
6. entgegen § 57 Abs. 1 Satz 1 zur Ausführung eines genehmigungsbedürftigen Bauvorhabens oder eines Bauvorhabens nach § 67 eine Unternehmerin oder einen Unternehmer oder eine Bauleiterin oder einen Bauleiter nicht beauftragt,
7. entgegen § 57 Abs. 2 Satz 3 genehmigungsbedürftige Abbrucharbeiten in Selbst- oder Nachbarschaftshilfe ausführt,
8. entgegen § 57 Abs. 5 Satz 1 oder § 67 Abs. 5 Satz 1 vor Beginn der Bauarbeiten die Namen der Bauleiterin oder des Bauleiters und der Fachbauleiterinnen oder Fachbauleiter, oder während der Bauausführung einen Wechsel dieser Personen oder entgegen § 57 Abs. 5 Satz 3 einen Wechsel in der Person der Bauherrin oder des Bauherrn nicht oder nicht rechtzeitig mitteilt,
9. entgegen § 66 Satz 2 eine Anlage benutzt, ohne eine Bescheinigung der Unternehmerinnen oder Unternehmer oder Sachverständiger vorliegen zu haben,
10. entgegen § 67 Abs. 2 ohne Einreichen von Bauvorlagen bei der Gemeinde oder vor Ablauf eines Monats nach Eingang der Bauvorlagen bei der Gemeinde bauliche Anlagen nach § 67 Abs. 1 oder 7 errichtet, ändert oder nutzt,
11. entgegen § 67 Abs. 4 oder 5 die dort genannten Nachweise und Bescheinigungen nicht vorliegen hat,
12. entgegen § 68 Abs. 2 , § 81 Abs. 2 oder § 82 Abs. 4 Satz 1 die dort genannten Nachweise oder Bescheinigungen nicht einreicht,
13. eine bauliche Anlage oder andere Anlagen und Einrichtungen im Sinne des § 1 Abs. 1 Satz 2 ohne Baugenehmigung nach § 75 oder Teilbaugenehmigung nach § 76 oder abweichend davon errichtet, ändert, nutzt, abbricht oder ihre Nutzung ändert,
14. entgegen § 75 Abs. 6 Satz 2 Baugenehmigungen und Bauvorlagen an der Baustelle nicht vorliegen hat,
15. entgegen § 75 Abs. 7 den Ausführungsbeginn genehmigungsbedürftiger Vorhaben oder solcher nach § 67 Abs. 1 nicht oder nicht rechtzeitig mitteilt,
16. Fliegende Bauten ohne Ausführungsgenehmigung nach § 79 Abs. 2 Satz 1 erstmals aufstellt oder in Gebrauch nimmt oder ohne Gebrauchsabnahme nach § 79 Abs. 7 Satz 2 oder 3 in Gebrauch nimmt,
17. die nach § 82 Abs. 2 vorgeschriebenen oder verlangten Anzeigen nicht oder nicht rechtzeitig erstattet,

18. entgegen § 82 Abs. 6 oder 7 mit der Fortsetzung der Bauarbeiten beginnt,
19. entgegen § 82 Abs. 8 Satz 1 bauliche Anlagen oder andere Anlagen oder Einrichtungen vorzeitig benutzt,
20. einer aufgrund dieses Gesetzes ergangenen Rechtsverordnung oder örtlichen Bauvorschrift zuwiderhandelt, sofern die Rechtsverordnung oder die örtliche Bauvorschrift für einen bestimmten Tatbestand auf diese Bußgeldvorschrift verweist.

84 (2) (2) Ordnungswidrig handelt auch, wer wider besseres Wissen unrichtige Angaben macht oder unrichtige Pläne oder Unterlagen vorlegt, um einen nach diesem Gesetz vorgesehenen Verwaltungsakt zu erwirken oder zu verhindern. 84 (2

84 (3) (3) Die Ordnungswidrigkeit kann mit einer Geldbuße bis zu 100.000 DM oder 50.000 EURO, in den Fällen des Absatzes 1 Nr. 13 mit einer Geldbuße bis zu 500.000 DM oder 250.000 EURO geahndet werden. 84 (3

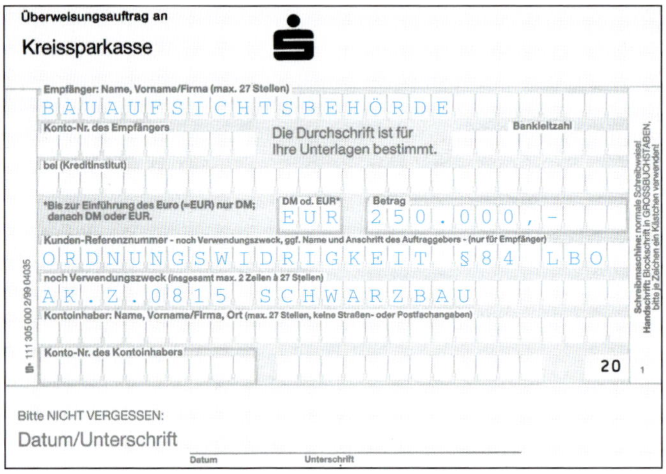
Überweisungsauftrag an
Kreissparkasse
Empfänger: Name, Vorname/Firma (max. 27 Stellen)
BAUAUFSICHTSBEHÖRDE
Konto-Nr. des Empfängers
Die Durchschrift ist für Ihre Unterlagen bestimmt.
Bankleitzahl
bei (Kreditinstitut)
*Bis zur Einführung des Euro (=EUR) nur DM; danach DM oder EUR.
DM od. EUR*
EUR
Betrag
250.000,-
Kunden-Referenznummer - noch Verwendungszweck, ggf. Name und Anschrift des Auftraggebers - (nur für Empfänger)
ORDNUNGSWIDRIGKEIT §84 LBO
noch Verwendungszweck (insgesamt max. 2 Zeilen à 27 Stellen)
AK.Z.0815 SCHWARZBAU
Kontoinhaber: Name, Vorname/Firma, Ort (max. 27 Stellen, keine Straßen- oder Postfachangaben)
Konto-Nr. des Kontoinhabers
20
Bitte NICHT VERGESSEN:
Datum/Unterschrift
Datum Unterschrift

Zu § 84 (3)
Bußgeld!

84 (4) (4) Ist eine Ordnungswidrigkeit nach Absatz 1 Nrn. 3 bis 5 begangen worden, so können Gegenstände, auf die sich die Ordnungswidrigkeit bezieht, eingezogen werden. § 23 des Gesetzes über Ordnungswidrigkeiten ist anzuwenden. 84 (4

84 (5) (5) Verwaltungsbehörde im Sinne des § 36 Abs. 1 Nr. 1 des Gesetzes über Ordnungswidrigkeiten ist die untere Bauaufsichtsbehörde, in den Fällen des Absatzes 1 Nr. 1 hinsichtlich des Abstellens von Fahrzeugen die örtliche Ordnungsbehörde. 84 (5

84 (6) (6) Soweit in Bußgeldvorschriften, die aufgrund der Landesbauordnung (BauO NW) in der Fassung der Bekanntmachung vom 27. Januar 1970 (GV. NW. S. 96), zuletzt geändert durch Gesetz vom 18. Mai 1982 (GV. NW. S. 248), erlassen sind, auf § 101 Abs. 1 Nr. 1 jenes Gesetzes verwiesen wird und in Bußgeldvorschriften, die aufgrund der Landesbauordnung (BauO NW) vom 26. Juni 1984 (GV. NW. S. 419), zuletzt geändert durch Gesetz vom 24. November 1992 (GV. NW. S. 467), erlassen sind, auf § 79 Abs. 1 Nr. 14 jenes Gesetzes verwiesen wird, gelten solche Verweisungen als Verweisungen auf § 84 Abs. 1 Nr. 20. 84 (6

§ 85 § 85 Rechtsverordnungen und Verwaltungsvorschriften § 85

85 (1) (1) Zur Verwirklichung der in § 3 bezeichneten allgemeinen Anforderungen wird die oberste Bauaufsichtsbehörde ermächtigt, durch Rechtsverordnung Vorschriften zu erlassen über 85 (1)

1. die nähere Bestimmung allgemeiner Anforderungen in den §§ 4 bis 53,
2. den Nachweis der Befähigung der in § 20 Abs. 5 genannten Personen; dabei können Mindestanforderungen an die Ausbildung, die durch Prüfung nachzuweisende Befähigung und die Ausbildungsstätten einschließlich der Anerkennungsvoraussetzungen gestellt werden,
3. die Überwachung von Tätigkeiten mit einzelnen Bauprodukten nach § 20 Abs. 6; dabei können für die Überwachungsstellen über die in § 28 festgelegten Mindestanforderungen hinaus weitere Anforderungen im Hinblick auf die besonderen Eigenschaften und die besondere Verwendung der Bauprodukte gestellt werden,
4. die nähere Bestimmung allgemeiner Anforderungen in § 43, insbesondere über Feuerungsanlagen und Anlagen zur Verteilung von Wärme oder zur Warmwasserversorgung sowie über deren Betrieb, über Brennstoffleitungsanlagen, über Aufstellräume für Feuerstätten, Verbrennungsmotore und Verdichter sowie über die Lagerung von Brennstoffen,
5. besondere Anforderungen oder Erleichterungen, die sich aus der besonderen Art oder Nutzung der baulichen Anlagen und Räume für Errichtung, Änderung, Instandhaltung, Betrieb und Benutzung ergeben (§§ 54 und 55), sowie über die Anwendung solcher Anforderungen auf bestehende bauliche Anlagen dieser Art,
6. wiederkehrende Prüfung von Anlagen oder Einrichtungen, die zur Verhütung erheblicher Gefahren ständig ordnungsgemäß instand gehalten werden müssen, und die Erstreckung dieser Nachprüfungspflicht auf bestehende Anlagen oder Einrichtungen,
7. die Vergütung der Sachverständigen, denen nach diesem Gesetz oder nach Vorschriften aufgrund dieses Gesetzes Aufgaben übertragen werden; die Vergütung ist nach den Grundsätzen des Gebührengesetzes für das Land Nordrhein-Westfalen (GebG NW) vom 23. November 1971 (GV. NW. S. 354), zuletzt geändert durch Gesetz vom 19. März 1985 (GV. NW. S. 256), festzusetzen.
8. die Anwesenheit von Fachleuten beim Betrieb technisch schwieriger Anlagen und Einrichtungen, wie Bühnenbetriebe und technisch schwierige Fliegende Bauten,
9. den Nachweis der Befähigung der in Nr. 8 genannten Fachleute.

85 (2) (2) Die oberste Bauaufsichtsbehörde wird ermächtigt, zur Vereinfachung oder Beschleunigung des Baugenehmigungsverfahrens oder zur Entlastung der Bauaufsichtsbehörden durch Rechtsverordnung Vorschriften zu erlassen über 85 (2)

1. weitere und weitergehende Ausnahmen von der Genehmigungspflicht,
2. den vollständigen oder teilweisen Wegfall der bautechnischen Prüfung bei bestimmten Arten von Bauvorhaben,
3. die Übertragung von Prüfaufgaben der Bauaufsichtsbehörde im Rahmen des bauaufsichtlichen Verfahrens einschließlich der Bauüberwachung und Bauzustandsbesichtigung auf Sachverständige oder sachverständige Stellen,
4. die staatliche Anerkennung von Sachverständigen, die von der Bauherrin oder dem Bauherrn mit der Erstellung von Nachweisen und Bescheinigungen beauftragt werden,
5. die Verpflichtung der Betreiberinnen oder Betreiber, mit der wiederkehrenden Prüfung bestimmter Anlagen und Einrichtungen nach Absatz 1 Nr. 6 Sachverständige oder Sachkundige zu beauftragen.

Sie kann dafür bestimmte Voraussetzungen festlegen, die die Verantwortlichen nach den §§ 57 bis 59 a oder die Sachverständigen zu erfüllen haben; sie muss dies in den Fällen des Satzes 1 Nrn. 2 bis 5 tun. Dabei können insbesondere die Fachbereiche, in denen Sachverständige tätig werden, sowie Mindestanforderungen an die Fachkenntnisse sowie in zeitlicher und sachlicher Hinsicht an die Berufserfahrung festgelegt, eine laufende Fortbildung vorgeschrieben, durch Prüfungen nachzuweisende Befähigung bestimmt, der Nachweis der persönlichen Zuverlässigkeit und einer ausreichenden Haftpflichtversicherung gefordert und Altersgrenzen festgesetzt werden. Sie kann darüber hinaus auch eine besondere Anerkennung der Sachverständigen vorschreiben, das Verfahren und die Voraussetzungen für die Anerkennung, ihren Widerruf, ihre Rücknahme und ihr Erlöschen und die Vergütung der Sachverständigen sowie für Prüfungen, die Bestellung und Zusammensetzung der Prüfungsorgane und das Prüfungsverfahren regeln.

85 (3) (3) Die oberste Bauaufsichtsbehörde wird ermächtigt, zum bauaufsichtlichen Verfahren und für die Fälle des § 67 durch Rechtsverordnung Vorschriften zu erlassen über

1. Umfang, Inhalt und Zahl der Bauvorlagen,
2. die erforderlichen Anträge, Anzeigen, Nachweise und Bescheinigungen,
3. das Verfahren im Einzelnen.

Sie kann dabei für verschiedene Arten von Bauvorhaben unterschiedliche Anforderungen und Verfahren festlegen.

85 (4) (4) Die oberste Bauaufsichtsbehörde wird ermächtigt, durch Rechtsverordnung vorzuschreiben, dass die am Bau Beteiligten (§§ 57 bis 59 a) zum Nachweis der ordnungsgemäßen Bauausführung Bescheinigungen, Bestätigungen oder Nachweise dieser Personen, von Sachverständigen, Fachleuten oder Behörden über die Einhaltung bauaufsichtlicher Anforderungen vorzulegen haben.

85 (5) (5) Die oberste Bauaufsichtsbehörde wird ermächtigt, durch Rechtsverordnung die Befugnisse auf andere als in diesen Vorschriften aufgeführte Behörden zu übertragen für:

1. die Anerkennung von Prüf-, Zertifizierungs- und Überwachungsstellen (§ 28 Abs. 1 und 3),
2. die Erteilung von Typengenehmigungen (§ 78).

Die Befugnis nach Nrn. 1 und 2 kann auch auf eine Behörde eines anderen Landes übertragen werden, die der Aufsicht einer obersten Bauaufsichtsbehörde untersteht oder an deren Willensbildung die oberste Bauaufsichtsbehörde mitwirkt. Die Befugnis nach Nrn. 1 und 2 darf nur im Einvernehmen mit der obersten Bauaufsichtsbehörde ausgeübt werden.

85 (6) (6) Die oberste Bauaufsichtsbehörde kann durch Rechtsverordnung

1. das Ü-Zeichen festlegen und zu diesem Zeichen zusätzliche Angaben verlangen,
2. das Anerkennungsverfahren nach § 28 Abs. 1, die Voraussetzungen für die Anerkennung, ihren Widerruf und ihr Erlöschen regeln, insbesondere auch Altersgrenzen festlegen, sowie eine ausreichende Haftpflichtversicherung fordern,
3. die Vergütung der nach § 28 Abs. 1 dieses Gesetzes und § 11 Abs. 1 Bauproduktengesetz anerkannten Prüf-, Zertifizierungs- und Überwachungsstellen festsetzen.

85 (7) (7) Die oberste Bauaufsichtsbehörde wird ermächtigt, durch Rechtsverordnung zu bestimmen, dass die Anforderungen der aufgrund des § 11 des Gerätesicherheitsgesetzes erlassenen Rechtsverordnungen entsprechend für Anlagen gelten, die weder gewerblichen noch wirtschaftlichen Zwecken dienen und in deren Gefahrenbereich auch keine Arbeitnehmer beschäftigt werden. Sie kann auch die Verfahrensvorschriften dieser Verordnungen für anwendbar erklären oder selbst das Verfahren bestimmen sowie Zuständigkeiten und Gebühren regeln. Dabei kann sie auch vorschreiben, dass danach zu erteilende Erlaubnisse die Baugenehmigung oder Zustimmung nach § 80 einschließlich etwaiger Abweichungen (§ 73) einschließen sowie, dass § 12 Abs. 2 des Gerätesicherheitsgesetzes insoweit Anwendung findet. 85 (7)

85 (8) (8) Die Rechtsverordnungen werden nach Anhörung des zuständigen Ausschusses des Landtags erlassen. 85 (8)

85 (9) (9) Das für die Bauaufsicht zuständige Ministerium erlässt die zur Durchführung dieses Gesetzes oder der Rechtsvorschriften aufgrund dieses Gesetzes erforderlichen Verwaltungsvorschriften. 85 (9)

85.9 Zu Absatz 9

Der RdErl. des Ministeriums für Bauen und Wohnen vom 24.1.1997 (SMBl. 23210); Verwaltungsvorschrift zur Landesbauordnung – VV BauO NRW – wird aufgehoben.

Diese Verwaltungsvorschrift gilt bis zum 31. Dezember 2005.

§ 86

§ 86 Örtliche Bauvorschriften

§ 86

86 (1) (1) Die Gemeinden können örtliche Bauvorschriften als Satzung erlassen über: 86 (1)

1. die äußere Gestaltung baulicher Anlagen sowie von Werbeanlagen und Warenautomaten zur Durchführung baugestalterischer Absichten in bestimmten, genau abgegrenzten bebauten oder unbebauten Teilen des Gemeindegebietes; dabei können sich die Vorschriften über Werbeanlagen auch auf deren Art, Größe und Anbringungsort erstrecken;

Zu § 86 (1)
Örtliche Bauvorschriften

2. besondere Anforderungen an bauliche Anlagen, Werbeanlagen und Warenautomaten zum Schutz bestimmter Bauten, Straßen, Plätze oder Ortsteile von städtebaulicher, künstlerischer oder geschichtlicher Bedeutung sowie von Denkmälern und Naturdenkmälern; dabei können nach den örtlichen Gegebenheiten insbesondere bestimmte Arten von Werbeanlagen und Warenautomaten ausgeschlossen oder auf Teile baulicher Anlagen und auf bestimmte Farben beschränkt werden;
3. die Lage, Größe, Beschaffenheit, Ausstattung und Unterhaltung von Kinderspielflächen (§ 9 Abs. 2);
4. die Gestaltung, Begrünung und Bepflanzung der Gemeinschaftsanlagen, der Lagerplätze, der Stellplätze, der Standplätze für Abfallbehälter und der unbebauten Flächen der bebauten Grundstücke, der Campingplätze und Wochenendplätze sowie die Begrünung baulicher Anlagen; dabei kann bestimmt werden, dass Vorgärten nicht als Stellplätze, als Abstell- oder als Lagerplatz oder als Arbeitsfläche hergerichtet oder benutzt werden dürfen;
5. die Verpflichtung zur Herstellung, das Verbot der Herstellung sowie über Art, Höhe und Gestaltung von Einfriedungen;

6. geringere als die in § 6 Abs. 5 und 6 vorgeschriebenen Maße zur Wahrung der bauhistorischen Bedeutung oder der sonstigen erhaltenswerten Eigenart eines Ortsteiles; dabei sind die Ortsteile in der Satzung genau zu bezeichnen.

86 (2) (2) Durch örtliche Bauvorschriften als Satzung kann ferner bestimmt werden, dass 86 (2)

1. für besondere schutzwürdige Gebiete für genehmigungsfreie Werbeanlagen und Warenautomaten eine Genehmigung eingeführt wird,
2. im Gemeindegebiet oder in Teilen davon bei bestehenden baulichen Anlagen Kinderspielflächen nach § 9 Abs. 2 Satz 5 herzustellen sind.

86 (3) (3) Anforderungen nach den Absätzen 1 und 2 können innerhalb der örtlichen Bauvorschrift auch in Form zeichnerischer Darstellungen gestellt werden. Ihre Bekanntgabe kann dadurch ersetzt werden, dass dieser Teil der örtlichen Bauvorschriften bei der Gemeinde zur Einsicht ausgelegt wird; hierauf ist in den örtlichen Bauvorschriften hinzuweisen. 86 (3)

86 (4) (4) Örtliche Bauvorschriften können auch als Festsetzungen in einen Bebauungsplan im Sinne von § 8 oder § 12 des Baugesetzbuches aufgenommen werden; in diesem Fall sind die Vorschriften des Baugesetzbuches über die Aufstellung, Änderung, Ergänzung und Aufhebung der Bebauungspläne einschließlich ihrer Genehmigung und ihrer Sicherung (§§ 1 bis 18 Baugesetzbuch) sowie über die Wirksamkeitsvoraussetzungen (§§ 214 bis 216 Baugesetzbuch) anzuwenden. 86 (4)

86 (5) (5) Abweichungen (§ 73) von örtlichen Bauvorschriften werden im Einvernehmen mit der Gemeinde von der Bauaufsichtsbehörde zugelassen. § 36 Abs. 2 Satz 2 des Baugesetzbuches gilt entsprechend. 86 (5)

§ 87

§ 87 Bestehende Anlagen und Einrichtungen

§ 87

87 (1) (1) Entsprechen rechtmäßig bestehende bauliche Anlagen sowie andere Anlagen und Einrichtungen im Sinne von § 1 Abs. 1 Satz 2 nicht den Vorschriften dieses Gesetzes oder Vorschriften aufgrund dieses Gesetzes, so kann verlangt werden, dass die Anlagen diesen Vorschriften angepasst werden, wenn dies im Einzelfall wegen der Sicherheit für Leben oder Gesundheit erforderlich ist. 87 (1)

87 (2) (2) Sollen bauliche Anlagen wesentlich geändert werden, so kann gefordert werden, dass auch die nicht unmittelbar berührten Teile der Anlage mit diesem Gesetz oder den aufgrund dieses Gesetzes erlassenen Vorschriften in Einklang gebracht werden, wenn 87 (2)

1. die Bauteile, die diesen Vorschriften nicht mehr entsprechen, mit den Änderungen in einem konstruktiven Zusammenhang stehen und
2. die Durchführung dieser Vorschriften bei den von den Änderungen nicht berührten Teilen der baulichen Anlage keine unzumutbaren Mehrkosten verursacht.

Siebenter Teil
Übergangs-, Änderungs- und Schlussvorschriften

§ 88 § 88 Übergangsvorschrift § 88

88 Anerkennungen von Stellen als Prüf-, Überwachungs- und Zertifizierungsstellen nach bisherigem Recht gelten bis zum 31. Dezember 2012. 88

§ 89 § 89 Änderungsvorschriften; gegenstandslos § 89

§ 90 § 90 (Inkrafttreten, Außerkrafttreten, eingeleitete Verfahren) § 90

§ 91 § 91 Berichtspflicht § 91

91 Die Landesregierung berichtet dem Landtag bis zum 31. Dezember 2012 und danach alle fünf Jahre über die Notwendigkeit und Zweckmäßigkeit der Regelungen der Bauordnung. 91

Hinweis:

Die Verpflichtungen aus der Richtlinie 98/48/EG des Europäischen Parlaments und des Rates vom 22. Juni 1998 über ein Informationsverfahren auf dem Gebiet der Normen und technischen Vorschriften (Abl. EG Nr. L 204, S. 37), zuletzt geändert durch die Richtlinie 98/48/EG des Europäischen Parlaments und des Rates vom 20. Juli 1998 (Abl. EG Nr. L 217, S. 18), sind beachtet worden.

Der Minister
für Bauen und Wohnen

Hinweis

(Artikel 2 des Gesetzes zur Änderung der Landesbauordnung v. 22.7.2003 (GV. NRW. S. 434))

Dieses Gesetz tritt am Tage nach der Verkündung in Kraft. Vor Inkrafttreten dieses Gesetzes eingeleitete Verfahren sind auf Verlangen der Antragstellerin oder des Antragstellers nach den bisherigen Verfahrensvorschriften weiterzuführen.

Hinweis

(Artikel II des Zweiten Gesetzes zur Änderung der Landesbauordnung v. 12.12.2006 (GV. NRW. S. 615))

Inkrafttreten, eingeleitete Verfahren

1. Dieses Gesetz tritt am Tage nach der Verkündung in Kraft.

2. Wird vor Inkrafttreten dieses Gesetzes ein Antrag auf Erlass eines nach der Landesbauordnung vorgesehenen Verwaltungsaktes gestellt, über den bei Inkrafttreten dieses Gesetzes noch nicht entschieden ist, so kann die Antragstellerin oder der Antragsteller verlangen, dass § 6 der Bauordnung für das Land Nordrhein-Westfalen in der zum Zeitpunkt der Antragstellung geltenden Fassung angewandt wird.

Zusatz:

(§ 2 Nr. 4 und § 5 des Ersten Gesetzes zum Bürokratieabbau (Bürokratieabbaugesetz I) vom 13. März 2007 (GV. NRW. S. 133)) (Fn 13)

§ 2

Im Lande Nordrhein-Westfalen gelten die folgenden Vorschriften mit folgender Maßgabe:
1. bis 3. sowie 5. (hier nicht einschlägig)
4. BauO NRW
a) Ergänzend zum 5. Teil, 3. Abschnitt und abweichend von § 80 Abs. 2 gilt Folgendes zur Ersetzung des gemeindlichen Einvernehmens:

(1) Hat eine Gemeinde ihr nach § 36 Abs. 1 Sätze 1 und 2 BauGB erforderliches Einvernehmen rechtswidrig versagt, so hat die zuständige Bauaufsichtsbehörde das fehlende Einvernehmen nach Maßgabe der Absätze 2 bis 4 zu ersetzen. Wird in einem anderen Genehmigungsverfahren über die Zulässigkeit des Vorhabens entschieden, tritt die für dieses Verfahren zuständige Behörde an die Stelle der Bauaufsichtsbehörde.

(2) § 122 der Gemeindeordnung findet keine Anwendung.

(3) Die Genehmigung gilt zugleich als Ersatzvornahme im Sinne des § 123 Gemeindeordnung. Sie ist zu begründen. Eine Anfechtungsklage hat auch insoweit keine aufschiebende Wirkung, als die Genehmigung als Ersatzvornahme gilt. Die Baugenehmigung kann, soweit sie als Ersatzvornahme gilt, nicht gesondert nach § 126 der Gemeindeordnung angefochten werden.

(4) Die Gemeinde ist vor Erlass der Genehmigung anzuhören. Dabei ist ihr Gelegenheit zu geben, binnen angemessener Frist erneut über das gemeindliche Einvernehmen zu entscheiden.

b) Abweichend von § 65 Abs. 1 Nr. 33a bedarf die Errichtung oder Änderung von Werbeanlagen an der Stätte der Leistung auch dann keiner Baugenehmigung, wenn das Gewerbe-, Industrie- oder vergleichbare Sondergebiet nicht durch Bebauungsplan festgesetzt ist.

c) Abweichend von § 63 Abs. 1 Satz 1 bedarf die Nutzungsänderung baulicher Anlagen sowie anderer Anlagen und Einrichtungen im Sinne des § 1 Abs. 1 Satz 2 in der Regel keiner Baugenehmigung, sondern ist bei der unteren Bauaufsichtsbehörde vor Durchführung des Vorhabens schriftlich anzuzeigen.

Der Anzeige sind die für eine Prüfung des Vorhabens erforderlichen Bauvorlagen beizufügen.

Der Antragsteller kann abweichend von Satz 1 auf die Durchführung eines Baugenehmigungsverfahrens bestehen.

Die Nutzungsänderung kann aufgenommen werden, wenn die Bauaufsichtsbehörde nicht innerhalb von zwei Wochen nach Eingang der Anzeige und der Bauvorlagen erklärt, dass das Genehmigungsverfahren durchgeführt werden soll.

Die Bauaufsichtsbehörde kann die Erklärung insbesondere wegen der notwendigen Beteiligung anderer Behörden oder aus Gründen des Immissions- oder Brandschutzes abgeben. Sie hat dann die Anzeige als Bauantrag zu behandeln.

Erklärt die Bauaufsichtsbehörde nach der Anzeige, dass ein Genehmigungsverfahren durchgeführt werden soll, so ist die Anzeigegebühr auf die Genehmigungsgebühr anzurechnen.

Gleiches gilt für die Errichtung von Kleingaragen. Jedoch ist ein Genehmigungsverfahren durchzuführen, wenn im Falle der Grenzbebauung oder der grenznahen Bebauung keine Einverständniserklärung des Grenznachbarn vorliegt.

§ 5

(1) Dieses Gesetz tritt am 15. April 2007 in Kraft.

(2) § 3 tritt mit Wirkung vom 7. Mai 2005 in Kraft.

(3) Dieses Gesetz tritt am 31. Dezember 2010 außer Kraft. Für Verwaltungsakte, die vor dem Außerkrafttreten dieses Gesetzes dem jeweiligen Adressaten bekannt gegeben worden sind, findet das Gesetz weiterhin Anwendung.

(4) Die Auswirkungen dieses Gesetzes werden durch die Landesregierung überprüft. Die Landesregierung teilt dem Landtag das Ergebnis bis zum 31. August 2010 mit.

Inhalt

Verordnung über bautechnische Prüfungen in der ab 17. November 2009 gültigen Fassung

(BauPrüfVO 2009)[1]

Aufgrund des § 85 Abs. 3 und 4 der Landesbauordnung (BauO NRW) vom 7. März 1995 (GV. NRW. S. 218), zuletzt geändert durch Gesetz vom 9. November 1999 (GV. NRW. S. 622), wird nach Anhörung des Ausschusses für Städtebau und Wohnungswesen des Landtags verordnet:

[1]) Diese Verordnung dient der Umsetzung der Richtlinie 2006/123/EG des Europäischen Parlaments und des Rates vom 12. Dezember 2006 über Dienstleistungen im Binnenmarkt (ABl. L 376 vom 27. 12. 2006, S. 36).

Inhalt

Verwaltungsvorschrift zur Verordnung über bautechnische Prüfungen – VV BauPrüfVO – RdErl. d. Ministeriums für Bauen und Wohnen vom 08.03.2000 – II A 2 – 111 –

Aufgrund des § 85 Abs. 9 der Landesbauordnung (BauO NRW) ergeht zur Verordnung über bautechnische Prüfungen (BauPrüfVO) vom 6. Dezember 1995 (GV. NRW. S. 1241/SGV. NRW. 232), geändert durch Verordnung vom 20. Februar 2000 (GV. NRW. S. 226) folgende Verwaltungsvorschrift zugleich als allgemeine Weisung nach § 9 Abs. 2 Buchstabe a Ordnungsbehördengesetz.

Die Hauptnummern beziehen sich auf die jeweiligen Paragraphen der Verordnung. Bei ausgelassenen Hauptnummern bestehen zu den betreffenden Paragraphen keine Verwaltungsvorschriften.

Auf die Verwaltungsvorschrift kann nach dem Beispiel in Kurzform verwiesen werden: Nr. 1.3 VV BauPrüfVO

Inhaltsverzeichnis

Erster Teil Bauvorlagen

Erster Abschnitt Anforderungen an Bauvorlagen

Zweiter Abschnitt Anforderungen an bautechnische Nachweise

Dritter Abschnitt
Bauvorlagen für Verfahren und Vorhaben

Zweiter Teil
Bautechnische Prüfung von Bauvorhaben

Erster Abschnitt
Prüfämter, Prüfingenieurinnen und Prüfingenieure

Zweiter Abschnitt
Bautechnische Prüfungen

Dritter Teil
Regelung von Zuständigkeiten

Vierter Teil
Schlussvorschrift

Erster Teil
Bauvorlagen

Erster Abschnitt
Anforderungen an Bauvorlagen

§ 1 **§ 1 Allgemeines** § 1

1.1 (1) Bauvorlagen (§ 69 Abs. 1 Satz 1 BauO NRW) sind insbesondere 1.1

1. die Auszüge aus dem Katasterkartenwerk,
2. der Lageplan,
3. die Bauzeichnungen,
4. die Baubeschreibung und bei gewerblichen oder landwirtschaftlichen Betrieben die Betriebsbeschreibung,
5. die Berechnungen und Angaben zur Kostenermittlung,
6. die Nachweise der Standsicherheit und des Schallschutzes,
7. das Brandschutzkonzept.

1.2 (2) Der Inhalt der Bauvorlagen beschränkt sich auf das zur Beurteilung der jeweiligen Anträge und Vorhaben Erforderliche. Die Bauaufsichtsbehörde kann in zu begründenden Einzelfällen weitere Unterlagen fordern, wenn sie dies zur Beurteilung für erforderlich hält. Die Bauaufsichtsbehörde kann auf Bauvorlagen und einzelne Angaben in den Bauvorlagen sowie auf die Nachweise der Standsicherheit und des Schallschutzes einschließlich deren Prüfung und Bescheinigung durch staatlich anerkannte Sachverständige (§ 72 Abs. 6 BauO NRW) verzichten, soweit sie zur Beurteilung nicht erforderlich sind. Auf die Vorlage des Brandschutzkonzeptes bei Bauvorhaben nach § 68 Abs. 1 Satz 3 BauO NRW (§ 11 Abs. 1 Nr. 2) darf nicht verzichtet werden. Die Bauvorlagen müssen aus dauerhaftem Papier lichtbeständig hergestellt sein. 1.2

1.3 (3) Für Anträge, die Vorlage an die Gemeinde in der Genehmigungsfreistellung und einzelne Bauvorlagen sind die von der obersten Bauaufsichtsbehörde in der Sammlung des Ministerialblattes unter Gliederungsnummer 23210 bekannt gemachten Vordrucke zu verwenden.

1.3 Zu Absatz 3 1.3

1.31 Für den Bauantrag, den Antrag auf Vorbescheid, die Vorlage in der Genehmigungsfreistellung an die Gemeinde, den Antrag auf Abbruchgenehmigung, den Antrag auf Genehmigung einer Grundstücksteilung sowie für die Baubeschreibung (§ 5 Abs. 1) und die Betriebsbeschreibungen (§ 5 Abs. 2 und 3) sind nur die als Anlage bekannt gemachten Vordrucke (Anlagen I/1 bis I/9) zu verwenden.

Inhalt und graphische Anordnung sind verbindlich. Die drucktechnische Ausführung (Farbgestaltung, Durchschreibeblätter etc.) bleibt den Behörden oder Verlagen überlassen. Die Vordrucke sind unabhängig von der drucktechnischen Ausführung von allen Gemeinden und Bauaufsichtsbehörden entgegenzunehmen.

1.32 Die in Nr. 1.31 genannten Vordrucke sind von den unteren Bauaufsichtsbehörden und den Gemeinden bereitzuhalten (§ 22 Abs. 2 GO) und den Antragstellerinnen oder Antragstellern und Entwurfsverfasserinnen oder Entwurfsverfassern zusammen mit folgenden Unterlagen auszuhändigen:

- Erhebungsbogen nach dem Hochbaustatistikgesetz,
- Baustellenschild nach Nr. 14 VV BauO NRW,
- Merkblatt zur gesetzlichen Gebäudeeinmessungspflicht (Anlage I/9).

1.4

§ 2 Auszüge aus dem Katasterkartenwerk

2.1 (1) Auszüge aus dem Katasterkartenwerk sind der Auszug aus der Liegenschaftskarte/Flurkarte und der Auszug aus der Deutschen Grundkarte 1:5000. 2.1

2.2 (2) Im Auszug aus der Liegenschaftskarte/Flurkarte müssen das Baugrundstück und die benachbarten Grundstücke im Umkreis von 50 m um das Baugrundstück dargestellt sein. Der Auszug darf nicht älter als sechs Monate sein und muss beglaubigt sein; aus der Beglaubigung soll hervorgehen, ob der Auszug durch Vergrößerung einer Katasterkarte entstanden ist. Eine Beglaubigung des Auszugs ist nicht erforderlich, wenn der Lageplan (§ 3) von einem Katasteramt oder von einer Öffentlich bestellten Vermessungsingenieurin oder einem Öffentlich bestellten Vermessungsingenieur hergestellt wird. 2.2

2.3 (3) Der Auszug aus der Deutschen Grundkarte 1:5000, der auch einen größeren Maßstab haben kann, muss aus deren neuesten Ausgabe angefertigt sein. In ihm muss das Baugrundstück und seine Umgebung im Umkreis von 500 m sowie der Standort des Vorhabens dargestellt sein. 2.3

§ 3 Lageplan

3.1 (1) Der Lageplan ist im Maßstab nicht kleiner als 1:500 auf der Grundlage eines Auszuges aus der Liegenschaftskarte/Flurkarte, der nicht älter als sechs Monate sein darf, zu erstellen. Er muss, soweit erforderlich, enthalten

1. seinen Maßstab und die Lage des Baugrundstücks zur Nordrichtung,
2. die Bezeichnung des Baugrundstücks und der benachbarten Grundstücke nach Straße, Hausnummer, Grundbuch und Liegenschaftskataster sowie die Angabe der Eigentümerin oder des Eigentümers des Baugrundstücks,
3. die rechtmäßigen Grenzen des Baugrundstücks und deren Längen sowie seinen Flächeninhalt,
4. die Höhenlage der Eckpunkte des Baugrundstücks und die Höhenlage des engeren Baufeldes über NN,
5. die Breite und die Höhenlage angrenzender öffentlicher Verkehrsflächen über NN,
6. die vorhandenen baulichen Anlagen auf dem Baugrundstück und auf den angrenzenden Grundstücken sowie die genehmigten oder nach § 67 Abs. 1 BauO NRW zulässigen, aber noch nicht ausgeführten baulichen Anlagen auf dem Baugrundstück, bei Gebäuden auch mit Angabe ihrer Geschosszahl, Wand- und Firsthöhen,
7. Denkmäler im Sinne des Denkmalschutzgesetzes auf dem Baugrundstück und dessen engerer Umgebung sowie geschützte Baumbestände auf dem Baugrundstück,
8. Flächen auf dem Baugrundstück, die von Baulasten betroffen sind, sowie Flächen auf den angrenzenden Grundstücken, die von Baulasten zugunsten des Baugrundstücks betroffen sind,
9. Flächen auf dem Baugrundstück, die mit grundbuchlich gesicherten Dienstbarkeiten zugunsten der Träger von Hochspannungsleitungen und unterirdischen Leitungen für die Versorgung mit Elektrizität, Gas, Wärme und Wasser belegt sind,
10. Hydranten und andere Wasserentnahmestellen für Feuerlöschzwecke,
11. die Bezeichnung des Bebauungsplanes oder anderer Satzungen nach dem Baugesetzbuch mit den Festsetzungen über Art und Maß der baulichen Nutzung, die Bauweise, die Darstellung der Baulinien und Baugrenzen und der Flächen auf dem Baugrundstück, für die der Bebauungsplan oder eine andere Satzung besondere Festsetzungen trifft, sowie die Bezeichnung der örtlichen Bauvorschriften,

3.1 Zu Absatz 1 3.1

3.11 Zu den darzustellenden geplanten baulichen Anlagen (Nr. 12) zählen auch Löschwasser-Rückhalteanlagen (siehe auch Richtlinie zur Bemessung von Löschwasser-Rückhalteanlagen beim Lagern wassergefährdender Stoffe (LöRüRL), RdErl. d. Ministeriums für Bauen und Wohnen v. 14.10.1992 (MBl. NRW. S. 1719/SMBl. NRW. 23236).

Es muss sichergestellt sein, dass erforderliche Mindestabstände eingehalten und im Lageplan entsprechend dargestellt werden können. Deshalb sind Vergrößerungen der Liegenschaftskarte/Flurkarte als Grundlage des Lageplanes nur geeignet, wenn die geometrische Genauigkeit der Darstellungen in der Liegenschaftskarte/Flurkarte hierfür ausreicht. Falls erforderlich, ist der Lageplan auf der Grundlage des Zahlennachweises des Liegenschaftskatasters und aufgrund ergänzender Vermessung anzufertigen. Die in der amtlichen Liegenschaftskarte/Flurkarte enthaltenen Punkte des Lage- und Höhenfestpunktfeldes sind mit ihren Schutzflächen (§ 8 Abs. 6 des Vermessungs- und Katastergesetzes) im Lageplan lagerichtig darzustellen.

12. die geplanten baulichen Anlagen unter Angabe der Außenmaße, der Dachform, der Wand- und Firsthöhen, der Höhenlage der Eckpunkte der baulichen Anlage über NN an der Geländeoberfläche, der Höhenlage des Erdgeschossfußbodens über NN, der Grenzabstände, der Tiefe und Breite der Abstandflächen, der Abstände zu anderen baulichen Anlagen,
13. die Abstände der geplanten baulichen Anlage zu öffentlichen Verkehrsflächen, zu Grünflächen, zu Wasserflächen und zu Wäldern,
14. die Aufteilung der nicht überbauten Flächen auf dem Baugrundstück unter Angabe der Lage, Anzahl und Größe der Stellplätze für Kraftfahrzeuge, der Abstellplätze für Fahrräder, der Zu- und Abfahrten, der Bewegungsflächen für die Feuerwehr, der Kinderspielflächen und der Flächen, die gärtnerisch angelegt werden und/oder mit Bäumen bepflanzt werden sollen,
15. die Lage der Entwässerungsgrundleitungen bis zum öffentlichen Kanal oder die Lage der Abwasserbehandlungsanlage mit der Abwassereinleitung.

Bei der Anforderung der erforderlichen Liegenschaftskarte/Flurkarte bzw. weiterer Unterlagen ist die Katasterbehörde darauf hinzuweisen, dass diese für die Erstellung eines Lageplanes dienen sollen.

Bei der Abgabe der Liegenschaftskarte/Flurkarte teilt die Katasterbehörde auf Antrag auch mit, ob die in Absatz 3 Nr. 1 und 2 genannten Tatbestände vorliegen.

3.2 (2) Bei Vorhaben im Geltungsbereich eines Bebauungsplans oder anderer Satzungen nach dem Baugesetzbuch ist der Lageplan für bauliche Anlagen nach Absatz 1 Nr. 6 und geplante bauliche Anlagen auf dem Baugrundstück durch eine Berechnung ihrer Grundfläche, Geschossfläche, Zahl der Vollgeschosse und ihrer Baumasse zu ergänzen, mit der nachgewiesen wird, dass die festgesetzte Grundflächenzahl, Geschossflächenzahl, Zahl der Vollgeschosse oder Baumassenzahl eingehalten wird.

3.2 Zu Absatz 2 **3.2**

Sofern die Berechnungen nach Absatz 2 Bestandteil eines Lageplanes nach Absatz 3 Satz 1 oder 3 sind, kann die Prüfung der Richtigkeit dieser Berechnung durch die Bauaufsichtsbehörde entfallen.

3.3 (3) Der Lageplan (Absatz 1) und die Berechnungen nach Absatz 2 müssen von einem Katasteramt angefertigt oder von einer Öffentlich bestellten Vermessungsingenieurin oder einem Öffentlich bestellten Vermessungsingenieur angefertigt und mit öffentlichem Glauben beurkundet werden (amtlicher Lageplan), wenn

1. es sich bei den Grenzen des Baugrundstücks nicht um festgestellte Grenzen im Sinne von § 19 Abs. 1 VermKatG handelt,
2. die Grenzen des Baugrundstücks und die vorhandenen baulichen Anlagen auf dem Baugrundstück und den angrenzenden Grundstücken so vermessen sind, dass für die Grenzpunkte Koordinaten in einem einheitlichen System nicht ermittelt werden können, oder
3. auf dem Baugrundstück oder von angrenzenden Grundstücken her Grenzüberbauungen vorliegen,
4. eine Baulast im Sinne von § 18 auf dem Baugrundstück oder auf den angrenzenden Grundstücken ruht.

Wenn besondere Grundstücksverhältnisse, insbesondere in Folge des unübersichtlichen Verlaufs der Grenzen des Baugrundstücks durch Grenzversprünge oder Grenzknicke, gegeben sind und die Voraussetzungen für die Anfertigung eines amtlichen Lageplanes nach Satz 1 nicht vorliegen, können der Lageplan nach Absatz 1 und die Berechnungen nach Absatz 2 auch von einer Vermessungsingenieurin oder einem Vermessungsingenieur, die oder der Mitglied einer Ingenieurkammer ist, angefertigt werden; die Mitgliedschaft in einer Ingenieurkammer ist auf Verlangen der Bauaufsichtsbehörde nachzuweisen. In allen anderen Fällen können diese Bauvorlagen auch von der Entwurfsverfasserin oder dem Entwurfsverfasser angefertigt werden.

3.3 Zu Absatz 3 **3.3**

Ein Lageplan nach Satz 1 ist auch in den in § 17 Satz 1 Nr. 1 und § 18 genannten Fällen vorgeschrieben. In den Fällen des Satzes 2 kann der Lageplan auch von einer **nicht** Öffentlich bestellten Vermessungsingenieurin oder einem **nicht** Öffentlich bestellten Vermessungsingenieur angefertigt werden, jedoch muss die Vermessungsingenieurin oder der Vermessungsingenieur Mitglied einer Ingenieurkammer, z.B. der Ingenieurkammer-Bau NRW, sein. Im Zweifelsfall kann über die Mitgliedschaft in einer Ingenieurkammer ein Nachweis verlangt werden. In allen anderen Fällen kann der Lageplan auch von Entwurfsverfasserinnen oder Entwurfsverfassern angefertigt werden.

3.4 (4) Personen, die in einem anderen Mitgliedstaat der Europäischen Union oder einem nach dem Recht der Europäischen Gemeinschaften gleichgestellten Staat als Vermessungsingenieure niedergelassen sind und dort Lagepläne anfertigen dürfen, sind ohne Mitgliedschaft in einer Ingenieurkammer berechtigt, den Lageplan nach Absatz 3 Satz 2 anzufertigen. **3.4**

(5) Für die Darstellungen im Lageplan sind die Zeichen und/oder Farben der Anlage zu dieser Verordnung und im Übrigen die Planzeichen der Verordnung über die Ausarbeitung der Bauleitpläne und die Darstellung des Planinhalts (Planzeichenverordnung 1990 – PlanzV 90) vom 18. Dezember 1990 (BGBl. I 1991 S. 58) zu verwenden. Die sonstigen Darstellungen sind, soweit erforderlich, durch Beschriftung zu kennzeichnen. Der Inhalt des Lageplanes ist auf besonderen Blättern darzustellen, wenn der Lageplan sonst unübersichtlich würde. 3.5

§ 4 Bauzeichnungen § 4

(1) Für die Bauzeichnungen (Grundrisse, Schnitte, Ansichten) ist der Maßstab 1:100 zu verwenden. In den Bauzeichnungen sind anzugeben 4.1

1. der Maßstab,
2. die Maße, auch die Maße der Öffnungen, in den Grundrissen und Schnitten,
3. das Brandverhalten der Baustoffe und die Feuerwiderstandsdauer der Bauteile, soweit aus Gründen des Brandschutzes an diese Forderungen gestellt werden,
4. bei Änderung baulicher Anlagen die zu beseitigenden und die neuen Bauteile.

(2) In den Grundrissen, die für alle Geschosse anzufertigen sind, müssen insbesondere angegeben und eingezeichnet werden 4.2

1. die vorgesehene Nutzung der Räume,
2. die Treppen und Rampen mit ihrem Steigungsverhältnis,
3. Art und Anordnung sowie lichte Durchgangsmaße der Türen in und an Rettungswegen,
4. die Lage und Außenmaße der Abgasanlagen,
5. Räume für die Aufstellung von Feuerstätten und für die Brennstofflagerung,
6. ortsfeste Behälter für schädliche oder brennbare Flüssigkeiten oder für verflüssigte oder nicht verflüssigte Gase, soweit sie baugenehmigungsbedürftig sind,
7. Aufzugschächte und die nutzbare Grundfläche der Fahrkörbe von Personenaufzügen,
8. Lüftungsleitungen und Installationsschächte, soweit sie baugenehmigungsbedürftig sind,
9. Feuermelde- und Feuerlöscheinrichtungen, sofern diese besonders vorgeschrieben sind, mit Angabe ihrer Art,
10. der Aufstellungsort von Maschinen und Apparaten.

(3) Aus den Schnitten muss insbesondere ersichtlich sein 4.3

1. die Höhenlage des Erdgeschossfußbodens über NN,
2. der Anschnitt der vorhandenen und der geplanten Höhenlage der Geländeoberfläche über NN sowie Aufschüttungen und Abgrabungen,
3. die Höhe des Fußbodens des höchstgelegenen Aufenthaltsraumes über der Geländeoberfläche mit rechnerischem Nachweis (§ 2 Abs. 3 BauO NRW),
4. die lichten Raumhöhen,
5. die Höhen der Firste über der Geländeoberfläche, die Dachneigungen sowie das Maß H je Außenwand in dem zur Bestimmung der Abstandflächen erforderlichen Umfang (§ 6 Abs. 4 BauO NRW).

4.4 (4) In den Ansichten müssen die geplanten baulichen Anlagen, bei Gebäuden auch das vorhandene und künftige Gelände mit Angabe seiner Höhenlage über NN dargestellt werden. Soweit erforderlich, müssen geplante Gebäude zusammen mit den Gebäuden in der näheren Umgebung in einer Ansicht im Maßstab 1:200 dargestellt werden; anstelle dieser Ansicht ist auch ein farbiges Lichtbild oder eine farbige Lichtbildmontage zulässig.

4.5 (5) Für die Darstellung in den Bauzeichnungen sind die Zeichen und/oder Farben der Anlage zu dieser Verordnung zu verwenden; dies gilt nicht, wenn in den Bauzeichnungen nur vorgesehene Bauteile dargestellt werden. Einzelne Bauzeichnungen oder Teile hiervon können durch besondere Zeichnungen, Zeichen und Farben erläutert werden.

4.6 (6) In den Bauzeichnungen für Wohngebäude geringer Höhe mit nicht mehr als zwei Wohnungen sind die Angaben und Einzeichnungen nach Absatz 1 Nr. 3, Absatz 2 Nr. 3, 5 und 8 sowie Absatz 3 Nr. 4 nicht erforderlich.

§ 5

§ 5 Baubeschreibung und Betriebsbeschreibung

5.1 (1) Soweit die für die Prüfung des Antrags notwendigen Angaben nicht bereits im Lageplan und in den Bauzeichnungen enthalten sind, sind diese in einer Baubeschreibung darzulegen. In der Baubeschreibung sind das Vorhaben insbesondere hinsichtlich der Bauprodukte und Bauarten, die verwendet und angewandt werden sollen, seine äußere Gestaltung (Baustoffe, Farben) und seine Nutzung zu erläutern. Sie muss, soweit es das Bauvorhaben erfordert, die Angaben enthalten, die in dem nach § 1 Abs. 3 bekannt gemachten Vordruck beschrieben sind.

5.2 (2) Für gewerbliche Anlagen, die einer immissionsschutzrechtlichen Genehmigung oder einer Erlaubnis nach den aufgrund des Gerätesicherheitsgesetzes erlassenen Rechtsverordnung nicht bedürfen, muss eine Betriebsbeschreibung Angaben enthalten über

1. die Art der gewerblichen Tätigkeit unter Angabe der Art und der Zahl der Maschinen oder Apparate, der Art der zu verwendenden Rohstoffe und der herzustellenden Erzeugnisse, der Art ihrer Lagerung, insbesondere soweit sie feuer-, explosions- oder gesundheitsgefährlich sind,
2. die Art, die Menge und der Verbleib der Abfälle und des besonders zu behandelnden Abwassers,
3. die Zahl der Beschäftigten.

5.3 (3) Für landwirtschaftliche Betriebe muss eine Betriebsbeschreibung, insbesondere Angaben enthalten über

1. die Größe der Betriebsflächen, deren Nutzungsarten und Eigentumsverhältnisse,
2. Art und Umfang der Viehhaltung,
3. Art, Lagerung und Verbleib der tierischen Abgänge,
4. Art, Menge und Lagerung der Stoffe, die feuer-, explosions- oder gesundheitsgefährlich sind,
5. Art, Menge und Verbleib der Abfälle und des besonders zu behandelnden Abwassers,
6. Anzahl der Arbeitskräfte, ihre fachliche Eignung sowie Art und Umfang ihrer Tätigkeiten,
7. die Kosten und den Nutzen.

§ 6 ## § 6 Berechnungen und Angaben zur Kostenermittlung § 6

6 Berechnungen und Angaben zur Kostenermittlung sind 6

1. bei Gebäuden eine nachprüfbare Berechnung des Brutto-Rauminhalts nach DIN 277 Teil 1 (Ausgabe 2005) oder für Gebäude, für die landesdurchschnittliche Rohbauwertsätze je m^3 Brutto-Rauminhalt nicht festgelegt sind, die Berechnung, der veranschlagten (geschätzten) Rohbaukosten,
2. bei den übrigen baulichen Anlagen sowie anderen Anlagen und Einrichtungen im Sinne von § 1 Abs. 1 Satz 2 BauO NRW Angaben über die veranschlagten (geschätzten) Herstellungskosten.

6.1 Hinsichtlich des Umfanges der anzugebenden veranschlagten (geschätzten) Rohbaukosten oder Herstellungskosten gelten die Tarifstellen 2.1.2 und 2.1.3 des Allgemeinen Gebührentarifs der Allgemeinen Verwaltungsgebührenordnung. 6.1

Zweiter Abschnitt
Anforderungen an bautechnische Nachweise

§ 7 ### § 7 Übereinstimmungserklärung § 7

Werden Bauvorlagen zu unterschiedlichen Zeitpunkten eingereicht oder während des Genehmigungsverfahrens geändert, hat die Entwurfsverfasserin oder der Entwurfsverfasser jeweils zu erklären, dass die Bauvorlagen bezüglich ihres Planungs- und Bearbeitungsstandes übereinstimmen.

7.1 Nach § 58 Abs. 2 Satz 3 BauO NRW bleibt die Entwurfsverfasserin oder der Entwurfsverfasser für das ordnungsgemäße Ineinandergreifen aller Fachentwürfe verantwortlich. Die Entwurfsverfasserin oder der Entwurfsverfasser hat die Bauvorlagen zu unterschreiben (§ 69 Abs. 2 BauO NRW). Wenn Bauvorlagen zu unterschiedlichen Zeitpunkten eingereicht oder während des Genehmigungsverfahrens geändert werden, bestätigt die Entwurfsverfasserin oder der Entwurfsverfasser jeweils durch Erklärung, dass alle Bauvorlagen bezüglich ihres Planungs- und Bearbeitungsstandes übereinstimmen. Die Erklärung ist auch dann erforderlich, wenn die Bauvorlagen bereits von staatlich anerkannten Sachverständigen geprüft sind. 7.1

§ 8 ### § 8 Nachweise der Standsicherheit und des Schallschutzes § 8

8.1 (1) Der Nachweis der Standsicherheit besteht aus einer Darstellung des gesamten statischen Systems einschließlich der Gründung, den erforderlichen Berechnungen, Konstruktionszeichnungen, Bewehrungs- und Schalungsplänen. Die statischen Berechnungen müssen die Standsicherheit der baulichen Anlagen und ihrer Teile nachweisen. Die Beschaffenheit des Baugrundes und seine Tragfähigkeit sind anzugeben. Der Standsicherheitsnachweis umfasst auch den Nachweis der Feuerwiderstandsdauer der tragenden Bauteile.

8.1 Die Nachweise des Wärmeschutzes sind nach Maßgabe der Verordnung zur Umsetzung der Energieeinsparverordnung (EnEV-UVO) aufzustellen oder zu prüfen sowie, soweit vorgeschrieben, der Bauaufsichtsbehörde vorzulegen. 8.1

8.2 (2) Von der Vorlage eines Nachweises der Standsicherheit kann im Einvernehmen mit der Bauaufsichtsbehörde abgesehen werden, wenn bauliche Anlagen oder ihre Teile nach Bauart, statischem System, baulicher Durchbildung und Abmessungen sowie hinsichtlich ihrer Beanspruchung einer bewährten Ausführung entsprechen. 8.2

8.3 (3) Einzelnachweise gemäß Absatz 1, die nach ihrem Inhalt erst vorgelegt werden können, wenn die Ausführungsplanung erstellt ist, dürfen nach Erteilung der Baugenehmigung, jedoch rechtzeitig vor der Bauausführung zur Prüfung eingereicht werden.

8.3 Zu Absatz 3

Einzelnachweise, die nach ihrem Inhalt erst vorgelegt werden können, wenn die Ausführungsplanung erstellt ist, dürfen nach Erteilung der Baugenehmigung, jedoch rechtzeitig vor der Bauausführung zur Prüfung eingereicht werden. Die Baugenehmigung ist dann unter der Bedingung zu erteilen, dass diese Einzelnachweise vor Beginn der Bauausführung des jeweiligen Bauteils oder Bauabschnittes durch die Bauaufsichtsbehörde, eine Prüfingenieurin oder einen Prüfingenieur, ein Prüfamt oder eine staatlich anerkannte Sachverständige oder einen staatlich anerkannten Sachverständigen geprüft sein müssen. Die Entwurfsverfasserin oder der Entwurfsverfasser trägt dann die Verantwortung, dass die nachgereichten Einzelnachweise mit dem genehmigten Entwurf und den öffentlich-rechtlichen Vorschriften übereinstimmen.

8.4 (4) Als Nachweis des Schallschutzes sind, soweit erforderlich, Einzelnachweise durch Zeichnung, Beschreibung, Berechnung, Prüfzeugnisse oder Gutachten vorzulegen.

§ 9

§ 9 Brandschutzkonzept

9.1 (1) Das Brandschutzkonzept ist eine zielorientierte Gesamtbewertung des baulichen und abwehrenden Brandschutzes bei Sonderbauten. Gemäß § 58 Absatz 3 BauO NRW soll das Brandschutzkonzept von staatlich anerkannten Sachverständigen für die Prüfung des Brandschutzes aufgestellt werden. Die gemäß § 36 der Gewerbeordnung öffentlich bestellten und vereidigten Sachverständigen für den baulichen Brandschutz sind ihnen insoweit gleichgestellt.

9.1 Zu Absatz 1

9.11 Das Brandschutzkonzept muss die Angaben enthalten, die für eine zielorientierte Gesamtbewertung

- des vorbeugenden baulichen und anlagentechnischen Brandschutzes,
- des betrieblichen Brandschutzes und
- des abwehrenden Brandschutzes

erforderlich sind.

Es muss auf den Einzelfall und auf die Nutzung der baulichen Anlage abgestimmt sein. Die angewandten Nachweisverfahren und die zugrunde gelegten Parameter, insbesondere Brandszenarien, sind detailliert darzulegen. Bei beabsichtigten Abweichungen von bauordnungsrechtlichen Vorschriften ist eine Risikobetrachtung durchzuführen. Sofern abweichend von § 9 Abs. 2 Nr. 17 ausgleichende Maßnahmen nicht für erforderlich gehalten werden, ist dieses zu begründen und gegebenenfalls nachzuweisen.

9.2 (2) Das Brandschutzkonzept muss insbesondere folgende Angaben enthalten

1. Zu- und Durchfahrten sowie Aufstell- und Bewegungsflächen für die Feuerwehr,
2. den Nachweis der erforderlichen Löschwassermenge sowie den Nachweis der Löschwasserversorgung,
3. Bemessung, Lage und Anordnung der Löschwasser-Rückhalteanlagen,
4. das System der äußeren und der inneren Abschottungen in Brandabschnitte bzw. Brandbekämpfungsabschnitte sowie das System der Rauchabschnitte mit Angaben über die Lage und Anordnung und zum Verschluss von Öffnungen in abschottenden Bauteilen,
5. Lage, Anordnung, Bemessung (ggf. durch rechnerischen Nachweis) und Kennzeichnung der Rettungswege auf dem Baugrundstück und in Gebäuden mit Angaben zur Sicherheitsbeleuchtung, zu automatischen Schiebetüren und zu elektrischen Verriegelungen von Türen,
6. die höchstzulässige Zahl der Nutzer der baulichen Anlage,

9.2 Zu Absatz 2

9.21 Aus dem – nicht abschließenden – Katalog von Inhalten des Brandschutzkonzeptes muss das Brandschutzkonzept für ein konkretes Bauvorhaben nur die Angaben enthalten, die für seine Beurteilung erforderlich sind. Sofern hierzu weitere Angaben erforderlich sind, können diese verlangt werden. Auf § 1 Abs. 2 wird verwiesen.

7. Lage und Anordnung haustechnischer Anlagen, insbesondere der Leitungsanlagen, ggf. mit Angaben zum Brandverhalten im Bereich von Rettungswegen,
8. Lage und Anordnung der Lüftungsanlagen mit Angaben zur brandschutztechnischen Ausbildung,
9. Lage, Anordnung und Bemessung der Rauch- und Wärmeabzugsanlagen mit Eintragung der Querschnitte bzw. Luftwechselraten sowie der Überdruckanlagen zur Rauchfreihaltung von Rettungswegen,
10. die Alarmierungseinrichtungen und die Darstellung der elektro-akustischen Alarmierungsanlage (ELA-Anlage),
11. Lage, Anordnung und ggf. Bemessung von Anlagen, Einrichtungen und Geräten zur Brandbekämpfung (wie Feuerlöschanlagen, Steigeleitungen, Wandhydranten, Schlauchanschlussleitungen, Feuerlöschgeräte) mit Angaben zu Schutzbereichen und zur Bevorratung von Sonderlöschmitteln,
12. Sicherheitsstromversorgung mit Angaben zur Bemessung und zur Lage und brandschutztechnischen Ausbildung des Aufstellraumes, der Ersatzstromversorgungsanlagen (Batterien, Stromerzeugungsaggregate) und zum Funktionserhalt der elektrischen Leitungsanlagen,
13. Hydrantenpläne mit Darstellung der Schutzbereiche,
14. Lage und Anordnung von Brandmeldeanlagen mit Unterzentralen und Feuerwehrtableaus, Auslösestellen,
15. Feuerwehrpläne,
16. betriebliche Maßnahmen zur Brandverhütung und Brandbekämpfung sowie zur Rettung von Personen (wie Werkfeuerwehr, Betriebsfeuerwehr, Hausfeuerwehr, Brandschutzordnung, Maßnahmen zur Räumung, Räumungssignale),
17. Angaben darüber, welchen materiellen Anforderungen der Landesbauordnung oder in Vorschriften aufgrund der Landesbauordnung nicht entsprochen wird und welche ausgleichenden Maßnahmen stattdessen vorgesehen werden,
18. verwendete Rechenverfahren zur Ermittlung von Brandschutzklassen nach Methoden des Brandschutzingenieurwesens.

Dritter Abschnitt
Bauvorlagen für Verfahren und Vorhaben im vereinfachten Genehmigungsverfahren

§ 10

§ 10 Bauvorlagen zum Bauantrag im vereinfachten Genehmigungsverfahren

§ 10

10.1 (1) Dem Bauantrag auf Erteilung einer Baugenehmigung für die Errichtung oder Änderung baulicher Anlagen, die dem vereinfachten Genehmigungsverfahren unterliegen (§ 68 Abs. 1 Sätze 1 und 2 BauO NRW), sind folgende Bauvorlagen in dreifacher Ausfertigung beizufügen

1. bei Bauvorhaben nach den §§ 34 und 35 des Baugesetzbuches ein Auszug aus der Liegenschaftskarte/Flurkarte und ein Auszug aus der Deutschen Grundkarte 1:5000 (§ 2),
2. der Lageplan (§ 3),
3. die Bauzeichnungen (§ 4),
4. die Baubeschreibung und bei gewerblichen oder landwirtschaftlichen Betrieben die Betriebsbeschreibung (§ 5).

Die Berechnungen oder Angaben zur Kostenermittlung (§ 6) sind in zweifacher Ausfertigung beizufügen. Die Bauaufsichtsbehörde kann die Einreichung weiterer Ausfertigungen verlangen.

10.1 Zu Absatz 1 10.1

10.11 Zu der Erklärung der Entwurfsverfasserin oder des Entwurfsverfassers nach § 68 Abs. 6 BauO NRW gehört auch die Bestätigung, dass die in den Bauvorlagen gemachten erforderlichen Angaben zum Brandschutz vollständig und richtig sind.

10.2 (2) Dem Bauantrag für die Änderung baulicher Anlagen brauchen die in Absatz 1 Satz 1 Nummern 1 und 2 genannten Bauvorlagen nicht beigefügt zu werden, wenn Länge und Höhe der den Nachbargrenzen zugekehrten Wände unverändert bleiben. Jedoch ist auf einem Übersichtsplan die zu ändernde bauliche Anlage kenntlich zu machen, wenn sich auf dem Baugrundstück mehrere bauliche Anlagen befinden und aus den sonstigen beizufügenden Bauvorlagen nicht ersichtlich ist, welche dieser baulichen Anlagen geändert werden sollen. Absatz 1 Satz 2 gilt entsprechend. 10.2

10.3 (3) Dem Bauantrag auf Erteilung einer Baugenehmigung für eine Nutzungsänderung sind die in Absatz 1 Satz 1 Nummern 1 und 2 genannten Bauvorlagen beizufügen; hinsichtlich des Lageplanes ist § 3 Abs. 3 Sätze 1 und 2 nicht anzuwenden. Art und Umfang der Nutzungsänderung sind anzugeben und erforderlichenfalls in Bauzeichnungen (§ 4) sowie in Bau- und Betriebsbeschreibungen kenntlich zu machen (§ 5). Sofern mit der Nutzungsänderung genehmigungsbedürftige bauliche Änderungen verbunden sind, sind dem Bauantrag auch die in Absatz 1 Nummern 3 und 4 genannten Bauvorlagen beizufügen. Absatz 1 Satz 2 gilt entsprechend. 10.3

§ 11

§ 11 Bauvorlagen zum Bauantrag für Bauvorhaben nach § 68 Abs. 1 Satz 3 BauO NRW

§ 11

11.1 (1) Dem Bauantrag für die Errichtung, Änderung und Nutzungsänderung von Bauvorhaben nach § 68 Abs. 1 Satz 3 BauO NRW sind neben den Bauvorlagen nach § 10 beizufügen

1. die Nachweise der Standsicherheit und des Schallschutzes (§ 8) in zweifacher Ausfertigung; dem Bauantrag für eine Nutzungsänderung brauchen diese Nachweise nicht beigefügt zu werden,
2. das Brandschutzkonzept (§ 9) in dreifacher Ausfertigung.

11.1 Zu Absatz 1 11.1

11.11 Es besteht die Möglichkeit, Konstruktionszeichnungen, Bewehrungs- und Schalungspläne als Bestandteil des Standsicherheitsnachweises nach Erteilung der Baugenehmigung, jedoch rechtzeitig vor der Bauausführung zur Prüfung einzureichen.

11.12 Ergeben sich im Rahmen der bauaufsichtlichen Prüfungen Änderungen des Brandschutzkonzeptes, sind diese Änderungen vom Bauherrn in das Brandschutzkonzept zu übernehmen. Das endgültige, geänderte Brandschutzkonzept ist vor Erteilung der Baugenehmigung der Bauaufsichtsbehörde vorzulegen.

Änderungen und Ergänzungen des Brandschutzkonzeptes nach Erteilung der Baugenehmigung bedürfen einer zusätzlichen Baugenehmigung.

11.2 (2) Dem Bauantrag brauchen die Nachweise der Standsicherheit und des Schallschutzes nicht beigefügt zu werden, wenn die Bauherrin oder der Bauherr sich bei Antragstellung verpflichtet, diese Nachweise zusammen mit entsprechenden Bescheinigungen nach § 72 Abs. 6 BauO NRW vor Erteilung der Baugenehmigung einzureichen.

11.2 Zu Absatz 2 11.2

11.21 In den Fällen des Absatzes 2 soll die Erteilung der Baugenehmigung von der Zahlung eines angemessenen Vorschusses oder von einer angemessenen Sicherheitsleistung bis zur Höhe der voraussichtlichen Baugenehmigungsgebühr abhängig gemacht werden (vgl. §16 GebG NRW). Der Bauantrag ist abzulehnen, falls die in der Vorschrift genannten Nachweise und Bescheinigungen innerhalb von drei Monaten nach Antragseingang nicht vorgelegt worden sind.

§ 12 **§ 12 Zusätzliche Angaben und Bauvorlagen für besondere Vorhaben** § 12

12.1 (1) Für Mittel- und Großgaragen im Sinne der Sonderbauverordnung müssen die Bauvorlagen Angaben enthalten über die Zahl, Abmessung und Kennzeichnung der Einstellplätze und Fahrgassen. In den Bauvorlagen für geschlossene Großgaragen mit nicht nur geringem Zu- und Abgangsverkehr sind Art und Lage der CO-Warnanlagen darzustellen. 12.1

12.2 (2) Für Versammlungsstätten im Sinne der Sonderbauverordnung sind die Anordnung der Sitz- und Stehplätze, einschließlich der Plätze für Benutzerinnen und Benutzer von Rollstühlen, der Bühnen-, Szenen- oder Spielflächen sowie der Verlauf und die erforderliche Breite der Rettungswege in einem Bestuhlungs- und Rettungswegeplan im Maßstab von mindestens 1 : 200 darzustellen. Sind verschiedene Anordnungen vorgesehen, so sind für jede ein besonderer Plan vorzulegen. 12.2

12.3 (3) Für Verkaufsstätten im Sinne der Sonderbauverordnung müssen die Bauvorlagen ergänzt werden um 12.3

1. eine Berechnung der Flächen der Verkaufsräume und der Brandabschnitte,
2. eine Berechnung der erforderlichen Breiten der Ausgänge aus den Geschossen ins Freie oder in notwendige Treppenräume.

12.4 (4) Für Krankenhäuser müssen die Bauvorlagen 12.4

1. Angaben über die Zahl der Betten und
2. eine Darstellung der Räume für Untersuchung und Behandlung mit ionisierenden Strahlen enthalten.

12.5 (5) Für Beherbergungsstätten im Sinne der Sonderbauverordnung, für die ein Brandschutzkonzept nicht gefordert ist, müssen die Bauvorlagen Angaben enthalten über 12.5

1. die Sicherheitsbeleuchtung,
2. die Sicherheitsstromversorgung,
3. die Alarmierungseinrichtungen,
4. die Brandmeldeanlage und
5. die Rettungswege auf dem Grundstück.

(6) Für Betriebsräume im Sinne des § 139 der Sonderbauvrordnung müssen die Bauvorlagen Angaben über die Lage des Betriebsraumes und die Art der elektrischen Anlage enthalten.

Autorenhinweis zu § 12

- Garagenverordnung (GarV),
- Versammlungsstättenverordnung (VStättV),
- Verkaufsstättenverordnung (VkVO),
- Beherbergungsstättenverordnung (BeVO),

sind ersetzt worden durch die Sonderbauverordnung (SBauVO) von 2009.

§ 13 **§ 13 Bauvorlagen für Vorhaben nach § 67 BauO NRW** § 13

13.1 (1) Bei Vorhaben nach § 67 Abs. 1 und 7 BauO NRW sind der Gemeinde einzureichen

1. der Lageplan (§ 3),
2. die Bauzeichnungen (§ 4),
3. die Erklärung nach § 67 Abs. 2 Satz 1 BauO NRW.

§ 10 Abs. 2 und 3 gilt entsprechend.

13.1 Zu Absatz 1 13.1

13.11 Nach § 67 Abs. 1 Satz 3 BauO NRW kann die Bauherrin oder der Bauherr für Vorhaben nach § 67 Abs. 1 Satz 1 und 7 BauO NRW an Stelle der Behandlung in der Genehmigungsfreistellung die Durchführung eines (vereinfachten) Baugenehmigungsverfahrens beantragen. Dieser Antrag wird unter Verwendung des Vordrucks I/1 bei gleichzeitiger Einreichung des Bauantrags gestellt. Dem Antrag ist zu entsprechen. Ein Hinweis der Bauaufsichtsbehörde auf die Möglichkeit, die Freistellungsregelung in Anspruch zu nehmen, ist nicht erforderlich.

13.12 Für die Erklärung der Entwurfsverfasserin oder des Entwurfsverfassers nach § 67 Abs. 2 Satz 1 BauO NRW gilt Nummer 10.11 entsprechend.

13.2 (2) Die Bauvorlagen nach Absatz 1 sind in einfacher Ausfertigung einzureichen. Hat die Bauherrin oder der Bauherr gemäß § 67 Abs. 3 Satz 2 BauO NRW ausdrücklich bestimmt, dass die Bauvorlagen im Falle der Erklärung der Gemeinde nach § 67 Abs. 1 Satz 1 Nr. 3 BauO NRW als Bauantrag zu behandeln sind, gilt § 10 Abs. 1 entsprechend. In diesem Fall sind auch die Baubeschreibungen (§ 5 Abs. 1) und die Berechnungen und Angaben zur Kostenermittlung (§ 6) in der nach § 10 Abs. 1 Satz 2 erforderlichen Anzahl von Ausfertigungen einzureichen. 13.2

§ 14

§ 14 Bauvorlagen für Werbeanlagen

§ 14

14.1 (1) Dem Bauantrag die Errichtung, Aufstellung, Anbringung und Änderung von Werbeanlagen sind beizufügen

1. der Auszug aus der Liegenschaftskarte/Flurkarte (§ 2 Abs. 1) mit Einzeichnung des Standortes der geplanten Werbeanlage und, soweit erforderlich, der Lageplan (§ 3), der nicht als Lageplan nach § 3 Abs. 3 angefertigt zu sein braucht,
2. die Zeichnung und die Beschreibung der Werbeanlage (Absatz 2),
3. ein farbige Lichtbild oder eine farbige Lichtbildmontage (Absatz 3),
4. Angaben über die veranschlagten (geschätzten) Herstellungskosten.

14.1 Zu Absatz 1 14.1

14.11 Dem Bauantrag ist ein Lageplan beizufügen, wenn Gegenstand des Antrags die Errichtung, Aufstellung oder Änderung einer frei stehenden Werbeanlage ist.

14.2 (2) Die Zeichnung, für die ein Maßstab nicht kleiner als 1 : 50 zu verwenden ist, muss die Darstellung der geplanten Werbeanlage, ihre Maße, auch bezogen auf den Anbringungsort, sowie die Farben mit Angabe der Nummer und Hilfsbezeichnung aus dem RAL-Farbregister enthalten. In der Beschreibung sind die Art und die Werkstoffe der geplanten Werbeanlage anzugeben. 14.2

14.3 (3) Auf einem farbigen Lichtbild oder einer farbigen Lichtbildmontage sind wiederzugeben 14.3

1. die Darstellung der geplanten Werbeanlage in Verbindung mit der baulichen Anlage, vor der oder in deren Nähe sie aufgestellt oder errichtet oder an der sie angebracht werden soll,
2. die Darstellung der vorhandenen Werbeanlagen auf dem Grundstück und den angrenzenden Grundstücken,
3. die Darstellung und Bezeichnung der Werbeanlagen, die beseitigt werden sollen.

14.4 (4) § 10 Abs. 1 gilt sinngemäß. 14.4

§ 15

§ 15 Bauvorlagen für den Abbruch baulicher Anlagen

§ 15

15 Dem Antrag auf Erteilung der Genehmigung zum Abbruch baulicher Anlagen sind beizufügen

1. die Benennung des Grundstücks, auch nach Straße und Hausnummer, auf dem die Abbruchmaßnahme durchgeführt werden soll,
2. ein Auszug aus der Liegenschaftskarte/Flurkarte (§ 2 Abs. 2) mit der Darstellung der Lage des Abbruchvorhabens,
3. die Bezeichnung des Abbruchvorhabens,
4. eine Beschreibung der abzubrechenden baulichen Anlagen nach ihrer wesentlichen Konstruktion und des vorgesehenen Abbruchvorganges mit Angabe der erforderlichen Sicherungsmaßnahmen,
5. Angaben über den Verbleib des Abbruchmaterials,
6. die Benennung der Abbruchunternehmerin oder des Abbruchunternehmers.

§ 10 Abs. 1 Satz 3 gilt sinngemäß.

15.1 Die Angaben über den Verbleib des Abbruchmaterials sind der zuständigen Abfallwirtschaftsbehörde rechtzeitig (vor Erteilung der Baugenehmigung) mitzuteilen, damit diese evtl. erforderliche Maßnahmen nach dem Kreislaufwirtschafts- und Abfallgesetz und dem Landesabfallgesetz gegenüber der Antragstellerin oder dem Antragsteller ergreift. 15.1

§ 16 ## § 16 Bauvorlagen beim Vorbescheid § 16

16 Dem Antrag auf Erteilung eines Vorbescheides sind die Bauvorlagen beizufügen, die zur Beurteilung der durch den Vorbescheid zu entscheidenden Fragen des Bauvorhabens erforderlich sind. § 10 Abs. 1 Satz 2 gilt sinngemäß. 16.1

§ 17 ## § 17 Bauvorlagen für die Genehmigung von Grundstücksteilungen § 17

17.1 (1) Dem Antrag auf Genehmigung einer Grundstücksteilung (§ 8 BauO NRW) sind in zweifacher Ausfertigung beizufügen

1. der Lageplan (§ 3) mit den Angaben und Darstellungen
a) nach § 3 Abs. 1 Nrn. 1, 2 und 8 sowie die rechtmäßigen Grenzen, bezogen auf das zu teilende Grundstück,
b) der vorhandenen baulichen Anlagen auf dem zu teilenden Grundstück,
c) der Grenzabstände, der Abstandflächen und der Abstände zu den nach Buchstabe b darzustellenden baulichen Anlagen auf dem zu teilenden Grundstück,
d) der farblich unterlegten neuen Grenzen (Teilungslinie);

der Lageplan muss von einer der in § 3 Abs. 3 Satz 1 genannten Behörden oder Personen hergestellt sein.

2. die Bauzeichnungen (§ 4) der in Nummer 1 Buchstabe b genannten baulichen Anlagen, soweit sie zur Beurteilung des Antrags erforderlich sind.

§ 10 Abs. 1 Satz 3 gilt sinngemäß.

17.1 Sofern ein Antrag auf Genehmigung der Teilung mehrerer Grundstücke oder auf Ausstellung von Negativzeugnissen für mehrere Grundstücke unter Verwendung nur eines Antragsvordruckes (Anlage I/4 zur VV BauPrüfVO) gestellt wird, können die notwendigen Angaben in den Rubriken des Vordruckes für die weiteren Grundstücke auf einem Beiblatt gemacht werden. Ein Antrag mit einem solche ergänzenden Angaben enthaltenden Beiblatt kann nicht gemäß § 8 Abs. 4 in Verbindung mit § 72 Abs. 1 Satz 2 BauO NRW mit der Begründung zurückgewiesen werden, für jedes zu teilende Grundstück sei ein eigener Antragsvordruck einzureichen. 17.1

§ 18 ## § 18 Eintragung von Baulasten § 18

18 Für die Eintragung von Baulasten nach § 4 Abs. 1 oder 2 und § 6 Abs. 2 BauO NRW sowie anderen Baulasten, die sich flächenmäßig auf Grundstücke oder auf Teile von Grundstücken beziehen, ist, sofern in der Verpflichtungserklärung (§ 83 Abs. 1 BauO NRW) auf einen Lageplan (§ 3) Bezug genommen wird, dieser in zweifacher Ausfertigung beizufügen. Er muss mindestens enthalten 18.1

1. die Angaben nach § 3 Abs. 1 Nrn. 1 bis 3, 6, 8 und 12,
2. die Darstellung der Grundstücksflächen, die von der einzutragenden Baulast betroffen sind, entsprechend Nummer 1.12 der Anlage zu dieser Verordnung. Er muss von einer der in § 3 Abs. 3 Satz 1 genannten Behörden oder Personen hergestellt sein.

§ 19 ## § 19 Bauvorlagen für Typengenehmigungen § 19

19.1 (1) Dem Antrag auf Erteilung der Typengenehmigung nach § 78 BauO NRW brauchen nur die Bauzeichnungen (§ 4), die Baubeschreibung (§ 5 Abs. 1) und die Nachweise der Standsicherheit und des Schallschutzes (§ 8) sowie die Berechnung oder Angaben nach § 6 beigefügt zu werden. 19.1

19.2 (2) Die Bauvorlagen sind in dreifacher Ausfertigung einzureichen. § 10 Abs. 1 Satz 4 gilt sinngemäß. 19.2

§ 20 **§ 20 Bauvorlagen für die Ausführungsgenehmigung Fliegender Bauten** § 20

20.1 (1) Dem Antrag auf Erteilung der Ausführungsgenehmigung Fliegender Bauten nach § 79 BauO NW sind beizufügen 20.1

1. die Bauzeichnungen (§ 4), die auch im Maßstab 1:50 angefertigt sein können; bei Zelten mit mehr als 400 Besucherplätzen sind in der Grundrisszeichnung (§ 4 Abs. 2) auch die Anordnung und Abmessungen der Rettungswege mit ihrem rechnerischen Nachweis darzustellen (Rettungswegeplan),
2. die Baubeschreibung (§ 5 Abs. 1) mit zusätzlichen Angaben über Aufbau, Abbau und Betrieb sowie Wartung,
3. die Nachweise der Standsicherheit (§ 8 Abs. 1) mit Konstruktionszeichnungen im Maßstab 1:10 oder 1:50 der tragenden Einzelteile und deren Verbindungen,
4. erforderlichenfalls Prinzip-Schaltpläne für elektrische, hydraulische oder pneumatische Anlagenteile oder Einrichtungen,
5. die Angaben nach § 6 Nr. 2.

20.2 (2) Die Bauvorlagen sind in zweifacher Ausfertigung bei der für die Erteilung der Ausführungsgenehmigung zuständigen Bauaufsichtsbehörde einzureichen. 20.2

20.3 (3) § 10 Abs. 1 Satz 3 gilt sinngemäß; die Bauzeichnungen müssen aus Papier auf Gewebe bestehen. 20.3

Zweiter Teil
Bautechnische Prüfung von Bauvorhaben

Erster Abschnitt
Prüfämter, Prüfingenieurinnen und Prüfingenieure

§ 21 **§ 21 Prüfämter, Prüfingenieurinnen und Prüfingenieure** § 21

21.1 (1) Die oberste Bauaufsichtsbehörde bestimmt die Prüfämter für Baustatik (Prüfämter). Die Prüfämter nehmen insbesondere folgende Aufgaben wahr:

- Typenprüfungen (§ 72 Abs. 5 BauO NRW),
- Prüfung von schwierigen statischen Berechnungen in Sonderfällen,
- Prüfung von schwierigen Bauvorhaben besonderer Art, z.B. Fliegende Bauten.

21.1 Zu Absatz 1 (Bestimmung der Prüfämter für Baustatik) 21.1

21.11 Prüfämter für Baustatik sind:

1. die Prüfstelle für Statik bei der TÜV Industrie Service GmbH – TÜV Rheinland Group, Am Grauen Stein, 51105 Köln, für die Prüfung und Typenprüfung der Standsicherheitsnachweise von Fliegenden Bauten,
2. die Prüfstelle für Statik bei der TÜV Nord Cert GmbH, Langemarckstr. 20, 45141 Essen, für die Prüfung und Typenprüfung der Standsicherheitsnachweise von Fliegenden Bauten und Windenergieanlagen sowie für die Verlängerung der Geltungsdauer und für Änderungen der vom Prüfamt für Baustatik bei der obersten Bauaufsichtsbehörde erteilten Prüfbescheide über Typenprüfungen von Windenergieanlagen,
3. das Ministerium für Bauen und Verkehr, Elisabethstr. 5–11, 40217 Düsseldorf, für die Verlängerung der Geltungsdauer und für Änderungen der vom Prüfamt für Baustatik bei der obersten Bauaufsichtsbehörde des Landes NRW bis zum 31.03.2004 erteilten Prüfbescheide über Typenprüfungen von baulichen Anlagen und Bauprodukten mit Ausnahme von Windenergieanlagen.

21.2 (2) Die Prüfämter müssen mit geeigneten Ingenieurinnen oder Ingenieuren besetzt sein. Sie müssen von einer oder einem im Bauingenieurwesen besonders vorgebildeten und erfahrenen Beamtin oder Beamten des höheren bautechnischen Verwaltungsdienstes geleitet werden. Für Organisationen der Technischen Überwachung, die für bestimmte Aufgaben als Prüfamt für Baustatik anerkannt werden, kann die oberste Bauaufsichtsbehörde Ausnahmen von den Anforderungen nach Satz 2 gestatten. 21.2

21.3 (3) „Prüfingenieurin für Baustatik" oder „Prüfingenieur für Baustatik" ist, wer als solche oder solcher von der obersten Bauaufsichtsbehörde oder einer von ihr bestimmten Behörde anerkannt ist. Personen, die die Anerkennung nicht besitzen, dürfen die Bezeichnung „Prüfingenieurin für Baustatik" oder „Prüfingenieur für Baustatik" nicht führen. 21.3

21.4 (4) Die Prüfämter, die Prüfingenieurinnen und Prüfingenieure unterstehen der Fachaufsicht der obersten Bauaufsichtsbehörde oder einer von ihr bestimmten Behörde. 21.4

§ 22 § 22 Umfang der Anerkennung, Niederlassung § 22

22.1 (1) Die Anerkennung wird für folgende Fachrichtungen ausgesprochen 22.1

1. Metallbau,
2. Massivbau,
3. Holzbau.

Die Anerkennung kann für eine oder mehrere Fachrichtungen ausgesprochen werden. Die Anerkennung für die Fachrichtungen Massivbau oder Metallbau schließt den Verbundbau ein.

22.2 (2) Die Anerkennung für eine Fachrichtung schließt die Berechtigung zur Prüfung einzelner Bauteile mit höchstens durchschnittlichem Schwierigkeitsgrad der anderen Fachrichtungen nicht aus. 22.2

22.3 (3) Die Anerkennung ist für eine bestimmte Niederlassung zu erteilen. Die Errichtung einer Zweitniederlassung in der Bundesrepublik Deutschland bedarf der Genehmigung durch die oberste Bauaufsichtsbehörde. Dem Antrag sind die für die Genehmigung erforderlichen Nachweise beizufügen. Die Genehmigung ist zu versagen, wenn wegen der Zahl der Mitarbeiter, die bei der Prüftätigkeit mithelfen sollen, der Entfernung zwischen den Niederlassungen oder aus anderen Gründen Bedenken gegen die ordnungsgemäße Aufgabenerledigung bestehen. Liegt die Zweitniederlassung in einem anderen Land, entscheidet die oberste Bauaufsichtsbehörde im Einvernehmen mit der Anerkennungsbehörde des anderen Landes. Für die Prüftätigkeit an der Zweitniederlassung gilt § 28 Absatz 2 Satz 1 entsprechend. Die Änderung der Anschrift ist der obersten Bauaufsichtsbehörde mitzuteilen. Die Prüfingenieurin oder der Prüfingenieur hat die Verlegung ihrer oder seiner Niederlassung in eine andere Gemeinde der obersten Bauaufsichtsbehörde mitzuteilen. 22.3

22.4 (4) Nach dieser Verordnung anerkannte Prüfingenieurinnen und Prüfingenieure werden auf Antrag von der Ingenieurkammer-Bau als Sachverständige für die Prüfung der Standsicherheit in ihren Fachrichtungen anerkannt. 22.4

22.5 (5) Die von anderen Ländern der Bundesrepublik Deutschland anerkannten Prüfingenieurinnen und Prüfingenieure gelten auch in Nordrhein-Westfalen als anerkannt. 22.5

22.6 (6) Die aufgrund der Verordnung über die bautechnische Prüfung von Bauvorhaben (PrüfungVO) vom 19. Juli 1962 (GV. NW. S. 470), zuletzt geändert durch Verordnung vom 24. Mai 1969 (GV. NW. S. 281), oder aufgrund der Verordnung über bautechnische Prüfungen (BauPrüfVO) vom 6. Dezember 1984 (GV. NW. S. 774), zuletzt geändert durch Gesetz vom 7. März 1995 (GV. NW. S. 218), ausge- 22.6

sprochenen Anerkennungen als Prüfingenieurin oder Prüfingenieur für Baustatik gelten als Anerkennung im Sinne dieser Verordnung. Anerkennungen, die aufgrund des § 13 Abs. 4 der Verordnung über bautechnische Prüfungen (BauPrüfVO) vom 6. Dezember 1984 (GV. NV. S. 774), zuletzt geändert durch Gesetz vom 7. März 1995 (GV. NW. S. 218), befristet waren, können auf Antrag bis zur Vollendung des 68. Lebensjahres der Prüfingenieurin oder des Prüfingenieurs verlängert werden.

§ 23 **§ 23 Voraussetzungen der Anerkennung** § 23

23.1 (1) Die nach der Verordnung über staatlich anerkannte Sachverständige nach der Landesbauordnung in der jeweils geltenden Fassung staatlich anerkannten Sachverständigen für die Prüfung der Standsicherheit der Fachrichtungen Massivbau, Metallbau und Holzbau, die auch die Anerkennung als staatlich anerkannte Sachverständige für Schall- und Wärmeschutz besitzen, werden auf Antrag als Prüfingenieurin oder Prüfingenieur anerkannt, wenn sie im Zeitpunkt der Antragstellung das 60. Lebensjahr noch nicht überschritten haben. 23.1

23.2 (2) Die Anerkennung ist zu versagen, wenn die Antragstellerin oder der Antragsteller 23.2
1. die Anerkennungsvoraussetzungen nach Absatz 1 nicht nachgewiesen hat,
2. die Fähigkeit, öffentliche Ämter zu bekleiden, verloren hat,
3. in einem ordentlichen Strafverfahren wegen einer vorsätzlichen Tat rechtskräftig zu einer Freiheitsstrafe von mindestens sechs Monaten verurteilt worden ist und wenn sich aus dem der Verurteilung zugrundeliegenden Sachverhalt ergibt, dass die Antragstellerin oder der Antragsteller zur Erfüllung der Berufsaufgaben nach § 28 Absatz 1 nicht geeignet ist,
4. durch gerichtliche Anordnung in der Verfügung über ihr oder sein Vermögen beschränkt ist oder
5. nicht genügend Gewähr dafür bietet, dass sie oder er neben der Prüftätigkeit andere Tätigkeiten nur in solchem Umfang ausüben wird, dass die ordnungsgemäße Erfüllung ihrer oder seiner Pflichten als Prüfingenieurin oder Prüfingenieur, insbesondere ihrer oder seiner Überwachungspflicht nach § 28 Absatz 2, gewährleistet ist.

23.3 (3) Die Anerkennung kann bei Bewerbern, die nicht Deutsche im Sinne des Artikels 116 des Grundgesetzes sind, versagt werden, wenn die Gegenseitigkeit nicht gewahrt ist. Dies gilt nicht für Antragstellerinnen oder Antragsteller, welche die Staatsangehörigkeit eines Mitgliedstaates der Europäischen Union oder eines nach dem Recht der Europäischen Gemeinschaften gleichgestellten Staates besitzen. 23.3

§ 24 **§ 24 Anerkennungsverfahren** § 24

24.1 (1) Der Antrag auf Anerkennung ist an die oberste Bauaufsichtsbehörde oder an die von ihr bestimmte Behörde zu richten. In dem Antrag ist anzugeben, für welche Fachrichtung (§ 22) die Anerkennung beantragt wird und in welcher Gemeinde die Antragstellerin oder der Antragsteller sich als Prüfingenieurin oder Prüfingenieur niederzulassen beabsichtigt. 24.1

24.2 (2) Dem Antrag auf Anerkennung nach § 23 Abs. 1 sind beizufügen 24.2

1. ein Lebenslauf mit lückenloser Angabe des fachlichen Werdeganges bis zum Zeitpunkt der Antragstellung,
2. der Nachweis, dass im Falle der Anerkennung eine Haftpflichtversicherung mit Mindestdeckungssummen von 500.000 Euro für Personenschäden und 250.000 Euro für Sach- und Vermögensschäden besteht,
3. beglaubigte Ablichtungen der Bescheide der Ingenieurkammer-Bau über die Anerkennung als staatlich anerkannte Sachverständige oder staatlich anerkannter Sachverständiger für die Prüfung der Standsicherheit und die Anerkennung als staatlich anerkannte Sachverständige oder staatlich anerkannter Sachverständiger für Schall- und Wärmeschutz.

24.3 (3) Die oberste Bauaufsichtsbehörde stellt eine Empfangsbestätigung nach § 71 b Absatz 3 und 4 Verwaltungsverfahrensgesetz für das Land Nordrhein-Westfalen in der jeweils geltenden Fassung aus. Hat sie nicht innerhalb einer Frist von drei Monaten entschieden, gilt die Anerkennung als erteilt. Es gilt § 42 a Verwaltungsverfahrensgesetz für das Land Nordrhein-Westfalen in der jeweils geltenden Fassung mit der Maßgabe, dass die Fristverlängerung zwei Monate nicht übersteigen darf. Verfahren nach den vorstehenden Absätzen können über eine einheitliche Stelle nach den Vorschriften des Verwaltungsverfahrensgesetzes für das Land Nordrhein-Westfalen in der jeweils geltenden Fassung abgewickelt werden. 24.3

§ 25

§ 25 Gleichwertigkeit

§ 25

25.1 (1) Personen, die in einem anderen Mitgliedstaat der Europäischen Union oder einem nach dem Recht der Europäischen Gemeinschaften gleichgestellten Staat zur Wahrnehmung von Aufgaben im Sinne dieser Verordnung niedergelassen sind, sind berechtigt, Aufgaben des Prüfingenieurs nach dieser Verordnung auszuführen, wenn sie 25.1

1. hinsichtlich des Tätigkeitsbereiches eine vergleichbare Berechtigung besitzen,
2. dafür hinsichtlich der Anerkennungsvoraussetzungen und des Nachweises von Kenntnissen vergleichbare Anforderungen erfüllen mussten und
3. die deutsche Sprache in Wort und Schrift beherrschen.

Sie haben das erstmalige Tätigwerden vorher der obersten Bauaufsichtsbehörde anzuzeigen und dabei

1. eine Bescheinigung darüber, dass sie in einem Mitgliedstaat der Europäischen Union oder einem nach dem Recht der Europäischen Gemeinschaften gleichgestellten Staat rechtmäßig zur Wahrnehmung von Aufgaben im Sinne dieser Verordnung niedergelassen sind und ihnen die Ausübung dieser Tätigkeiten zum Zeitpunkt der Vorlage der Bescheinigung nicht, auch nicht vorübergehend, untersagt ist, und
2. einen Nachweis darüber, dass sie im Staat ihrer Niederlassung dafür die Voraussetzungen des Satzes 1 Nummer 2 erfüllen mussten,

vorzulegen.

Die oberste Bauaufsichtsbehörde soll das Tätigwerden untersagen, wenn die Voraussetzungen des Satzes 1 nicht erfüllt sind; sie hat auf Antrag zu bestätigen, dass die Anzeige nach Satz 2 erfolgt ist.

25.2 (2) Personen, die in einem anderen Mitgliedstaat der Europäischen Union oder einem nach dem Recht der Europäischen Gemeinschaften gleichgestellten Staat zur Wahrnehmung von Aufgaben im Sinne dieser Verordnung niedergelassen sind, ohne im Sinne des Absatzes 1 Satz 1 Nummer 2 vergleichbar zu sein, sind berechtigt, Aufgaben des Prüfingenieurs nach dieser Verordnung auszuführen, wenn ihnen die Anerkennungsbehörde bescheinigt hat, dass sie die Anforderungen hinsichtlich der Anerkennungsvoraussetzungen, des Nachweises von Kenntnissen und des Tätigkeitsbereiches nach dieser Verordnung erfüllen. Die Bescheinigung wird auf Antrag erteilt, dem die zur Beurteilung erforderlichen Unterlagen beizufügen sind. § 24 Absatz 3 Satz 1 bis 3 gilt entsprechend. 25.2

25.3 (3) Anzeigen und Bescheinigungen nach den Absätzen 1 und 2 sind nicht erforderlich, wenn bereits in einem anderen Land eine Anzeige erfolgt ist oder eine Bescheinigung erteilt wurde. Verfahren nach den Absätzen 1 und 2 können über eine einheitliche Stelle nach den Vorschriften des Verwaltungsverfahrensgesetzes für das Land Nordrhein-Westfalen in der jeweils geltenden Fassung abgewickelt werden. 25.3

§ 26 **§ 26 Erlöschen, Rücknahme und Widerruf der Anerkennung** § 26

26.1 (1) Die Anerkennung erlischt 26.1
a) durch schriftlichen Verzicht gegenüber der obersten Bauaufsichtsbehörde oder der von ihr bestimmten Behörde,
b) wenn die Prüfingenieurin oder der Prüfingenieur das 68. Lebensjahr vollendet hat.

26.2 (2) Die Anerkennung ist zurückzunehmen, wenn nachträglich Gründe nach § 23 Abs. 3 bekannt werden, die eine Versagung der Anerkennung gerechtfertigt hätten. 26.2

26.3 (3) Die Anerkennung ist zu widerrufen, wenn 26.3
a) nachträglich Gründe nach § 23 Abs. 2 eintreten, die eine Versagung der Anerkennung rechtfertigen würden,
b) die Prüfingenieurin oder der Prüfingenieur in Folge geistiger oder körperlicher Gebrechen nicht mehr in der Lage ist, ihre oder seine Tätigkeit ordnungsgemäß auszuüben,
c) die Prüfingenieurin oder der Prüfingenieur ohne Genehmigung nach § 22 Absatz 3 Satz 2 an verschiedenen Orten Niederlassungen als Prüfingenieurin oder Prüfingenieur einrichtet,
d) die Prüfingenieurin oder der Prüfingenieur gegen die ihr oder ihm obliegenden Pflichten als Prüfingenieurin oder Prüfingenieur oder als staatlich anerkannte Sachverständige oder staatlich anerkannter Sachverständiger für die Prüfung der Standsicherheit wiederholt oder mindestens grob fahrlässig verstoßen hat,
e) der nach § 24 Abs. 2 Nr. 2 geforderte Versicherungsschutz nicht mehr besteht.

26.4 (4) Die Anerkennung kann widerrufen werden, wenn die Prüfingenieurin oder der Prüfingenieur ihre oder seine Pflichten als Ingenieurin oder Ingenieur gröblich verletzt hat. 26.4

Zweiter Abschnitt
Bautechnische Prüfungen

§ 27 **§ 27 Übertragung von Prüfaufgaben** § 27

27.1 (1) Die untere Bauaufsichtsbehörde kann die erforderliche Prüfung der Standsicherheitsnachweise, der Nachweise des Brandverhaltens der Baustoffe und der Feuerwiderstandsdauer der tragenden Bauteile und der Nachweise des Schallschutzes einem Prüfamt, einer Prüfingenieurin oder einem Prüfingenieur übertragen. Die oberste Bauaufsichtsbehörde oder die von ihr bestimmte Behörde kann anordnen, dass bestimmte Arten von Bauvorhaben nur durch ein Prüfamt oder durch bestimmte Prüfingenieurinnen oder Prüfingenieure geprüft werden dürfen.

27.1 Zu Absatz 1 und 2 (Regelung der Vergütung) 27.1

27.111 Die Prüfämter, Prüfingenieurinnen und Prüfingenieure erhalten für die Prüfung der bautechnischen Nachweise (§ 8) eine Vergütung nach Tarifstelle 2.4.8 des Allgemeinen Gebührentarifs (AGT) zur Allgemeinen Verwaltungsgebührenverordnung (AVwGebO NRW) vom 5. August 1980 (GV. NRW. S. 924/SGV. NRW. 2011) in der jeweils geltenden Fassung.

27.112 Für Prüftätigkeiten bei der Bauüberwachung (§ 81 BauO NRW) und den Bauzustandsbesichtigungen (§ 82 BauO NRW) im Rahmen von § 27 Abs. 2 erhalten sie eine Vergütung nach Tarifstelle 2.4.10.7 des AGT zur AVwGebO NRW.

27.113 In der Vergütung der Prüfingenieurinnen und Prüfingenieure ist die Mehrwertsteuer nicht enthalten.

27.12 Vergütung von Auslagen

Die den Prüfämtern, Prüfingenieurinnen und Prüfingenieuren zu zahlenden Vergütungen sind nach Tarifstelle 2.2.2 des AGT zur AVwGebO NRW neben den Gebühren für die Entscheidungen über die Genehmigungen, die Bauüberwachung und die Bauzustandsbesichtigungen als Auslagen zu erheben.

27.13 Nebenkosten

Neben der Vergütung können für notwendige Reisen Reisekosten nach dem Landesreisekostengesetz (LRKG) vom 16. Dezember 1998 (GV. NRW. S. 738/SGV. NRW. 20320) in der jeweils geltenden Fassung in Rechnung gestellt werden. Fahr- und Wartezeiten werden nach dem Zeitaufwand nach Tarifstelle 2.1.4 vergütet.

Sonstige Nebenkosten dürfen nur erstattet werden, wenn die Prüfingenieurin oder der Prüfingenieur dies vorher beantragt und die Bauaufsichtsbehörde dem Antrag zugestimmt hat.

27.14 Zahlung der Vergütung

Nach § 10 Abs. 1 des Gebührensatzes für das Land Nordrhein-Westfalen (GebG NRW) ist die Bauherrin oder der Bauherr als Gebührenschuldnerin oder Gebührenschuldner der Bauaufsichtsbehörde zum Ersatz der notwendigen Auslagen verpflichtet. Die Bauaufsichtsbehörde dagegen ist Kostenschuldnerin der von ihr beauftragten Stelle; sie bleibt dies auch dann, wenn sie zur Verfahrensvereinfachung gestattet, dass die Bauherrin oder der Bauherr die Kosten unmittelbar an das Prüfamt, die Prüfingenieurin oder den Prüfingenieur zahlt.

Die Rechnung des Prüfamtes, der Prüfingenieurin oder des Prüfingenieurs muss daher in jedem Fall auf den Namen der Behörde ausgestellt werden, die den Prüfauftrag erteilt hat (§ 27 Abs. 3 Satz 1).

Zur Vermeidung von Nachteilen bei Zahlungsunfähigkeit der Bauherrin oder des Bauherrn ist die Bauaufsichtsbehörde berechtigt, von der Bauherrin oder vom Bauherrn ausreichende Kostenvorschüsse oder Sicherheitsleistungen zu verlangen (§ 16 GebG NRW).

27.2 (2) Die untere Bauaufsichtsbehörde kann ferner Teile der Bauüberwachung (§ 81 BauO NRW) sowie Teile der Bauzustandsbesichtigungen (§ 82 BauO NRW) einem Prüfamt, einer Prüfingenieurin oder einem Prüfingenieur übertragen. Die Übertragung beschränkt sich auf die in Absatz 1 genannten technischen Bereiche. 27.2

27.3 (3) Der Prüfauftrag wird von der unteren Bauaufsichtsbehörde erteilt. Sie darf diesen einer Prüfingenieurin oder einem Prüfingenieur nur in den Fachrichtungen erteilen, für die sie oder er anerkannt ist. Auf die Erteilung von Prüfaufträgen besteht kein Rechtsanspruch. Prüfaufträge dürfen nur aus zwingenden Gründen abgelehnt werden.

27.3 Zu Absatz 3 (Erteilung von Prüfaufträgen) 27.

27.31 Prüfingenieurinnen und Prüfingenieure können als solche nur tätig werden, wenn sie einen Prüfauftrag von einer Bauaufsichtsbehörde erhalten haben.

27.32 Die Bauaufsichtsbehörde hat im Prüfauftrag festzulegen, ob neben dem Standsicherheitsnachweis auch der Nachweis des Brandverhaltens der Baustoffe und der Feuerwiderstandsdauer der tragenden Bauteile (statisch-konstruktiver Brandschutz) und der Nachweis des Schallschutzes geprüft werden sollen. Sie teilt dem Prüfamt, der Prüfingenieurin oder dem Prüfingenieur im Prüfauftrag die Rohbausumme oder Herstellungssumme und die für die Berechnung der Vergütung anzuwendende Bauwerksklasse mit und unterrichtet die Bauherrin oder den Bauherrn mit einer Durchschrift des Prüfauftrags über die voraussichtliche Höhe der Vergütung. Das Prüfamt, die Prüfingenieurin oder der Prüfingenieur können bis zur Schlussabrechnung die Berichtigung der Rohbausumme oder Herstellungssumme sowie der Bauwerksklasse beantragen.

27.33 Im Prüfauftrag ist zu vereinbaren, dass sich die Vergütung nach Nummer 27.1 richtet.

27.34 Die Nummern 27.31 bis 27.33 gelten für Prüfaufträge nach § 27 Abs. 2 entsprechend.

27.35 Die Prüfingenieurinnen und Prüfingenieure haben jährlich ein Verzeichnis über die ihnen von den Bauaufsichtsbehörden erteilten Prüfaufträge entsprechend Anlage II/1 zu führen. Das Verzeichnis ist auf Verlangen dem Ministerium für Bauen und Wohnen vorzulegen.

27.4 (4) Die untere Bauaufsichtsbehörde kann in begründeten Fällen, insbesondere wenn Prüfaufträge nicht rechtzeitig erledigt werden, den Prüfauftrag zurückziehen und die Unterlagen zurückfordern. 27.

§ 28 Ausführung von Prüfaufträgen

§ 28 § 2

28.1 (1) Die Prüfingenieurin oder der Prüfingenieur hat ihre oder seine Prüftätigkeit unparteiisch und gewissenhaft gemäß den bauaufsichtlichen Vorschriften und den allgemein anerkannten Regeln der Technik auszuüben. 28.

28.2 (2) Die Prüfingenieurin oder der Prüfingenieur darf sich der Mithilfe von befähigten und zuverlässigen, fest angestellten Mitarbeiterinnen oder Mitarbeitern nur in einem solchen Umfang bedienen, dass sie oder er ihre Tätigkeit voll überwachen kann. Die Prüfingenieurin oder der Prüfingenieur kann sich nur durch eine andere Prüfingenieurin oder einen anderen Prüfingenieur derselben Fachrichtung vertreten lassen.

28.2 Zu Absatz 2 28.

Befähigt sind solche Mitarbeiterinnen und Mitarbeiter, die aufgrund des Ingenieurgesetzes als Angehörige der Fachrichtung »Bauingenieurwesen« die Berufsbezeichnung »Ingenieurin« oder »Ingenieur« zu führen berechtigt sind und mindestens zwei Jahre auf einem auf ihre Tätigkeit bezogenen Gebiet praktisch tätig waren.

28.3 (3) Das Prüfamt, die Prüfingenieurin oder der Prüfingenieur haben die Vollständigkeit und Richtigkeit der Standsicherheitsnachweise, der übrigen bautechnischen Nachweise und der dazugehörigen Ausführungszeichnungen in einem Prüfbericht zu bescheinigen. In dem Prüfbericht ist die untere Bauaufsichtsbehörde auch auf Besonderheiten hinzuweisen, die bei der Erteilung der Baugenehmigung sowie bei der Bauüberwachung und den Bauzustandsbesichtigungen (§§ 81, 82 BauO NRW) sowie der Gebrauchsabnahme (§ 79 Abs. 7 BauO NRW) zu beachten sind. Liegen den Standsicherheitsnachweisen und den übrigen bautechnischen Nachweisen Abweichungen von den nach § 3 Abs. 3 BauO NRW eingeführten technischen Baubestimmungen oder technischen Regeln im Sinne von § 20 BauO NRW zugrunde, so ist in dem Prüfbericht darzulegen, aus welchen Gründen die Abweichungen für gerechtfertigt gehalten werden.

28.3 Zu Absatz 3 (Prüfung bautechnischer Nachweise) **28.3**

28.31 Das Prüfamt, die Prüfingenieurin oder der Prüfingenieur können fehlende Unterlagen unmittelbar bei der Bauherrin oder beim Bauherrn, bei der Entwurfsverfasserin oder beim Entwurfsverfasser oder bei der Fachplanerin oder beim Fachplaner für die bautechnischen Nachweise unter gleichzeitiger Verständigung der Bauaufsichtsbehörde anfordern. Stellt die Prüfingenieurin oder Prüfingenieur während der Prüfung fest, dass die bautechnischen Nachweise von den ihr oder ihm von der Bauaufsichtsbehörde übergebenen Bauzeichnungen abweichen, darf sie oder er die Prüfung nicht fortsetzen, sondern muss die Bauaufsichtsbehörde unterrichten und abwarten, bis sie oder er geänderte übereinstimmende Bauvorlagen erhält.

28.32 Die Standsicherheitsnachweise sind auch hinsichtlich der Tragfähigkeit des Baugrundes und der grundbautechnischen Nachweise für die Gründungskonstruktion zu überprüfen. Wenn das Prüfamt, die Prüfingenieurin oder der Prüfingenieur über die zur Beurteilung der Größe der Baugrundverformungen und ihrer Auswirkungen auf das Bauwerk sowie der Sicherheit gegen Gleiten, Kippen und Grundbruch erforderliche Sachkunde nicht verfügen, oder wenn hinsichtlich der verwendeten Annahmen oder der der Berechnung zugrunde gelegten bodenmechanischen Kenngrößen Zweifel bestehen, ist dies der Bauaufsichtsbehörde mitzuteilen. Die Bauaufsichtsbehörde fordert dann bei der Bauherrin oder dem Bauherrn auf der Grundlage des § 1 Abs. 2 Satz 2 zusätzliche Nachweise über die Tragfähigkeit des Baugrundes sowie die Standsicherheit der Gründungskonstruktion an, die hinsichtlich der grundbautechnischen Anforderungen und Nachweise von einer oder einem staatlich anerkannten Sachverständigen für Erd- und Grundbau zu prüfen sind.

28.33 Der Prüfbericht ist nach Durchführung des Prüfauftrages zu erstellen und der Bauaufsichtsbehörde vorzulegen. Zwischenberichte zum Stand der Prüfung sind auf besondere Anforderung der Bauaufsichtsbehörde vorzulegen (z. B. als Grundlage für eine Teilbaugenehmigung). Der geforderte Prüfbericht muss nach Inhalt und Umfang dem als Anlage II/2 bekannt gegebenen Muster entsprechen. Der Prüfbericht dient als Mitteilung an die Bauaufsichtsbehörde, die darüber entscheidet, ob sie die vorgeschlagenen Auflagen oder sonstigen Nebenbestimmungen sowie Hinweise in die Baugenehmigung übernimmt. Der Prüfbericht darf nur mit Zustimmung der Bauaufsichtsbehörde an Dritte versandt werden; diese Zustimmung kann für bestimmte Bauvorhaben auch generell erteilt werden.

28.331 Die Prüfbemerkungen im Prüfbericht müssen eindeutig und klar sein. Die Verwendung vorgedruckter Prüfbemerkungen im Prüfbericht ist nicht zulässig.

Die Prüfbemerkungen in den bautechnischen Nachweisen sind mit grüner dokumentenechter Farbe einzutragen.

Hat sich die Prüfingenieurin oder der Prüfingenieur bei der Prüfung der Mithilfe von Mitarbeiterinnen oder Mitarbeitern bedient, haben diese den Bericht abzuzeichnen (Paraphe); die Prüfingenieurin oder der Prüfingenieur hat ihn zu unterzeichnen.

28.332 Wird der rechnerische Nachweis für Standsicherheit durch eine Vergleichsrechnung geprüft, ist dies zum Ausdruck zu bringen. Die Vergleichsrechnung ist bis zum Abschluss der Prüfung aufzubewahren und ggf. auf Wunsch der Bauaufsichtsbehörde vorzulegen. Wird der rechnerische Standsicherheitsnachweis mit Hilfe von EDV-Anlagen erstellt, muss in der statischen Berechnung dargelegt werden, in welcher Form, mit welchen Prüfprogrammen oder Systemkontrollen und mit welchen Ergebnisabweichungen die Prüfung durchgeführt wurde. Für die Prüfung und Aufstellung der Standsicherheitsnachweise sind unterschiedliche Programme zu verwenden.

28.333 Jeder von einer Prüfingenieurin oder einem Prüfingenieur geprüfte bautechnische Nachweis ist nach Abschluss der Prüfung mit nachstehendem Prüfvermerk zu versehen:

In bautechnischer Hinsicht geprüft

☐ Standsicherheit ☐ Brandschutz ☐ Schallschutz

Prüf.-Nr.: des Prüfverzeichnisses von

____
(Name)

Prüfingenieurin/Prüfingenieur für Baustatik,
Fachrichtung ________________

____________ ____________
(Ort) (Datum)

____
(Unterschrift)

28.4 (4) Prüfaufträge nach § 27 Abs. 2 dürfen nur von geeigneten Fachkräften der Prüfämter oder von den Prüfingenieurinnen oder Prüfingenieuren persönlich ausgeführt werden; Absatz 2 gilt entsprechend. Umfang und Ergebnisse der Prüfungen sind in einem Bericht niederzulegen, der der unteren Bauaufsichtsbehörde zuzuleiten ist. Werden bei den Prüfungen festgestellte Mängel trotz Aufforderung durch das Prüfamt, die Prüfingenieurin oder den Prüfingenieur nicht beseitigt, haben sie hiervon die untere Bauaufsichtsbehörde unverzüglich zu unterrichten. Dabei sollen sie auch Maßnahmen vorschlagen, die sie für die Beseitigung der Mängel geeignet halten.

28.4 Zu Absatz 4 28.

Die nach § 28 Abs. 4 geforderten Berichte müssen nach Inhalt und Umfang den als Anlage II/3 und Anlage II/4 bekannt gegebenen Mustern entsprechen. Hat sich die Prüfingenieurin oder der Prüfingenieur bei der Bauüberwachung und den Bauzustandsbesichtigungen der Mithilfe von Mitarbeiterinnen oder Mitarbeitern bedient, haben diese den Bericht abzuzeichnen (Paraphe); die Prüfingenieurin oder der Prüfingenieur hat ihn zu unterzeichnen.

28.5 (5) Ergibt sich, dass die Prüfung wichtiger oder statisch schwieriger Teile einer baulichen Anlage zu einer Fachrichtung gehört, für die die oder der mit der Prüfung beauftragte Prüfingenieurin oder Prüfingenieur nicht anerkannt ist (§ 22 Abs. 1), so ist sie oder er verpflichtet, bei der unteren Bauaufsichtsbehörde, die ihr oder ihm den Auftrag erteilt hat, die Zuziehung einer Prüfingenieurin oder eines Prüfingenieurs zu veranlassen, die oder der für diese Fachrichtung anerkannt ist. 28.

28.6 (6) Die Prüfingenieurin oder der Prüfingenieur darf die Prüfung nicht durchführen, wenn sie oder er oder eine oder einer ihrer oder seiner Mitarbeiterinnen oder Mitarbeiter den Entwurf oder die Berechnung aufgestellt oder dabei mitgewirkt hat. 28.6

28.7 (7) Das Prüfamt, die Prüfingenieurin oder der Prüfingenieur tragen gegenüber der unteren Bauaufsichtsbehörde die Verantwortung für die Vollständigkeit und Richtigkeit der Prüfung. 28.7

§ 29 § 29 Typenprüfung – Prüfung Fliegender Bauten § 29

29.1 (1) Für bauliche Anlagen und Bauteile, die in gleicher Ausführung an mehreren Stellen errichtet oder verwendet werden, können mit dem Bauantrag bereits geprüfte Nachweise der Standsicherheit, des Brandverhaltens der Baustoffe und der Feuerwiderstandsdauer der tragenden Bauteile und des Schallschutzes eingereicht werden; diese Nachweise müssen von einem Prüfamt allgemein geprüft sein (Typenprüfung). 29.1

29.2 (2) Die Geltungsdauer einer Typenprüfung ist unter dem Vorbehalt des Widerrufs auf höchstens fünf Jahre zu befristen. Sie kann auf schriftlichen Antrag um jeweils fünf Jahre verlängert werden. 29.2

29.3 (3) Die Nachweise der Standsicherheit Fliegender Bauten dürfen nur von den nach § 30 für die Erteilung von Ausführungsgenehmigungen für Fliegende Bauten zuständigen Behörden oder von einem Prüfamt geprüft werden. 29.3

Dritter Teil
Regelung von Zuständigkeiten

§ 30

§ 30 Übertragung von Zuständigkeiten für Ausführungsgenehmigungen für Fliegende Bauten

Für die Erteilung von Ausführungsgenehmigungen für Fliegende Bauten (§ 79 Abs. 2 und 3 BauO NRW), für die Verlängerung der Gültigkeitsdauer von Ausführungsgenehmigungen (§ 79 Abs. 5 BauO NRW) sowie für die Eintragung von Änderungen in das Prüfbuch (§ 79 Abs. 6 BauO NRW) sind zuständig

1. die Stadt Dortmund
   für den Regierungsbezirk Münster
   sowie
   für die kreisfreien Städte Bochum, Dortmund, Hagen, Hamm, Herne
   und für die Kreise Ennepe-Ruhr-Kreis und Unna
   des Regierungsbezirks Arnsberg,
2. die Stadt Essen
   für den Regierungsbezirk Düsseldorf,
3. die Stadt Köln
   für den Regierungsbezirk Köln,
4. die Stadt Soest
   für den Regierungsbezirk Arnsberg, soweit nach Nr. 1 nicht die Stadt Dortmund zuständig ist,
5. die Stadt Bielefeld
   für den Regierungsbezirk Detmold.

Vierter Teil
Schlussvorschrift

§ 31

§ 31 Inkrafttreten, Außerkrafttreten

§ 31

(1) Die Verordnung tritt am 1. Januar 1996 in Kraft. Sie tritt mit Ablauf des 31. Dezember 2014 außer Kraft.

Anlagen
zur BauPrüfVO
(Auswahl)

Zeichen und Farben für Bauvorlagen

1. Lageplan

1.1	Vorhandene öffentliche Verkehrsflächen grobes Punktraster, eng	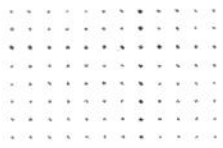	goldocker	
1.2	Geplante öffentliche Verkehrsflächen grobes Punktraster, weit		Bandierung goldocker	
1.3	Vorhandene Wohn-, Büro- und Geschäftsgebäude usw. Schrägschraffur	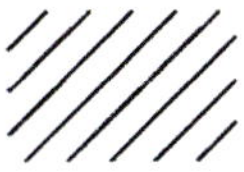	grau	
1.4	Vorhandene Wirtschafts- und Werksgebäude, unbewohnte Nebengebäude, Garagen usw. Parallelschraffur	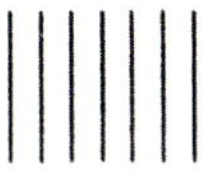	grau	
1.5	Geplante bauliche Anlagen Kreuzschraffur		rot	
1.6	Zu beseitigende bauliche Anlagen ausgekreuzte Umrisslinie	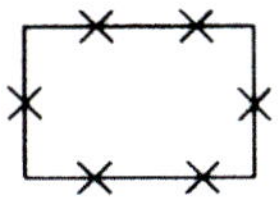	gelb	
1.7	Geschützter Baum Artbezeichnung Stammumfang Kronendurchmesser (maßstäblich)		Bandierung grün	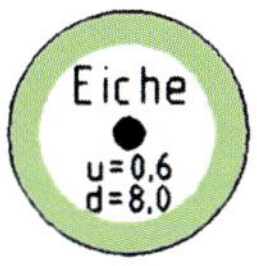

1.8 Begleitzeichen für Grundstücksgrenzen

dicke, gerissene Linie

1.9 Begrenzung von Abstandflächen

gerissene Linie

1.10 Abstandflächen

hellviolett

1.11 Flächen, die von bestehenden Baulasten betroffen sind

feines Punktraster, eng

1.12 Flächen, die von geplanten Baulasten betroffen sind

grüne Umgrenzung und Schraffur

1.13 Geplante Grundstücksgrenzen

rote Linie

1.14 Entwässerungsgrundleitungen

a) Schmutzwasserleitungen
durchgezogene Linie

b) Regenwasserleitungen
unterbrochene Linie

c) Mischwasserleitungen
strichpunktierte Linie

2. Bauzeichnungen bei baulichen Änderungen

2.1 Vorhandene Bauteile

durchgezogene Begrenzungslinien mit feinem Punktraster

grau

2.2 Vorgesehene Bauteile

durchgezogene Begrenzungslinien

rot

2.3 Zu beseitigende Bauteile

ausgekreuzte Begrenzungslinien

gelb

Bitte in Klarsichthülle an der Baustelle anbringen

Baustellenschild

für die Ausführung eines genehmigungspflichtigen Vorhabens

Bauvorhaben	**Genaue Bezeichnung des Vorhabens**	
	Bauort (Straße, Hausnummer, Ortsteil)	
	Baugrundstück (Gemarkung, Flur, Flurstück)	
Entwurfsverfasserin/ Entwurfsverfasser	**Name, Vorname**	
	Anschrift	
	Telefon (mit Vorwahl)	**Telefax** (mit Vorwahl)
Unternehmerin/ Unternehmer für den Rohbau	**Firma**	
	Anschrift	
	Telefon (mit Vorwahl)	**Telefax** (mit Vorwahl)
Bauleiterin/ Bauleiter	**Name, Vorname**	
	Anschrift	
	Telefon (mit Vorwahl)	**Telefax** (mit Vorwahl)
Bauschein	**Baugenehmigung Nummer:**	**erteilt am:**
	Bauaufsichtsbehörde	
Für die Richtigkeit der Angaben:	**Bauherrin/Bauherr** (Name, Vorname)	**Telefon** (mit Vorwahl)
	Anschrift	

Bei der Ausführung genehmigungsbedürftiger Vorhaben nach § 63 Abs. 1 der Bauordnung für das Land Nordrhein-Westfalen (BauO NRW) hat die Bauherrin/der Bauherr gemäß § 14 Abs. 3 BauO NRW an der Baustelle ein Schild, das die Bezeichnung des Bauvorhabens und die Namen und Anschriften der Entwurfsverfasserin/des Entwurfsverfassers und der Bauleiterin/des Bauleites sowie der Unternehmerin/des Unternehmers für den Rohbau enthalten muss, dauerhaft und von der öffentlichen Verkehrsfläche aus sichtbar anzubringen. Dieses Schild erfüllt die gesetzlichen Mindestanforderungen.

Bitte in Klarsichthülle an der Baustelle anbringen

Baustellenschild

für die Ausführung eines freigestellten Vorhabens nach § 67 BauO NRW

Bauvorhaben	**Genaue Bezeichnung des Vorhabens**	
	Bauort (Straße, Hausnummer, Ortsteil)	
	Baugrundstück (Gemarkung, Flur, Flurstück)	
Entwurfsverfasserin/ Entwurfsverfasser	**Name, Vorname**	
	Anschrift	
	Telefon (mit Vorwahl)	**Telefax** (mit Vorwahl)
Unternehmerin/ Unternehmer für den Rohbau	**Firma**	
	Anschrift	
	Telefon (mit Vorwahl)	**Telefax** (mit Vorwahl)
Bauleiterin/ Bauleiter	**Name, Vorname**	
	Anschrift	
	Telefon (mit Vorwahl)	**Telefax** (mit Vorwahl)
Baubeginnanzeige	**Der Baubeginn wurde der zuständigen unteren Bauaufsichtsbehörde angezeigt.**	
Für die Richtigkeit der Angaben:	**Bauherrin/Bauherr** (Name, Vorname)	**Telefon** (mit Vorwahl)
	Anschrift	

Bei der Ausführung freigestellter Vorhaben nach § 67 der Bauordnung für das Land Nordrhein-Westfalen (BauO NRW) hat die Bauherrin/der Bauherr gemäß § 14 Abs. 3 BauO NRW an der Baustelle ein Schild, das die Bezeichnung des Bauvorhabens und die Namen und Anschriften der Entwurfsverfasserin/des Entwurfsverfassers und der Bauleiterin/des Bauleites sowie der Unternehmerin/des Unternehmers für den Rohbau enthalten muss, dauerhaft und von der öffentlichen Verkehrsfläche aus sichtbar anzubringen. Dieses Schild erfüllt die gesetzlichen Mindestanforderungen.

An die Gemeinde	Eingang bei der Gemeinde	Eingang bei der Bauaufsichtsbehörde
PLZ, Ort	Aktenzeichen	Aktenzeichen

Vorlage bei der Gemeinde	**Genehmigungsfreistellung (§ 67 BauO NRW)**

Weiterbehandlung als Bauantrag, wenn die Gemeinde erklärt, dass ein Genehmigungsverfahren durchgeführt werden soll

☐ **ja** (bitte Nrn. 2 und 3 ausfüllen) ☐ **nein** (bitte Nrn. 1 und 3 ausfüllen)

Bauherrin / Bauherr / Antragstellerin / Antragsteller		**Entwurfsverfasserin / Entwurfsverfasser**	
Name, Vorname, Firma		Name, Vorname, Büro	
Straße, Hausnummer		Straße, Hausnummer	
PLZ, Ort		PLZ, Ort	
vertreten durch: Name, Vorname, Anschrift (§ 69 Abs. 3 BauO NRW)		bauvorlageberechtigt: Name, Vorname (§ 70 Abs. 3 BauO NRW) Mitgliedsnummer der Architekten- oder der Ingenieurkammer des Landes	
Telefon mit Vorwahl	Telefax	Telefon mit Vorwahl	Telefax
E-Mail		E-Mail	

Baugrundstück

Ort, Straße, Hausnummer, ggf. Ortsteil		
Gemarkung(en)	Flur(e)	Flurstück(e)

Bezeichnung des Vorhabens (Errichtung, Änderung)

Bei Nutzungsänderung

Beabsichtigte Nutzung

1. Bauvorlagen in der Genehmigungsfreistellung

1.1 ☐ 1-fach Lageplan / amtlicher Lageplan (§ 3 BauPrüfVO – insbesondere mit Festsetzungen des Bebauungsplanes, besondere Anforderungen an Planersteller/in sind zu beachten)

1.2 ☐ 1-fach Berechnung des Maßes der baulichen Nutzung (§ 3 Abs. 2 BauPrüfVO)

1.3 ☐ 1-fach Bauzeichnungen (§ 4 BauPrüfVO)

2. Bauvorlagen im vereinfachten Genehmigungsverfahren, wenn die Gemeinde erklärt, dass ein Genehmigungsverfahren durchgeführt werden soll und die Weiterbehandlung als Bauantrag gewünscht wird

2.1 ☐ 3-fach Lageplan / amtlicher Lageplan (§ 3 BauPrüfVO)

2.2 ☐ 3-fach Berechnung des Maßes der baulichen Nutzung (§ 3 Abs. 2 BauPrüfVO)

Fortsetzung Blatt 2

2.3	☐	3-fach	Bauzeichnungen (§ 4 BauPrüfVO)
2.4	☐	3-fach	Baubeschreibung auf amtlichem Vordruck (§ 5 Abs. 1 BauPrüfVO)
2.5.1	☐	2-fach	Bei Gebäuden: Berechnung des umbauten Raumes nach DIN 277 (§ 6 Nr. 1 BauPrüfVO) oder
2.5.2	☐	2-fach	bei Gebäuden, für die landesdurchschnittliche Rohbauwerte je m^3 Bruttorauminhalt nicht festgelegt sind, die Berechnung der Rohbaukosten einschließlich Umsatzsteuer (§ 6 Nr. 1 BauPrüfVO) oder
2.5.3	☐		bei der Änderung von Gebäuden oder bei baulichen Anlagen, die nicht Gebäude sind: Herstellungskosten einschließlich Umsatzsteuer — €

3. ☐ Erhebungsbogen für die Baustatistik

4. **Erklärung der Entwurfsverfasserin / des Entwurfverfassers nach § 67 Abs. 2 Satz 1 oder § 68 Abs. 6 BauO NRW**

Ich erkläre hiermit, dass das in den beigefügten Bauvorlagen dargestellte Bauvorhaben den Anforderungen an den Brandschutz entspricht und die hierzu in den Bauvorlagen gemachten Angaben vollständig und richtig sind.

Ort, Datum	Ort, Datum
Für den Bauherrn / die Bauherrin: Unterschrift	Der / die bauvorlageberechtigte Entwurfsverfasser/in: Unterschrift

Hinweis

Nach § 67 Abs. 2 Satz 2 BauO NRW darf einen Monat nach Eingang der Bauvorlagen bei der Gemeinde mit dem Vorhaben begonnen werden. Mit dem Vorhaben kann unverzüglich begonnen werden, wenn die Gemeinde der Bauherrin oder dem Bauherrn vor Ablauf dieser Frist schriftlich mitteilt, dass kein Genehmigungsverfahren durchgeführt werden soll. Ein Rechtsanspruch auf eine solche Mitteilung besteht nicht.

Der Versand der schriftlichen Mitteilung über einen unverzüglichen Beginn kann von der Gemeinde selbst oder aber durch Antrag der Bauherrin oder des Bauherrn veranlasst werden; nur bei Antragstellung ist sie gebührenpflichtig (Tarifstelle 2.4.9.1 AVerwGebO NRW). Der Antrag kann formlos zusammen mit der Vorlage bei der Gemeinde oder ab zu einem anderen Zeitpunkt innerhalb des Monats nach Abgabe der Bauvorlagen gestellt werden.

Antrag:

Es wird beantragt, dass die Gemeinde nach § 67 Abs. 2 Satz 3 BauO NRW vorzeitig mitteilt, dass kein Genehmigungsverfahren durchgeführt werden soll.

Ort, Datum	Für den Bauherrn / die Bauherrin: Unterschrift

An die untere Bauaufsichtsbehörde	Eingangsstempel der Bauaufsichtsbehörde
PLZ, Ort	Aktenzeichen

☐ **Bauantrag** ☐ **Antrag auf Vorbescheid**

Vereinfachtes Genehmigungsverfahren

Vorhaben, für das das vereinfachte Genehmigungsverfahren durchgeführt wird.
(§ 68 Abs. 1 Satz 1 und 2 und § 67 Abs. 1 Satz 3 BauO NRW)

Bauherrin / Bauherr / Antragstellerin / Antragsteller		**Entwurfsverfasserin / Entwurfsverfasser**	
Name, Vorname, Firma		Name, Vorname, Büro	
Straße, Hausnummer		Straße, Hausnummer	
PLZ, Ort		PLZ, Ort	
vertreten durch: Name, Vorname, Anschrift (§ 69 Abs. 3 BauO NRW)		bauvorlageberechtigt: Name, Vorname (§ 70 Abs. 3 BauO NRW) Mitgliedsnummer der Architekten- oder der Ingenieurkammer des Landes	
Telefon mit Vorwahl	Telefax	Telefon mit Vorwahl	Telefax
E-Mail		E-Mail	

Baugrundstück

Ort, Straße, Hausnummer, ggf. Ortsteil		
Gemarkung(en)	Flur(e)	Flurstück(e)

Bezeichnung des Vorhabens (Errichtung, Änderung)

☐ Wohngebäude ☐ Sonderbau (**nicht** in § 68 Abs. 1 Satz 3 BauO NRW aufgeführt)

Bei Nutzungsänderung

Beabsichtigte Nutzung

Genaue Fragestellung zum Vorbescheid
(zur planungsrechtlichen Zulässigkeit oder bauordnungsrechtlichen Zulässigkeit)

Bindungen zur Beurteilung des Vorhabens

	Bescheid vom	erteilt von (Behörde)	Aktenzeichen
☐ Vorbescheid			
☐ Teilungsgenehmigung			
☐ Befreiungs-/Abweichungsbescheid			
☐ Baulast Nr.			
☐			

Fortsetzung Blatt 2

Die erforderlichen Bauvorlagen sind beigefügt:

(Einem Antrag auf Vorbescheid sind nur die für die Klärung der Fragestellung erforderlichen Unterlagen beizufügen.)

1. ☐ 3-fach Lageplan / amtlicher Lageplan (§ 3 BauPrüfVO; Anforderungen an Planersteller/in sind zu beachten)
2. ☐ 3-fach Berechnung des Maßes der baulichen Nutzung (§ 3 Abs. 2 BauPrüfVO)
(nur im Bereich eines Bebauungsplanes oder einer Satzung nach BauGB)
3. ☐ 3-fach Beglaubigter Auszug aus der Liegenschaftskarte/Flurkarte
(nur bei Vorhaben nach den §§ 34 oder 35 des Baugesetzbuches; Beglaubigung nicht erforderlich bei Vorlage eines amtlichen Lageplanes)
4. ☐ 3-fach Auszug aus der Deutschen Grundkarte 1: 5000
(nur bei Vorhaben nach den §§ 34 oder 35 des Baugesetzbuches)
5. ☐ 3-fach Bauzeichnungen (§ 4 BauPrüfVO)
6. ☐ 3-fach Baubeschreibung auf amtlichem Vordruck (§ 5 Abs. 1 BauPrüfVO)

7.1 ☐ 2-fach Bei Gebäuden: Berechnung des umbauten Raumes nach DIN 277 (§ 6 Nr. 1 BauPrüfVO) oder

7.2 ☐ 2-fach bei Gebäuden, für die landesdurchschnittliche Rohbauwerte je m^3 Bruttorauminhalt nicht festgelegt sind, die Berechnung der Rohbaukosten einschließlich Umsatzsteuer (§ 6 Nr. 1 BauPrüfVO) oder

7.3 ☐ bei der Änderung von Gebäuden oder bei baulichen Anlagen, die nicht Gebäude sind: Herstellungskosten einschließlich Umsatzsteuer | € |

zusätzliche Bauvorlagen für Sonderbauten, die nicht in § 68 Abs. 1 Satz 3 BauO NRW aufgeführt sind

8. ☐ 3-fach Betriebsbeschreibung für gewerbliche oder landwirtschaftliche Betriebe auf amtlichem Vordruck (§ 5 Abs. 2 oder 3 BauPrüfVO)
(ggf. mit Maschinenaufstellungsplan mit Rettungswegen und Notausgängen, falls nicht bereits in den Grundrisszeichnungen dargestellt)
9. ☐ 3-fach zusätzliche Angaben und Bauvorlagen für besondere Vorhaben (§ 12 BauPrüfVO)

10.1 Spätestens bei Baubeginn werden gemäß § 68 Abs. 2 und 3 BauO NRW eingereicht:

- ☐ der Nachweis der Standsicherheit, soweit erforderlich geprüft durch eine/einen staatlich anerkannte/n Sachverständige/n
- ☐ der Nachweis des Schallschutzes, soweit erforderlich aufgestellt oder geprüft durch eine/einen staatlich anerkannte/n Sachverständige/n
- ☐ der Nachweis des Wärmeschutzes, soweit erforderlich aufgestellt oder geprüft durch eine/einen staatlich anerkannte/n Sachverständige/n
- ☐ die Bescheinigung einer/eines staatlich anerkannte/n Sachverständige/n, dass das Vorhaben den Anforderungen des Brandschutzes entspricht (gilt nicht für Wohngebäude geringer Höhe und Sonderbauten)

Bei Vorhaben nach § 68 Abs. 4 BauO NRW sind die vorgenannten Nachweise nicht vorzulegen.

10.2 Abweichend von Nr. 10.1 wird – soweit erforderlich – eine Prüfung durch die Bauaufsichtsbehörde beantragt für:

- ☐ den Nachweis der Standsicherheit
- ☐ den Nachweis des Schallschutzes
- ☐ den Nachweis des Wärmeschutzes
- ☐ den Brandschutz (gilt nicht für Wohngebäude geringer Höhe und Sonderbauten)

11. ☐ Erhebungsbogen für die Baustatistik

12. **Erklärung der Entwurfsverfasserin/des Entwurfverfassers nach § 68 Abs. 6 BauO NRW**
(nur bei Wohngebäuden geringer Höhe)

Ich erkläre hiermit, dass das in den beigefügten Bauvorlagen dargestellte Bauvorhaben den Anforderungen an den Brandschutz entspricht und die hierzu in den Bauvorlagen gemachten Angaben vollständig und richtig sind.

Ort, Datum	Ort, Datum
Für den Bauherrn / die Bauherrin: Unterschrift	Der / die bauvorlageberechtigte (*) Entwurfsverfasser/in: Unterschrift

(*) Nach § 70 Abs. 2 BauO NRW oder Nr. 70.11 VV BauO NRW kann in bestimmten Fällen auf die Bauvorlageberechtigung verzichtet werden

An die untere Bauaufsichtsbehörde	Eingangsstempel der Bauaufsichtsbehörde
PLZ, Ort	Aktenzeichen

☐ **Bauantrag** ☐ **Antrag auf Vorbescheid** **Sonderbau**

Sonderbauvorhaben, für das das vereinfachte Genehmigungsverfahren nicht gilt.
(§ 68 Abs. 1 Satz 3 BauO NRW)

Bauherrin / Bauherr / Antragstellerin / Antragsteller		**Entwurfsverfasserin / Entwurfsverfasser**	
Name, Vorname, Firma		Name, Vorname, Büro	
Straße, Hausnummer		Straße, Hausnummer	
PLZ, Ort		PLZ, Ort	
vertreten durch: Name, Vorname, Anschrift (§ 69 Abs. 3 BauO NRW)		bauvorlageberechtigt: Name, Vorname (§ 70 Abs. 3 BauO NRW) Mitgliedsnummer der Architekten- oder der Ingenieurkammer des Landes	
Telefon mit Vorwahl	Telefax	Telefon mit Vorwahl	Telefax
E-Mail		E-Mail	

Baugrundstück

Ort, Straße, Hausnummer, ggf. Ortsteil		
Gemarkung(en)	Flur(e)	Flurstück(e)

Bezeichnung des Vorhabens (Errichtung, Änderung)

Bei Nutzungsänderung

Beabsichtigte Nutzung

Genaue Fragestellung zum Vorbescheid
(zur planungsrechtlichen Zulässigkeit oder bauordnungsrechtlichen Zulässigkeit)

Bindungen zur Beurteilung des Vorhabens	Bescheid vom	erteilt von (Behörde)	Aktenzeichen
☐ Vorbescheid			
☐ Teilungsgenehmigung			
☐ Befreiungs-/Abweichungsbescheid			
☐ Baulast Nr.			
☐			

Fortsetzung Blatt 2

Die erforderlichen Bauvorlagen sind beigefügt:

(Einem Antrag auf Vorbescheid sind nur die für die Klärung der Fragestellung erforderlichen Unterlagen beizufügen.)

1. ☐ 3-fach Lageplan / amtlicher Lageplan (§ 3 BauPrüfVO; Anforderungen an Planersteller/in sind zu beachten)
2. ☐ 3-fach Berechnung des Maßes der baulichen Nutzung (§ 3 Abs. 2 BauPrüfVO)
   (nur im Bereich eines Bebauungsplanes oder einer Satzung nach BauGB)
3. ☐ 3-fach Beglaubigter Auszug aus der Liegenschaftskarte/Flurkarte
   (nur bei Vorhaben nach den §§ 34 oder 35 des Baugesetzbuches; Beglaubigung nicht erforderlich bei Vorlage eines amtlichen Lageplanes)
4. ☐ 3-fach Auszug aus der Deutschen Grundkarte 1: 5000
   (nur bei Vorhaben nach den §§ 34 oder 35 des Baugesetzbuches)
5. ☐ 3-fach Bauzeichnungen (§§ 4 und 12 BauPrüfVO)
6. ☐ 3-fach Baubeschreibung auf amtlichem Vordruck (§ 5 Abs. 1 BauPrüfVO)
7. ☐ 2-fach Nachweis der Standsicherheit (§ 8 Abs. 1 BauPrüfVO)
   - ☐ ist zur Prüfung durch die Bauaufsichtsbehörde beigefügt.
   - ☐ ist geprüft durch eine/einen staatlich anerkannte/n Sachverständige/n (§ 72 Abs. 6 BauO NRW)
   - ☐ wird nachgereicht und geprüft durch eine/einen staatlich anerkannte/n Sachverständige/n
8. ☐ 2-fach Nachweis des Schallschutzes (§ 8 Abs. 4 BauPrüfVO)
   - ☐ ist zur Prüfung durch die Bauaufsichtsbehörde beigefügt.
   - ☐ ist aufgestellt oder geprüft durch eine/einen staatlich anerkannte/n Sachverständige/n (§ 72 Abs. 6 BauO NRW)
   - ☐ wird nachgereicht und aufgestellt oder geprüft durch eine/einen staatlich anerkannte/n Sachverständige/n
9. ☐ 2-fach Nachweis des Wärmeschutzes (§ 2 Abs. 1 EnEV-UVO)
   - ☐ ist aufgestellt oder geprüft durch eine/einen staatlich anerkannte/n Sachverständige/n (§ 72 Abs. 6 BauO NRW)
   - ☐ wird nachgereicht und aufgestellt oder geprüft durch eine/einen staatlich anerkannte/n Sachverständige/n (§ 72 Abs. 6 BauO NRW)
   - ☐ die Prüfung durch die Bauaufsichtsbehörde wird beantragt (§ 2 Abs. 1 Satz 6 EnEV-UVO)
10. ☐ 3-fach Brandschutzkonzept (§ 9 BauPrüfVO i.V.m. § 58 Abs. 3 BauO NRW)
11. ☐ 3-fach Betriebsbeschreibung für gewerbliche oder landwirtschaftliche Betriebe auf amtlichem Vordruck (§ 5 Abs. 2 oder 3 BauPrüfVO)
    (ggf. mit Maschinenaufstellungsplan mit Rettungswegen und Notausgängen, falls nicht bereits in den Grundrisszeichnungen dargestellt)

12.1 ☐ 2-fach bei Gebäuden; Berechnung des umbauten Raumes nach DIN 277 (§ 6 Nr. 1 BauPrüfVO) oder

12.2 ☐ 2-fach bei Gebäuden, für die landesdurchschnittliche Rohbauwerte je m^3 Bruttorauminhalt nicht festgelegt sind, die Berechnung der Rohbaukosten einschließlich Umsatzsteuer (§ 6 Nr. 1 BauPrüfVO) oder

12.3 ☐ bei der Änderung von Gebäuden oder bei baulichen Anlagen, die nicht Gebäude sind: Herstellungskosten einschließlich Umsatzsteuer | €

13. ☐ Erhebungsbogen für die Baustatistik

Ort, Datum	Ort, Datum
Für den Bauherrn / die Bauherrin: Unterschrift	Der / die bauvorlageberechtigte Entwurfsverfasser/in: Unterschrift

Formulare und begleitende Vorschriften

Die nachfolgend aufgeführten Formulare und begleitenden, Vorschriften zur Landesbauordnung NRW stehen zum kostenlosen Download für Sie bereit.

Öffnen Sie dazu unsere Webseite **www.baurecht-im-bild.de**

In der rechten Spalte finden Sie unter **„Service für Buchkäufer"** einen Link zum Downloadbereich. Um die Inhalte freizuschalten, geben Sie bitte Ihr persönliches Kennwort ein.

Ihr persönliches Kennwort lautet: **57FXT4398**

Formulare:

- Merkblatt zur gesetzlichen Gebäudeeinmessungspflicht
- Bauantrag, Antrag auf Vorbescheid (Sonderbau)
- Bauantrag, Antrag auf Vorbescheid (vereinfachtes Genehmigungsverfahren)
- Vorlage bei der Gemeinde (Genehmigungsfreistellung)
- Bauantrag, Antrag auf Vorbescheid für Werbeanlagen
- Genehmigung und Negativzeugnis zur Grundstücksteilung
- Antrag auf Abbruchgenehmigung
- Baubeschreibung zum Bauantrag/Antrag auf Vorbescheid
- Betriebsbeschreibung für gewerbliche Anlagen
- Betriebsbeschreibung für land- und forstwirtschaftliche Vorhaben
- Verzeichnis der erteilten Prüfaufträge für das Jahr
- Bericht über die Prüfung der bautechnischen Nachweise
- Bericht über die Bauüberwachung
- Bericht über die Bauzustandsbesichtigung

Begleitenden Vorschriften:

- Denkmalschutzgesetz (DSchG)
- Verordnung über Bau und Betrieb von Sonderbauten (SbauVO)
- Nachbarrechtsgesetz (NachbG NRW)
- Feuerungsverordnung (FeuVO NW)
- Abstandserlass
- Bau und Ausstattung von Tageseinrichtungen für Kinder
- Richtlinie über bauaufsichtliche Anforderungen an Schulen (SchulBauR)
- Bauprodukte- und Bauartenverordnung
- Verordnung über die Prüfung technischer Anlagen und wiederkehrende Prüfung von Sonderbauten (PrüfVO NRW)
- Verordnung zur Umsetzung der Energieeinsparverordnung (EnEV-UVO)
- Gesetz zur Durchführung des Bundesgesetzes zur Förderung Erneuerbarer Energien im Wärmebereich

Stichwortverzeichnis

zur Landesbauordnung (BauO NRW) und zur Verordnung über bautechnische Prüfungen (BauPrüfVO)

Die Stichwörter beziehen sich auf die BauO NRW 2009 und die Verordnung über die BauPrüfVO 2000.
Die Zahlen geben die Nummern der Paragraphen, die in Klammern gesetzten Zahlen und die den Klammern angefügten Bezeichnungen die weitere Unterteilung der BauO an; die in eckige Klammern gesetzten Zahlen beziehen sich auf die Paragraphen und Absätze der BauPrüfVO.

Beispiel: „65 (1) Nr. 12" bedeutet, das Stichwort ist in § 65 Absatz 1 unter Nr. 12 der BauO zu finden;
„[3 (1)]" bedeutet, das Stichwort ist in § 3 Absatz 1 der BauPrüfVO aufgeführt.

Die Hinweise auf die entsprechenden Verwaltungsvorschriften erübrigen sich, da sie in der Regel den Paragraphen der BauO NRW bzw. der BauPrüfVO zugeordnet sind.

A

Rechtssicher planen und bauen in Bayern und Baden-Württemberg

So haben Sie das aktuelle Baurecht immer im Blick

Mit der „Bayerischen Bauordnung im Bild" verschaffen Sie sich einen schnellen Überblick über das aktuelle Baurecht in Bayern. Der Prüfumfang der Baubehörden wird immer weiter reduziert. Damit wächst die Verantwortung der am Bau Beteiligten, insbesondere der Architekten und Ingenieure. Um späteren Haftungsansprüchen entgegen zu wirken, müssen die Gesetzestexte richtig interpretiert und in die Praxis umgesetzt werden.

Die „Bayerische Bauordnung im Bild" erläutert Ihnen die aktuelle Bauordnung und deren Konsequenzen für die Planungspraxis. Die Regelungen der Bayerischen Bauordnung werden denen der alten Fassung von 1998 direkt gegenüber gestellt und **erleichtern Ihnen so den Umgang mit dem aktuellen Rechtstext**. Kommentare, Übersichten und Anwendungshinweise machen die komplizierten Regelungen leicht nachvollziehbar.

Zusätzlich veranschaulichen **über 180 Grafiken** den Verordnungstext. Die farbig hervorgehobenen Kommentare, Tabellen und erläuternden Zeichnungen sind dabei wertvolle Hilfen und erleichtern die Umsetzung in die eigene Praxis.

Das umfassende Hilfsmittel für Architekten, die in Bayern rechtssicher und genehmigungsfähig planen und bauen möchten.

Bayerische Bauordnung im Bild

Praktische Anwendung für den Architekten. Von Dr. Josef Weiß, Dipl.-Ing. Dirk Richelmann. 2. Auflage 2013. DIN A4. Gebunden. 275 Seiten und 180 Abbildungen. ISBN 978-3-481-03083-4. **€ 69,–.**

+www Auf www.baurecht-im bild.de stehen alle Bauformulare und begleitenden Vorschriften exklusiv für Buchkäufer zum **kostenlosen Download** bereit. Und der neue Aktualitätsservice hält Sie bis zur nächsten Auflage auf dem neuesten Stand.

Seit März 2010 gilt in Baden-Württemberg eine neue Bauordnung sowie eine neue Ausführungs- und Verfahrensverordnung. Grundlegende Änderungen z. B. zu Abstandsflächen stehen an. Gleichzeitig wird der Prüfumfang der Baubehörden weiter reduziert. Damit wächst die Verantwortung der am Bau Beteiligten, insbesondere der Architekten und Ingenieure.

Das Buch stellt die neue Landesbauordnung der aktuellen Ausführungsverordnung direkt gegenüber. Alle Änderungen werden in Wort und Bild **anschaulich** und **praxisorientiert** erklärt.

Die **unverzichtbare Arbeitshilfe** für das Planen und Bauen in Baden-Württemberg.

Die wesentlichen Änderungen der neuen LBO:

- Der Katalog der verfahrensfreien Vorhaben wurde erweitert. Erstmals wurde auch ein vereinfachtes Genehmigungsverfahren eingeführt.
- Einführung von Gebäudeklassen
- Neue Abstandsflächenregeln
- Neue Regelungen bei Aufenthaltsräumen und Wohnungen
- Ausweitung der Nachbarbeteiligung
- Verkürzung einzelner Genehmigungsfristen

Landesbauordnung Baden-Württemberg im Bild

Praktische Anwendung für den Architekten. Von Dr. Alfred Reutzsch und Dirk Richelmann. 2010. DIN A4. Gebunden. 157 Seiten mit 269 Abbildungen und 6 Tabellen. ISBN 978-3-481-02520-5. **€ 69,–**